SISTEMA E ESTRUTURA NO DIREITO

SISTEMA E ESTRUTURA NO DIREITO
Volume 3
Do século XX à pós-modernidade

Mario G. Losano

Tradução
CARLO ALBERTO DASTOLI

SÃO PAULO 2019

Esta obra foi publicada originalmente em italiano com o título
SISTEMA E STRUTTURA NEL DIRITTO
Vol. III DAL NOVECENTO ALLA POSTMODERNITÀ
por Dott. A. Giuffrè Editor, Milão.
Copyright © Dott. A. Giuffrè Editore S.p.A., Milão.
Copyright © 2011, Editora WMF Martins Fontes Ltda.,
São Paulo, para a presente edição.

1ª edição 2011
2ª tiragem 2019

Tradução
CARLOS ALBERTO DASTOLI

Revisão da tradução
Silvana Cobucci Leite
Acompanhamento editorial
Luzia Aparecida dos Santos
Preparação do original
Cristina Peres
Revisões gráficas
Maria Luiza Favret
Ivani Aparecida Martins Cazarim
Edição de arte
Adriana Maria Porto Translatti
Produção gráfica
Geraldo Alves
Paginação
Studio 3 Desenvolvimento Editorial

Dados Internacionais de Catalogação na Publicação (CIP)
(Câmara Brasileira do Livro, SP, Brasil)

Losano, Mario G.
  Sistema e estrutura no direito : volume III : do século XX à pós-modernidade / Mario G. Losano ; tradução Carlo Alberto Dastoli. – São Paulo : Editora WMF Martins Fontes, 2011.

  Título original: Sistema e struttura nel diritto.
  ISBN 978-85-7827-405-4

  1. Direito – Filosofia I. Título. II. Série.

11-03630   CDU-340.12

Índices para catálogo sistemático:
1. Direito : Filosofia   340.12
2. Filosofia do direito   340.12

Todos os direitos desta edição reservados à
Editora WMF Martins Fontes Ltda.
Rua Prof. Laerte Ramos de Carvalho, 133 01325.030 São Paulo SP Brasil
Tel. (11) 3293.8150 e-mail: info@wmfmartinsfontes.com.br
http://www.wmfmartinsfontes.com.br

ÍNDICE

Plano da obra XI
Nota explicativa XIII
Prefácio do autor ao terceiro volume da edição brasileira XV
Introdução – Da modernidade à pós-modernidade:
per obscura ad obscuriora? XXIX

I. Os sistemas cibernéticos do direito 1

II. Estruturalismo e direito 143

III. *Natura facit saltus*: da visão sistemática à visão sistêmica 237

IV. O sistema autopoiético do direito 291

SUMÁRIO

Plano da obra XI
Nota explicativa XIII
Prefácio do autor... XV
Introdução – Da modernidade à pós-modernidade:
per obscura ad obscuriora? XXIX

I. Os sistemas cibernéticos do direito 1
  1. O nascimento interdisciplinar da cibernética.. 2
  2. Os conceitos fundamentais da cibernética 9
  3. A cibernética e as ciências sociais.................... 14
    a) *Os precursores* 14
    b) *A desconfiança de Wiener*................................ 20
    c) *Ampliar ou não a cibernética?*........................ 30
  4. A cibernética social nos anos da Guerra Fria .. 36
  5. Da cibernética social às teorias cibernéticas
     do direito.. 42
    a) *A cibernética social nos Estados Unidos*.......... 43
    b) *A cibernética social nos Estados comunistas europeus* 51
  6. Jurimetria, juscibernética e informática jurídica 53
    a) *A jurimetria (1949-69)*..................................... 54
    b) *A juscibernética (1970-80)* 64
    c) *A informática jurídica (desde 1980)* 67
  7. Os modelos cibernéticos da sociedade ao direito 69

    a) *O mundo anglo-americano e o direito como subsistema social* 71
    b) *O sistema cibernético do direito europeu-continental do Ocidente* 75
    c) *O sistema cibernético do direito na Europa comunista* 92
  8. A análise estrutural dos procedimentos jurídicos 111
  9. Inteligência artificial, sistemas especialistas e direito 123
 10. A realidade virtual e as três cibernéticas 127
 11. O retorno dos juristas ao aprisco: da informática jurídica ao direito da informática 134

II. Estruturalismo e direito 143
  1. A estrutura das coisas e o século das teorias: uma breve história 144
  2. Às fontes do estruturalismo 150
  3. As principais ideias do estruturalismo 159
  4. O estruturalismo não linguístico 164
  5. O estruturalismo na Itália: *une saison à l'envers* .. 173
  6. Estruturalismo e direito: mas quais? 175
  7. Juristas no limiar do estruturalismo 179
    a) *A estrutura não vem do estruturalismo clássico* 180
    b) *A estrutura como instrumento inovador* 184
  8. O estruturalismo e o direito positivo 187
    a) *Uma análise estruturalista do código civil francês* 189
    b) *Uma análise estrutural das normas penais* 193
  9. O estruturalismo e a filosofia do direito 195
 10. O estruturalismo jurídico e a estruturística jurídica 200
 11. Depois do estruturalismo: a desconstrução do direito 210
 12. Da teoria da estrutura à teoria dos sistemas ... 224

III. *Natura facit saltus*: da visão sistemática à visão sistêmica 237
  1. Do ser do simples ao devir do complexo 238
  2. Os precursores da auto-organização 246

3. Rumo à auto-organização: da primeira à segunda cibernética 250
4. As primeiras teorias sobre sistemas biológicos complexos 255
5. As teorias modernas da auto-organização 272
6. A difusão das modernas teorias da auto-organização nas ciências sociais 282
7. A revanche das ciências exatas: desconstruir os desconstrutores! 285

IV. O sistema autopoiético do direito 291
1. O retorno às teorias universais e a obra de Luhmann 292
   a) *Luhmann obscuro?* 295
   b) *Luhmann conservador?* 304
2. Luhmann: de jurista a sociólogo 309
3. Luhmann e os teóricos do direito cibernético 312
4. O sistema: de Parsons a Luhmann 316
5. Parsons, Luhmann e o sistema cibernético 330
6. Administração pública e teoria cibernética em Luhmann 336
   a) *A crítica ao juricentrismo* 341
   b) *A informática e a reconsideração dos procedimentos decisórios* 343
   c) *A visão sistêmica do aparelho estatal: definições* 344
   d) *O direito no modelo de input-output da administração* 351
   e) *As fontes de Luhmann para a noção de programa* 356
   f) *O programa da informática e o programa de Luhmann: paralelismos e divergências* 369
   g) *Três problemas administrativos e a teoria dos sistemas* 372
   h) *A racionalidade segundo Luhmann: tantas razões quantas funções* 376
7. O sistema jurídico e a dogmática jurídica antes da guinada autopoiética de Luhmann 380
8. O sistema jurídico e a guinada autopoiética de Luhmann 393

9. A guinada da autopoiese em Luhmann e a excomunhão dos construtivistas 406
10. Luhmann e o direito após a guinada autopoiética 409
11. Do direito autopoiético ao direito autocatalítico 416
12. Um balanço provisório na infinita história do sistema 422

Índice remissivo 427
Índice onomástico 445

PLANO DA OBRA

Volume 1: DAS ORIGENS À ESCOLA HISTÓRICA
Introdução – *A elegante esperança*

PARTE I – HISTÓRIA SEMÂNTICA DO TERMO "SISTEMA"
  I. O termo "sistema" e sua história
  II. A afirmação do termo "sistema" na cultura europeia
  III. A difusão da noção de sistema
  IV. A gênese de uma teoria do sistema externo
  V. O apogeu da teoria do sistema externo
  VI. Os sistemas filosóficos e os sistemas jurídicos universais
  VII. O espírito antissistemático dos iluministas franceses

PARTE II – O SISTEMA JURÍDICO EXTERNO
  VIII. Problemas preliminares
  IX. A delimitação para baixo de uma teoria do sistema externo
  X. Para uma teoria geral do sistema externo
  XI. Tipologias preliminares a uma teoria do sistema jurídico externo
  XII. A passagem da dogmática à construção jurídica
  XIII. A construção jurídica
  XIV. A construção negada no direito romano: Jhering
  XV. O sistema no direito público: Gerber
  XVI. A delimitação para o alto de uma teoria do sistema externo

Volume 2: O SÉCULO XX
Introdução – *A noção de sistema na bifurcação entre teoria e prática*
  I. Do sistema jurídico externo ao sistema jurídico interno

PARTE I – O APOGEU DO SISTEMA CLÁSSICO NA TEORIA
PURA DO DIREITO
  II. A função sistemática da norma fundamental
  III. A validade como elemento unidificador no sistema de Kelsen

PARTE II – DO SISTEMA PARA DIZER AO SISTEMA PARA FAZER
  IV. A dúvida sobre a razão
  V. A era dos totalitarismos: o sistema não suporta mais
  VI. Depois da Segunda Guerra Mundial: novos tempos, novos valores
  VII. Uma solução de compromisso: o sistema móvel de Wilburg
  VIII. Do sistema para conhecer o direito ao sistema para aplicá-lo: o sistema de Canaris

Volume 3: DO SÉCULO XX À PÓS-MODERNIDADE
Introdução – *Da modernidade à pós-modernidade*: per obscura ad obscuriora?
  I. Os sistemas cibernéticos do direito
  II. Estruturalismo e direito
  III. *Natura facit saltus*: do ser do simples ao devir do complexo
  IV. O sistema autopoiético do direito

NOTA EXPLICATIVA

A presente obra consta de três volumes. O *Plano da obra*, que se encontra após o Sumário, elenca os capítulos dos três volumes, permitindo assim identificar, de uma só vez, em qual volume é tratado um tema específico.

Cada volume começa com uma *Introdução*, que evidencia o fio do discurso que une os capítulos de cada volume. As teorias jurídicas da segunda metade do século XX apresentam-se como segmentos de sistemas que compreendem vastas áreas do saber ou até mesmo toda a sociedade. Por essa razão, o terceiro volume é constituído apenas de quatro capítulos; cada um dos quais tem, contudo, quase o tamanho de uma pequena monografia: de fato, é preciso explicar, antes de tudo, o que são a cibernética, o estruturalismo e a teoria geral dos sistemas, para em seguida inserir a teoria jurídica que neles se inspira.

O início de cada capítulo deste volume traz também um breve sumário que orienta o leitor sobre os pontos principais ali tratados e sobre suas conexões com os outros capítulos. Tanto a *Introdução* como os sumários contêm afirmações sintéticas que serão demonstradas e documentadas no interior de cada capítulo. Essas formulações quase aforísticas não substituem o texto, mas remetem aos seus temas essenciais: são portanto simplificações preliminares úteis para colher, na leitura sucessiva, os elementos essenciais de continuidade frequentemente deixados em segundo plano pelos dados históricos e pelas considerações teóricas.

A orientação no interior dos extensos capítulos é facilitada também pelos índices. Na abertura, o *Índice* elenca apenas os capítulos do volume; o *Sumário*, ao contrário, relaciona os itens de que se compõem os capítulos. No final do volume, o *Índice remissivo* e o *Índice onomástico* oferecem indicações pormenorizadas que permitem remontar a cada parte do texto.

PREFÁCIO DO AUTOR AO TERCEIRO VOLUME DA EDIÇÃO BRASILEIRA*

Da segunda metade do século XX até hoje – numa época que se convencionou definir como pós-moderna – os teóricos do direito empenharam-se em encontrar novos paradigmas para descrever o direito, procurando-os sobretudo nas ciências físicas e naturais. No entanto, como o direito é sempre aquele de um tempo atrás, aprofundou-se a distância entre teóricos e juristas positivos. O sistema cibernético do direito – assim como foi imaginado após a segunda metade do século XX e na forma como está descrito no capítulo I – não influenciou nem os juízes nem os parlamentos, de modo que o direito positivo ainda hoje se apresenta com as características tradicionais do século XIX. Contudo, a cibernética gerou a informática, e esta hoje permeia todos os aspectos da vida social, inclusive o ordenamento jurídico: nasceram assim uma informática jurídica, um direito da informática e um direito compatível com a informática. Embora tenham passado a integrar o currículo de estudos jurídicos[1], ambas as matérias são objeto de pes-

---

* Os três prefácios desta obra em três volumes foram traduzidos pela profa. Marcela Varejão, do Programa de Pós-Graduação em Ciências Jurídicas da Universidade Federal da Paraíba.
1. Sobre a docência das matérias informático-jurídicas, remeto ao meu artigo *O curso trienal de informática jurídica na universidade do Piemonte Oriental*, "Prim@Facie" (João Pessoa), III, 2004, n. 4, pp. 5-19, disponível em: <http://www.ccj.ufpr.br/primafacie>.

quisas diferentes das atuais, que se ocupam da noção de sistema, ou seja, do modo como todo o ordenamento jurídico pode ser concebido ou descrito como uma totalidade coerente.

O estruturalismo linguístico e antropológico afirmou-se nas suas disciplinas originárias, mas suas aplicações ao direito têm hoje o valor histórico de uma experiência já encerrada. A atenção do jurista desloca-se para a aplicação ao direito dos métodos da crítica literária[2]: no fundo, em ambos os casos trata-se de interpretar textos escritos em linguagem natural. Mas a relevância do sistema do direito nesses estudos ainda precisa ser investigada.

A partir da cibernética e da informática jurídica, bem como da teoria geral dos sistemas, começou a ser construído o abrangente pensamento sistêmico de Niklas Luhmann (cap. IV, 3). Depois de sua morte, em 1998, seus escritos sobre os mais variados assuntos foram reunidos numa série: uma espécie de sistema dos sistemas luhmannianos. Todavia, tenho a impressão de que a atenção dedicada a ele diminuiu nos últimos anos na Europa, embora sua figura tenha continuado a ser uma das principais na sociologia do século XX. Seja como for, Luhmann é hoje presença consolidada também na área lusófona, como atestam as traduções de muitas de suas obras e de vários escritos sobre ele em Portugal e no Brasil[3].

---

2. Kieran Dolin, *Critical Introduction to Law and Literature*, Cambridge University Press, Cambridge (UK), 2007, VIII-263 pp.; Patrick Hanafin *et al.* (eds.), *Law and Literature*, Blackwell, Oxford, 2004, 162 pp.; Richard A. Posner, *Law and Literature*, Cambridge University Press, Cambridge (Mass.), 2002, IX--422 pp.; Bruce L. Rockwood (ed.), *Law and Literature perspectives*, Lang, New York, 2002, 450 pp.; Paul J. Heald, *Literature an Legal Problem Solving. Law and Literature as Ethical Discourse*, Carolina Academic Press, Durham (NC), 1998, VII-191 pp.

3. A título indicativo, eis as traduções em português de algumas obras de Luhmann: *A nova teoria dos sistemas*, Editora da Universidade, Porto Alegre, 1997, 111 pp. (coletânea de ensaios); *A improbabilidade da comunicação*, Vega, Lisboa, 1992, 154 pp.; *O amor como paixão: para a codificação da intimidade*, Difel, Lisboa, 1991, XII-250 pp.; *Poder*, Universidade de Brasília, Brasília, 1985, 121 pp. (tradução de *Macht*, 1975); *Sociologia do direito*, Tempo Brasilei-

PREFÁCIO DO AUTOR XVII

Examinando as obras da pós-modernidade, o presente volume enfatiza que os grandes sistemas abrangentes não são mais produzidos por filósofos, e sim por sociólogos. A Luhmann, por exemplo, podem ser acrescentados outros dois autores, que enfatizam não tanto a sistematicidade (seja qual for a forma como é entendida) dos fenômenos sociais, mas sua instabilidade, fragmentariedade e provisoriedade. Temos de nos limitar aqui a algumas observações sobre o sociólogo anglo-polonês Zygmunt Bauman (1925) e o francês Edgar Morin (1921).

*

Pode-se imaginar a obra de Zygmunt Bauman como um "crescendo", não musical, mas temático. Suas pesquisas sociológicas iniciais sobre a estratificação social e sobre os movimentos operários constituem o ponto de partida de uma teoria geral da sociedade pós-moderna, concebida – com uma feliz metáfora, hoje amplamente difundida – como "líquida", em relação à sociedade moderna, que por sua vez é concebida como "sólida". Em Luhmann e em Bauman, o mesmo núcleo metodológico – a autopoiese no primeiro, a liquidez no segundo – é aplicado a vários setores sociais, produzindo assim uma *summa* social vista por um ângulo particular.

Para Bauman, o indivíduo consumidor, típico da sociedade pós-moderna, vive num estado de perene incerteza, porque deve adequar-se aos padrões do grupo caso não queira ser excluído. Ao contrário, o homem produtor, típico da sociedade moderna precedente, encontrava sólidos esquemas de referência no mundo da produção. Na socieda-

---

ro, Rio de Janeiro, 1985, 212 pp.; *Legitimação pelo procedimento*, Editora da UnB, Brasília, 1980, 202 pp. Cf. também José Manuel Santos (org.), *O pensamento de Niklas Luhmann*, Universidade da Beira Interior, Covilhã, 2005, 371 pp. (que não vi: talvez uma seleção de *Soziologische Aufklärung*, 1); Edmundo Balsemão Pires (org.), *A sociedade sem centro. Diferenciação funcional e unidade política da sociedade. A partir da obra de N. Luhmann*, Autonomia 27, Azeitão, 2004, 127 pp.

de dos consumos, a pessoa vive no constante temor de ser excluída, de se tornar um "refugo"[4], se o nível de seus consumos não for compatível com o da sociedade que a rodeia. Neste mundo em perene movimento, ou seja, "líquido", até os laços afetivos se tornam instáveis: o amor "líquido" ou "confluente" dura até o momento em que um dos parceiros tem interesse em fazê-lo durar. As últimas obras de Bauman são uma crítica radical ao consumismo e à mercadorização[5].

Bauman vê a história social da época moderna como um processo de destruição das certezas, das sólidas bases da sociedade, ou seja, como "um processo de liquefação": liquefação das regras éticas e sociais, liquefação do controle social, simbolizado por ele no *Panopticon* de Jeremy Bentham. Nas sociedades pré-modernas e modernas, sólidas, havia um controle do poder sobre o tempo e sobre os movimentos dos subordinados. A sociedade pós-moderna, líquida, fez implodir essas certezas. Basta uma frase para ilustrar claramente sua visão: "Uma sociedade pode ser definida 'líquido-moderna' se as situações nas quais os homens atuam se modificam antes que seus modos de agir consigam se consolidar em hábitos e procedimentos. A vida líquida, assim como a sociedade líquida, não é capaz de conservar a própria forma ou de manter a longo prazo a própria rota."

Bauman foi muito traduzido na Itália, e várias de suas obras estão disponíveis também em português. Sem dúvida, o fato de publicar em inglês facilita a circulação do au-

---

4. Zygmunt Bauman, *Wasted Lifes. Modernity and its Outcasts*, Polity, Oxford, 2008, 140 pp.; cf. também: *Dentro la globalizzazione. Le conseguenze sulle persone*, Laterza, Roma–Bari, 2001, 152 pp.; *Homo consumens. Lo sciame inquieto dei consumatori e la miseria degli esclusi*, Erickson, Gardolo, 2007, 101 pp.

5. Zygmunt Bauman, *Liquid Modernity*, Polity Press, Cambridge (UK), 2007, VI-228 pp.; *Liquid Life*, Polity Press, Cambridge (UK), 2005, 164 pp.; *Liquid Times. Living in an Age of Uncertainty*, Polity Press, Cambridge (UK), 2005, 115 pp.; *Liquid Fear*, Polity Press, Cambridge (UK), 2006, 188 pp.; *Liquid Love: On the Frailty of Human Bonds*, Polity Press, Cambridge (UK), 2003, XIII-162 pp.; *Modus Vivendi. Inferno e utopia del mondo liquido*, Laterza, Roma-Bari, 2007, VIII-131 pp.

tor entre os especialistas: e de fato as únicas traduções em português que conheço referem-se a seus escritos sobre temas gerais[6].

Uma visão sociológica dessa natureza se prestaria à formulação de uma teoria do "direito líquido"? Provavelmente sim, porque as últimas décadas caracterizam-se pela fragilidade de todas as regras, inclusive das jurídicas. Por exemplo, as normas do direito internacional, as mais frágeis juridicamente, parecem um meio de liquefação. Mas essa visão "líquida" do mundo pode ser útil para orientar uma análise sociológica da aplicação do direito. Uma análise teórica que tome como ponto de partida o direito positivo (e também queira levar em conta sua progressiva fragilidade, ou liquefação) acabaria voltando às posições dos *Freirechtler*, do direito livre, do uso alternativo do direito (vol. 2, cap. IV, 6-9), formuladas com uma terminologia mais moderna, é claro.

*

A obra de Edgar Morin concentrou-se na complexidade do mundo moderno, à qual o pensador francês dedicou uma ampla pesquisa[7]; muitas de suas obras[8] e vários estu-

---

6. Outras obras de Zygmunt Bauman traduzidas em português: *Amor líquido. Sobre a fragilidade dos laços humanos*, Relógio D'Água, Lisboa, 2006, 196 pp. (também: Zahar, Rio de Janeiro, 2004, 190 pp.) *A liberdade*, Estampa, Lisboa, 1989, 164 pp.; e, no Brasil, publicados pela Zahar, Rio de Janeiro: *Vida líquida*, 2007, 210 pp.; *Tempos líquidos*, 2007, 119 pp.; *Europa, uma aventura inacabada*, 2006, 151 pp.; *Vidas desperdiçadas*, 2005, 170 pp.; *Comunidade. A busca por segurança no mundo atual*, 2003, 141 pp.; *Modernidade líquida*, 2001, 258 pp.; *Em busca da política*, 2000, 213 pp.; *Globalização. As consequências humanas*, 1999, 145 pp.; *Modernidade e ambivalência*, 1999, 334 pp.; *O mal-estar da pós-modernidade*, 1998, 272 pp.; *Modernidade e holocausto*, 1998, 266 pp.; e pela Paulus, São Paulo: *Ética pós-moderna*, 1997, 285 pp.

7. Edgar Morin, *La Méthode*, Seuil, Paris, 1977-91, 5 vols. (1.ª ed. 1977-80): 1. *La nature de la vie*; 2. *La vie de la vie*; 3. *La connaissance de la connaissance*; 3,1. *Anthropologie de la connaissance*; 4. *Les idées*; 5. *L'humanité de l'humanité*). Para um primeiro contato com seu pensamento, cf. Morin, *Introduction à la pensée complexe*, Seuil, Paris, 2005, 158 pp.

8. Edgar Morin, *O método*, Sulina, Porto Alegre: 1. *A natureza da natureza*, 2003, 479 pp.; 2. *A vida da vida*, 2001, 527 pp.; 3. *O conhecimento do conhe-*

dos sobre seu pensamento[9] foram publicados em português. Para ele, a complexidade não é o contrário de simplicidade, mas é sinônimo de transdisciplinaridade, o único meio para explicar as estruturas do mundo que nos circunda. E complexidade não é nem sequer sinônimo de completude: para Morin, mesmo o conhecimento parcial ou incompleto de um fenômeno é conhecimento; ou melhor, todo conhecimento é necessariamente incompleto e provisório. Quem quiser aprofundar seu pensamento, além de ler suas obras, pode ainda entrar em contato com a "Association pour la Pensée Complexe" (APC)[10].

Morin visa unificar as duas culturas, ou seja, conservar a capacidade analítica das ciências exatas juntamente com a capacidade sintética das ciências humanas. Um instrumento para realizar essa reunificação é o conceito de sistema, que para ele está mais próximo do formulado pelos biólogos que pelos filósofos.

> O primeiro conceito, hoje bem conhecido – escrevia ele em 1997 – é naturalmente o de sistema. Um método que ressurgiu recentemente em nossa consciência, enquanto na his-

---

cimento, 1999, 309 pp.; 4. *As ideias, habitat, vida, costumes, organização*, 2001, 319 pp.; 5. *A humanidade da humanidade: a identidade humana*, 2003, 309 pp.

9. A partir dos mais recentes: Dinorah Sanvitto Tronca, *Transdisciplinaridade em Edgar Morin*, Educs, Caxias do Sul (RS), 2006, 116 pp.; Alfredo Pena-Vega – Cleide R. S. Almeida – Izabel Petraglia (orgs.), *Edgar Morin: ética, cultura e educação*, Cortez, São Paulo, 2001, 175 pp.; Tania M. K. Rösing – Nurimar Maria Falci, *Edgar Morin: religando fronteiras*, Universidade de Passo Fundo, Passo Fundo (RS), 2004, 112 pp.; Alfredo Pena-Vega, *O despertar ecológico. Edgar Morin e a ecologia complexa*, Garamond, Rio de Janeiro, 2003, 104 pp.; Celso José Martinazzo, *A utopia de Edgar Morin. Da complexidade à concidadania planetária*, Unijuí, Ijuí (RS), 2002, 110 pp.; Izabel Cristina Petraglia, *Edgar Morin. A educação e a complexidade do ser e do saber*, Vozes, Petrópolis, 1995, 115 pp.; Alfredo Pena-Vega – Elimar Pinheiro do Nascimento (org.), *O Pensar complexo. Edgar Morin e a crise da modernidade*, Garamond, Rio de Janeiro, 1999, 201 pp.; Edgar Morin, *O problema epistemólogico da complexidade*, Europa-America, Lisboa, 1983, 134 pp. (debate com António Marques).

10. "Fondée par Edgar Morin et directement inspirée par son œuvre, cette association vise à promouvoir *la pensée complexe*". Programme européen MCX "Modélisation de la CompleXité". Disponível em: <mcxapc.org>.

tória científica dominou a ideia de que o conhecimento das partes ou dos elementos de base é suficiente para conhecer os conjuntos, visto que eles, em última análise, são apenas *bricolages*, um "kit Meccano"* feito de pedaços que a ciência tem a tarefa de conhecer. Renasce assim uma ideia conhecida desde muito, aquela segundo a qual o todo é algo mais que suas partes; ou, em outras palavras, que um todo organizado, um sistema, produz ou favorece o surgimento de um certo número de qualidades novas que não estavam presentes nas partes separadas. Não é talvez um dos maiores mistérios do universo o fato de a união de elementos dispersos (como o foi, por exemplo, a união das macromoléculas) ter conseguido produzir o primeiro ser vivo, por agregação? Que desse novo tipo de organização tenham surgido qualidades novas, como as qualidades do conhecimento, da memória, do movimento, da autorreprodução? Pode-se dizer que a noção de sistema – ou de organização, termo que prefiro – permite conectar e unir as partes ao todo, liberando-nos assim dos conhecimentos fragmentários.[11]

Volta-se, então, à disputa entre vitalismo e holismo (ver cap. III, 4). Morin considera que as antigas vantagens do cartesianismo e do positivismo transformaram-se hoje em obstáculos para o conhecimento: não é mais necessário dividir, seccionar, simplificar os fenômenos; deve-se, ao contrário, compreendê-los em toda sua complexidade. Nesse ponto ele certamente foi influenciado pelo encontro em 1969 com Jean Monod e pela ideia de *feedback* da cibernética wieneriana (que a seu ver tem a vantagem de romper a causalidade linear e introduzir a circularidade no pensamento científico), pela ideia de auto-organização e pela

---

* Jogo baseado nos princípios da engenharia mecânica, patenteado em 1907 pelo inglês Frank Hornby (1863-1936). Consistia em peças de diferentes tamanhos, formatos e cores, próprias para montar os mais diversos objetos. [N. da E.]

11. Da comunicação no Congrès International *Quelle Université pour demain? Vers une évolution transdisciplinaire de l'Université* (Locarno, 30 de abril a 2 de maio de 1997); o texto pode ser encontrado em "Motivation", n. 24, 1997 e também no site: <http://nicol.club.fr/ciret/bulletin/b12/b12c1.htm>.

teoria dos sistemas: em suma, por aquele conjunto de novidades metodológicas mencionadas nas páginas que ilustram a passagem da visão sistemática à visão sistêmica (ver todo o cap. V).

Morin também considera que não é possível falar de uma teoria de fácil acesso; e isso talvez explique por que seu pensamento, mesmo apreciado entre os filósofos, não teve sucesso em outros campos, como no direito, por exemplo. Recentemente, o presidente francês Nicolas Sarkozy lembrou a necessidade da *"politique de civilisation"* teorizada por Morin[12], fazendo com que o nome desse filósofo saísse do círculo dos especialistas. Contudo, até o momento as tentativas de organizar o saber jurídico de acordo com os preceitos da teoria da complexidade continuam a ser um exercício para iniciados[13].

*

O século XX assinala a passagem do centro de gravidade também científico da Europa para os EUA. Além disso, a atenção se concentra nas ciências "duras", das quais as ciências sociais extraem modelos cognoscitivos e métodos de pesquisa.

Da *biologia* vem a teoria geral dos sistemas, cujos reflexos nas ciências sociais são tratados sobretudo no capítulo III, apesar de estar presentes também em outras partes do presente volume. Em torno da ideia de uma teoria geral dos sistemas, ou seja, de uma ciência geral tanto social quanto física, giram estudos que, na sua evolução, se unem ou se separam com frequentes sobreposições de termos-chave. Por exemplo, a "Association française pour la *cyber-*

---

12. Edgar Morin, *Pour entrer dans le XXIème siècle*, Seuil, Paris, 2004, VI-376 pp.; a edição anterior se intitula: *Pour sortir du XXe siècle*, Nathan, Paris, 1984, 380 pp.; trad. port.: *Para sair do século XX*, Nova Fronteira, Rio de Janeiro, 1986, 361 pp.

13. O livro de Jiři Přibáň (ed.), *Liquid Society and its Law*, Ashgate, Aldershot, 2007, X-224 pp., contém mais de dez ensaios, além da introdução: Jiři Přibáň, *Introduction. Theorizing Liquid Modernity and Its Legal Context*, pp. 1-14.

PREFÁCIO DO AUTOR XXIII

nétique économique et technique" publicou de 1987 a 1998 uma "Revue internationale de *systémique*", que teve um número dedicado à *Systémique de la complexité*[14], organizado por Le Moigne; depois, a partir de 1999, aquela revista passou a se denominar "European Journal of Economic and Social Systems". Portanto, mais do que os termos técnicos, o importante são os métodos e as fontes científicas às quais cada estudo remete. Os ensaios de alta divulgação, de fato, muitas vezes são obrigados a simplificar a terminologia para tornar acessíveis aos não especialistas os conceitos das disciplinas científicas.

O impulso na direção de uma ciência verdadeiramente geral (ou seja, que se ocupe tanto dos menores quanto dos maiores sistemas) está presente também na *física*. Essas discussões metodológicas dos físicos foram transferidas também para as ciências sociais[15]: mas sobre a legitimidade de tais transferências restam as dúvidas já levantadas por Norbert Wiener (expostas no presente volume sob o título *A desconfiança de Wiener*, ver cap. I, 3, b), contrário à aplicação de modelos cibernéticos à sociedade.

*

A diferença entre a mecânica clássica e a mecânica quântica diz respeito também aos resultados das medições das grandezas físicas. Enquanto a mecânica clássica visa oferecer medidas certas, a mecânica quântica indica a probabilidade de verificação de resultados alternativos, que dependem do momento no qual ocorre a observação do fenômeno físico. Esse "princípio de indeterminação" foi ilustra-

---

14. Jean-Louis Le Moigne, *La théorie du système général. Théorie de la modélisation*, PUF, Paris, 1994, XII-338 pp. (4ème édition mise à jour; 1.ª ed., 1977). Como introdução ao tema, ver Jean-Claude Lugan, *La systémique sociale*, PUF, Paris, 2000, 127 pp. ("Que sais-je?").

15. Por exemplo, Mark Buchanan, *Nexus. Perché la natura, la società, l'economia, la comunicazione funzionano allo stesso modo*, Mondadori, Milano, 2003, 263 pp.; Steven Johnson, *La nuova scienza dei sistemi emergenti. Dalle colonie di insetti al cervello umano, dalle città ai videogame e all'economia, dai movimenti di protesta ai network*, Garzanti, Milano, 2004, 255 pp.

do com o "paradoxo do gato", enunciado em 1935 pelo prêmio Nobel Erwin Schrödinger (1887-1961). Eis o que escrevia o físico austríaco:

> Feche-se um gato numa caixa junto com a seguinte máquina diabólica (que precisa ser protegida da possibilidade de ser manipulada diretamente pelo gato): num contador Geiger encontra-se uma minúscula porção de substância radioativa, mas tão pouca que no decorrer de uma hora talvez um de seus átomos poderá desintegrar-se; mas, por outra perspectiva igualmente verossímil, nenhum deles poderá se desintegrar; se isso ocorrer, o contador assinalará o fato e acionará um relé com um martelinho que romperá uma ampola contendo cianeto. Depois de deixar aquele sistema inerte por uma hora, poder-se-ia argumentar que o gato ainda estaria vivo se nenhum átomo tivesse se desintegrado: de fato, a primeira desintegração atômica o teria envenenado. A função *psi* de todo o sistema leva a afirmar que, nela, o gato vivo e o gato morto não são estados puros, mas misturados em igual medida.[16]

Num certo momento, portanto, o gato pode estar morto, ou não: só saberemos o resultado através da observação direta.

Pode-se utilizar tal concepção – por similaridade – também nas ciências sociais: mas obviamente valem também aqui todas as dúvidas e os *caveat* já vistos a propósito de Norbert Wiener. Por isso mesmo, pode ser útil ver como um físico fez o caminho inverso, partindo da mecânica quântica para chegar às ciências sociais.

*

Um dos percursos intelectuais não abordados neste volume é o do físico austríaco Fritjof Capra[17] (nascido em

---

16. Erwin Schrödinger, *Die gegenwärtige Situation in der Quantenmechanik*, "Die Naturwissenschaften", 1935, p. 812.
17. Ver www.fritjofcapra.net; ecoliteracy.org; Fritjof Capra, *La rete della vita*, Rizzoli, Milano, 1997, 362 pp. (*The Web of Life*, 1996).

1939), que passou da física às ciências sociais e à filosofia, aproximando-se ainda do misticismo. O ponto de partida de Capra é a mecânica quântica, segundo a qual as partículas atômicas não são entidades físicas, mas energia em vibração. Cai assim a distinção própria da física clássica entre matéria e espírito. Na visão de Capra, o universo físico seria, portanto, organizado numa única estrutura holística ou sistêmica, na qual "tout se tien", como diziam os estruturalistas.

Cada sistema (não apenas biológico) contém vários níveis sistêmicos: os sistemas de nível inferior agregam-se num nível superior; estes últimos, por sua vez, se agregam num outro nível mais superior ainda. Numa progressiva complexidade, as células se agregam em tecidos, os tecidos em órgãos, os órgãos em organismos, os organismos em grupos sociais (não apenas humanos), que por sua vez se agregam com outros, formando ecossistemas.

Assim, percorrendo essa escala de sistemas cada vez mais complexos, Capra se desloca da física em sentido estrito para o estudo da sociedade e, dali, para a pesquisa das relações entre a sociedade humana e o mundo externo, procurando soluções para os problemas ecológicos através da mística oriental, como em sua obra sobre o Tao de 1975[18]. Aliás, esse vínculo entre a física quântica e as filosofias orientais estava presente também no já citado Erwin Schrödinger.

A difusa tendência a adotar visões científicas cada vez mais gerais, compartilhada também pelo público, pode gerar algumas estranhezas. Como os supersistemas alcançam sucesso também no meio editorial, o livro de Capra *The Science of Leonardo* acabou se transformando em *La scienza*

---

18. Fritjof Capra, *The Tao of Physics. An Exploration of the Parallels between Modern Physics and Eastern Mysticism*, Flamingo, London, 1983, 384 pp.; trad. port.: *O Tao da física. Uma exploração dos paralelos entre a física moderna e o misticismo oriental*, Presença, Lisboa, 1989, 276 pp. Ver ainda: Capra, *The Turning Point. Science, Society, and the Rising Culture*, Wildhouse, London, 1982, 516 pp.; *O ponto de mutação. Ciência, sociedade e cultura emergente*, Cultrix, São Paulo, 1988, 445 pp.

universale[19] [A ciência universal] na tradução italiana e o misticismo da literatura oriental, tão apreciada pelos físicos, tem atraído movimentos destinados ao grande público, dando origem a surpreendentes associações, entre Capra e Gramsci, por exemplo[20].

*

Segundo algumas teorias físicas recentes, a relatividade geral e a mecânica quântica são inconciliáveis. Em poucas palavras, as leis do infinitamente grande (as estrelas) são incompatíveis com as leis do infinitamente pequeno (os átomos). Para além delas deve existir uma teoria ainda mais geral, que as harmonize umas com as outras. O próprio Einstein dedicou os últimos trinta anos da sua vida à busca de uma "teoria do campo unificado", para encontrar o princípio capaz de conciliar gravidade e eletromagnetismo. Hoje a "teoria das supercordas" é apresentada como "candidata ao papel de 'Teoria do Todo' (uma TOE, como a denominam os anglo-saxões, acrônimo para 'Theory of Everything')", ou seja, "uma teoria do máximo nível de profundidade, capaz de compreender todas as outras, sem que sejam necessárias explicações ulteriores": uma teoria de "grande elegância", capaz de explicar a "geometria do cosmos"[21].

O humanista retorna assim às suas habituais metáforas. A metáfora da infinita busca da ordem do universo, ou seja, do sistema, está ligada à noção de elegância; e de fato

---

19. Fritjof Capra, *La scienza universale. Arte e natura nel genio di Leonardo*, Rizzoli, Milano, 2007, 407 pp.; Capra, *The Science of Leonardo. Inside the Mind of the Great Genius of Renaissance*, Doubleday, New York-London, 2007, XX-329 pp.

20. Olavo de Carvalho, *A nova era e a revolução cultural: Fritjof Capra e Antonio Gramsci*, Instituto de Artes Liberais – Stella Caymmi, Rio de Janeiro, 1994, 119 pp.

21. Brian Greene, *L'universo elegante. Superstringhe, dimensioni nascoste e la ricerca della teoria ultima*, Einaudi, Torino, 2003, XII-395 pp. As citações estão nas pp. 16 s.

PREFÁCIO DO AUTOR

o sistema é a "elegante esperança" que alegra a solidão do velho bibliotecário em Borges[22]. Mas seria possível aplicar ao mundo social essas complexas teorias físicas? Ou, na tentativa de fazê-lo, transferem-se apenas as palavras e metáforas de uma disciplina para outra, mas não a estrutura explicativa da teoria física de partida?

Percorrendo com atenção um livro de grande divulgação como o de Brian Greene, encontram-se referências apenas ao mundo físico, mas não ao mundo social. Parece ser possível transferir para as ciências humanas somente o conceito geral e genérico de complexidade do objeto da pesquisa (e por esse caminho voltamos a Edgar Morin) e o de não definitividade ou instabilidade das explicações oferecidas pela pesquisa (e por esse caminho voltamos a Zygmunt Bauman).

*

Por outro lado, temos ao menos de mencionar um livro brasileiro, cujo título cria um curto-circuito entre a ciência do direito e as ciências físico-naturais. Em 1970, o jurista Goffredo Telles Jr. (nascido em 1915) publicou na "Revista Brasileira de Filosofia" um artigo intitulado *O Direito quântico*, no qual afirmava que a liberdade e a disciplina no comportamento humano podem ser em ampla medida atribuídas ao DNA individual. No ano seguinte, a convite do Instituto de Física da Universidade de São Paulo, ele voltou a expor essas concepções, transformadas depois em livro, que em 2006 chegou à oitava edição[23].

O autor da *Carta aos Brasileiros*, lida nas Arcadas do Largo São Francisco, em São Paulo, em 1977, como elogio

---

22. Com esta citação de *A biblioteca de Babel* começa a *Introdução* ao vol. 1 da presente trilogia sobre sistema e estrutura no direito: Jorge Luis Borges, *La biblioteca di Babele*, in *Finzioni*, Einaudi, Torino, 1995, p. 78.

23. Goffredo Telles Jr., *O Direito quântico. Ensaio sobre o fundamento da ordem jurídica*, Limonad, São Paulo, 1980, 436 pp. (5.ª ed. revista e aumentada; 7.ª ed., 2003; 8.ª ed., Juarez de Oliveira, 2006, 376 pp.)

do Estado de Direito em plena ditadura militar, demonstrava assim ser "o eterno subversivo", também na teoria do direito[24], criando uma ponte entre a biologia e o direito. Mais problemática é a menção à física quântica: mas, em relação a esse tema, ainda há muito a discutir.

Em conclusão, encontra-se aberto o debate sobre essas transferências de método das ciências exatas para as humanas: também sob este ponto de vista, a pesquisa sobre a noção de sistema não terminou, e dificilmente chegará ao fim.

MARIO G. LOSANO
Milão, agosto de 2008.

---

24. Cfr. www.goffredotellesjr.adv.br, com o texto da *Carta aos Brasileiros*. A denominação de "o eterno subversivo" vem do título de um escrito de João Batista Ericeira naquele mesmo *site*.

INTRODUÇÃO
Da modernidade à pós-modernidade:
per obscura ad obscuriora?

Com o fim da Segunda Guerra Mundial começa o período do qual se ocupa este terceiro e último volume. Ele abrange, portanto, a segunda metade do século XX e abre-se com o fervor da reconstrução, também política e cultural, que acompanhou o término das operações militares.

A Europa perdera a centralidade mundial que a acompanhara ainda no século XIX e até a eclosão da Segunda Guerra Mundial. Agora os Estados Unidos da América apresentavam-se como o centro do mundo e a fonte da modernidade: de lá saíam importantes mitos e modas. As divisões criadas pelas hostilidades bélicas cessaram em pouco tempo. Os livros e as revistas científicas também recomeçaram a circular e as descobertas mantidas sob segredo militar logo se transformaram em bens de mercado. O símbolo dessa transição pode ser considerado o computador, inicialmente engenho essencial para a produção da bomba atômica, em seguida, no período subsequente à guerra, instrumento destinado a revolucionar o mundo da pesquisa e dos negócios. A máquina para processar os dados e a ciência interdisciplinar da qual ela surgira não tardaram a se tornar o modelo em que se inspiraram muitas inovações científicas, também no campo das ciências sociais.

O fim da centralidade cultural da Europa também pode ser observado nas teorias que inspiraram o direito da segunda metade do século XX: tanto a cibernética como a teoria geral dos sistemas vinham dos Estados Unidos, ao passo que o estruturalismo – fenômeno essencialmente francês – conheceu um sucesso intenso, mas circunscrito. O estruturalismo extinguiu-se, ao passo que a cibernética e a teoria geral dos sistemas afirmaram-se também na Europa e ainda hoje continuam a produzir frutos, obviamente graças também a sua profunda evolução. O fato de ser possível reencontrar e identificar, nessas três correntes de pensamento, tanto as raízes europeias originárias como os estudiosos europeus no grupo dos fundadores daquelas disciplinas americanas muda pouco a dependência da Europa em relação ao Novo Mundo. O passado pertence a quem sabe fazê-lo frutificar; além disso, a loucura das perseguições raciais, de que se ocupou o segundo volume, teve também o resultado de sangrar o mundo científico europeu e de introduzir nova linfa no mundo americano.

Mas pelo menos sob um aspecto as grandes teorias de que se ocupa este volume marcam um retorno ao século XIX, quando a filosofia clássica alemã elaborava sistemas abrangentes, em que o direito também tinha lugar.

Na passagem do século XIX à primeira metade do século XX, a filosofia do direito dos filósofos cedera lugar à filosofia do direito dos juristas. Não se procurava mais deduzir da Ideia o sistema que sustentava o direito, mas se remontava por indução dos dados jurídicos (bem como das exigências de administrar a justiça em épocas conturbadas) a organizações setoriais de normas, a que se dava o nome de sistemas, mais por tradição que por convicção. Dos grandes sistemas filosóficos nasceram os sistemas jurídicos universais (vol. 1, cap. VI); da pouca relevância dos juristas surgiram, de um lado, os estudos sobre a unidade do ordenamento jurídico e sobre as lacunas e, de outro, aqueles sistemas não para conhecer, mas para fazer aplicar sentenças que, dos jusliberistas, passaram à jurisprudência dos valores do primeiro pós-guerra e, em seguida, aos sistemas circunscritos ligados ao direito positivo e propostos por Wilburg e Canaris (cf. vol. 2, caps. VII e VIII).

INTRODUÇÃO XXXI

O panorama da segunda metade do século XX volta a ser dominado por algumas grandes construções cognoscitivas, as quais, porém, não se apresentam mais como sistemas filosóficos, mas como sistemas sociais: é suficiente pensar em Jürgen Habermas e em Niklas Luhmann. A filosofia foi substituída pela sociologia, que reservava uma área ao direito e, em particular, ao sistema do direito (se a teoria social for sistêmica, como a de Luhmann). A ascensão da sociologia pode ser atribuída a dois fenômenos. De um lado, a filosofia geral se esvaziava em favor de um número crescente de disciplinas autônomas, que estavam originariamente em seu interior. De outro, no que diz respeito às teorias alemãs acima mencionadas, não podemos esquecer que a sociologia alemã usufruíra de uma longa e sólida tradição, mas que seu reconhecimento acadêmico ocorrera tardiamente. Schelski, o mestre de Luhmann, assim como todos os sociólogos da sua época, também fez os próprios estudos na faculdade de filosofia. Não obstante a chegada de toda a modernidade transoceânica, saía-se daquela faculdade com uma sólida bagagem ligada à filosofia clássica alemã e, talvez subliminarmente, com um grande respeito e quem sabe até com uma certa nostalgia pelas grandes construções sistemáticas.

A história do estruturalismo é diferente e mais especializada. Como demonstrou Easton, o estruturalismo não conseguiu afirmar-se nos Estados Unidos, onde, depois da guerra, se consolidara a teoria geral dos sistemas. Nos Estados Unidos e também na Europa, o estruturalismo acabou ou por ser suplantado pela teoria geral dos sistemas nas disciplinas que buscavam uma teoria verdadeiramente geral para sistematizar os próprios conhecimentos, ou então por se tornar um método firmemente inserido em estudos especializados de linguística e de antropologia. No fim do século XX, o estruturalismo deixara de ser uma grande teoria com algo a dizer a todas as ciências sociais. Mas esse rápido declínio não pode ser atribuído apenas à concorrência da teoria geral dos sistemas. Três são os fatores internos que prejudicaram efetivamente o estruturalismo: o fato de ele ter se tornado uma moda propugnada com intolerância por adeptos nem sempre preparados; as polêmicas dos pós-estruturalistas que, para usar as palavras de Eco, liquidaram, mais do que continuaram, o estruturalismo; a obscuridade iniciática da linguagem dos pós-estruturalistas. Mas Luhmann também tem direito a uma cadeira no Panteão dos deuses da linguagem obscura: o capítulo IV, 1, a, tentará esclarecer essa obscuridade.

A característica das teorias jurídicas da segunda metade do século XX consiste em adotar noções e métodos de outras disciplinas (em geral das disciplinas físico-naturais; mas, no caso do estruturalismo, da linguística e da antropologia) e em tentar aplicá-las ao direito, que, ao contrário, permanece sempre o mesmo, não obstante o caráter mutável dos conteúdos. O texto descreve muitas teorias cibernéticas do direito, o estruturalismo jurídico e a visão sistêmica do direito em Luhmann e em sua escola. A transposição das teorias científicas para o pensamento jurídico exige uma dupla vigilância por parte de quem escreve sobre essas teorias jurídicas modernas e pós-modernas.

Em primeiro lugar, mesmo o jurista atual não tem as noções técnicas para perceber, ainda que passivamente, essas transposições das ciências físico-naturais para as jurídicas. Um dos motivos da incompreensibilidade de certos textos é precisamente o uso de uma linguagem científica que não é a do jurista. Procurei remediar esse inconveniente reconstruindo a evolução das teorias científicas que foram adotadas nas ciências sociais e no direito: os inícios e as linhas fundamentais da cibernética (cap. I, 1, 2), do estruturalismo (cap. II, 1-4), da auto-organização (todo o capítulo III) e dos ciclos autocatalíticos (cap. IV, 11). Desse modo, espero ter esclarecido em alguma medida a interação entre as novas teorias jurídicas e as noções provenientes de outras ciências.

Em segundo lugar, inúmeros cientistas expressaram as próprias dúvidas sobre a fecundidade cognoscitiva da trans-

INTRODUÇÃO XXXIII

posição de teorias científicas no âmbito das ciências sociais. Por exemplo, a noção de sistema vivo mostra-se muito diferente da noção de sistema social ou de sistema jurídico. Na biologia pode-se dizer que o sistema "faz": mas tem sentido dizer isso também no direito? Compartilho várias dessas dúvidas: muitas vezes, a transferência das ciências físico-naturais para as ciências sociais revelou-se não a aquisição de um método científico, mas a simples adoção de termos ou de metáforas. Desse modo, as teorias importadas muitas vezes servem apenas para formular com uma terminologia mais moderna (ou ainda apenas na moda) aquilo que o jurista já sabe sobre a própria disciplina, ou então – como veremos no caso de Derrida e dos pós-estruturalistas – para formular teorias que talvez sejam válidas para a psicanálise ou para outras disciplinas, mas que não parecem utilizáveis para o jurista. Como não faltaram críticos dessa empolgação cientificista, citei-os e expressei francamente as minhas hesitações quando os textos não me pareciam convincentes. Gostaria de ressaltar que as minhas hesitações se referem à fecundidade de certas teorias no âmbito do direito; minha crítica limita-se apenas a isso, deixando em aberto o valor de toda a teoria criticada no campo que lhe é próprio, como a psicanálise (Derrida), a crítica literária (Kristeva), a sociologia (Luhmann) etc.

As três teorias gerais que inspiram outras tantas teorias jurídicas são tratadas cada uma em um capítulo. O *primeiro capítulo* descreve a consolidação da cibernética nos Estados Unidos e, em particular, o uso dos modelos cibernéticos para explicar o funcionamento da sociedade. A descrição das noções fundamentais da cibernética e dos modelos sociais elaborados nos Estados Unidos é imprescindível para compreender o núcleo inicial dos conhecimentos do qual se origina o pensamento de Luhmann, o qual, nos Estados Unidos, aproximou-se desses modelos através do contato pessoal com Parsons. Ao mesmo tempo, a adoção dos modelos juscibernéticos americanos na Europa teve que ser adaptada ao sistema de Civil Law nos Estados da Europa ocidental, ao passo que nos Estados de regime comunista entrou em conflito com a doutrina oficial do materialismo dialético. Obviamente, esta última polêmica e esta dicotomia entre Leste e Oeste têm hoje, após o término da Guerra Fria, apenas um valor histórico, ainda que ajudem a explicar a origem ideológica de certos atrasos industriais nos Estados da Europa oriental.

O estruturalismo na França e principalmente na Europa ocidental teve o seu apogeu por volta dos anos 1960, ou seja, naqueles mesmos anos em que se afirmavam as teorias sociocibernéticas. O *segundo capítulo* retoma a história dessa disciplina na linguística e na antropologia, procurando em seguida traçar um balanço do pálido estruturalismo jurídico. Com exceção de um nicho de adeptos da semiologia jurídica, esse movimento jurídico está atualmente desaparecido, mesmo porque seus adeptos encontraram um instrumento mais articulado na teoria geral dos sistemas.

Da cibernética surge também a teoria da auto-organização, base da concepção do sistema autopoiético de Luhmann. A rapidez da evolução da cibernética e a pluralidade das disciplinas nascidas dessa ciência (originária da fusão interdisciplinar) aconselharam-nos a dedicar todo o *terceiro capítulo* à gênese e à evolução da auto-organização. Enquanto da "primeira" cibernética de Wiener originam-se as teorias sociocibernéticas examinadas no capítulo I, a "segunda" cibernética apresenta uma visão mais complexa da relação entre ambiente e sistema, levando em consideração também as mudanças produzidas pela presença de um observador. O sistema não visa mais voltar ao estado de equilíbrio inicial, mas se adapta, se auto-organiza em função da mudança. Todavia, os estudos sobre a capacidade do sistema de se auto-organizar têm suas raízes no século XIX: a esse pano de fundo das teorias mais recentes são dedicados os itens 1-4.

A história científica da auto-organização permite tratar o pensamento de Luhmann no *quarto* e *último capítulo*. A vasta produção desse autor, falecido em 1998, ainda não per-

INTRODUÇÃO

mite avaliar globalmente a relevância de sua teoria para o direito. Caberá a outros a tarefa de reconstruir sistematicamente a teoria sistêmica do direito em Luhmann. A presente história da noção do sistema no direito propõe-se uma tarefa bem delimitada: esclarecer os vínculos entre a noção sistêmica de Luhmann e a precedente tradição sistemática própria do direito. Procurou-se evidenciar aqui como o jurista Luhmann recebeu de Parsons as teorias sociocibernéticas e como ele mesmo foi incluído entre os juristas adeptos da cibernética graças a suas primeiras publicações sobre a automação da administração pública. Ou melhor, a esse vínculo entre o primeiro Luhmann e as teorias cibernéticas é dedicado o longo item 6, que analisa várias de suas publicações da juventude, hoje deixadas de lado por suas últimas e monumentais exposições. Por fim, sua transição da cibernética à autopoiese é apenas mencionada: a "mudança de paradigma" no início dos anos 1980 encontra sua explicação na análise, realizada no capítulo precedente, da noção de auto-organização.

Com o sistema autopoiético de Luhmann conclui-se, por enquanto, a história da noção de sistema no direito. Mas a noção atual de sistema já é radicalmente diferente daquela de que partimos ao examinar os textos do século XIX e é lícito ter dúvidas sobre a utilidade que as mais abstratas dentre essas teorias podem ter para o jurista. Ao contrário, a informática jurídica afirmou-se e difundiu-se, tanto no Common Law quanto no Civil Law, como uma técnica insubstituível em cada setor do direito contemporâneo.

Capítulo I
Os sistemas cibernéticos do direito

Pontos de intersecção e desenvolvimentos do discurso. Com o término da Segunda Guerra Mundial, o computador, desenvolvido a partir de uma pesquisa interdisciplinar para fins militares, difundiu-se na sociedade civil. Ele não apenas revolucionou a organização da economia e da sociedade, mas se tornou também o modelo conceitual no qual se inspiraram os setores não técnico-científicos da pesquisa. Wiener, autor de *Cibernética* (1948) e um dos inventores do computador, sempre viu com muita desconfiança a extensão dos conceitos cibernéticos às ciências sociais. Em particular, a noção de sistema utilizada na cibernética vinha das ciências biológicas e físicas, ou seja, de sistemas vivos, que agiam por si e sobre os quais os cientistas procuravam influir. Um sistema biológico é, por isso, diferente de um sistema social ou jurídico, a ponto de tornar arbitrária qualquer analogia. Para destacar a diferença entre os dois conceitos de sistema, é oportuno falar de *pesquisa sistemática* para aquela clássica, como já foi visto nos volumes 1 e 2, ao passo que, neste terceiro volume, é mais adequado falar de *pesquisa sistêmica*. Entretanto, poucos se atêm a essa convenção terminológica.

Não obstante a desconfiança de Wiener, o sistema cibernético afirmou-se tanto nos Estados ocidentais como nos comunistas (não sem conflitos com o marxismo oficial na explicação dos mecanismos sociais). Neste volume é dedicada particular atenção aos modelos cibernéticos da sociedade elaborados nos Estados Unidos (Easton, Deutsch, Etzioni, Beer etc.: itens 5 e 7), porque a pesquisa sistêmica de Luhmann originou-se precisamente de um desses modelos: o de Parsons (cf. *infra*, cap. IV, 4, 5).

A ligação entre cibernética e direito começou em 1949. A teoria cibernética apresentava-se então, de um lado, como um modelo social geral aplicável também ao setor específico do direito e, de outro, como a técnica para o uso do computador na administração da justiça. A "jurimetria" de Lee Loevinger, nascida nos Estados Unidos em 1949, era influenciada pelo Common Law e visava, entre outros, à previsão das sentenças. Na Europa ocidental, ao contrário, essas aplicações práticas foram complementadas por construções teóricas mais amplas que, ao fazer uso dos conceitos da cibernética (sistema, programa, retroação, caixa-preta etc.), receberam o nome de "juscibernética". Enfim, com os anos 1980, essas construções teóricas cederam lugar a um uso cada vez mais extenso dos computadores nos setores públicos e privados regulados pelo direito. Difundiram-se assim a "informática jurídica" (ou aplicação da informática ao direito: por exemplo, a automação dos procedimentos do registro fiscal, dos registros cadastrais ou dos tribunais) e o "direito da informática" (ou aplicação do direito à informática: por exemplo, os crimes de informática, os contratos de bens e serviços de profissionais da informática, a tutela dos dados pessoais, a proteção jurídica do *software* etc.).

Também no novo milênio esses últimos dois ramos estão conhecendo uma constante expansão, ligada à informatização capilar da sociedade. Enquanto os juristas descobrem sempre novos campos aos quais aplicar os próprios conhecimentos (e expandem assim o direito da informática), a informática jurídica é objeto de pesquisa de grupos interdisciplinares, até mesmo pela complexidade alcançada pela própria matéria. Das três teorias modernas examinadas neste terceiro volume – cibernética, estruturalismo e teoria geral dos sistemas – o filão originariamente cibernético é, sem dúvida, o que continua a conhecer o maior sucesso. A cibernética parece destinada a ser uma disciplina obrigatória nas ciências jurídicas do futuro.

1. O nascimento interdisciplinar da cibernética

A cibernética nasceu oficialmente em 1948 com a publicação do livro homônimo de Norbert Wiener (1894-

-1964)[1]. Nos anos seguintes, o instrumento que encarnava essa disciplina, o computador, difundiu-se com uma velocidade e uma capilaridade sem igual na história da técnica. Do cientista ao homem comum, todos ficaram fascinados com as possibilidades oferecidas pelo computador e com o mito que o circundava. A nova máquina, saída dos laboratórios da Segunda Guerra Mundial e libertada do segredo militar que a envolvia, logo começou a se difundir na sociedade civil: de fato, em 1954 o primeiro computador foi instalado em uma indústria americana.

A história daquela nova máquina e daquela nova disciplina está aqui dividida em duas partes. O conjunto dos estudos teóricos que levaram à construção do computador não tinha como única finalidade a construção de uma máquina para o processamento de dados: no capítulo III, a descrição da origem daquelas que, hoje, recebem o nome de primeira e segunda cibernética evidencia as raízes culturais da teoria geral dos sistemas e da noção de auto-organização, da qual se origina também o conceito de autopoiese em Luhmann. O computador foi a concretização "engenheirística" das teorias da primeira cibernética e, desde seu surgimento, exerceu uma enorme influência no imaginário coletivo; em particular, ele forneceu aos cientistas sociais um novo modelo teórico para descrever os fenômenos sociais, e um extraordinário instrumento para analisá-los de maneira inovadora. Remetendo, portanto, ao item 10 e às páginas seguintes o discurso sobre as duas cibernéticas, é oportuno retornar agora à história do computador: história

---

1. Norbert Wiener, *Cybernetics; or, Control and Communication in the Animal and the Machine*, Wiley, New York, 1948, 194 pp. [trad. italiana: *La cibernetica. Controllo e comunicazione nell'animale e nella macchina*. Traduzione di Giampaolo Barosso, Mondadori, Milano, 1968, 269 pp.]. Sobre a sua vida, esse matemático escreveu dois livros: *Ex-Prodigy. My Childhood and Youth* (Simon & Schuster, New York, 1953, XII-309 pp.) e *I am a Mathematician* (Gollancz, London, 1956, 380 pp.). Este último traça um quadro detalhado da sua carreira científica iniciada em 1919 no Massachusetts Institute of Technology. O ambiente em que nasceu o livro *Cybernetics* está descrito a pp. 314-37.

que não pode ser deixada em segundo plano, mas que é necessário sintetizar aqui.

As tentativas de atribuir aos mecanismos algumas atividades particulares realizadas pelo homem remontam à Antiguidade clássica, tanto que essas máquinas semoventes têm um nome derivado do grego – autômatos –, são filhas da mecânica grega e, depois, por sua vez, da alexandrina, da árabe, da renascentista, da iluminista e da do século XIX[2]. Os autômatos antropomorfos e zoomorfos, esculturas semoventes que fundem a arte da escultura com a tecnologia da mecânica, saíram derrotados da luta evolutiva dos mecanismos que reproduzem a atividade humana. Hoje eles já fazem parte da história da técnica (e também da ourivesaria como arte menor), e a ciência renunciou a reproduzir, mecanicamente, o membro humano para conseguir o seu movimento artificialmente: a perna foi substituída pela roda, a mão, pelo teclado da máquina de escrever.

Os mesmos fermentos intelectuais que produziram os autômatos antropomorfos levaram a confiar à mecânica também a mais exclusiva das atividades humanas: a intelectual e, precisamente, o cálculo. As dificuldades a serem superadas não eram apenas técnicas: em épocas de intenso fervor religioso, essa intenção foi considerada ímpia, porque, com ela, o homem parecia querer igualar-se a Deus na sua ação criadora. Quando, em 1623, um incêndio destruiu a casa de Wilhelm Schickardt (1592-1635) junto com o projeto de sua máquina de calcular, ele renunciou para sempre àquela empresa: o incêndio pareceu-lhe uma punição divina pelo desafio lançado a Deus e, ao mesmo tempo, uma advertência para desistir de seu projeto luciferino. A história do cálculo mecânico transcorreu depois, por muito tempo, paralelamente à dos autômatos, associou-se aos mecanismos da relojoaria e gerou as calculadoras mecânicas, que prosperaram até cerca da metade do século XX.

---

2. Mario G. Losano, *Storie di automi. Dalla Grecia classica alla Belle Époque*, Einaudi, Torino, 1990, XXVIII-154 pp.

Depois, as calculadoras tornaram-se eletromecânicas e, mais tarde, eletrônicas: mas aqui já se estava em um mundo radicalmente diferente daquele em que surgiram as máquinas para o cálculo mecânico.

Já no século XIX, porém, na história das máquinas de calcular encontram-se os primeiros princípios construtivos que levarão ao computador dos nossos dias. O matemático inglês Charles Babbage (1792-1871)[3] transferiu os cartões perfurados do tear dos tecelões para a máquina de calcular, que foi assim "programada" para realizar todo o ciclo repetitivo de operações necessário para o cálculo das tabelas. Por volta de 1850, os empresários suecos Edvard e Georg Scheutz[4] incrementaram a máquina assim programada com uma aparelhagem tipográfica para imprimir os resultados obtidos: nascia assim também a unidade de saída.

Quando eclodiu a Segunda Guerra Mundial, grupos de cientistas estavam em busca de soluções cada vez mais modernas para o cálculo automático, instrumento indispensável para o progresso das ciências depois de elas terem sido permeadas pela exigência da formalização e da matematização. A eclosão da guerra deu um impulso decisivo a essas pesquisas e, ao mesmo tempo, fragmentou-as: de fato, cada Estado incrementou e, ao mesmo tempo, manteve sob sigilo militar as pesquisas que deviam aumentar o poder de cálculo para melhorar a defesa antiaérea e para

---

3. Mario G. Losano (a cura di), *Babbage: la macchina analitica. Un secolo di calcolo automatico*, Etas Kompass, Milano, 1974, IX-191 pp., com os projetos das suas máquinas encontrados na Academia de Ciências de Turim; Harry W. Buxton, *Memoir of the Life and Labours of the Late Charles Babbage*, MIT Press, Cambridge (Mass.), 1988, XIX-401 pp. (reedição fac-similar); Antony Hyman, *Charles Babbage Pioneer of the Computer*, Princeton University Press, Princeton (N.J.), 1982, XI-287 pp.

4. Georg Scheutz (1785-1873) era o pai de Edvard (1821-1881); cf. Michael Lindgren, *Glory and Failure. The Difference Engines of Johann Müller, Charles Babbage and Georg and Edvard Scheutz*, MIT Press, Cambridge (Mass.), 1990, 414 pp.; Uta Merzbach, *Georg Scheutz and the Printing Calculator*, Smithsonian Institution Press, Washington, 1977, III-74 pp.; Mario G. Losano (a cura di), *Scheutz: la macchina alle differenze. Un secolo di calcolo automatico*, Etas Libri, Milano, 1974, 164 pp.

construir a bomba atômica. O computador moderno estava nascendo nos Estados Unidos[5], na Alemanha[6] e na Grã--Bretanha[7], mas os cientistas não podiam unir seus esforços na pesquisa. É nesse clima de financiamentos preferenciais e sigilo militar que nasce a cibernética: são suficientes aqui algumas informações para relembrar sua história[8].

Já antes da eclosão da Segunda Guerra Mundial, o matemático americano Norbert Wiener manifestara claros interesses pelos estudos metodológicos e interdisciplinares. Parecia-lhe que a fragmentação das disciplinas especialistas levaria a realizar estudos diferentes com metodo-

---

5. Hermann H. Goldstine, *The Computer von Pascal to von Neumann*, Princeton University Press, Princeton (N.J.), 1972, X-378 pp. [trad. italiana: *Il computer da Pascal a von Neumann. Le radici americane dell'elaboratore moderno.* Presentazione di Mario G. Losano, Etas Libri, Milano, 1981, 396 pp.].
    6. Sobre as origens: Zuse. *L'elaboratore nasce in Europa. Un secolo di calcolo automatico.* Mario G. Losano (a cura di), Etas Libri, Milano, 1975, XVIII-184 pp.; sobre as relações entre computador e socialismo em Zuse, cf. *infra*, nota 242. Sobre os desenvolvimentos no Politécnico de Dresden, na RDA: Erich Sobeslavski – Nikolaus Joachim Lehmann, *Zur Geschichte von Rechentechnik und Datenverarbeitung in der DDR, 1946-1968*, Hannah-Arendt-Institut für Totalitarismusforschung, Dresden, 1996, 166 pp.
    7. Michael R. Williams, *The Early British Computer Conferences*, MIT Press, Cambridge (Mass.), 1989, XVI-508 pp.
    8. Uma síntese está em Wiener, *Cibernetica*, cit., pp. 24 ss.; outra em Losano, *Informatica per le scienze sociali*, Einaudi, Torino, 1985, pp. 22-9; cf. além disso Marcello Morelli, *Dalle calcolatrici ai computer degli anni Cinquanta. I protagonisti e le macchine della storia dell'informatica*, Angeli, Milano, 2001, 398 pp. Uma história desde 1890 até 1974 está em Gerhard Chroust – Heinz Zemanek, *Die Geschichte der Datenverarbeitung*, Oldenbourg, Wien – München, 1995, XVI-101 pp. Além de Goldstine, citado na nota 5, ver: Joel Shurkin, *Engines of the Mind. A History of the Computer*, Norton, New York, 1984, 352 pp.; James W. Cortada (ed.), *Archives of Data-Processing History. A Guide to Major U.S. Collections*, Greenwood Press, New York, 1990, XV-181 pp.; William Aspray – Bruce Bruemmer, *Guide to the Oral History Collection of the Charles Babbage Institute*, Charles Babbage Institute, Minneapolis, 1986, 110 pp.; Martin Campbell-Kelly – William Aspray, *Computer. A History of the Information Machine*, Basic Books, New York, 1996, IX-342 pp.; James W. Cortada, *An Annotated Bibliography on the History of Data Processing*, Greenwood Press, Westport (Conn.), 1983, XLII--215 pp., a que se segue uma *Second Bibliographic Guide to the History of Computing*, 1996, VIII-416 pp.; Michael R. Williams, *A History of Computing Technology*, IEEE Computer Society, Los Alamitos (Cal.), 1997, XI-426 pp.

logias diferentes sobre os mesmos objetos, denominados diferentemente em cada uma das disciplinas. Perdiam-se, assim, férteis e potenciais interações. Esses interesses interdisciplinares levaram Wiener a participar dos seminários da Harvard Medical School e a colaborar com o fisiologista mexicano Arturo Rosenblueth, a quem é dedicado o livro *Cybernetics*.

Em 1940, por exigências bélicas, Wiener teve que se ocupar da construção de máquinas calculadoras e do planejamento de redes elétricas. Remonta àquela época um pró-memória de sua autoria, que antecipa a estrutura do computador. Mas as prioridades daqueles anos eram outras e a Wiener foram confiados os problemas da defesa antiaérea. Dada a velocidade dos aviões modernos, era necessário confiar a uma máquina o cálculo da posição que o avião assumiria em voo e a previsão da reação, tanto do piloto aos tiros de artilharia, quanto do soldado de artilharia às reações do piloto. Foi no decorrer desses estudos que Wiener, unindo seus conhecimentos de matemática aos de fisiologia, chegou a formular a teoria da retroação ou *feed back*. Esse princípio une as máquinas que reproduzem funções humanas e o sistema nervoso humano. As pesquisas nesses dois setores até então heterogêneos foram unificadas: o estudo da estrutura da máquina e o da fisiologia do ser humano fundiram-se agora em uma única disciplina – a cibernética – que, como diz o subtítulo da obra de Wiener, estuda o controle e a comunicação tanto no homem como na máquina. O maior sucesso dessa evolução foi a construção, já no final da guerra, das primeiras máquinas para o cálculo automático.

Quando a guerra acabou, o computador – inicialmente eletromecânico, depois eletrônico – estava pronto. Prescindindo de sua finalidade eminentemente militar, o computador podia ser transferido à economia privada e à pesquisa científica[9]. O mesmo ocorreu, em tempos mais recen-

---

9. James W. Cortada, *The Computer in the United States. From the Laboratory to Market, 1930-1960*, Sharpe, Armonk (NY), 1993, XIX-183 pp.

tes, com o surgimento das redes para a transmissão de dados: em sua origem estava a rede americana Arpanet, destinada a proteger os Estados Unidos de um ataque de mísseis. Com o fim da Guerra Fria, a rede foi estendida ao mundo civil e conectada com outras redes: com o nome de internet, ela tornou-se o símbolo do novo milênio, o instrumento da nova economia e também uma moda.

Nada de novo sob o sol, mas o uso civil da energia atômica seguiu a mesma trajetória; em 1609, Galileu Galilei também oferecia ao Doge de Veneza sua luneta como "instrumento de inestimável vantagem, que possibilita descobrir no mar, em maior distância que a habitual, velas e navios do inimigo, de modo que, com duas horas ou mais de antecedência, podemos descobrir o inimigo antes mesmo que ele nos descubra, e distinguindo o número e a qualidade dos navios, avaliar suas forças, para nos preparar para o ataque, o combate ou a fuga; e da mesma forma podemos descobrir em terra, no interior das praças, alojamentos e abrigos do inimigo de algum lugar mais elevado, mesmo que distante, ou ainda, em campo aberto, ver e, particularmente, distinguir, com nossa imensa vantagem, cada um dos seus movimentos e preparativos"[10]. A guerra, portanto, sempre foi a parteira de invenções depois cedidas à sociedade civil.

A mistura de teoria interdisciplinar e de alta tecnologia, que favorecera o nascimento do computador, continuou por algumas décadas, até o começo dos anos 1980. Um fato indica a rapidez da difusão dessa "mentalidade cibernética": durante várias décadas não houve um termo unívoco para designar a máquina *par excellence* nascida da cibernética, mas sua denominação variava também em função do ambiente em que era empregada. Nas várias línguas encontram-se expressões como autômatos de cálculo, calculadoras eletrôni-

---

10. Carta de Galileu Galilei ao Doge de Veneza Leonardo Donato, Pádua, 24 de agosto de 1609: Galileu Galilei, *Opere*. Franz Brunetti (a cura di), Utet, Torino, 1964, vol. 1, p. 866.

cas, máquinas cibernéticas, calculadores numéricos, computador, ou formas enfáticas como "máquina lógica" (Luhmann), "oráculo jurídico automático" (Frosini) e "oráculo eletrônico" (Jungk), ao passo que as descrições mais difundidas e mirabolantes falam de cérebros eletrônicos, máquinas pensantes e "grandes cérebros". Mas exatamente essa variedade de nomes demonstra como, em poucas décadas, o computador alcançou cada canto da sociedade.

2. Os conceitos fundamentais da cibernética

Os cientistas sociais e os juristas aproximaram-se da cibernética com cerca de uma década de atraso em relação aos estudiosos das ciências exatas e naturais, e nela encontraram, portanto, um *corpus* de instrumentos metodológicos já organizados, prontos para serem aplicados às próprias disciplinas. Pode, portanto, ser útil sintetizar agora as ferramentas que os cientistas sociais e os juristas encontraram na cibernética nas décadas entre 1950 e 1970. Leo Reisinger sintetizou, em 1977, "os conceitos fundamentais das ciências dos sistemas e da informação" em uma extensa descrição adaptada ao jurista, e ainda hoje válida, sobretudo para compreender quais eram os pontos iniciais das primeiras construções cibernéticas em campo jurídico[11].

A cibernética apresentou-se aos cientistas sociais como o estudo abstrato dos processos reais organizados em "sistemas" (por ora entendidos no sentido corrente do termo), no interior dos quais ela analisa a recepção, a transmissão e a retroação das informações, omitindo deliberadamente a análise das influências materiais ou energéticas exteriores ao próprio sistema. A noção tradicional de sistema dos

---

11. Leo Reisinger, *Rechtsinformatik*, De Gruyter, Berlin/New York, 1977, pp. 53-96: trata da noção e dos tipos de sistema, do método da caixa-preta (ou *black box*), da análise sistêmica, da modelização e da simulação, dos conceitos de sinal e de informação e dos sistemas de documentação.

cientistas sociais era, porém, diferente da noção de sistema usada na cibernética. Para evitar confusões, em uma primeira aproximação, talvez fosse oportuno compreender o sistema cibernético no sentido de processo, entendido, por sua vez, como um conjunto concatenado de passos destinados a um fim. Os sistemas reais, provenientes dos mais variados setores do mundo externo, revelam assim características formais comuns e interdisciplinares, que a cibernética procura descrever em modelos matemáticos gerais. Os instrumentos dos quais se vale nessa formalização são as lógicas formais, a topologia, a álgebra, a análise, a estocástica, entre outros.

Os modelos abstratos, surgidos da generalização de determinado processo empírico, podem ser estendidos a outros processos, revelando suas características e explicando seus comportamentos anteriormente desconhecidos. O "sistema cibernético" nasce, portanto, da formalização de vários fenômenos empíricos que apresentam algumas características comuns. Por esse caminho podem ser formalizados, de modo rigoroso, também aqueles fenômenos naturais ou técnicos que escapam a outras formas de matematização.

Os sistemas cibernéticos podem ser deterministas ou probabilistas. Quando a informação de entrada determina inteiramente as reações de um processo natural, sua descrição formal recebe o nome de "sistema cibernético *determinista*". Exemplos desses sistemas são o computador (modelização do cérebro humano) ou o processo produtivo inteiramente robotizado (modelização da fábrica tradicional). Quando, ao contrário, o processo não é totalmente determinado pelas informações de entrada, mas apresenta certo grau de liberdade nas suas reações, fala-se de "sistema cibernético *probabilista*" (ou estocástico). Exemplos desses sistemas são o cérebro humano (que o computador procura imitar) ou o ciclo produtivo apenas parcialmente robotizado (em que subsistem elementos da fábrica tradicional). Esses conceitos encontram eco nas teorias do primeiro Luhmann sobre os sistemas probabilista e determinista e sobre os programas causais (cf. *infra*, cap. IV, 6, e).

Um processo pode, todavia, ter a característica de reter por determinado tempo a informação recebida ou de usá-la repetidamente, ou seja, de memorizá-la: esses sistemas dotados de memória são os "sistemas dinâmicos" ou "complexos". É sobretudo a eles que a cibernética dedica sua atenção. Quando um sistema complexo recebe uma informação externa, reage de modo a alcançar um objetivo predeterminado, que pode ser, por exemplo, o de manter um certo comportamento ou o de se adaptar ao ambiente. Assim, recebida uma informação, o computador começa sua atividade, ou seja, um organismo reage instintivamente.

A informação externa pode também provocar o desenrolar de um processo que é, portanto, guiado por aquela informação originária sem que a cadeia de consequências influencie a informação que a causou. Essa ação é chamada de *controle*, adotando literalmente o vocábulo de origem anglo-saxônica, ao passo que seria mais exato falar de "guia". Todavia, hoje, seria um purismo inútil tentar substituir o vocábulo "controle", que já faz parte do uso comum com esse significado.

Fala-se, ao contrário, de *regulação* quando a informação de entrada serve para restabelecer o equilíbrio de um sistema. Quando, por exemplo, um defeito impede que se chegue à finalidade do sistema, o próprio sistema transmite essa divergência entre o fim e os meios atuais para alcançá-lo; esse sinal provoca uma série de reações que corrigem o erro e levam o sistema às condições necessárias para alcançar o próprio fim. Como essa "retroação" (*feedback*) elimina um elemento de distúrbio, fala-se de "retroação negativa": esse também é um conceito central da cibernética.

O processo de *adaptação* é em parte similar ao processo de regulação. Nesta última, o fim a ser alcançado é atribuído por uma entidade externa ao sistema, que guia (*con-

trol) o sistema para sua realização, ou seja, é o próprio sistema que se corrige (*regulação*) para alcançá-lo.

Nos seres vivos não existe, dentro de certos limites, um fim a ser alcançado, mas é o próprio organismo que estabelece esse objetivo adaptando-se sempre ao ambiente. Esse processo de *homeostase* pode ser considerado o *pendant* fisiológico da adaptação mecânica ou organizacional de um sistema não vivo.

Um caso especial e importante de adaptação é a *aprendizagem*. Um sistema dotado de memória pode conservar as informações reunidas no passado e usá-las para determinar o próprio comportamento futuro. Estamos assim na presença de um autômato cibernético, que permite também simular – de forma abstrata – acontecimentos e reações futuras, evitando ao ser humano o perigoso confronto com a realidade. A cibernética constrói também desde máquinas capazes de aprender, portanto, de se *autorregular* com base na experiência memorizada, até o caso-limite da *autorreprodução*. Essas evoluções das máquinas, antecipadas por Von Neumann, deveriam reproduzir na estrutura artificial aqueles processos de variação hereditária e de seleção já descritos por Darwin para os seres naturais.

Por fim, o *black box*, ou caixa-preta, é hoje uma imagem comum que descreve uma situação difusa: a um impulso corresponde uma determinada reação, sem que se saiba quais processos levaram da primeira à segunda. O dono de um cão, quando assobia, sabe que o cão correrá até ele, mesmo que ignore a estrutura neuronal que provoca aquela reação a seu assobio. O *black box* é, portanto, um modo de proceder típico do conhecimento humano: a cibernética o retomou de modo sistemático e formalizado, construindo uma teoria que tem por objeto os sistemas abertos dos quais se conhecem o *input* e o *output*, ao passo que sua estrutura é desconhecida (ou deliberadamente ignorada) no todo ou em parte. Esse procedimento cognitivo afirmou-se nos estudos técnicos e matemáticos, mas teve sucesso também nas ciências sociais. Como nestas últimas apenas é possível a observação empírica, e não o experimento, a observação de determinados comportamentos individuais ou sociais documenta a ligação constante entre certas situações e certas consequências, mesmo que no início da observação não se conheça a estrutura do sistema, ou seja, o modo pelo qual ele procede do *input* ao *output*.

Por passos sucessivos, usando o *método da caixa-preta*, o cientista social pode formular conjecturas cada vez menos imprecisas sobre a estrutura e sobre o funcionamento do sistema social que está estudando. O método da caixa-preta é, portanto, um processo para conhecer a estrutura de um sistema, sua complexidade e a relação entre sua estrutura e sua função. Ele permite passar de um conhecimento relativo de nível inferior para um conhecimento relativo de nível superior. Antes de tudo, o objeto de estudo é concebido como caixa-preta de primeiro nível e uma primeira análise das relações entre *input* e *output* permite estabelecer uma hipótese de sua estrutura interna. Na fase seguinte, as partes do sistema não esclarecidas são, por sua vez, estudadas como caixas-pretas de segundo nível, e assim por diante até atingir um conhecimento do sistema considerado suficiente.

Até aqui entrelaçaram-se o discurso sobre o sistema cibernético aplicado à realidade e o discurso sobre a modelização teórica necessária para gerar aquele sistema. No decorrer de sua evolução, a cibernética dividiu-se em dois ramos. A *cibernética pura* ou *geral* ocupa-se das estruturas fundamentais e, por sua vez, subdivide-se em disciplinas setoriais, como a teoria geral dos sistemas, a teoria da informação, a teoria dos autômatos, a teoria dos jogos e, por fim, a inteligência artificial. A *cibernética aplicada*, ao contrário, transfere aqueles modelos gerais para cada campo do saber e procura introduzir modelos cibernéticos na biologia (onde nasceu a biônica), na técnica, na economia, na ecologia, na medicina, na pedagogia, na psicologia (onde nasceu a psicocibernética), na linguística, na sociologia e também no direito.

A proliferação das disciplinas especializadas e intrinsecamente difíceis provocou uma fragmentação da cibernética – nascida, ao contrário, como união interdisciplinar de várias ciências – em uma série de disciplinas novas, ou seja, renovou a metodologia de disciplinas preexistentes. Essa mudança de direção produziu também ótimos frutos, como veremos, e o sucesso incitou a imitação. Nas décadas de 1960-70, assim como ocorria com o estruturalismo, a cibernética torna-se também uma moda: um elixir da eterna juventude para as ciências humanas e sociais que não apenas estavam velhas e sentiam-se como tais, mas que, sobretudo, percebiam essa velhice como uma culpa. Falar em termos cibernéticos fazia com que elas se sentissem na última moda.

3. A cibernética e as ciências sociais

A conexão entre a cibernética e a atividade do Estado já está presente no próprio termo grego que dá nome à disciplina. De fato, do grego *kybernetiké* deriva o latim *gubernum* e o *governo* nas línguas neolatinas. Ampère exumara aquele vocábulo grego precisamente com referência ao governo do Estado e Norbert Wiener aludira, mesmo com muitas hesitações, à possibilidade de aplicar a cibernética ao Estado.

a) Os precursores

O desejo de descrever cientificamente a sociedade humana remonta, talvez, a Condorcet (1743-1794), que se propunha construir uma "mathématique sociale" em um texto, não por acaso, reeditado em 1977 por um jurista da cibernética[12]. Entre os precursores recentes de uma descrição

---

12. Jean Antoine Nicolas Caritat, marquis de Condorcet, *Essai sur l'application de l'analyse à la probabilité des décisions rendues à la pluralité des voix*, Im-

cibernética da sociedade talvez se possa incluir Jacob Moreno e sua sociometria[13]. Sua ideia inicial é que os grupos sociais não são a soma de seus componentes, mas sim o conjunto de suas relações. Sua técnica pretende classificar os grupos, identificando aqueles em que as pessoas podem atuar em harmonia, em vista de uma organização social sem conflitos. Essa mescla de técnica quantificativa e de utopia social nasce também do momento histórico em que as ideias de Moreno tomaram forma, ou seja, nos anos próximos à Segunda Guerra Mundial: uma época em que um judeu austro-húngaro nos Estados Unidos tinha o compreensível anseio de dar sua contribuição para a paz social.

O economista e sociólogo alemão Leopold von Wiese recorda, de fato, ter recebido o livro de Moreno no momento da eclosão da Segunda Guerra Mundial. O livro permaneceu no porão e apenas "em 1945 eu o retirei de sob os escombros. Um ano depois começaram a chegar [na Alemanha] as primeiras revistas e livros estrangeiros, após uma longa interrupção. Neles encontrei muitas vezes a menção, associada ao nome de Moreno, do novo método da sociometria, em parte aceito e em parte criticado nos Estados Unidos"[14]. Depois da leitura, Wiese admite "não ter ainda se

---

primerie Royale, Paris, 1785, pp. XLVI-LXX; reproduzido em fac-símile com o título *Das Abstimmungsparadoxon. Faksimile Wiedergabe der Seiten XLVI-LXX aus Condorcets Essai von 1785*, em Adalbert Podlech, *Rechnen und Entscheiden*, Duncker & Humblot, Berlin, 1977, pp. 267-92.

13. Jacob Levy Moreno (1892-1974), nasceu em Bucareste, graduou-se em Viena e exerceu mais tarde, nos Estados Unidos, a profissão de psicólogo, dirigindo seu interesse para a mensuração dos fenômenos sociais (sociometria) e para o psicodrama. Fundou e dirigiu desde 1937 a revista "Sociometry". A proposta de traduzir aquele vocábulo por "Soziometrik" veio de Von Wiese e não recebeu a aprovação de König: "futuramente teremos que substituir também a palavra 'geometria' por 'geométrica'" (René König, *Einige Bemerkungen zur Übersetzung von Jacob L. Moreno,"Die Grundlagen der Soziometrie"*, "Psyche", 1956, p. 904). Várias obras suas foram traduzidas para o italiano. Uma coletânea de seus escritos está em Jacob L. Moreno (ed.), *Sociometry and the Science of Man*, Beacon House, New York, 1956, 474 pp.

14. Leopold von Wiese, *Soziometrik*, "Kölner Zeitschrift für Soziologie", 1948, p. 23. O artigo é uma ampla análise crítica do livro de Moreno (pp. 23-40).

tornado um sociometrista", mas reconhece ao método uma "grande importância", se usado "ao lado de outros procedimentos"[15]. O perigo, observava Geiger, é que o sociometrista entusiasta escolha seus temas de pesquisa "não com base na importância da questão, mas com base na mensurabilidade do fenômeno", eliminando assim qualquer elemento subjetivo da sociologia, e "Moreno e seus seguidores aproximam-se perigosamente dessa posição"[16]. Poucos anos mais tarde, mesmo não poupando críticas à edição alemã, o sociólogo René König reconhecia, porém, que o trabalho pioneiro de Moreno era algo mais que uma "pura técnica de observação sistemática" da sociedade e dela se diferenciava[17].

Partindo da microssociologia, Moreno pretendia não apenas medir acuradamente os acontecimentos sociais, mas também dar àqueles números um calor desconhecido à matemática. A sociometria como "warming-up process" era, para Moreno, uma alternativa válida tanto para a descrição marxista da sociedade quanto para a psicanálise. Baseado nesse seu método sociométrico, Moreno desenvolveu a teoria do psicodrama como instrumento terapêutico. Uma descrição das origens e da configuração desse método se encontra na obra principal de Moreno, cuja releitura seria hoje interessante[18].

---

15. Wiese, *Soziometrik*, cit., p. 24. "Estamos completamente de acordo sobre o fato de que a sociologia é sobretudo uma teoria das relações interpessoais, que as estruturas (*Gebilde*) sociais produzidas por essas relações tendem a unir-se e a separar-se e, por fim, que as estruturas sociais são coágulos de relações assim geradas." O que, ao contrário, Wiese não pode aceitar é que a sociometria seja proposta "como um método científico universal" (p. 34).

16. Theodor Geiger, *Über Soziometrik und ihre Grenze*, "Kölner Zeitschrift für Soziologie", 1948, p. 296. Geiger retorna assim, no mesmo ano, ao tema enfrentado por Von Wiese, mas de um ponto de vista mais geral, referido não apenas a Moreno, mas a toda a sociologia americana (pp. 293-302).

17. René König, *Einige Bemerkungen zur Übersetzung von Jakob L. Moreno, "Die Grundlagen der Soziometrie"*, "Psyche", 1956, p. 907. Toda a resenha oferece também uma atualização bibliográfica sobre a sociometria que faltara na edição alemã do livro de Moreno: ela, de fato, reproduzia, em 1954, o texto original de 1934.

18. Jacob L[evy] Moreno, *Who Shall Survive. A New Approach to the Problem of Human Interrelations*, Nervous and Mental Desease Publishing Com-

A identificação e a quantificação das relações complexas em cada pequeno grupo são também representadas em cada grafo, que se agregam em grafos cada vez mais complexos, até chegar ao complexo grafo dos grafos que conclui o volume. Aproxima-se aqui daqueles modelos cibernéticos da sociedade nos quais as relações entre cada parte são descritas também em suas retroações. Outro elemento aproxima Moreno dos sucessivos estudos cibernéticos: Moreno é médico. Essa formação provocou certa desconfiança em Von Wiese, que repreendia Moreno por "uma certa arbitrariedade nas formulações e uma falta de clareza e exatidão linguística"; coisa que, de resto – continuava o economista alemão –, "não é rara entre os médicos, que certamente não são filólogos". Os tempos não estavam ainda maduros para a interdisciplinaridade, que, como primeiro obstáculo, encontrava a diferença das linguagens técnicas: Moreno e sua escola exprimiam-se como médicos, ao passo que "teria sido melhor se tivessem procurado um contato com as formas linguísticas usuais na sociologia"[19].

Pode-se discutir o fato de Moreno ter sido o precursor da cibernética, mas sua sociometria continua a suscitar interesse[20]. Sua teoria indica, todavia, que tanto na Europa (não esqueçamos as raízes austro-húngaras de Moreno) quanto nos Estados Unidos existiam vivazes fermentos interdisci-

---

pany, Washington, 1934, XI-440 pp.; segunda edição: *Who Shall Survive. Foundation of Sociometry, Group Psychotherapy and Sociodrama*, Beacon House, Beacon (NY), 1953, 763 pp. A tradução italiana retoma como título principal este último subtítulo em inglês: *Principi di sociometria, psicoterapia di gruppo e sociodramma*, Etas Kompass, Milano, 1964, 707 pp.; 2.ª ed. com apresentação de Giovanni Boria, 1980, 713 pp.

19. Leopold von Wiese, *Vorwort zur ersten deutschen Ausgabe*, p. XVI, em Jakob L. Moreno, *Grundlagen del Soziometrie. Wege zur Neuordnung der Gesellschaft*, Zweite, erweiterte Auflage, Westdeutscher Verlag, Köln – Opladen, 1967, XXVIII-464 pp. Uma ampla bibliografia sobre a sociometria está a pp. 451-62. Existe também uma tradução francesa dessa obra, *Fondements de la Sociométrie*, de 1954.

20. Na "Kölner Zeitschrift für Soziologie und Sozialpsychologie", sua obra sobre sociometria foi resenhada por Harriet Hoffmann (VI, 282), e *Gruppenpsychotherapie und Psychodrama*, por Edeltrud Meistermann Seeger (XV, 566).

plinares justamente nos anos em que se afirmava também a sociometria de Moreno. Desses fermentos deveria nascer também a cibernética.

Antes mesmo de Wiener, um estudioso alemão de técnicas de regulação (*Regelkreistechnik*), Hermann Schmidt, antecipara o pensamento da cibernética wieneriana organizando, em outubro de 1940, um encontro entre biólogos e técnicos[21]. Até então, de fato, os técnicos conheciam bem os problemas da regulação e os biólogos haviam descrito alguns casos de retroação negativa, mas ninguém pensara em um estudo científico que unisse a técnica e a biologia: "Pelo que sei – observa um estudioso de cibernética do Max-Planck-Institut für Biologie de Tübingen –, essa era a primeira vez em que se indicava, expressamente, a analogia entre sistemas técnicos e sistemas biológicos de regulação"[22]. Todavia, a publicação daquela ideia em 1941 não influenciou a biologia: "ao contrário – continua aquele autor –, ela foi completamente esquecida e, na Alemanha, só foi redescoberta com a consolidação do desenvolvimento americano, lá e aqui entre nós"[23].

Schmidt propôs também aplicar as técnicas da regulação à gestão industrial da Alemanha nacional-socialista e chegou a prefigurar a fábrica totalmente automatizada: "Chegamos à gestão exata da empresa, à empresa objetiva quase sem sujeitos, que sozinha pode utilizar, sem desperdícios, as matérias-primas e a energia". Mas ainda mais importante é que, no contexto da empresa robotizada, chega-se à "exclu-

---

21. Dois escritos originados do sucesso da cibernética wieneriana chamaram a atenção sobre a importância de Hermann Schmidt: Bernhard Hassenstein, *Die bisherige Rolle der Kybernetik in der biologischen Forschung. III. Die geschichtliche Entwicklung der biologischen Kybernetik bis 1948*, "Naturwissenschaftliche Rundschau", 1960, pp. 419-424 (especialmente pp. 420 s.); Helmar Frank em uma série de artigos: *Kybernetik – Brücke zwischen den Wissenschaften*, "Umschau", 1961, n. 14, 15, 17, 19.

22. Hassenstein, *Die bisherige Rolle der Kybernetik in der biologischen Forschung*, cit., p. 420.

23. Hassenstein, *Die bisherige Rolle der Kybernetik in der biologischen Forschung*, cit., p. 421.

são do ser humano da interação com a máquina", porque o ser humano deixa de ser "um elemento da máquina", como acontecia na época em que os problemas técnicos eram "resolvidos apenas em parte": põe-se fim, portanto, a uma relação entre vida e máquina que era uma relação "contra a natureza". No século XIX, "a máquina suscitou a questão social entre os povos europeus"; no século XX, conclui Schmidt, "a técnica da regulação ajuda a eliminá-la"[24].

Em outro escrito, sempre de 1941, Schmidt aludira, mesmo que apenas de forma marginal, ao fato de que, "em relação a determinadas manifestações suas, também o Estado pode ser considerado um regulador do livre jogo das forças, por exemplo, quando em uma economia regulada estabelece os preços que, pela intervenção estatal, são assim subtraídos às oscilações resultantes da oferta e da procura"[25]. O autor referia-se à economia corporativista daqueles anos (assim como no escrito acima citado referia-se à produção bélica), mas tinha presente, de qualquer modo, a analogia entre regulação técnica e regulação jurídica e, em geral, enquadrava a automação em um contexto sociopolítico de longa duração.

---

24. Hermann Schmidt, *Denkschrift zur Gründung eines Institutes für Regelungstechnik*, Berlin, 1941, não pode ser encontrada porque foi publicada e distribuída particularmente; agora está em Beiheft zu "Grundlagenstudien aus Kybernetik und Geisteswissenschaft", 1961, 14 pp. As frase citadas estão a pp. 11.

25. Hermann Schmidt, *Regelungstechnik. Die technische Aufgabe und ihre wirtschaftliche, sozialpolitische und kulturpolitische Auswirkung*, "Verein Deutscher Ingenieure-Zeitschrift", 1941, pp. 81-8: é a conferência proferida no encontro interdisciplinar de outubro de 1940, ao qual se menciona no texto (também em Beiheft, cit., pp. 3-34; o trecho citado encontra-se a pp. 7). Além disso, *Der Mensch in der technischen Welt*, "Physikalische Blätter", 1953, pp. 289-300 (*Beiheft*, cit., pp. 35-46); *Die Entwicklung der Technik als Phase der Wandlung des Menschen*, "Verein Deutscher Ingenieure-Zeitschrift", 1954, pp. 118-22 (*Beiheft*, cit., pp. 47-66). Esses três ensaios estão reunidos em Hermann Schmidt, *Die anthropologische Bedeutung der Kybernetik. Reproduktion dreier Texte aus den Jahren 1941, 1953 und 1954*, Verlag Schnelle, Quickborn, 1965, 66 pp. (Beiheft zu "Grundlagenstudien aus Kybernetik und Geisteswissenschaft" [Dortmund], dezembro de 1965).

b) A desconfiança de Wiener

Ao contrário, em sua clássica obra de 1948, Norbert Wiener manifesta uma certa desconfiança em aplicar as noções da cibernética à sociedade e ao Estado. Passando dos processos de equilíbrio dos sistemas naturais e das sociedades animais aos da sociedade humana, Wiener detém-se sobre a atividade dos cientistas sociais: mas, de seu ponto de vista, julga errado chamar "científicas" as pesquisas desses cientistas. O ponto de partida dessas suas considerações sobre as ciências sociais está ligado à proposta de estender a elas o uso dos conceitos cibernéticos: está amendrontado "pelas grandes, e a meu ver infundadas, esperanças que alguns de meus amigos depositaram na eficácia social das novas perspectivas de pensamento que este livro talvez contenha"[26]. Já que o progresso técnico parece ter superado o progresso social, "eles acreditam, por isso, que a tarefa principal no futuro imediato seja estender aos campos da antropologia, da sociologia, da economia, os métodos das ciências naturais, na esperança de conseguir em tais campos sociais um sucesso análogo. Por acreditarem que isso seja necessário, chegam a crer que seja possível. E eu sustento que eles demonstram nisso demasiado otimismo, e uma incompreensão da natureza de qualquer resultado científico"[27].

Para Wiener, de fato, o método científico – ou seja, o método matemático – pode ser aplicado ao mundo das estrelas ou ao mundo dos átomos, porque o infinitamente grande e o infinitamente pequeno operam em uma escala que não é, substancialmente, influenciada pelo observador. Ao contrário, as ciências sociais operam em condições radicalmente diferentes das ciências físicas. Em primeiro

---

26. Wiener, *Cybernetics*, cit., p. 189 (é a décima reimpressão da primeira edição de 1948); trad. it., pp. 212 s. Os amigos aos quais Wiener se refere são, provavelmente, os antropólogos Gregory Bateson e Margaret Mead, lembrados em sua *Introdução* (trad. it., p. 42).

27. Wiener, *Cybernetics*, cit., *ibid.*; trad. it., p. 213.

lugar, o observador age segundo a mesma escala de grandeza do observado e, portanto, influencia o fenômeno estudado[28]. Em segundo lugar, as ciências sociais, se comparadas com os tempos e os espaços das ciências físicas, operam em um breve período e em uma área limitada. Em suma, "nas ciências sociais lidamos com séries estatísticas breves, e não podemos ter certeza de que boa parte daquilo que observamos não seja um produto de nossa própria criação"[29]. Ao não poder trabalhar com dados comparáveis, em qualidade e quantidade, com os das ciências físico-naturais, o cientista social deve resignar-se: "Há muito a ser deixado, agrade-nos ou não, ao método narrativo, não 'científico', do historiador de profissão."[30] E com essa frase pouco estimulante para os cientistas sociais encerra-se o evangelho dos cibernéticos.

Mas, seja como for, a tentação de dar o passo contra o qual Wiener alertara era forte. Ao fazer uma resenha crítica no "Le Monde" sobre o livro de Wiener, o Padre Dubarle falava até mesmo de uma "machine à gouverner", mas ao mesmo tempo previa com prudente cautela – em 1948, note-se! – os limites com que se depararia um inevitável uso crescente dos computadores na atividade estatal[31]. A ênfase dos

---

28. "Com todo respeito que tenho pela inteligência, capacidade e honestidade de propósitos de meus amigos antropólogos, não posso pensar que qualquer uma das comunidades por eles estudadas tenha permanecido, depois de suas pesquisas, exatamente a mesma": Wiener, *Cybernetics*, cit., p. 190; trad. it., p. 214.
29. Wiener, *Cybernetics*, cit., p. 191; trad. it., p. 215.
30. Wiener, *Cybernetics*, cit., p. 191; trad. it., p. 215.
31. Dominique Dubarle (O.P.), *Vers la machine à gouverner...*, "Le Monde", 28 de dezembro de 1948, p. 3; resenha elogiada também por Norbert Wiener, *The Human Use of Human Being. Cybernetics and Society*, Eyre and Spottiswoode, London, 1950, pp. 206-10 (também: Houghton Mifflin, Boston, 1950, 241 pp.); trad. it.s: *Introduzione alla cibernetica*. Traduzione di Dario Persani. Prefazione di Gino G. Sacerdote, Einaudi, Torino, 1953, 233 pp., de que são extraídas as citações (a referência ao Padre Dubarle está a pp. 222-5). Na tradução de 1953 foi omitido o Capítulo XII, *Voices of Rigidity*, pp. 214-29. Existe também uma tradução posterior de Francesco Ciafaloni: Boringhieri, Torino, 1966, 299 pp.

subtítulos é atenuada pelos pontos de interrogação: "A manipulação mecânica das reações humanas criará, um dia, 'o melhor dos mundos'?"; "Rumo à felicidade (?) estatística das massas". Porém, os títulos em um jornal não são criados pelo autor, que no nosso caso é bem mais prudente. De fato, o artigo, depois de ilustrar aquilo que na época era um computador ("ocupa uma superfície de mais de cem metros") e o que ele podia fazer ("calcular a trajetória de um projétil em trinta segundos"), lhe atribui profeticamente "uma importância provavelmente ainda mais considerável que a descoberta da energia atômica".

A parte conclusiva da crítica é dedicada à perspectiva de aplicar essas máquinas "à conduta racional dos processos humanos, em particular daqueles que se referem às coletividades e parecem apresentar alguma regularidade estatística, como os fenômenos econômicos ou a evolução das opiniões. Não se poderia talvez imaginar uma máquina que reunisse vários tipos de informação (por exemplo, sobre a produção e sobre o mercado) para em seguida determinar – em função da psicologia média das pessoas e das medidas realizáveis em determinado momento – qual será a evolução mais provável da situação? Não se poderia até mesmo pensar em um aparelhamento do Estado que compreenda todos os sistemas das decisões políticas?". Mas o Padre Dubarle não se deixa levar pelo entusiasmo e a essas previsões – formuladas aliás sob forma de perguntas – faz seguir uma prudente resposta: "As realidades humanas são realidades que não apresentam, de modo nenhum, a determinação certa e pontual, típica dos dados numéricos do cálculo. Qualquer máquina que trate dos processos humanos e de seus problemas deverá adotar o estilo de pensamento probabilista, em vez dos esquemas exatos do pensamento determinista [...] Os processos humanos a que se dirige o governo são semelhantes aos jogos estudados matematicamente por Von Neumann, mas são jogos de regras incompletas, de numerosos jogadores e de múltiplos dados. A 'máquina para governar' faria do Estado o jogador mais informado sobre qualquer projeto específico e o único coordenador supremo de todas as decisões parciais".

Mas essa "machine à gouverner" virá (suponhamos que venha) em um futuro distante, porque os dados são muitos, as previsões, instáveis, e as regras, indeterminadas e variáveis no tempo. Tudo isso não apenas complica as previsões, mas tende "a tornar radicalmente infrutíferas as manipulações mecânicas das situações humanas", a não ser que surja um "prodigioso Leviatã político", comparado ao qual o de Hobbes seria apenas "um agradável achado". A perspectiva é a de um *1984*, romance que Orwell estava escrevendo exatamente no ano em que Wiener publicava seu livro *Cybernetics* e o Padre Dubarle dirigia-lhe uma resenha crítica: "Hoje colocamos em risco uma enorme cidade mundial, onde a injustiça primitiva, deliberada e consciente de si, seria a única condição possível para uma felicidade estatística das massas: um mundo pior que o inferno para qualquer alma lúcida." Dessas visões, baseadas nos limites das ciências exatas, o Padre Dubarle extraía, porém, um incentivo a não desistir da pesquisa, mas, antes, a torná-la ainda mais interdisciplinar a cibernética: "Talvez não fosse nada mal se as equipes que hoje criaram a cibernética acrescentassem aos seus técnicos, provenientes de todos os setores da ciência, algum antropólogo sério e, quiçá, também um filósofo interessado nessas matérias." Essas reflexões chamaram a atenção do próprio Wiener, como veremos a seguir.

Dois anos depois de manifestar suas dúvidas sobre a aplicação da cibernética às ciências sociais e humanas, Wiener voltou em parte atrás e publicou, em 1950, um livro cujo subtítulo é *Cibernética e sociedade*. É nele que se encontra a afirmação: "Os problemas jurídicos são, por natureza, problemas de comunicação e de cibernética, ou seja, são problemas relativos ao regulado e repetível governo de determinadas situações críticas."[32] De fato, para Wiener, o direito

---

32. "The problems of law are communicative and cybernetic – that is, they are the problems of the orderly and repeatable control of certain critical

é "o aspecto ético da comunicação e da linguagem como forma de comunicação"[33], de modo que "a teoria e a prática da lei implicam, portanto, dois tipos de problemas: aqueles relativos a seus fins gerais, ou seja, à concepção da justiça, e aqueles relativos à técnica com que essas concepções da justiça podem tornar-se operantes"[34]. A uma visão antropológica da justiça Wiener faz seguir a exigência de que o direito seja "reproduzível", ou seja, que o cidadão possa saber como o juiz se comportará, de modo a poder direcionar as próprias ações na certeza de suas consequências. No discurso de Wiener entra assim o problema, típico do Common Law[35], da previsibilidade do comportamento do juiz: encontraremos mais adiante esse problema como um elemento da "jurimetria" de Loevinger[36] (cf. *infra*, 6).

Wiener tem bem clara a diferença entre os direitos europeus de origem romanista e o Common Law, portanto reconhece ao precedente jurisprudencial "um significado teórico muito importante *na maioria* dos sistemas jurídicos" e "um significado prático importante *em todos* os sistemas jurídicos"[37]. Do ponto de vista prático, os juízes de-

---

situations": Wiener, *The Human Use of Human Being*, cit., p.117; trad. it., p. 134. Este trecho está *en exergue* também no meu *Giuscibernetica*. A frase faz parte do capítulo *Law and Communication*, pp. 112-22; trad. ital., *Legge e comunicazione*, pp. 128-39: neste último texto, "law" é sempre traduzido por "lei", ao passo que seria preferível "direito". Cf. *infra*, nota 54.

33. Wiener, *The Human Use of Human Being*, cit., p. 112; trad. it., p. 128.
34. Wiener, *The Human Use of Human Being*, cit., *ibid.*; trad. it., *ibid.*
35. É célebre a definição de direito de Oliver W. Holmes Jr.: o direito é constituído por "the profecies of what the courts will do in fact" (*The Path of Law*, "Harvard Law Review", 1897, vol. 10, pp. 457 e 461).
36. A "jurimetria" de Loevinger era de 1949, ao passo que esse livro de Wiener foi publicado em 1952: não se pode excluir o fato de que Wiener conhecesse as propostas de Loevinger e que quisesse dar a elas uma resposta indireta naquelas páginas.
37. Wiener, *The Human Use of Human Being*, cit., p. 114; grifos meus. Não posso aqui seguir a imprecisa tradução italiana, p. 130. Wiener fala de "a very important theoretical weight in most legal systems" (traduzido como "considerável influência teórica [dos] precedentes nos mais avançados sistemas

veriam ser intercambiáveis sem que houvesse mudança na aplicação do direito: é um ideal a que se tende, observa Wiener, mas é claro que quanto mais distante se está dele, mais se precipita na desordem social. Seja qual for a concepção do direito que se tenha, o "primeiro dever do legislador ou do juiz é o de expressar-[se] com asserções claras e inequívocas", porque só assim será possível saber "aquilo que o tribunal muito provavelmente decretará"[38], e é nesse ponto que se encontra a célebre frase que descreve os problemas jurídicos como problemas de comunicação e de cibernética.

Uma resposta à efetiva previsibilidade das decisões no aparelho estatal, e portanto nos tribunais, não é dada nessas páginas sobre direito: nelas, Wiener se detém sobre a falta de racionalidade, a imprecisão e as contradições inerentes às instituições estatais e ao direito e, portanto, não leva em consideração a possibilidade de construir um modelo cibernético do direito. Mas quando esse modelo – ou, mais exatamente, um modelo do Estado – é proposto pelo Padre Dubarle, a resposta de Wiener pode ser lida, ao mesmo tempo, também como uma resposta a Loevinger. Se é possível prever a direção para a qual apontar o tiro da [artilharia] antiaérea, se Von Neumann pôde elaborar uma teoria matemática dos jogos, por que não pensar em uma "machine à gouverner" que reúna todos os dados possíveis sobre a gestão da sociedade e leve a administração do Estado para longe daquela aproximação na qual hoje se move?

Wiener não compartilha a visão da *civitas maxima*, do Estado universal de kantiana memória que surge da descrição do sacerdote dominicano: antes de tudo, no início dos

---

jurídicos") e de "an important practical weight" do precedente (traduzido como "eles [os precedentes] representam em todos esses sistemas uma importante prática determinante"). A distinção de Wiener, acurada e juridicamente relevante, é perdida na tradução italiana de 1953: uso, portanto, a minha tradução literal.

38. Wiener, *The Human Use of Human Being*, cit., p. 117; trad. it., pp. 133 s.

anos 1950 (e, talvez, nem mesmo hoje, nem em um futuro próximo) não existiam máquinas com capacidade de memória e velocidade operacional em condições de fazer frente, mesmo que minimamente, a essas exigências. Os problemas da "estabilidade da previsão vão além daqueles que podemos seriamente sonhar em dominar". O mundo social, e portanto jurídico, é demasiado mutável para ser formalizado: "Os processos humanos podem ser comparados a jogos com regras não completamente definidas, e, sobretudo, com regras que estão condicionadas ao tempo. A modificação dessas regras depende seja da realidade particular das situações determinadas pelo próprio jogo, seja do sistema de reações psicológicas dos jogadores perante os resultados alcançados em cada instante."[39] A sociedade é um jogo de regras incertas que, em outros escritos, Wiener comparou às caprichosas regras dos jogos da Dama de Copas em *Alice no País das Maravilhas*.

Em conclusão, a opinião de Wiener pode ser assim resumida: os problemas do direito, de modo geral, são problemas cibernéticos no sentido de que são problemas de comunicação; todavia, sua intrínseca mutabilidade não permite formalizá-los, nem mesmo aplicando os instrumentos matemáticos mais avançados de que dispõe a cibernética. Será útil ter presente essas considerações quando se falar da jurimetria de Loevinger e da previsibilidade das sentenças judiciais. Por ora, é necessário completar o exame do pensamento de Wiener sobre as relações entre cibernética e ciências sociais.

Os problemas sociais levantados pela cibernética, em particular o desemprego tecnológico, levaram Wiener a considerar o uso da cibernética também na sociologia, por ele entendida em sentido amplo, coincidente com as ciências humanas e sociais, ou seja, com as ciências não físico-naturalistas. A respeito desse tema ele ministrara algumas aulas na Yale University em janeiro de 1962 e, no verão do mes-

---

39. Wiener, *The Human Use of Human Being*, cit., p. 208; trad. it., p. 224.

mo ano, um seminário nos Colloques Philosophiques Internationaux di Royaumont. Em particular, na Yale tivera contato com Karl Deutsch, autor de um modelo cibernético da sociedade (cf. *infra*, 5, a). Daí nasceu o último livro de Wiener sobre as "social consequences of cybernetics"[40]. Naquele último ano de sua vida, Wiener voltou a formular, e em termos ainda mais drásticos, a originária desconfiança para com as aplicações analógicas da sua teoria[41]. Em suas páginas retornam, de fato, as considerações críticas que se encontram sempre que se aplica uma teoria a uma disciplina diferente daquela em que surgiu: a nova aplicação é sentida como uma distorção da original, quando não até mesmo como um desvirtuamento.

O fundamento dessa desconfiança deve ser buscado na diferença de evolução das ciências físico-naturais em relação às ciências sociais. Wiener afirma que as primeiras haviam permanecido estáticas desde os tempos de Newton: até o século XIX, as ideias de espaço e tempo, de força e energia, de massa e movimento pareciam definitivas e a tarefa do físico consistia em estendê-las aos setores nos quais

---

40. Norbert Wiener, *God and Golem, Inc. A Comment on Certain Points where Cybernetics Impinges on Religion*, The MIT Press, Cambridge (Mass.), 1964, p. VIII [trad. it.: *Dio & Golem S.p.A. Un commento su alcuni punti in cui la cibernetica tocca la religione*, Boringhieri, Torino, 1967, 134 pp.] A edição italiana contém também, às pp. 89-105, aquilo que é considerado o manifesto da cibernética, escrito por Wiener em colaboração com Arturo Rosenblueth e Julian Bigelow, sobre *Comportamento, fim e teleologia*, publicado em 1943 na "Philosophy of Science".

41. Wiener, *God and Golem*, cit., p. 87 s.; trad. it., p. 83 s.: "Desde o início do meu interesse pela cibernética, estive bem ciente de que as reflexões baseadas nos conceitos de regulação e de comunicação que julguei aplicáveis em engenharia e em fisiologia eram também aplicáveis em sociologia e em economia. De qualquer modo, contive-me, deliberadamente, em evidenciar esses campos como fiz para os outros, e eis aqui as razões: a cibernética não é senão matemática, se não em ato, pelo menos em potência. Encontrei a sociologia matemática e a economia matemática ou econometria atingidas por um equívoco do uso apropriado da matemática nas ciências sociais e daquilo que se deve esperar das técnicas matemáticas, e abstive-me, deliberadamente, de avisar que, como estou convencido, teriam conduzido a uma onda de trabalhos superficiais e com vícios de origem".

ainda não haviam sido aplicadas. Depois de Planck e Einstein, a observação neutra passou a não ser mais possível. Com uma formulação que se encontra também em Luhmann, "o observador deixou de ser um inocente registrador de suas observações objetivas e passou a participar ativamente no experimento"[42].

Os cientistas sociais, porém, parecem não ter percebido essa mudança de paradigma entre o século XIX e o século XX e imitaram as ciências físicas utilizando antigos instrumentos. Wiener enfrenta sem muitas cerimônias os cientistas sociais: é o "ciúme" do poder dos físicos matemáticos que leva os cientistas sociais a imitá-los "sem terem compreendido plenamente as atitudes intelectuais que tinham contribuído para seu poder". Para Wiener, os cientistas sociais – ou melhor, precisamente os economistas tão respeitados por Braudel, como veremos nas páginas sobre o estruturalismo – não são diferentes dos primitivos que adotam vestes ocidentais esperando uma "mágica" promoção do próprio *status*[43]. É o apelo à fé irracional nas matemáticas que Boudon criticara como "estruturalismo mágico". Essa aplicação dos métodos matemáticos à economia é "pura aparência". E, provavelmente, continuará sendo assim por muito tempo, porque as mensurações do mundo social são muito mais difíceis e instáveis que as físicas. Aqui a opinião de Wiener sobre os estudiosos de ciências sociais torna-se cáustica: atribuir valores exatos a quantidades vagas "não é nem útil nem honesto" e, consequentemente,

---

42. Wiener, *God and Golem*, cit., p. 89; trad. it., p. 84. Para Wiener, essa concepção "levou ao surgimento do positivismo lógico dos nossos dias" (trad. it., p. 85).

43. Wiener, *God and Golem*, cit., pp. 89 s.; trad. it., p. 85: "Precisamente como os povos primitivos adotam as maneiras ocidentais internacionalizadas de vestir e o parlamentarismo, com um vago sentimento de que essas vestes ou esses ritos mágicos os colocarão imediatamente em linha com a cultura ou as técnicas modernas, assim também os economistas desenvolveram o uso de revestir suas ideias imprecisas com a linguagem do cálculo infinitesimal".

qualquer tentativa de aplicar precisos métodos matemáticos a esses dados só aparentemente precisos "é um artifício e uma perda de tempo"[44]. Em suma, para Wiener, os cientistas sociais não apenas estudam os selvagens, mas são, também eles, um pouco selvagens, obviamente do ponto de vista do método de investigação.

Na aparente tentativa de encorajar o cientista social, que chegou bastante desgastado à última página de seu livro, Wiener inicialmente explica-lhe que, no que concerne às críticas anteriores, "isso não significa, de modo algum, que as ideias da cibernética não sejam aplicáveis à sociologia e à economia"; depois lhe dá uma bordoada final: será suficiente postergar essa aplicação talvez por alguns séculos, mesmo que Wiener expresse implicitamente essa quantificação. De fato, antes de tudo, será necessário aplicar as ideias da cibernética à engenharia e à biologia. Esta última é, de fato, um sistema muito mais estável da sociedade, como demonstra a comparação entre o corpo humano, inalterado desde a Idade da Pedra, e o corpo social, em contínua transformação. Sendo a sociedade "um campo tão informe", Wiener só pode concluir que "as ciências sociais são um péssimo campo de prova para as ideias da cibernética"[45].

É difícil dizer se, ao ditar em 1955 seu segundo volume de memórias, suas palavras foram mitigadas pela benevolência que permeia as lembranças ou se suas opiniões sofreram uma revisão. Partindo da constatação de que "a comunicação é o alicerce da sociedade", Wiener conclui que a sociologia e a antropologia são "primeiramente ciências da comunicação, portanto, recaem na rubrica geral da cibernética". Em particular, é parte da cibernética também "that particular branch of sociology" que recebe o nome de economia e que é caracterizada por "valores numéricos um

---

44. Wiener, *God and Golem*, cit., p. 91; trad. it., p. 86. As palavras de Wiener são ainda mais duras: "is a shame – escreve – and a waste of time".
45. Wiener, *God and Golem*, cit., p. 92; trad. it., p. 87.

pouco melhores que os do resto da sociologia"[46]. Não falta, porém, um eco das críticas anteriores, quando observa que "todos esses campos são copartícipes da ideologia geral da cibernética, mesmo que muitos deles sejam ainda muito pouco precisos em suas técnicas numéricas, para que valha a pena aplicar-lhes todo o aparato matemático da teoria mais geral"[47].

Não seria forçado concluir que Wiener desconfia da aplicação dos métodos cibernéticos às ciências sociais.

c) Ampliar ou não a cibernética?

Como foi dito, a cibernética sofreu, em sua história, um processo de concentração e, depois, de expansão. Inicialmente reuniu as observações coletadas de forma interdisciplinar para extrair delas sistemas gerais; depois, exportou esses sistemas para as ciências jurídicas, para verificar se eles ofereciam maior capacidade de explicação ou aplicação prática mais vantajosa. Ao mesmo tempo, os instrumentos necessários para realizar seus processos de abstração tornaram-se muito complexos, a ponto de se transformar em disciplinas especializadas autônomas. Esse processo de fragmentação especialista levou a se perguntar se determinadas disciplinas especialistas (por exemplo, a eletrônica ou a álgebra dos circuitos) faziam ou não parte da cibernética.

A resposta a essa questão depende de como se concebe a cibernética. A partir dos anos 1960 cristalizaram-se duas concepções distintas de cibernética, que na Alemanha se manifestaram com particular clareza em 1961.

Em 1961, foi fundada a revista "Kybernetik", que propugnou uma visão dessa disciplina ligada unicamente às

---

46. Norbert Wiener, *I am a Mathematician*, Gollancz, London, 1956, p. 326 s.

47. Wiener, *I am a Mathematician*, cit., p. 327.

ciências exatas e naturais, segundo as concepções da "Forschungsgruppe Kybernetik", constituída em 1958 no Max-Planck-Institut für Biologie de Tübingen. A evolução dessa revista sintetiza a transformação por que passava a cibernética naqueles anos. Inicialmente, seu subtítulo especificava que ela era uma "Revista para a transmissão e a elaboração de informações, para o controle e a regulação no organismo e nos autômatos"[48]: portanto, uma paráfrase do subtítulo da obra de Wiener. Depois, a partir de 1975, quando a interdisciplinaridade cedeu lugar à especialização, o título tornou-se "Biological Cybernetics".

Ainda em 1961, em seu bem-sucedido livro sobre a inteligência no homem e na máquina[49], Karl Steinbuch propunha, ao contrário, aplicar a cibernética também às ciências sociais e humanas, seguindo o caminho já aberto por Wiener e por poucos e isolados pioneiros[50]. Com a cibernética, Steinbuch queria construir "rigorosos e cristalinos modelos racionais do mundo externo, com a possibilidade de formular previsões"[51]. Seu ponto de partida podia, portanto, ser definido como materialista. Naqueles anos de Guerra Fria, precisamente por essa razão, sua posição foi criticada, mas o principal estudioso de cibernética na Alemanha comunista – Georg Klaus, ao qual voltaremos mais adiante – publicava uma crítica positiva daquele volume, observando, contudo, que "o autor é um materialista que gostaria de

---

48. "Kybernetik. Zeitschrift für Nachrichtenübertragung, Nachrichtenverarbeitung, Steuerung und Regelung im Organismus und in Automaten."
49. Karl Steinbuch, *Automat und Mensch. Über menschliche und maschinelle Intelligenz*, Springer, Berlin – Göttingen – Heidelberg, 1961, VII-253 pp.; a segunda edição tem um subtítulo diferente: *Automat und Mensch. Kybernetische Tatsachen und Hypothesen* (1963, X-392 pp.); por fim, a terceira edição é de 1965 (XII-454 pp.).
50. Um desses pioneiros tinha sido, por exemplo, Donald G. Macrae, *Cybernetics and Social Science*, "Bristish Journal of Sociology", 1951, pp. 135-49. Depois de ter examinado a história do cálculo automático, das origens a Wiener, Macrae se pergunta: "Can the sociologist find a use, a need, or a justification for cybernetics in his concern with society?" (pp. 144 ss.).
51. Steinbuch, *Automat und Mensch*, 1961, cit., p. 224.

não sê-lo"[52]. Todos os críticos concordavam, porém, com a alta qualidade do escrito de Steinbuch, em que a simplicidade da exposição não prejudicava o rigor científico. Com esse escrito, as ciências sociais alemãs abriam-se à cibernética.

Os juristas seguiram essa segunda corrente cibernética com a habitual década de atraso, e quando, em 1971, ressuscitaram a "Rechtstheorie", a gloriosa revista que havia sido de Kelsen nos anos 1930, esclareceram, no subtítulo, que se tratava de uma "Revista de lógica, metodologia, cibernética e sociologia do direito"[53]. A revista existe ainda hoje, mas por "cibernética" indica-se quase exclusivamente a informática jurídica.

Nessa primeira abertura às ciências sociais aparecem também as primeiras menções ao direito. Já dissemos que o próprio Norbert Wiener havia indicado, marginalmente, a possibilidade de aplicar a cibernética ao direito: "Os problemas jurídicos são – escrevia em 1950 –, por natureza, problemas de comunicação e de cibernética, ou seja, são problemas relativos ao regulado e repetível governo de determinadas situações críticas."[54] A menção de Wiener parece orientar as pesquisas na direção dos modelos cibernéticos do direito. Ao contrário, em 1965, Steinbuch referia-se ao direito para apresentar um problema não de modelização cibernética do direito, mas um problema que hoje chamaríamos de direito da informática: quem é responsável pelo dano produzido pelo mau funcionamento de um "autômato", ou seja, de um computador? A resposta do técnico é simples: se o erro é devido a um defeito técnico, o responsável é quem provocou aquele defeito; se o erro é devido ao uso errado, é responsável a pessoa que cometeu o erro. Mas

---

52. Georg Klaus, *Resenha a Steinbuch*, "Deutsche Zeitschrift für Philosophie" (Berlim Oriental), 1962, p. 943 s.
53. "Rechtstheorie. Zeitschrift für Logik, Methodenlehre, Kybernetik und Soziologie des Rechts."
54. Sobre essa passagem, extraída do *The Human Use of Human Being: Cybernetics and Society* de Wiener, cf. *supra*, nota 32.

Steinbuch já previa que, nas futuras máquinas cada vez mais complexas, "o desempenho errado [pudesse] ser atribuído em várias medidas a diversas causas", tornando, assim, mais complexa a identificação da responsabilidade[55].

Seu espírito científico lembra-lhe, porém, que a culpa ou responsabilidade pressupõe o livre-arbítrio, e que a existência deste último não está cientificamente demonstrada. Uma posição rigorosamente científica conduziria, portanto, a excluir o livre-arbítrio também no caso do mau funcionamento de um autômato. Já que isso levaria a "consequências bem pouco práticas", é preferível aceitar ("postular pragmaticamente", escreve Steinbuch) a concepção dos juristas, que associa uma consequência desagradável a um mau funcionamento. Porém, apenas o engenheiro pode determinar o que provocou o mau funcionamento e, portanto, quem é responsável por ele. Já prevendo, em 1965, que um número crescente de funções administrativas seria exercido por computadores, Steinbuch temia que "o funcionário público norteado pelo direito fosse cada vez mais substituído pelo engenheiro, que opera segundo princípios totalmente diferentes"[56]. Em sua visão da sociedade futura, o progresso tecnológico deveria levar não a uma substituição, mas a uma colaboração daquelas duas figuras profissionais: "ambas devem procurar compreender a problemática do outro; e a primeira exigência a esse respeito é que ambas usem uma linguagem compreensível"[57].

A dificuldade de uma linguagem comum: com esse tema encerrava-se o livro de Steinbuch em 1965 e começava o meu, em 1969, cuja primeira frase era esta: "Muitos malentendidos entre juristas e estudiosos de cibernética devem-se à falta de noções e termos comuns."[58] Para resolver

---

55. Karl Steinbuch, *Automat und Mensch*, Springer, Berlin, 1965, 3ª edição, p. 371. Nas duas primeiras edições, Steinbuch havia se ocupado apenas das "máquinas cibernéticas"; o problema jurídico surge com a terceira edição.
56. Steinbuch, *Automat und Mensch*, cit., p. 373.
57. *Ibid*.
58. Losano, *Giuscibernetica*, cit., p. 11.

esse problema de comunicação, Luhmann propunha o recurso a uma metalíngua comum, mas diferente das linguagens especialistas dos juristas e dos cibernéticos (cf. *infra*, cap. IV, 6, texto na nota 121). A essa recíproca compreensão nos aproximamos, no decorrer dos anos, graças ao trabalho de grupo; mas estamos ainda distantes de tê-la alcançado em nível geral.

Em 1976, Bernhard Hassenstein, estudioso de biologia cibernética, observava que essa extensão da cibernética às ciências sociais, "se por acaso se afirmar", provavelmente levaria as "disciplinas científico-naturais a abandonar – como já hoje [ou seja, em 1976] acontece frequentemente nos Estados Unidos – o nome de 'cibernética', por ser considerado muito pesado"[59]. Na realidade, no final do século XX, a cibernética se especializara em ramos já autônomos também na denominação (robótica, biônica e assim por diante), mesmo que seu nome retornasse ainda em alguns âmbitos específicos. O abandono daquele nome, ainda que não necessariamente daqueles métodos, verificou-se até nas ciências sociais – e, em particular, no direito – porque a cibernética foi vítima do sucesso dos próprios filhos, os computadores. De fato, a atenção dos estudiosos concentrou-se na aplicação dos computadores em cada uma das disciplinas e os sucessos assim obtidos levaram a concentrar, ulteriormente, a atenção nas técnicas da informática, abandonando a interdisciplinaridade própria da cibernética das origens. Com os anos 1980, também nas ciências sociais e humanas já se falava de "informática" para designar os métodos e as aplicações práticas que, nas décadas de 1960-70, haviam sido indicados como "cibernética".

De fato, entre 1960 e 1980, a informática conheceu uma difusão universal, transformou o mundo e tornou-se símbolo da modernidade. Da automação industrial à gestão das bibliotecas, da exploração espacial aos instrumentos

---

59. Bernhard Hassenstein, *Kybernetik*, em *Historischer Wörterbuch der Philosophie*, Wissenschaftliche Buchgesellschaft, Darmstadt, 1976, vol. 4, p. 1.468.

para a produtividade individual, os resultados práticos superavam as mais ousadas previsões formuladas nos anos 1950. Mas o sucesso prático da informática marcou, também, a decadência do método teórico proposto pela cibernética das origens. Seu programa previa um estudo formalizado e paralelo do tratamento da informação no natural (humano e animal) e no artificial, bem como a troca interdisciplinar dos resultados alcançados, de modo que o modelo extraído do artificial pudesse iluminar também aspectos do natural, e vice-versa. Turing queria estudar a analogia entre cérebro e calculadoras; porém os sucessos da neurofisiologia e da linguística computacional, por exemplo, foram devidos à informática, e não ao uso por analogia de modelos interdisciplinares. Grandes resultados, sem dúvida, mas não eram os esperados, em 1940-50, pelos pais fundadores da cibernética.

Talvez seu programa inicial tivesse sido muito ambicioso. Quanto mais as disciplinas aperfeiçoam-se, aprofundam-se e formalizam-se, mais difícil torna-se realizar pesquisas verdadeiramente interdisciplinares. Como é possível dominar – hoje e ao mesmo tempo – as ciências matemáticas, filosóficas, sociais e físico-naturais? Entre os séculos XVII e XVIII Leibniz conseguira fazer isso: mas um século mais tarde ter-lhe-ia sido impossível dominar todas as disciplinas nas quais se aventurara. Hoje, enfim, tornou-se impossível dominar todas as especializações, até mesmo dentro de uma única disciplina.

A essa dificuldade acrescentavam-se as exigências sociopolíticas dos anos 1950, dominados pela Guerra Fria e pela corrida armamentista: as políticas de pesquisa (que financiavam, sobretudo, os estudos aplicativos e setoriais, não os teóricos e interdisciplinares) e as universidades (que apostavam cada vez mais na especialização) tornaram-se um obstáculo à circulação do saber interdisciplinar. A realização do programa cibernético das origens se tornara quase impossível, mas aquele programa originário produzira resultados setoriais de extraordinária importância. Em particular, a informática já era a ciência que dominava o mundo.

Depois dos anos 1980, o progresso dos computadores e dos programas[60], unido à criação de redes de dimensões mundiais, fez da informática o instrumento principal também para a globalização da economia. Sem dúvida, há ainda uma analogia entre *microchips* e neurônios e, certamente, algumas disciplinas continuam a aplicar com sucesso os conceitos cibernéticos; todavia, a circulação de modelos entre artificial e natural, e vice-versa, já é marginal. Não é infundado perguntar-se se, com o novo milênio, o programa interdisciplinar originário da cibernética já não se dissolveu definitivamente em cada um dos programas da pesquisa especialista intradisciplinar.

4. A cibernética social nos anos da Guerra Fria

Nos anos 1960, difundiu-se também uma cibernética social que pretendia descrever a sociedade segundo um modelo cibernético. A partir da *The Nerves of Government*, de 1963, multiplicaram-se as descrições cibernéticas da sociedade e da política[61]. Elas podem ser consideradas as pre-

---

60. Os progressos dos programas são tão importantes quanto os das máquinas, mas muitas vezes são deixados em segundo plano. Como complemento à história do *hardware*, mencionada no início do capítulo, é, portanto, indispensável ver também a do *software*: Richard Hull, *In Praise of Wimps. A Social History of Computer Programming. Some Work in Progress Including an Annotated Chronology and an Extensive Bibliography*, Alice, Hebden Bridge, 1992, 146 pp.

61. Karl W. Deutsch, *The Nerves of Government. Models of Political Communication and Control*, Free Press of Glencoe – Macmillan, New York – London, 1963, XVIII-316 pp.; esse livro foi traduzido para o alemão em 1969 com o título *Politische Kybernetik* (Rombach, Freiburg, 1969, 367 pp.). Na Alemanha, o tema já tinha sido tratado por Wolf-Dieter Narr, *Sozialkybernetik und Aufklärung*, "Atom", 1967, pp. 720-7; id., *Systemzwang als neue Kategorie in Wissenschaft und Politik*, "Atom", 1967, pp. 346-52; Dieter Senghaas, *Systembegriff und Systemanalyse. Analytische Schwerpunkte und Anwendungsbereiche in der Politikwissenschaft*, "Zeitschrift für Politik", 1968, pp. 50 ss.; Dieter Senghaas, *Sozialky-*

cursoras das leituras sistêmicas realizadas nas décadas seguintes. A fragmentação e a especialização da cibernética refletiam-se também na sociologia e na ciência política, as quais fizeram, inicialmente, referência à cibernética *tout court*, depois à cibernética e à teoria dos sistemas e, por fim, concentraram-se na teoria geral dos sistemas. Esse processo parece partir da primeira cibernética (aquela que, por simplicidade, se atribui a Wiener), para passar ao funcionalismo estrutural de Parsons e, dali, às teorias de Luhmann.

Ao examinar as relações entre cibernética e sociedade, precisamos nos deter nas vicissitudes da cibernética nos Estados comunistas e, em particular, na União Soviética, cujas decisões de Estado-guia vinculavam também as Democracias Populares europeias. Nos anos do stalinismo, o choque entre a cibernética e o marxismo-leninismo foi inevitável: um Estado ditatorial fundado em uma doutrina que afirmava conhecer as leis fundamentais de desenvolvimento da sociedade (cujo único intérprete era o Partido Comunista) não podia conviver com uma ciência como a cibernética, que explicava a sociedade segundo padrões diferentes daqueles do materialismo dialético e que, além disso, lhes atribuía natureza científica e validade geral.

Sem retomar o deprimente elenco de críticas dirigidas à cibernética, será suficiente lembrar que – até a metade dos anos 1950 – ela foi considerada não apenas "uma das pseudociências produzidas pelo imperialismo atual", mas também uma pseudociência "destinada a ruir antes mesmo do próprio imperialismo"[62]. Essa proibição ideológica durou

---

bernetik und Herrschaft , em Robert H. Schmidt (Hrsg.), *Methoden der Politologie*, Wissenschaftliche Buchgesellschfat, Darmstadt, 1967, pp. 554-76; *id.*, *Kybernetik und Politikwissenschaft*, "Politische Vierteljahresschrift", 1966, pp. 252-76. Cf. também O. R. Young, *The Impact of General Systems Theory on Political Science*, "General Systems", 1964, n. 9, pp. 239-53.

62. Alfons Reitzer, *Kommunismus und Kybernetik*, Selbstverlag der Studiengesellschfat für Zeitprobleme, Duisdorf bei Bonn, 1967, p. 30. Um amplo panorama documental está em George Martin Weinberger (ed.), *Soviet Cybernetic Technology. A Timeline, Researcher's Data Base, and Guide to Professional Lit-*

até 1956. Alguns anos antes, já se registravam sinais de impaciência por parte de cientistas da Europa Central. Em particular, em 1955, o diretor do Instituto de Filosofia da Academia Tcheca de Ciências, Arnošt Kolmán[63], convidava a não subestimar a atividade cibernética do Ocidente: se este último quisesse fazer uma propaganda idealista e revanchista, argumentava, teria à sua disposição meios menos custosos que a cibernética. Exatamente da cultura de Praga surgirão as pesquisas sobre a cibernética e o direito, de Viktor Knapp e de Vladimír Vrecion, aos quais voltaremos mais adiante.

Em 1956, o XX Congresso do PCUS (o congresso do degelo) enfatizava a exigência de se introduzir a automação nas fábricas soviéticas, e em 1957 foram fundados institutos de pesquisa sobre a automação e o cálculo automático, enquanto nas revistas soviéticas os ataques à cibernética davam lugar a artigos científicos. Obviamente, essa recepção foi acompanhada também de prudentes ajustes teóricos: propunha-se, de fato, uma concepção dialética da cibernética para torná-la compatível com a filosofia oficial do Estado soviético[64]. Analogamente, diante dos progressos da

---

erature from Early First Generation Through Third Generation, University Press of America, Lanham – New York – London, 1985, vol. 1, XX-269 pp.; vol. 2, 324 pp. Cf. também "Voprosy Filozofii", 1953, n. 5, p. 218; Helmut Dahm, *Kybernetische Probleme in Ost und West*, em *Das Menschenbild in Ost und West*, Gieseking, Bielefeld, p. 48.

63. Um de seus textos sobre a cibernética foi publicado também em espanhol: Ernest Kolman, *La cibernética y el cerebro humano*, Ediciones Pueblos Unidos, Montevideo, 1958, 158 pp.

64. Essa orientação é oficialmente anunciada por dois prestigiosos membros da Academia Soviética de Ciências: A[leksej] I[vanovič] Berg – I[l'ja] B[encionovič] Novik, *Razvitie poznanija i kibernetika* [*O desenvolvimento do conhecimento e a cibernética*], "Kommunist", 1965, n. 2, pp. 19-29. E, antes ainda, uma coletânea de ensaios exortava a pôr a cibernética a serviço do comunismo: *Kibernetiku na službu kommunizmu* [*Coloquemos a cibernética a serviço do comunismo*]. Sbornik statej pod red. A. I. Berga, Gošenergoizdat [Gosudarstvennoe Energetiškoe Izdatel'stvo], Moskva – Leningrad, 1961, 312 pp. Desse primeiro volume recebeu o nome a série de dez volumes sobre a cibernética, publicada até 1981. Cf. também Eberhard Sens, *Zur Rezeptionsgeschichte der Kybernetik in den sozialistischen Ländern*, pp. 53-64, em Jürgen Friedrich – Harro

lógica formal, havia sido proposta também uma concepção dialética da lógica, chegando-se, assim, a uma convivência pacífica entre ambas.

O advento de Kruschev e o XX Congresso do PCUS em 1956 marcaram a superação oficial do stalinismo e, para a cibernética, sua total legitimação científica. Entre 1959 e 1961, não apenas o mais importante órgão filosófico, "Voprosy Filozofii", mas também o maior órgão ideológico da URSS, o "Kommunist", publicaram uma vintena de artigos sobre cibernética. Nos anos seguintes, os artigos continuaram a ser formulados com grande prudência linguística, ao passo que a pesquisa científica e as aplicações procuravam, com energia, recuperar o tempo perdido em relação ao Ocidente, com total apoio – também econômico – das autoridades soviéticas.

Cada uma das Democracias Populares acatou os resultados da distensão soviética e, no âmbito que aqui nos interessa, retirou a cibernética da lista das disciplinas burguesas proibidas. Como naqueles anos ainda não se diferenciava a informática (entendida como uso prático dos computadores) da cibernética (entendida como teoria de sistemas abstratos e de máquinas teóricas), a exigência econômica de produzir e de usar os computadores acabou aplanando o caminho também para o uso teórico dos modelos cibernéticos. O que aconteceu na República Democrática Alemã assumiu particular relevância, até porque a língua tornava imediatamente legíveis no Ocidente os textos ali publicados[65]. O XXII Congresso do PCUS indicou várias vezes a cibernética como instrumento essencial para a construção do socialismo, mas – ao menos para os não especialistas – essa abertura para as novas tecnologias foi colocada em segun-

---

Harro Schweizer – Eberhard Sens (Hrsg.), *Marxismus und Kybernetik*, Scriptor Verlag, Kronberg/Ts, 1975, 223 pp.

65. Na Alemanha Federal, além disso, numerosos institutos científicos se dedicavam ao estudo do que acontecia além da fronteira "alemã-alemã", ao passo que as bibliotecas adquiriam com maior regularidade a literatura científica da "outra" Alemanha.

do plano por um acontecimento político clamoroso: a ruptura oficial entre a URSS e a China, que se consumou exatamente naquele congresso. Na RDA, todavia, Georg Klaus chamou a atenção para três temas principais apresentados por Kruschev em relação ao uso da cibernética: a transformação da economia dos Estados comunistas; a transformação do trabalho em uma sociedade comunista informatizada; e a preparação das novas gerações para o uso dessas "máquinas qualitativamente de tipo novo": elas, de fato, não transformam a energia ou a matéria, mas elaboram a informação[66].

Em Berlim Oriental, a abertura soviética à cibernética foi oficialmente adotada em 1963 com o VI Congresso da SED. Já que fora introduzida certa autonomia dos órgãos econômicos, mesmo permanecendo bem ancorados ao "centralismo democrático", a cibernética tornou-se o instrumento para explicar também, teoricamente, a auto-organização e a autorregulação de cada uma das unidades produtivas, vistas como subsistemas do Estado comunista. Foram necessárias algumas revisões culturais cautelosas (nem todas apenas de fachada), em que se distinguiram as obras de Georg Klaus[67]: devem-se sobretudo a esse autor a reabilita-

---

66. Georg Klaus, *Für und wider die Kybernetik. Eine Betrachtung zum XXII. Parteitag*, "Deutsche Zeitschrift für Philosophie" (Berlim Oriental), 1962, p. 585. Esse fascículo da revista dedica três artigos à cibernética.

67. Note-se a simultaneidade das datas com a abertura soviética: em 1961, Klaus publica *Kybernetik – Philosophie – Gesellschaft* em "Einheit", a revista ideológica da SED, partido comunista da RDA. No mesmo ano, é publicado seu best-seller *Kybernetik in philosophischer Sicht*, Dietz, Berlin (Oriental), 1961, 491 pp., a que seguiram outras edições em 1962, 1963 e 1965. Um passo adiante foi o ensaio de Georg Klaus – Rainer Thiel, *Über die Existenz kybernetischer Systeme in der Gesellschaft*, "Deutsche Zeitschrift für Philosophie" (Berlim Oriental), 1962, pp. 22-57, seguido por Georg Klaus, *Kybernetik und Gesellschaft*, Deutscher Verlag der Wissenschaften, Berlin (Oriental), 1964, XIV-358 pp., com outras edições em 1965 e em 1973. Seu *Wörterbuch der Kybernetik*, Dietz, Berlin (Oriental), 1968, XI-898 pp., teve umas dez edições atualizadas e ampliadas. Por fim, também na Alemanha Federal publicou-se seu *Kybernetik – eine neue Universalphilosophie der Gesellschaft?* (Verlag Marxistische Blätter, Frankfurt a. M., 1973, 98 pp.).

ção e a difusão da informática na ultraortodoxa RDA e, portanto, a grande quantidade de escritos sobre a cibernética produzidos por aquele Estado nas décadas posteriores. Mas já por volta de 1970 retomavam força as vozes políticas contrárias à cibernética, freando o entusiasmo que a circundava. No entanto, não se voltou mais ao anátema político dos anos 1950, mas limitou-se, aqui, a subordinar a cibernética ao materialismo dialético. Em 1969, uma afirmação do ideólogo oficial do partido comunista da Alemanha Oriental, Kurt Hager, sintetizava esse novo equilíbrio: "Os conhecimentos científicos da cibernética, da teoria dos sistemas, da pesquisa operacional etc. são totalmente compatíveis com os princípios fundamentais do materialismo dialético. Todavia, não são idênticos à concepção marxista-leninista e não podem, portanto, substituí-la em suas tarefas específicas."[68]

Não obstante essas dificuldades políticas, "a tentativa de aplicar os termos cibernéticos e, portanto, a teoria cibernética da retroação a situações relevantes para a teoria jurídica foi empreendida – sobretudo por volta da década de 1960-1970 – nos escritos teóricos sobre o Estado e sobre o direito dos países socialistas de maneira ainda mais intensa que no Ocidente"[69]. Após a correção de rumo de 1970, portanto, houve um redimensionamento, mas não um desaparecimento, das publicações sobre a cibernética e a sociedade. Também a Tchecoslováquia experimentou um estreitamento ideológico análogo ao da RDA. Na Polônia, ao contrário, a formalização apoiada nos modelos elaborados pelos estudiosos levara a um *modus vivendi* com a doutrina oficial. A União Soviética, enfim, sentiu menos esse apelo à ordem, porque sua atenção estava concentrada principal-

---

68. Kurt Hager, *Probleme und Aufgaben der Gesellschaftwissenschaften nach dem 5. Plenum des ZK*, "Einheit" (Berlim Oriental), 1964, p. 43.
69. Hansjürgen Garstka, *Regelkreismodelle des Rechts. Untersuchung zur Übertragung kybernetischer Vorstellungen auf das Recht*, Schweitzer, München, 1983, p. 99.

mente nos problemas técnicos, ou seja, para usar a terminologia atual, mais na informática que na cibernética.

Esta pré-história da cibernética nos Estados comunistas deve estar presente para se compreender a relação entre os desenvolvimentos das ciências sociais do Ocidente e sua aceitação na Europa centro-oriental.

5. Da cibernética social às teorias cibernéticas do direito

Enquanto o debate ideológico atrasava os estudos cibernéticos nos Estados comunistas, nos Estados ocidentais a pesquisa científica produzia modelos que, das ciências exatas, passavam às sociais. A análise da imensa literatura das ciências políticas e sociais sobre os modelos cibernéticos da sociedade nos afastaria do estudo da aplicação, ocorrida paralelamente, dos modelos cibernéticos ao direito. Vêm em nosso auxílio, porém, uma *summa* do pensamento sistemático moderno na ciência política[70] e um balanço dos anos em que se afirmaram as teorias cibernético-sociais[71]. Ambos permitem uma primeira aproximação da matéria no final dos anos 1970 e fornecem a bibliografia necessária para qualquer aprofundamento ulterior.

A síntese de Greven foi escrita em 1974, quando os acontecimentos de 1968 ainda estavam próximos e a Guer-

---

70. Wolf-Dieter Narr – Frieder Naschold, *Einführung in die moderne Politische Theorie*, Kohlhammer, Stuttgart, 1969; vol. 1: Wolf-Dieter Narr, *Theoriebegriffe und Systemtheorie*, 210 pp.; vol. 2: Frieder Naschold, *Systemsteuerung*, 187 pp. O volume de Narr contém ainda uma breve história do conceito de sistema a pp. 89-96.

71. Michael Thomas Greven, *Systemtheorie und Gesellschaftsanalyse. Kritik der Werte und Erkenntnismöglichkeiten im Gesellschaftsmodelle der kybernetischen Systemtheorie*, Luchterhand, Darmstadt – Neuwied, 1974, 330 pp. Esse livro fora precedido pela dissertação: *Systemtheorie und Demokratie: Kritik der Werte und Ernenntnismöglichkeiten in Politikmodellen der kybernetischen Systemtheorie*, Bonn, 1973, 354 pp. (mimeografado); com uma bibliografia – que falta no volume publicado – a pp. 334-53, ao passo que no restante os dois textos são praticamente iguais.

ra Fria não se atenuara. O ponto de partida é, portanto, o explícito apelo ao valor da democracia ocidental, que serve como pedra de toque para as várias teorias sociais examinadas. Dessa concepção parte uma análise crítica, tanto das teorias estadunidenses (as primeiras a aplicar o modelo cibernético às ciências sociais), quanto das teorias marxistas (que, de acordo com esse autor, a divisão da Alemanha tornava geograficamente próximas, mesmo que ideologicamente distantes).

A seguir, serão aqui examinadas algumas teorias americanas que descrevem a sociedade segundo um modelo cibernético e, em particular, algumas teorias que aplicam aquele modelo ao Poder Judiciário. A passagem da cibernética social à cibernética judiciária é facilitada pelo fato de que, no Common Law, o Poder Judiciário não está separado dos outros Poderes. Por outro lado, será examinada à parte a peculiar cibernética social dos Estados comunistas europeus.

a) A cibernética social nos Estados Unidos

O exame das teorias estadunidenses começa com David Easton (nascido em 1917), cuja obra visa à construção de uma macroteoria empírica da política. Não é exagerado afirmar que Easton desempenhou, para a ciência política, uma função análoga à desempenhada por Parsons na sociologia. Suas análises, iniciadas em 1953 e culminadas em 1965, estão formuladas em uma trilogia inspirada na teoria dos sistemas[72]. Sua obra de 1965, *A Framework*, é aquela em que Easton trata mais amplamente das características do

---

72. A trilogia de David Easton começa com *The Political System. An Inquiry into the State of Political Science*, Knopf, New York, 1953, XIII-320 pp.; continua com *A Framework for Political Analysis*, Prentice Hall, Englewood Cliffs (N.J.), 1965, XVI-143 pp. (em que trata amplamente "the concept 'system' in a rigorous fashion"); e se conclui com *A System Analysis of Political Life*, Wiley, New York, 1965, XVI-507 pp.

sistema político, tanto que depois – na obra conclusiva da trilogia, *A System Analysis* – resume seus resultados e cita até mesmo parágrafos inteiros dela.

Até os anos 1950, a área da teoria política muitas vezes se sobrepunha largamente à da filosofia política: "No vértice das prioridades da teoria colocava-se a análise do mundo moral, mais do que a do mundo estritamente empírico." Com a década seguinte, surgiu um interesse cada vez mais vivo e definitivo pelas teorias que logo passaram a ser denominadas "descritivas, orientadas empiricamente, comportamentalistas (*behavioral*), operativas ou causais"[73]. Easton deu um impulso decisivo a essa renovação organizando o material empírico segundo as categorias da teoria dos sistemas.

Ele mesmo forneceu, em 1990, uma síntese tão clara dessa sua construção que vale a pena citá-la literalmente: "Parece-me útil interpretar um sistema político como o conjunto de interações por meio das quais os valores são atribuídos *ex auctoritate* em uma sociedade. Em todas as sociedades capazes desse tipo de atribuição, eu afirmava, temos de encontrar indícios de variações no *input* de demandas e de respostas, mecanismos para sua conversão em *output* e, por fim, processos de retroação através dos quais os resultados dessas atividades influem nas perguntas e respostas sucessivas. O chamado modelo da 'caixa-preta', quando foi apresentado pela primeira vez em 1957, era um modo bastante insólito de representar visualmente aquelas vastas e complexas formas de comportamento que denominamos política. [...] Esse modelo descrevia em grandes linhas a estrutura dos processos que os cientistas políticos conheciam bem, mas que tinham tido dificuldades para conceituar na sua globalidade."[74] A esse modelo cibernético é dedicada a grande trilogia dos anos 1953-65. Em se-

---

73. Easton, *A System Analysis of Political Life*, cit., p. 5.
74. David Easton, *The Analysis of Political Structure*, Routledge, New York – London, 1990, p. IX.

guida, Easton colocou-se o problema de olhar dentro da *black box*. Disso nasceu uma descrição estrutural da política, que o levou a se comparar (mas não a se identificar) com o estruturalismo: dessa última fase ocupar-se-á, portanto, o capítulo II, item 12, enquanto aqui é descrito seu clássico modelo cibernético.

Em 1979, Easton sublinhava a importância do movimento de 1968 em favorecer esse deslocamento de interesses: apresentavam-se problemas concretos, como a poluição, a degradação urbana, o esgotamento dos recursos energéticos, e perguntava-se qual política poderia dar uma solução. A teoria política – mais do que oscilar entre os dois polos da coleta de dados e da construção de teorias – encaminhava-se para equilibrar as duas direções. De fato, só no quadro de uma teoria geral seria possível encontrar uma solução para os problemas empíricos. Essa proposta de Easton explicava bem dois temas principais: os "inputs of support" e os "policy outputs", aos quais é preciso dedicar algumas palavras. As tensões dos anos 1960 e 1970 pareciam confirmar as escolhas teóricas de Easton anteriores àquelas datas: "O que aconteceu naquele período foi exatamente isso sobre o que a análise sistêmica, em nível teórico, havia procurado chamar a atenção da ciência política. Aqueles anos viram um rápido declínio do *input* de 'support' (ou seja, de confiança e de legitimação) para todos os objetos políticos, as autoridades, o regime, a comunidade política [...]. Os acontecimentos daquela época pareciam feitos para a teoria."[75] De modo similar, a explicação sistêmica revelou-se apta a explicar a diferença entre as necessidades dos cidadãos e os resultados das políticas adotadas.

O sistema político caracteriza-se pelo fato de as decisões tomadas em seu interior serem "valores impostos pela

---

75. Easton, *Preface to the Phoenix Edition*, em *A System Analysis of Political Life*, University of Chicago Press, Chicago – London, 1979, p. X: essa edição sem alterações do livro de 1965 confirma a duração de um interesse difuso para a aplicação da teoria dos sistemas à ciência política.

autoridade"[76]: esse é o elemento que caracteriza o sistema político e o diferencia dos sistemas intrassociais (economia, cultura, estrutura social) e dos sistemas extrassociais, típicos de uma sociedade internacional. Desses dois grupos de sistemas externos vêm "*disturbances*" ao sistema político: depois de um impulso externo, ele não é mais o que era antes. Alguns impulsos externos podem ser negativos, ou seja, podem impor um "*stress*" ao sistema político. O *stress* é a dificuldade do sistema político em alcançar uma de suas funções centrais, que são as variáveis principais da vida política: a atribuição de valores à sociedade e a imposição desses valores como forma de vincular todos os membros da sociedade. A perda de uma guerra ou outro acontecimento pode pôr em crise a autoridade, reduzindo ao mínimo sua capacidade de impor valores. O modo pelo qual os sistemas externos influem sobre o sistema político e as respostas deste último aos estímulos externos são organizados por Easton segundo as características dos *input* e dos *output* da teoria dos sistemas.

Essas decisões apresentam um aspecto substancial e um aspecto formal: este último é relevante para o jurista, pois Easton julga ser o direito o que constitui o elemento formal da decisão. Essa forma jurídica é, porém, vazia se não é seguida de uma "actual policy". Já que as normas não podem ser violadas sem que haja uma sanção, em Easton o direito assume a função de estruturar o sistema político[77].

Na obra de 1965, o sistema político assim descrito é unido ao contexto social, do qual provêm as "demandas" que o sistema político deve enfrentar com apoios ("supports") baseados em decisões. Todo o processo político apresenta-se, portanto, como um processo de retroação fundamentado nas informações de entrada (as demandas dos ci-

---

76. "Authoritative allocations of values": David Easton, *The Political System. An Inquiry into the State of Political Science*, Knopf, New York, 1953, p. 129.
77. Easton, *The Political System*, cit., p. 147: "Analyses of the law, statutory, judicial, and administrative, are precise logical inspections of the relationship between formal expressions of policy."

dadãos) e nas informações de saída (as normas que estruturam as decisões tomadas)[78]. O sistema político inspira-se, assim, naquela parte da cibernética conhecida como teoria da regulação. Disso se origina um sistema político concebido também em termos dinâmicos, uma vez que das respostas políticas dependem os "supportive sentiments", ou seja, o apoio dos cidadãos ao sistema político (*feedback loop*).

A atenção de Easton concentra-se, portanto, naquela que poderia ser chamada a estrutura do sistema político. Sua trajetória cultural segue, porém, uma linha contraposta à tendência geral ("countercyclical", como ele mesmo a define): na época do florescimento do estruturalismo francês, ele segue a teoria sistêmica de origem cibernética, ao passo que, a partir dos anos 1980, quando o estruturalismo francês já está em declínio, analisa criticamente sua contribuição à ciência política, mesmo ciente de que "uma teoria sobre a estrutura do sistema político é bem diferente de uma teoria estruturalista desses sistemas"[79]. Mas ele o analisa para procurar aí confirmações e analogias com suas análises anteriores: sua teoria está, portanto, expressa de forma completa e definitiva na já clássica trilogia sistêmica de inspiração cibernética.

O aparato conceitual de Easton, extraído da biologia, da mecânica e da cibernética, constitui um esforço pioneiro e, exatamente por isso, mostra-se mais justaposto que fundido à análise empírica da sociedade. Dentre seus méritos deve-se incluir também o fato de ter influenciado os es-

---

78. David Easton, *A System Analysis of Political Life*, Wiley, New York, 1965, XVI-507 pp. Esse modelo do sistema político como "feedback loop" entre um "total environment" e os "autorities' outputs" está representado graficamente à p. 30; a sua descrição geral está a pp. 343 ss. Mas, para uma descrição detalhada de todos os seus elementos, é necessário voltar ao já citado *A Framework for Political Analysis*, de 1965.

79. David Easton, *The Analysis of Political Structure*, Routledge, New York – London, 1990, p. IX. O volume (XV-336 pp.) é substancialmente baseado na comparação entre uma teoria estrutural e uma teoria estruturalista da política, com toda uma parte – quase uma monografia – dedicada ao estruturalismo marxista de Nicos Poulantzas, aluno de Althusser (pp. 155-237).

tudos jurídicos em duas direções: de um lado, estimulou a aplicação do modelo cibernético à atividade judiciária, proposto por Walter F. Murphy; de outro, o sistema de Easton foi recebido por Lawrence M. Friedman como uma estrutura sobre a qual construir a sua sociologia do direito (cf. *infra*, item 7, a)[80].

No sistema estadunidense, a passagem do poder político ao judiciário é breve, sobretudo se se examina a Corte Suprema. Partindo de uma descrição empírica do modo como atua um juiz, Murphy visa construir um modelo do processo decisório da Suprema Corte e lembra que "o modelo aqui usado é uma adaptação do modelo usado por David Easton como padrão de todos os sistemas políticos"[81]. A análise de Murphy começa com uma frase que, na Europa, seria incompatível com a separação dos poderes: "Visto que o direito é um dos meios mais comuns para formalizar a política, a atividade judiciária nos Estados Unidos está destinada a conter um poder político, ou seja, um poder de *policy-making*."[82] As "demands" sociais e as decisões (político-jurídicas, neste caso) previstas pelo modelo de Easton são particularmente evidentes no sistema judiciário.

O sistema de retroação de Murphy refere-se ao processo decisório da Corte Suprema, portanto pretende descrever não os comportamentos sociais, mas a elaboração das exigências e das respostas provenientes do contexto social até a formulação da sentença[83]. Desse ponto de vista, a

---

80. Além dos autores lembrados no texto, cf. Dallin H. Oaks – Warren Lehman, *A Criminal Justice System and the Indigent. A Study of Chicago and Cook County*, Chicago University Press, Chicago, 1968, IX-203 (em particular, pp. 179-88); Sheldon Goldman – Thomas P. Jahnige, *Eastonian System Analysis and Legal Research*, "Rutgers Camden Law Review", 1975, pp. 285 ss.
81. Murphy, *Elements of Judicial Strategy*, cit., p. 32. A pp. 216, nota 58, Murphy remete a um artigo de Easton de 1957 (*An Approach to the Analysis of Political Systems*, "World Politics", 1957, pp. 383 ss.) e a outros autores de "no less useful conceptual schemas".
82. Walter F. Murphy, *Elements of Judicial Strategy*, University of Chicago Press, Chicago – London, 1964, XIII-249 pp. A citação está à p. 1.
83. Murphy, *Elements of Judicial Strategy*, cit., p. 32: o gráfico de Murphy, *Supreme Court Decision-Making Process*, resume o *feedback* entre demandas so-

pesquisa baseia-se no material inédito deixado pelos juízes nos atos da Corte e nos seus papéis particulares. O modelo de Easton e a teoria dos jogos (Murphy vê também um possível modelo da atividade da Corte em um jogo de soma diferente de zero) são, portanto, as grandes linhas teóricas nas quais se apresenta uma acurada análise de sociologia jurídica.

O modelo de Glendon Schubert talvez seja o mais completo[84] e revela como os modelos cibernéticos, em 1965, estavam difundidos entre os estudiosos americanos de ciências sociais. Seu trabalho começa, de fato, sem uma referência direta a Easton, cuja teoria foi incorporada por Schubert apenas em uma edição posterior do seu livro. Nele, a análise se detém no processo de "conversão" dos *input* em *output*, tanto que os elementos psicofisiológicos estão reunidos em uma apropriada categoria intermediária: os "withinputs", já amplamente descritos por Easton em 1965[85]. A retroação é, portanto, dupla: de um lado, existe aquela externa das demandas das partes, à qual se acrescenta aquela nova entre a personalidade do juiz e as relações sociais (ou seja, aquilo que a sociedade espera dele). A "conversão" do *petitum* em *sententia* nasce da ligação desses processos sociais e psicológicos.

O cientista político Karl W. Deutsch foi o autor da teoria que teve maior sucesso naqueles anos, e não apenas no âmbito da ciência política[86]. Sua referência à cibernética é

---

ciais, decisões judiciais e impacto destas últimas sobre a sociedade. É interessante compará-lo com o gráfico de Easton para compreender a diferente abordagem dos dois estudiosos.

84. Glendon Schubert, *Judicial Policy-Making. The Political Role of the Courts*. With an Introduction by Lee Loevinger, Scott – Foresman, Chicago, 1965, 212 pp. Esse prefácio (pp. IV-VIII) não está na segunda edição: *Judicial Policy Making. The Political Role of the Courts*. With an Introduction by Martin M. Shapiro, Scott – Foresman, Glenview [Ill.], 1974, 239 pp.

85. Easton, *A Framework for Political Analysis*, cit., cap. VII.

86. Karl W. Deutsch, *The Nerves of Government. Models of Political Communication and Control*, Free Press of Glencoe – Macmillan, New York – London, 1963, XVIII-316 pp.

direta, não só porque ele foi amigo pessoal de Norbert Wiener (que o menciona na introdução de seus principais escritos), mas também por sua admiração pela informática e pela automação, expressa desde as primeiras páginas de sua obra.

Amitai Etzioni é um sociólogo das organizações que, em 1968, estendeu a toda a sociedade, entendida como vasta organização complexa, a metodologia já experimentada pelas organizações mais limitadas[87]. Dessa aplicação ele extrai uma "theory of social guidance" baseada em "cybernetics factors". Com a obra de Etzioni, chega-se a uma efetiva compenetração das teorias cibernéticas com os problemas da direção política. É interessante notar que, para Etzioni, os instrumentos para guiar de modo organizado e preciso a sociedade são aqueles típicos da sua época: época que ele já designa como "post-modern period", antecipando uma expressão hoje corrente, mas então criticada como "infeliz" ou "destituída de sentido"[88].

Os modelos cibernéticos de origem anglo-americana tiveram grande sucesso entre os estudiosos europeus, em contraste com a limitada aceitação dos modelos jurídicos provenientes da mesma área. A pouca difusão dos modelos jurídicos estadunidenses na Europa continental se deve à diferente organização do direito e dos tribunais. Os estudos americanos vistos até aqui tendem a identificar o compor-

---

[87]. Amitai Etzioni, *The Active Society. A Theory of Societal and Political Processes*, Collier-Macmillan – Free Press, London – New York, 1968, XXV-698 pp. (3.ª ed.).

[88]. Pós-moderno é um termo "etwa unglücklich" (para Greven, *Systemtheorie und Gesellschaftsanalyse*, cit., p. 138) ou, para outros, uma "(Unsinns) – Bezeichnung": "O conceito de moderno deve ser entendido apenas em sentido temporal. Se com o conceito de modernidade entende-se alguma coisa a mais, é preciso antes de tudo dar-lhe uma definição clara e aqui nos encontramos, portanto, em contínuas dificuldades semânticas e nominalísticas. Típica a esse respeito é a recente expressão (insensata) 'pós-moderno' de A. Etzioni, que, como tantas outras 'pós'-expressões, constitui nada mais do que uma briosa escamoteação terminológica" (Wolf-Dieter Narr – Frieder Naschold, *Theorie der Demokratie*, Kohlhammer, Stuttgart, 1971, p. 262, nota 70).

tamento futuro do juiz ou do colégio e, portanto, a regulação por eles descrita refere-se não a toda a sociedade, mas a cada decisor. Alguns críticos observam, portanto, que o modelo cibernético é aplicado apenas parcialmente: a informação que circula entre os elementos desse sistema é entendida não em sentido cibernético, mas como expressão de interesses e de decisões; além disso, o modelo judiciário proposto não apresenta caráter homeostático. Em conclusão, "esses modelos não manifestam o interesse cibernético de explicar os processos de regulação segundo a teoria da informação, superando, assim, o método individualista-behaviorista. Em particular, a determinação insuficiente das normas jurídicas em relação aos outros *input* do sistema dificulta a utilização desses modelos para uma teoria do direito que deva levar em conta a especificidade dos sistemas jurídicos europeu-continentais. Na Europa, de fato, os processos de regulação não se baseiam em motivações pessoais, mas na elaboração interpessoal de informações"[89].

b) A cibernética social nos Estados comunistas europeus

O socialismo científico visava eliminar da gestão da sociedade as irracionalidades do capitalismo, mas era destituído dos instrumentos técnicos para administrar uma sociedade complexa. A cibernética, como ciência do "control", ou seja, do controle, e o computador, como instrumento técnico para realizá-lo, pareciam oferecer também à sociedade do socialismo real o instrumento para realizar o próprio projeto político. Uma vez superados os obstáculos ideológicos dos primeiros anos (cf. *supra*, 4), as teorias cibernéticas foram, portanto, aplicadas às sociedades comunistas europeias, sobretudo para a solução de problemas

---

89. Hansjürgen Garstka, *Regelkreismodelle des Rechts. Untersuchung zur Übertragung kybernetischer Vorstellungen auf das Recht*, Schweitzer, München, 1983, p. 74.

concretos e não para a elaboração de teorias cognoscitivas como nos autores até aqui examinados[90].

Como toda explicação da sociedade já estava contida por definição na filosofia oficial do materialismo dialético, desde o final dos anos 1950 nos Estados comunistas procurou-se, por um lado, legitimar a cibernética como já presente (mesmo de forma embrionária) nos clássicos do marxismo e, por outro, demonstrar que os resultados obtidos no capitalismo com a cibernética eram diferentes dos obtidos no socialismo real. Mesmo disfarçado de fraseologia marxista, retornava o ideal de uma humanidade racional que já recordamos: "O mundo das máquinas cibernéticas – escrevia Klaus em 1964 – fundirá a humanidade produtiva em um coletivo de cientistas e de matemáticos que pensam com exatidão."[91] Por outro lado, a racionalidade informática exige políticas rigorosas inaceitáveis: é a "dura lição das matemáticas", de que já em 1948 falava o Padre Dubarle, lição "que lança luz sobre a aventura do nosso século, hesitante entre a turbulência infinita das vicissitudes humanas e o surgimento de um prodigioso Leviatã político"[92].

Muitas afirmações de Klaus e de outros estudiosos soviéticos e das Democracias populares são incrustações ideológicas, aplicadas ao *corpus* doutrinário subjacente apenas com o objetivo de evitar a inquisição do partido único. O efeito sobre o leitor é, de qualquer modo, negativo, e Steinbuch não está errado quando fala de um "abuso político da cibernética em Georg Klaus"[93]. Mas, certamente,

---

90. Na Alemanha então Federal: Horst Denzer, *Kybernetische Planung und Politische Ordnung. Ein Aspekt der Kybernetikdiskussion in der DDR*, "Zeitschrift für Politik", 1968, pp. 65-86; Alfons Reitzer, *Kommunismus und Kybernetik*, Selbstverlag der Studiengesellschaft für Zeitprobleme, Duisdorf bei Bonn, 1967, 162 pp.

91. Klaus, *Kybernetik und Gesellschaft*, cit., p. 119.

92. Dominique Dubarle (O.P.), *Vers la machine à gouverner...*, "Le Monde", 28 de dezembro de 1948, p. 3: é a resenha à *Cibernetica* de Wiener: cf. *supra*, item 3, b.

93. Steinbuch, *Automat und Mensch* (1965), cit., p. 376: a referência é a Georg Klaus, *Kybernetik in philosophischer Sicht*, Dietz, Berlin (Est), 1962.

mudando os nomes e pagando os devidos tributos ideológicos, nos Estados comunistas também se formularam teorias cibernéticas da sociedade (comunista)[94].

Também nas ciências sociais, portanto, assiste-se a uma aplicação cada vez mais especializada da cibernética: primeiramente, como teoria geral da sociedade e da política; depois, como teoria daquela estrutura social específica que é o Estado; e, por fim, como teoria daquele produto do Estado que é o direito. É a este último que devemos, agora, dirigir nossa atenção.

6. Jurimetria, juscibernética e informática jurídica

Entre o final dos anos 1950 e a metade dos anos 1960, os juristas também foram contagiados pelo fascínio da cibernética e pelo frenesi da engenhoca informática. Enquanto nas disciplinas físico-naturais partiu-se do método cibernético para passar, progressivamente, ao uso do computador, os juristas e os cientistas sociais – sobretudo na Europa – seguiram o caminho inverso: nos Estados Unidos, aproximaram-se primeiramente do uso do computador; depois, na Europa, associaram às aplicações práticas importadas da América também um estudo dos modelos cibernéticos da política, do Estado e do direito. Americanos e europeus assumiam uma atitude diferente em relação à nova ciência: pragmática a dos americanos; filosófica – ao menos no *arrière pensée* – a dos europeus. Já em 1964, um dos pioneiros nesse campo evidenciava as expectativas, muitas vezes inconscientes, dos juristas europeus: "Na questão sobre a aplicabilidade dos sistemas cibernéticos [ao direito] estão claramente presentes as mesmas expectativas e esperanças que orientaram todas as tentativas, do Absolutismo em diante, de proteger o direito da irrupção do arbítrio. Porém,

---

94. Um panorama desses estudos encontra-se em Losano, *Giuscibernetica*, cit., pp. 116-27.

sobre essa questão pesa, também, a hipoteca da resignação das gerações que reconheceram (ou que tiveram de reconhecer) os limites da 'logicização' do direito."[95]

As tentativas de aplicar a cibernética ao direito prestam-se a uma clara periodização. Além disso, a evolução desse tipo de estudo não parou com o ofuscamento da moda cibernética, mas continuou a se desenvolver de forma vigorosa ainda que unilateral: a maior cota de energia concentrou-se na aplicação da informática ao direito, ao passo que os modelos cibernéticos foram deixados de lado após um interesse inicial. A formação desse novo ramo da ciência jurídica pode ser subdividida em três períodos: os três núcleos principais estão bem nítidos na realidade, ao passo que nos períodos de transição não faltam sobreposições e incertezas. Portanto, as datas que delimitam cada um dos períodos cumprem uma função preponderantemente de orientação.

a) A jurimetria (1949-69)

O primeiro escrito sobre as relações entre cibernética e direito remonta a 1949: o direito foi, de fato, uma das primeiras ciências a usar os computadores, inicialmente sobretudo para tarefas de documentação. É preciso salientar que essa primeira junção das duas matérias não recebeu o nome de "cibernética jurídica", segundo uma união terminológica existente em muitas disciplinas, mas foi batizada com um neologismo cunhado por um jurista prático, Lee

---

95. Spiros Simitis, *Rechtliche, Anwendungsmöglichkeiten kybernetischer Systeme*, Mohr, Tübingen, 1966, p. 6; originariamente publicado como contribuição ao volume: Helmar Frank (Hrsg.), *Kybernetische Maschinen. Prinzip und Anwendung der automatischen Nachrichtenverarbeitung*, Fischer, Frankfurt a. M., 1964, VII-455 pp. Esse breve artigo faz um balanço das reflexões sobre as relações entre cibernética e direito no começo da afirmação desse ramo de pesquisa; o panorama pode, portanto, ser ampliado recorrendo às indicações bibliográficas aí contidas, em particular àquelas a pp. 15, nota 10, e a pp. 24, nota 21.

Loevinger (nascido em 1913), que foi o primeiro a trilhar esse caminho. Loevinger era funcionário da Comissão Antitruste dos Estados Unidos que usava o produto mais surpreendente da cibernética para fazer seu trabalho de rotina: é, portanto, difícil imaginar um início mais pragmático para essa disciplina. A teoria, e com ela a cibernética, viria depois, sobretudo com a passagem dessas primeiras tentativas dos Estados Unidos à Europa continental.

Lee Loevinger estudou direito na University of Minnesota (onde se formou em 1933) e trabalhou na Comissão Antitruste dos Estados Unidos. Seus numerosos escritos sobre as transmissões radiofônicas e, depois, televisivas atestavam, desde sua juventude, um vivo interesse pelas relações entre o direito e as tecnologias modernas. Aos estudos jurídicos associou também os de lógica formal, condensados em uma monografia publicada inicialmente em uma revista[96] e depois como livro em tradução espanhola[97].

Esses interesses jurídico-formais e tecnológicos levaram-no muito cedo a voltar sua atenção para o uso dos computadores na atividade prática do direito. Seu primeiro escrito sobre esse assunto foi publicado em 1949[98], quando os computadores apenas começavam a surgir no mundo científico e industrial. A esse inovador setor de estudos, Loevinger quis dar um nome tão novo quanto a técnica de que fazia uso: chamou-o de "jurimetrics", jurimetria, provavelmente por assonância com "econometrics", econometria, ou, talvez, com a já citada "sociometrics" de Moreno. Vinte anos depois, Loevinger aventurou-se com outro neo-

---

[96]. Lee Loevinger, *An Introduction to Legal Logic*, "Indiana Law Journal", vol. 27, 1952, pp. 471-522.

[97]. Lee Loevinger, *Una introducción a la lógica jurídica*. Traducción y prólogo por José Puig Brutau, Bosch, Barcelona, 1952, 141 pp.

[98]. Lee Loevinger, *Jurimetrics. The Next Step Forward*, "Minnesota Law Review", XXXIII, 1949, pp. 455 ss.; a esse escrito seguiram depois *Jurimetrics. Science and Prediction in the Field of Law*, "Minnesota Law Review", XLVI, 1961, pp. 255 ss., e *Jurimetrics: The Methodology of Legal Inquiry*, em Hans W. Baade (ed.), *Jurimetrics*, Basic Books, New York – London, 1963, pp. 5-35.

logismo científico, mas com menor sucesso. As relações entre direito e economia, cotidianamente enfrentadas no seu trabalho na Comissão Antitruste, foram por ele fundidas na "lexonomic analysis"[99], uma espécie de análise econômica do direito destinada a ser, porém, ignorada pelos futuros estudiosos oficiais dessa disciplina. Hoje, o nome Loevinger está ligado aos seus estudos pioneiros da jurimetria.

A jurimetria é um método pragmático para o uso dos primeiros computadores no direito e, em particular, no Common Law. De fato, a natureza jurisprudencial do direito americano influenciou a estrutura da jurimetria. Limito-me aqui a indicar as linhas gerais dessa disciplina, porque elas têm hoje um valor puramente histórico; além disso, já a descrevi com mais detalhes no agora distante ano de 1969[100].

Loevinger, jurista prático, é avesso a definições. Não lhe parece necessário definir preliminarmente a jurimetria, e sua primeira indicação é de um inocente empirismo: a jurimetria é aquilo que fazem os jurimensores[101]. Na realidade, desse modo, Loevinger quer sublinhar que o campo de aplicação da nova disciplina está em contínua expansão. Por outro lado, é bastante claro sobre o método que a caracteriza: "A jurimetria é um esforço para usar os métodos da ciência no âmbito do direito"; portanto, "as conclusões

---

99. Lee Loevinger, *Lexonomic Analysis and Antitrust*. Paper presented to the Conference on Business-Government Relations, [Washington?], 1969, 15 pp.; *Lexonomic analysis of Rate Regulations*, Iowa State University, Ames, 1969, 24 pp.

100. Ver a *Breve storia della giurimetria*, pp. 26-30, e as duas partes do volume *Per una critica del metodo della giurimetria* (pp. 35-89) e *Per una critica dell'oggetto della giurimetria* (pp. 93-109), em Losano, *Giuscibernetica*, cit. Uma síntese dessa evolução está também em Mario G. Losano, *Informatica per le scienze sociali*, Einaudi, Torino, 1985, pp. 43 ss.

101. "Não é necessário, e talvez seja impossível, dar uma precisa definição do âmbito da jurimetria. Como em qualquer disciplina empírica, a definição será dada pela atividade dos seus cultores e certamente se modificará e se estenderá à medida que experimentos e experiências resolverão problemas específicos": Lee Loevinger, *Jurimetrics: The Methodology of Legal Inquiry*, em Hans W. Baade (ed.), *Jurimetrics*, Basic Books, New York – London, 1963, p. 8.

da jurimetria são verificáveis". Na tradição do Common Law, Loevinger escolhe como tema a máxima de Holmes: "O homem do futuro é o homem da estatística."[102] Esse apelo à medição, à precisão matemática – em assonância com o nome escolhido para a nova disciplina – traça a linha de fronteira com a teoria do direito, com a *jurisprudence*[103], que não pode, ao contrário, chegar a resultados certos e demonstráveis.

A jurimetria é, portanto, a aplicação do método das ciências exatas e naturais ao direito: não, porém, de forma abstrata, mas através do uso do computador. Uma vez que o direito expresso em linguagem natural não pode ser tratado diretamente com um instrumento de informática, o "uso dos métodos da ciência no âmbito do direito" impõe, antes de tudo, o recurso aos métodos e aos instrumentos postos à disposição da (então) jovem *computer science*. Estes teriam permitido encontrar, por exemplo, os precedentes jurisprudenciais que se referem a determinado caso. Loevinger esclareceu assim o que entende por "uso do método científico": o método científico da jurimetria é aquele da informática. Além disso, esclarece também a finalidade da nova disciplina: recorre-se à informática para resolver alguns problemas práticos na aplicação do direito positivo.

Para Loevinger, o direito positivo é aquele dos Estados Unidos, ou seja, o Common Law. Uma vez que o Common Law se baseia em precedentes jurisprudenciais[104], o jurista anglo-americano deve enfrentar um grave problema de documentação: o imenso número de sentenças que deveria conhecer para decidir qual precedente aplicar ao caso submetido a seu exame. A *American Digest System*, até os anos em que nascia a jurimetria (ou seja, entre 1916 e 1961), atin-

---

102. Loevinger, *Jurimetrics: The Methodology of Legal Inquiry*, cit., *ibid*.
103. Sobre a diferença entre a *jurisprudence* do Common Law e a filosofia ou teoria do direito no Civil Law, cf. Losano, *I grandi sistemi giuridici*, Laterza, Roma – Bari, 2000, pp. 449 ss.
104. Uma primeira introdução ao Common Law encontra-se no meu *I grandi sistemi giuridici*, Laterza, Roma – Bari, 2000, pp. 262-78.

gira 235 volumes, e calculava-se que só em 1953 mais de dois milhões de sentenças dos tribunais americanos, tanto federais como estaduais, tivessem sido reunidos no *American Reporter*[105]. A busca seletiva de sentenças no interior dessa massa em perpétuo crescimento representava uma grave obsessão para os juristas do Common Law: o computador surgia, portanto, nos anos 1950, como o instrumento técnico ideal para auxiliar o jurista.

Ao contrário, o direito da Europa continental, ou seja, o Civil Law, baseia-se na preeminência da lei entendida em sentido formal. Muitas constituições estabelecem que o "juiz está vinculado apenas à lei", e não a sentenças promulgadas por juízes mesmo de instância superior. Conhecer as sentenças anteriores certamente é útil também na Europa continental, mas não essencial como nos países do Common Law. Todavia, até os juristas do Civil Law deviam enfrentar um problema análogo ao dos Common Lawyers, porque o excesso de produção legislativa provocava um fenômeno similar àquele norte-americano: na Europa falava-se de "avalanche normativa", problema setorial da mais ampla avalanche de informações que se abatia sobre a sociedade pós-bélica[106]. Ao excesso de leis e de sentenças acrescentava-se ainda o excesso de doutrinas: na França, publicavam-se cerca de 200 revistas jurídicas, na Itália, mais de 300[107]. A afinidade das preocupações documentais tornava, portanto, o ambiente europeu propenso a aceitar as soluções téc-

---

105. Outros dados sobre a quantidade de sentenças no Common Law estão citados em Losano, *Giuscibernetica*, cit., pp. 43 s.
106. Spiros Simitis, *Informationskrise des Rechts und Datenverarbeitung*, Müller, Karlsruhe, 1970, 161 pp.; Ortlieb Fliedner, *Gesetzesflut und Paragraphendicht – notwendige oder unnötige Erscheinnung im demokratischen Staat?*, Universität Siegen, Siegen, 1988, 15 pp.; Ulrich Bischoff, *Die Informationslawine. Wie ist die Nachrichtenfülle zu bewältigen?*, Econ, Düsseldorf – Wien, 1967, 323 pp.; Wolfgang Mantl (Hrsg.), *Effizienz und Gesetzesproduktion. Abbau der Regelungsdichte im internationalen Vergleich*, Signum, Wien, 1995, 347 pp.; Theo Mayer-Maly, *Rechtskenntnis und Gesetzesflut*, Pustet, Salzburg, 1969, 91 pp.
107. Angelo Grisoli, *La proliferazione delle riviste giuridiche in Italia dopo il 1945*, Giuffrè, Milano, 1966, 150 pp.

nicas propostas pelos Estados Unidos. A essa exigência técnica dos juristas era preciso acrescentar, também, o peso econômico e psicológico que os Estados Unidos exerciam na Europa no pós-guerra: eles eram o paradigma da modernidade.

Em um crescendo ambicioso, Loevinger propunha três direções de pesquisa aplicada: primeiramente, o uso da lógica formal no âmbito do direito, como análise preparatória às aplicações da informática; em segundo lugar, o processamento eletrônico dos dados jurídicos, o que, com a tecnologia da informática dos anos 1950, queria dizer sobretudo a busca eletrônica das sentenças; em terceiro lugar, a análise do comportamento dos tribunais baseada nos dados jurisprudenciais assim acumulados, até chegar à previsão das sentenças.

Esse terceiro ramo da jurimetria não teve sucesso quer por razões técnicas, quer por razões jurídicas. A tecnologia dos anos 1950 e 1960, de fato, ainda estava próxima da mecanografia: o elemento lógico mais evoluído em que se baseava a arquitetura dos computadores era o transistor; os dados deviam ser perfurados em cartões (e, portanto, uma linha de texto legislativo correspondia aproximadamente a um cartão); a capacidade da memória era limitada e o tempo de processamento era longo; as mensagens do computador e os resultados da pesquisa eram impressos com procedimentos demorados, e o monitor ainda não existia. Loevinger pôde, portanto, introduzir no computador um número de sentenças que não era, estatisticamente, significativo para fundamentar uma previsão das sentenças futuras.

Mas o problema não era apenas tecnológico: era também jurídico. O Common Law prevê uma série de mecanismos com os quais o juiz pode desvincular-se da sequência dos precedentes; no Civil Law, o juiz está vinculado apenas à lei e o precedente serve-lhe, sobretudo, como auxílio na interpretação da norma. Em ambos os sistemas jurídicos, o juiz tem um âmbito de discricionariedade que depende de sua avaliação, ou seja, de sua vontade. Precisamente esse elemento voluntarista levou o último Kelsen a rever sua teoria sobre a atividade do juiz, negando que ela siga um esquema dedutivo de tipo lógico: a vontade é irracional[108]. Piero Calamandrei, sensato príncipe dos processualistas italianos, compartilhava, em 1930, uma concepção lógico-mecânica do raciocínio jurídico e via "a sentença como uma progressão de silogismos em cadeia"; vinte anos mais tarde, à custa também de uma grande experiência como advogado, perguntava-se: "É realmente verdade que, no sistema da legalidade, a sentença do juiz é seguramente previsível?"; "Digamo-lo em segredo, entre nós advogados quem pode prever antecipadamente o êxito de uma causa?". E concluía aceitando resignado o provérbio romano *habent sua sidera lites*: perde-se também uma causa justa porque as estrelas são desfavoráveis[109]. Com os atuais aperfeiçoamentos dos computadores e dos programas, é possível programar um computador para jogar uma boa partida de xadrez, pois as regras do jogo são fixas; porém, o próprio computador não pode prever o comportamento de um juiz, pois as regras jurídicas são interpretáveis segundo parâmetros que as técnicas de hoje não conseguem formalizar.

A aplicação da lógica ao direito teve mais sorte, embora também tenha sido entendida de modo muito operacional. Na American Bar Association constituiu-se um "Committee on Electronic Data Retrieval": de fato, a busca dos dados jurídicos, em particular das sentenças, era o problema que mais preocupava os advogados e os magistrados estadunidenses. Em 1959, esse comitê, junto com a Yale Law School, publicou a revista "Modern Uses of Logic in Law", que, em 1966, salientou ainda mais a própria ligação com

---

108. Essa evolução está descrita no meu prefácio *La dottrina pura del diritto dal logicismo all'irrazionalismo*, em Hans Kelsen, *Teoria generale delle norme*. Mario G. Losano (a causa di), traduzione di Mirella Torre, Einaudi, Torino, 1985, pp. XVII-LXV.

109. Piero Calamandrei, *Processo e democrazia. Conferenze tenute alla facoltà di diritto dell'Università Nazionale del Messico*, Cedam, Padova, 1954, pp. 59 s.

as teorias de Loevinger, modificando seu título para "Jurimetrics Journal", com o qual até hoje é publicada. Os primeiros anos daquela que era familiarmente chamada de "M.U.L.L." constituem hoje uma mina de notícias históricas sobre as origens da informática jurídica não apenas nos Estados Unidos: ela foi um ponto de referência também para aqueles europeus que começavam a se ocupar da informática aplicada ao direito.

Na esteira da admiração pós-bélica pelos Estados Unidos e da expansão econômica dos Estados colocados na área que lhes foi atribuída pelo tratado de Yalta, o processamento eletrônico dos dados foi recebido com entusiasmo – e com fundado entusiasmo, que fique claro – também na Europa. Afirmou-se não sem uma forte polêmica ideológica nos Estados comunistas, como foi dito, nem sem alguma resistência, também entre os juristas. Do programa de Loevinger foram adotados na Europa o estudo da lógica aplicada ao direito e o uso do computador na documentação jurídica. Não foi diferente o seu sucesso nos Estados Unidos. Por outro lado, a jurimetria – nascida simultaneamente com a difusão do computador no mundo civil – logo foi deixada de lado pela arrebatadora expansão técnica e social da informática. Em 1969, exatamente vinte anos depois do primeiro artigo de Loevinger, eu formulava uma constatação hoje largamente compartilhada: "Talvez seja oportuno, a essa altura, reservar a denominação de jurimetria a uma fase histórica bem delimitada da pesquisa jurídica e tentar, ao invés, uma classificação que leve em consideração as experiências realizadas nos últimos anos e as perspectivas que elas abriram."[110] Em suma, a jurimetria é a aplicação da informática ao direito na sua primeira fase, que – por comodidade de exposição – podemos situar no período de 1949 a 1969.

Todavia, antes de passar à fase em que a informática geral já está consolidada como disciplina acadêmica de

---

110. Losano, *Giuscibernetica*, cit., p. 106.

vanguarda e como ramo de ponta da economia mundial, é oportuno perguntar-se qual parte do direito foi formalizada pela jurimetria.

Antes de tudo, a proposta de aplicar a lógica formal ao direito ia na direção de estudos já há muito tempo presentes tanto entre os Common Lawyers quanto entre os Civil Lawyers: porém, nem tanto entre os juristas práticos, quanto entre os teóricos ou os filósofos do direito. O caminho seguido por essa formalização lógica do direito não demorou a se bifucar. Os juristas direcionados à prática optaram cada vez mais por um tipo de formalização que abrisse caminho para a informática no setor jurídico em que atuavam (e se tratava sempre de setores jurídicos bem circunscritos): eles passaram, portanto, da lógica formal, tradicionalmente presente nos estudos teóricos do direito, à lógica da programação, novidade nascida com a informática, para chegar, em certos casos, até a programação propriamente dita.

Esse processo foi lento e bem poucos juristas o levaram a termo: talvez apenas nos anos 1990 algumas universidades italianas conseguiram formar jovens que fossem profissionais tanto do direito como da informática, com um grande atraso em relação às universidades estrangeiras. Ao contrário, os juristas direcionados à teoria tomaram um caminho diferente: encontraram nas lógicas modernas o terreno ideal para desenvolver estudos cada vez mais formais, voltados, porém, a finalidades preponderantemente cognoscitivas. O grande desenvolvimento das pesquisas lógicas (não apenas no direito) na segunda metade do século XX introduziu no direito uma formalização rigorosa. Na descrição do direito como sistema, ela constitui o passo posterior à descrição kelseniana, geralmente considerada a mais rigorosa possível em uma cristalina linguagem natural. É possível ser mais rigoroso apenas substituindo a linguagem natural por uma linguagem formal[111].

---

111. Talvez essa minha visão da evolução da lógica jurídica na era da informática esteja condicionada pela trajetória intelectual que eu mesmo per-

A proposta de aplicar as técnicas da informática à documentação jurídica produziu uma seara incomparavelmente mais rica de resultados práticos. Isso influenciou um número bastante grande de juristas e, devido a suas implicações práticas, também de não juristas. Dessa proposta, no fundo, nasceram todas as posteriores aplicações do computador ao direito, hoje globalmente denominadas com o termo "informática jurídica". A tecnologia dos anos 1960 não permitia muito mais: "No ordenamento jurídico – escrevia Simitis em 1966 –, cabe aos sistemas cibernéticos, fundamentalmente, uma tarefa: a de buscar informações."[112]

Naquela parte da jurimetria, contudo, era formalizado não o direito, mas o procedimento para procurar o texto de um documento jurídico. O instrumento usado era um programa para a busca de informação por meio de palavras-chave. Porém, um programa desse tipo permite encontrar documentos de qualquer disciplina (portanto *também*, mas não apenas, do direito), porque seu funcionamento consiste apenas em comparar uma série de símbolos (aqueles da palavra-chave de quem formula a pergunta) com outra série de símbolos (aqueles das palavras contidas na memória

---

corri. Arnaud observa, justamente, que Bobbio tem uma noção sua de sistema interno e externo ao direito (aquela que procurei mostrar e aprofundar também nos meus escritos): "Não deve então causar espanto que os alunos de Bobbio tenham se dispersado em três vias principais, sem, por outro lado, criar uma escola [...]. M. G. Losano, insistant sur l'apport tecnique de l'analyse structurale, à glissé progressivement vers l'informatique juridique [...]. D'autres ont rejoint les tenants de la théorie analytique anglo-saxonne", outros ainda "se son tournés vers [...] Niklas Luhmann": André-Jean Arnaud, *Les théories structuralistes du droit*, em Paul Amselek – André-Jean Arnaud (organizado por), *Controverses autour de l'ontologie du droit*, Presses Universitaires de France, Paris, 1989, p. 95 s. Além disso, da escola de Bobbio saiu também Amedeo G. Conte, que entrou com sucesso no caminho da lógica formal aplicada ao direito. Sobre a "Escola de Turim", cf. a literatura citada em Losano, *Un secolo di filosofia del diritto a Torino: 1872-1972*, "Teoria politica", XXV, 1999, n. 2-3, pp. 471-517, e Carla Faralli, *Dagli anni Settanta alla fine del Novecento*, em Guido Fassò, *Storia della filosofia del diritto*, Laterza, Roma – Bari, 2001, vol. 3, pp. 351-423.

112. Spiros Simitis, *Rechtliche Anwendungsmöglichkeiten kybernetischer Systeme*, Mohr, Tübingen, 1966, p. 15.

do computador): se as duas sequências não coincidem, o programa passa ao documento seguinte; se, ao contrário, coincidem, o documento é tirado da memória e levado para a unidade de saída. Mas em todo esse procedimento o conteúdo do documento é irrelevante. Essa diferença entre os dois tipos de programa corresponde, de modo geral, à clássica diferença entre sistema externo (geral como um programa de *information retrieval*) e sistema interno (específico como o programa para a automação de determinado setor do direito: cf. vol. 2, cap. I, 2, b).

Exatamente essa polivalência dos programas para a busca de informação constituiu a razão de seu sucesso: em geral, o fato de poder contar com usuários de qualquer disciplina permitia às empresas construtoras dividir melhor os custos; no direito, em particular, a um problema muito sentido como o da documentação podiam ser aplicados programas já existentes em outras disciplinas, reduzindo os custos e dando provas de funcionamento capazes de convencer os céticos, que não eram poucos. A difusão dessas técnicas de documentação automática fez com que muitos juristas se familiarizassem com o uso da informática, tornando, assim, possível um desenvolvimento que fosse além da jurimetria loevingeriana.

Portanto, com a jurimetria estamos ainda no limiar da informática jurídica: a informática é aplicada ao documento que contém o direito, mas não é levada para dentro do direito.

b) A juscibernética (1970-80)

Os vinte anos que separam o artigo de Loevinger dos primeiros livros europeu-continentais sobre esses estudos caracterizaram-se por uma enorme difusão dos computadores, acompanhada de grandes esperanças e grandes desconfianças. Era, portanto, inevitável que a visão de Loevinger acabasse superada. As iniciativas multiplicavam-se de modo desordenado, acumulando estudos teóricos e atividades operacionais, minuciosas considerações técnicas sobre o computador ou sobre os programas e visões gerais sobre o futuro tecnológico da sociedade.

Surgiram, por volta de 1970, algumas bibliografias[113] que procuravam informar aos interessados o que estava acontecendo naquele agitado, mas transbordante campo de estudos, que não tinha nenhum *status* acadêmico. De fato, a informática jurídica (ou a cibernética jurídica, como se dizia então) era praticada semiclandestinamente sob o manto do direito eclesiástico por Steinmüller, do direito civil por Simitis, da filosofia do direito por Frosini, além de tabeliães belgas, linguistas toscanos e advogados parisienses. Aqueles primeiros estudos e experimentos, mais do que precisos itinerários, eram muitas vezes sinais indicativos de uma meta ainda imprecisa. Revisitá-los hoje ajuda a avaliar o caminho percorrido e também aquele que falta percorrer: de fato, muitos problemas já existiam nos anos 1970, mas ainda hoje não encontraram uma solução satisfatória.

Nesse contexto de crescimento entusiasta, mas também desordenado, propus-me reorganizar a matéria em quatro grandes categorias que, segundo a terminologia em uso naqueles anos, reuni com o nome de "juscibernética". Com ela, queria dar conta de todos os desenvolvimentos

---

113. Wolfram Schubert – Wilhelm Steinmüller, *JUDAC. Jurisprudence – Data Processing – Cybernetics. Internationale Bibliographie*, Beck, München, 1971, XVI-300 pp.; Ulrich Dammann, *Bibliographie*, em Gebhard Carsten *et al.*, *Materialen zur Rechtsinformatik*. Folge 1: *Länderberichte*, Metzner, Frankfurt a. M., pp. 89-140. O Instituto para a Documentação Jurídica do CNR publicou uma bibliografia em edição provisória em dezembro de 1971 (371 pp.), seguida depois pelo "Bollettino bibliografico d'informatica generale e applicata al diritto", ano I, abril-maio de 1972, vol. 2, pp. 332; julho-dezembro de 1972, n. 3-4, pp. 670; ano II, janeiro-junho de 1973, n. 1-2, 250 + 98 pp.; julho-dezembro de 1973, n. 3-4, 255-518 + 101-140 pp. Também o meu primeiro livro sobre esses temas nasceu de uma bibliografia: *Giuscibernetica*, em *Nuovi sviluppi della sociologia del diritto 1966-1967*. Renato Treves (a cura di), Edizioni di Comunità, Milano, 1968, pp. 307-25. Para uma atualização também bibliográfica, cf. Faralli, *Dagli anni Settanta alla fine del Novecento*, em Fassò, *Storia della filosofia del diritto*, cit., vol. 3, pp. 412-4 e p. 519 s.

que o uso direto ou indireto dos computadores estava produzindo no direito, e sintetizava, assim, as quatro abordagens que constituíam essa linha de pesquisa:
"1. O mundo do direito, na sua totalidade, é considerado um subconjunto em relação ao sistema social e estudam-se as relações de interação entre os dois segundo um modelo cibernético [são os modelos cibernéticos do direito do item 7].
2. O mundo do direito é estudado como sistema normativo, dinâmico e que se autorregula; em outras palavras, o direito é concebido como uma totalidade de que se indagam não as relações externas (como no n. 1), mas sim as internas, ou seja, as que ligam cada uma de suas partes entre si. Procura-se identificar uma estrutura cibernética no sistema jurídico [é a análise estrutural do direito do item 8].
3. Os modelos cibernéticos, em geral, deveriam ser pensados em vista de sua utilização em máquinas cibernéticas. Essa passagem à máquina (ou seja, ao computador) supõe, porém, uma formalização da linguagem jurídica: na juscibernética, fazem parte desse terceiro nível de pesquisa a lógica formal aplicada ao direito, a análise da linguagem jurídica e, em geral, os estudos de teoria geral do direito. [...] A norma [...] torna-se, ela mesma, um subconjunto, do qual se estudam cada uma das partes e suas relações recíprocas.
4. Assim, estudaram-se os aspectos do direito e da norma que *podem* servir para tornar acessíveis aos computadores determinados fenômenos jurídicos; porém, a passagem a essa aplicação *concreta* apresenta vários problemas [... que] pressupõem noções não apenas jurídicas, mas também técnicas: [...] é o setor interdisciplinar que marca o limite entre a juscibernética e a tecnologia dos computadores [esses aspectos mais operacionais da informática tornaram-se objeto de minhas pesquisas sucessivas]"[114].

---

114. Losano, *Giuscibernetica*, cit., p. 108: nas páginas seguintes de *Giuscibernetica* pode-se ver detalhadamente como então eu argumentava essa quadripartição.

Em seguida, eu reagrupava as duas primeiras abordagens, mais teóricas, na "modelística jurídica" e as outras duas, mais práticas, na "informática jurídica": esta última estava destinada a ter um grande desenvolvimento, do qual trataremos mais adiante. As duas primeiras abordagens constituíram, ao contrário, o âmbito em que os juristas tentaram remodelar o direito segundo a cibernética de Wiener, ou seja, aplicando ao ordenamento jurídico ou à norma jurídica os instrumentos já comentados no item 2. Esses modelos cibernéticos do direito extinguiram-se quando a cibernética saiu de moda, ou seja, nos anos 1980. Os interesses teóricos também dos juristas deslocaram-se do sistema cibernético para a teoria geral dos sistemas. O ponto de referência não era mais Wiener, mas Luhmann.

A informática jurídica, ao contrário, ainda hoje está conhecendo tal desenvolvimento, a ponto de tornar impossível a um só estudioso seguir todos os seus desdobramentos, como acontecia nos tempos da jurimetria e da juscibernética.

c) A informática jurídica (desde 1980)

No quadro geral da juscibernética traçado em 1969, a quarta abordagem (aquela técnico-informática) era apenas mencionada: ela "deverá constituir – eu escrevia na *Advertência* –, o objeto de trabalho elaborado de modo radicalmente diferente" (ou seja, diferente da *Giuscibernetica* de 1969), "porque um discurso técnico exigiria conhecimentos que um jurista não possui necessariamente"[115]. Daí teve início, em 1971, uma série de cursos e de monografias sobre as técnicas de informática aplicadas ao direito, que, em 1985, transformaram-se em um manual[116]. Nesse meio-tempo, a

---

115. Losano, *Giuscibernetica*, cit., p. 12 s.
116. O meu *Curso de informática jurídica* compunha-se de três volumes: vol. I. *Informatica per le scienze sociali*, Einaudi, Torino, 1985, XXI-547 pp.; vol.

informática jurídica multiplicava suas aplicações, seus adeptos e seus escritos, recebendo também um *status* acadêmico primeiramente marginal, depois cada vez mais importante: não apenas por sua relevância cultural, mas, infelizmente, também pelo "appeal" que ela exercia sobre os estudantes-clientes da universidade-empresa pós-humboldtiana que deve financiar-se "no livre mercado". Mas afastemos o olhar desse futuro opulento para dirigi-lo à rápida ascensão dessa disciplina no passado.

As disciplinas projetadas para o futuro tendem a não tratar do próprio passado. Hoje seria interessante reconstruir o itinerário cultural percorrido pelas primeiras aplicações da cibernética aos vários campos do saber, mas muitas vezes falta documentação. Bem poucos, de fato, preocuparam-se em descrever as primeiras etapas do caminho percorrido, como fez, por exemplo, o Institut für Kybernetik de Paderborn[117], que se ocupou sobretudo de instrução programada (chamada também de "pedagogia cibernética") e de linguística aplicada, produzindo interessantes protótipos. Instrumentos hoje esquecidos, como a segunda língua que acompanha o texto alemão: ILo*. Por fim, algumas informações sobre os projetos europeus em curso até 1969 encontram-se em meu livro *Giuscibernetica* e, para a Alemanha, em um ensaio de Lothar Philipps[118].

II. *Il diritto privato dell'informatica*, Einaudi, Torino, 1986, XVIII-298 pp.; vol. III. *Il diritto pubblico dell'informatica*, Einaudi, Torino, 1986, IV-348 pp. Ele fora precedido por várias edições litografadas, a partir de 1971.

117. Udo Ehmke et al., *Institut für Kybernetik. Berlin – Paderborn 1964-1984. Eine Dokumentation über zwei Jahrzehnte kybernetisch-pädagogischer Forschungs, Entwicklungs- und Aufklärungsarbeit*. Mit einem Vorwort von Helmar G. Frank, [s.e.], Paderborn, 1984, 119 pp. O livreto contém uma história do instituto, uma cronologia, uma bibliografia e a descrição de alguns protótipos: as suas fotografias – oferecidas na época como símbolo de modernidade e hoje suavemente *vieillotantes* – atestam os inacreditáveis progressos tecnológicos realizados depois dos anos 1980.

* De Internacia Linguo (língua internacional), o nome atribuído ao esperanto por seu criador, o físico polonês Ludwik Zamenhof (1859-1917). [N. do E.]

118. Somente a primeira parte do ensaio (intitulada no manuscrito *Beginn und frühe Wende*) está publicada: Lothar Philipps, *Von der hellen zur dun-*

Mas essa reconstrução histórica extrapola o estudo da noção de sistema no direito: o futuro incumbir-se-á de tal tarefa, desde que a imaterialidade da informática e o desleixo dos seus profissionais não tenham apagado para sempre do caminho do desenvolvimento tecnológico as impressões de cada estudioso registradas em meios magnéticos ou no papel. Na Itália, a Fundação Olivetti documentou, de modo louvável, as origens da informática naquele país em um livro que pode constituir o modelo de futuras pesquisas. Nesse livro, tracei uma breve história da época heroica da informática jurídica na Itália[119].

Deixando de lado os primórdios do uso dos computadores, convém examinar agora, analiticamente, algumas descrições do direito que, até o final dos anos 1970, foram apresentadas como modelos cibernéticos do direito.

7. Os modelos cibernéticos da sociedade ao direito

Não obstante a atitude não animadora de seu fundador, o modelo cibernético do sistema estatal suscitou o indubitável interesse de uma minoria de juristas da metade dos anos 1950 até a metade dos anos 1980. Depois, como dissemos, esse modelo foi abandonado também porque os cientistas sociais e os juristas começaram a aceitar, com crescente apoio, uma visão baseada na teoria geral dos sistemas, em particular aquela imperiosamente trazida por Niklas Luhmann às luzes da ribalta científico-social.

---

klen Seite des Computers – *Die Wende in der Geschichte der deutschen Informatik*, em Maria-Theres Tinnefels – Lothar Philipps – Kurt Weis (Hrsg.), *Die dunkle Seite des Chips. Herrschaft und Beherrschbarkeit neuer Technologien*, Oldenbourg, München – Wien, 1993, pp. 11-5. O ensaio completo foi publicado em japonês. O amigo Philipps colocou-me gentilmente à disposição o inédito texto datilografado completo.

119. Mario G. Losano, *I primi anni dell'informatica giuridica in Italia*, em Fondazione Adriano Olivetti (a cura di), *La cultura informatica in Italia. Riflessioni e testimonianze sulle origini, 1950-1970*, Bollati Boringhieri, Torino, 1993, pp. 191-236.

A evolução realizada em trinta anos salta aos olhos tão logo se tome nas mãos uma das primeiras publicações sobre a cibernética e o direito; e salta aos olhos mais pelo modesto formato gráfico que pelo conteúdo. Para quem já está habituado ao *desktop publishing*, que atribui dignidade gutenberguiana a qualquer folha avulsa, o primeiro fascículo dos "Arbeitspapiere Rechtsinformatik" de 1970 suscita quase ternura, seja pelo aspecto gráfico, seja pelo conteúdo: é, de fato, um texto escrito à máquina e mimeografado, que se limita a elencar uma série de interrogações e expectativas ligadas ao novo instrumento. Em apêndice, as primeiras normativas sobre os bancos de dados na administração pública estão frequentemente em fase de projeto de lei[120].

Um mapa dos modelos cibernéticos do direito elaborado aproximadamente entre 1960 e 1980 poderia ser tema de uma significativa pesquisa de história contemporânea da teoria jurídica. Tentou-se fazer esse mapa, ainda que de forma embrionária, já nos anos em que o interesse pelo modelo cibernético começava a declinar. Um colaborador do defensor berlinense da privacidade, Hansjürgen Garstka, delineou em 1983 um panorama das tentativas de construir modelos cibernéticos de todo o direito[121], incluindo autores tanto da Europa ocidental como da oriental. Aqui nos limitaremos a uma visão de conjunto.

Os modelos cibernéticos do direito podem ser classificados em três grupos, determinados pelas características dos ordenamentos jurídicos de que partem seus autores. O agrupamento dos modelos coincide também com três áreas geopolíticas: a anglo-americana, a europeia-continental e a europeia-oriental ou comunista. Dentro de cada grupo serão mostrados alguns modelos segundo uma sequência que reflete, em grandes linhas, a data de sua publicação: mas

---

120. Hans Joachim Kerkau, *Automatische Datenverarbeitung (ADV) – Kybernetik in Rechtswissenschaft und Praxis*, Schweitzer, Berlin, 1970, IV-107 pp.
121. Hansjürgen Garstka, *Regelkreismodelle des Rechts. Untersuchung zur Übertragung kybernetischer Vorstellungen auf das Recht*, Schweitzer, München, 1983, 219 pp.; bibliografia, pp. 201-18.

esse critério formal – útil porque determinável com certeza – poderia revelar-se arbitrário em uma reconstrução histórica mais aprofundada, pois em alguns casos a elaboração do modelo começou muito antes da publicação dos resultados da pesquisa.

Os modelos anglo-americanos analisam sobretudo o sistema político, dentro do qual é dedicada certa atenção ao subsistema jurídico: serão aqui examinadas as teorias de Beer, que completam a exposição das de Easton e Deutsch (cf. *supra*, 5, a), e a visão jurídico-sociológica de Friedman. Os modelos europeus-continentais concentram-se, ao contrário, no Estado, subdividindo-o em subsistemas que variam de um autor para outro: aqui nos limitaremos a examinar as teorias do francês Lucien Mehl, dos alemães Steinmüller e Podlech, do suíço Ballweg, do austríaco Lang e do italiano Frosini.

Por fim, os modelos elaborados nos Estados comunistas, entendidos como os Estados europeus incluídos no Comecon, foram objeto de uma grande quantidade de estudos que – mesmo formalizando um direito codificado semelhante ao da Europa ocidental – se distinguem, porém, nitidamente, dos modelos europeus-ocidentais por serem dominados por uma preocupação específica de demonstrar a compatibilidade entre a cibernética, ciência de origem burguesa, e a filosofia oficial do materialismo dialético. Os autores aqui examinados são o alemão-oriental Klaus, o polonês Kisza e dois estudiosos tchecos de duas gerações diferentes, Knapp e Vrecion.

a) O mundo anglo-americano e o direito como subsistema social

Para o economista inglês Stafford Beer, o Estado, entendido como administração pública, é comparado à administração privada: e esta última, no final dos anos 1950, usava computadores e já tinha sido várias vezes analisada em termos cibernéticos. As análises de Beer podem, portanto, ser consideradas o elo entre os modelos cibernéticos do direito e os modelos cibernéticos que os sociólogos e os cientistas políticos usam para descrever globalmente a sociedade e, no seu interior, o direito. Ele descreve a administração pública como "um processo que estabiliza sistemas complexos através da informação", em que "comandos e controles governamentais", ou seja, também as normas jurídicas, agem como "reguladores de um sistema que se auto-organiza". Esses "comandos" são por ele entendidos como impulsos "que regem o comportamento dos [sistemas] homeostáticos que compõem o Estado" . Esses [sistemas] "homeostáticos" são os órgãos da administração pública, que são, por sua vez, sistemas regulados com a finalidade de manter o equilíbrio existente. Se uma nova norma permite ou proíbe um comportamento (coisa que, em ambos os casos, é um "distúrbio" do sistema existente), formam-se novas organizações sociais que restabelecem o equilíbrio perseguindo (ou reprimindo) o comportamento em questão.

Essa homeostase atua também nos órgãos legislativos e, aliás, constitui sua peculiaridade: quem prescreve normas está, por sua vez, sujeito a normas, em uma remissão contínua que pode ser interrompida apenas pela revolução. Aqui, Beer remete-se a Aristóteles, em quem encontra "most cybernetically perceptive remarks". Nessa regulação dos reguladores, interrompida apenas pela revolução, Beer vê a especificidade do sistema jurídico-estatal e "the basic cause of political disturbance and difficulty"[122]. Um elemento deve então ser acrescentado àqueles nos quais se baseiam as decisões administrativas: o estudo dos sistemas sobre os quais influi a nova decisão.

---

122. "A stabilizing informational process of complex systems": Stafford Beer, *Decision and Control. The Meaning of Operational Research and Management Cybernetics*, Wiley, London – New York, 1966, p. 461. A abordagem cibernética já se encontrava em Stafford Beer, *Cybernetics and Management*, The English University Press, London, 1959, XVIII-214 pp.

Mesmo sem tentar reconstruir um modelo cibernético próprio, Beer considera desse ponto de vista a saúde, os transportes, a segurança e o abastecimento energético da Grã-Bretanha[123]. Ao afirmar que "são, portanto, necessários modelos sistêmicos" em cujo contexto "examinar os problemas específicos"[124], Beer abre caminho para a construção de modelos cibernéticos setoriais das normas jurídicas que regulam o funcionamento da administração pública.

Quase uma década depois de Beer, o sociólogo Friedman abordou o direito do ponto de vista da sociologia do direito, ou seja, partindo da constatação de que "o direito é apenas um dos muitos sistemas sociais e que outros sistemas sociais na sociedade lhe dão sentido e eficácia"[125]. Mesmo que nessa obra apareçam os termos "estrutura" e, sobretudo, "sistema", o objetivo do autor é fazer um estudo empírico do mundo jurídico, e não a análise desses conceitos. Eles são, portanto, extraídos das elaborações teóricas já consolidadas, em particular a de Easton.

A visão do direito de Friedman é mais ampla que a do jurista positivo e compõe-se de três segmentos: o primeiro é a demanda social que pretende regular determinada situação; o segundo é o *corpus* de normas e sua estrutura (e é este o objeto clássico da investigação do jurista); o terceiro é o efeito das normas e do seu sistema sobre o mundo externo: uma investigação que, nos anos seguintes, teria constituído o objeto dos estudos de *implementation*. Friedman propõe-se estudar tanto o primeiro segmento, aquele que chama de "the inputs side of law", como o terceiro, ou

---

123. Beer, *Decision and Control*, cit., p. 480 ss.
124. Beer, *Decision and Control*, cit., p. 468: traduzo "systematic models" com "modelos sistêmicos", mais adequado ao contexto e mais próximo à terminologia atual. Entre "sistêmico" e "sistemático" propõe-se de novo o conflito, muitas vezes sem solução, análogo àquele que se verá para "estrutural" e "estruturalista".
125. *Preface*, p. VII, em Lawrence M. Friedman, *The Legal System. A Social Science Perspective*, Russel Sage Foundation, New York, 1975, VIII-338 pp.; especialmente o capítulo *The Legal System*, pp. 1-24.

seja, o impacto dos "outputs of the system" sobre o mundo externo[126]. Sua terminologia reflete, portanto, três subsistemas em cascata: a pressão social é o *input* que gera as normas, as quais, por sua vez, são o *output* daquela pressão; e as normas como *output* exercem uma influência sobre a sociedade: Friedman ocupa-se daquela pressão e desta última influência.

A noção de sistema utilizada por Friedman deriva diretamente da definição de David Easton (cf. *supra*, 5, a)[127]. É preciso, então, definir os limites entre os quais estão compreendidos os comportamentos jurídicos, e, para tanto, precisamos de uma definição de direito, empresa jamais levada a termo pelos juristas e julgada não indispensável para o trabalho sociológico a que se propõe Friedman. Seguindo o esquema de Easton, os *inputs* do sistema jurídico são as exigências sociais, ao passo que seu "núcleo essencial é aquele que transforma o *input* em *output*"[128].

A metáfora clássica do sistema jurídico é mecanicista e se refere a uma máquina que opera segundo regras precisas para produzir determinado bem: portanto, na máquina jurídica, quanto mais precisas e detalhadas são as regras, melhor é o produto final. Dessa visão, sustenta Friedman, nasce a exigência dirigida ao legislador de promulgar normas unívocas e completas (o sistema jurídico dos pandectistas), as quais o tribunal deverá aplicar mecanicamente. Como cientista social, Friedman rejeita essa concepção e evoca, ao contrário, a tradição dos realistas americanos para lembrar que, na passagem da norma à sentença, influem

---

126. Friedman, *The Legal System*, cit., pp. 2 s.
127. O sistema político Easton é um "boundary-maintaining set of interactions imbedded in and surrounded by other social systems to the influence of which it is constantly exposed": David Easton, *A Framework for Political Analysis*, Prentice Hall, Englewood Cliffs (N.J.), 1965, p. 25; Friedman refere-se também às pp. 127-29.
128. Easton fala de "shock waves of demand" e "the hearth of the system is the way it turns input into output": Friedman, *The Legal System*, cit., p. 12.

também elementos irracionais, como as convicções e a personalidade do juiz, as pressões exercidas pelas partes e o contexto social. Parafraseando, talvez involuntariamente, o *God and Golem* de Norbert Wiener, para Friedman o juiz não é nem um deus nem uma máquina, portanto a estrutura jurídica é um elemento importante, mas não o único, na passagem do *input* ao *output* do sistema jurídico. A "estrutura" é o arcabouço do sistema, cuja "substância" são as regras. E, para indicar o conteúdo dessas regras, Friedman remete-se a Hart e à sua distinção entre normas primárias, ou seja, de direito positivo, e normas secundárias, ou seja, voltadas para as instituições[129].

O sistema social derivado de Easton recebe, portanto, um conteúdo jurídico derivado de Hart. No campo assim definido, Friedman pergunta-se como funciona a "cultura jurídica", ou seja, aquele conjunto de forças sociais que determinam a efetiva e mutável existência no tempo e no espaço do sistema jurídico. A função desse sistema consiste em preservar os valores que a sociedade considera justos[130], em dirimir as disputas e em exercer um controle social, mas também em produzir outro direito e em documentar o que é juridicamente relevante. O interesse de Friedman volta-se para essa análise social do mundo jurídico, não para a análise de sua "estrutura" ou do "sistema" do direito.

b) O sistema cibernético do direito europeu-continental do Ocidente

Uma história das tentativas de construir modelos cibernéticos do direito por parte dos juristas da Europa oci-

---

129. Herbert L. A. Hart, *The Concept of Law*, Clarendon Press, Oxford, 1961, pp. 91 ss. [trad. it.: *Il concetto di diritto*. Introdução e tradução de Mario Cattaneo, Einaudi, Torino, 1965, pp. 95 ss.].
130. "The function of the legal system is to distribute and maintain an allocation of values that society feels to be right": Friedman, *The Legal System*, cit., p. 17.

dental ainda não foi escrita, embora existam alguns fragmentos dispersos dela[131]. Aqui, a seguir, citaremos algumas propostas que marcaram as etapas iniciais da pesquisa teórica que, depois dos anos 1980, sofreu um grande enfraquecimento. O nome de Niklas Luhmann não se encontra nesse elenco porque seu ingresso na cibernética é tratado extensamente no contexto da evolução de seu pensamento que, partindo de modelos cibernéticos além do Atlântico, seguiu depois, com grande sucesso, seu caminho peculiar (cf. *infra*, cap. IV, 4, 5).

Os autores comparecem de forma dispersa, porque a aceitação do modelo cibernético na Europa baseou-se – sobretudo no início – na curiosidade pessoal e na atividade individual. Talvez apenas na Alemanha as pesquisas concentraram-se ao redor de algumas universidades, ou melhor, ao redor de algumas personalidades universitárias. A fragmentariedade da exposição que se segue é, portanto, um reflexo da situação concreta em que aqueles estudos se iniciaram.

Vittorio Frosini (1922-2001) foi um dos primeiros na Itália a publicar escritos sobre o direito e a informática[132]. Neles associou os temas tradicionais da filosofia do direito às

---

131. Ver, por exemplo, Garstka, *Regelkreismodelle des Rechts*, cit.; Losano, *I primi anni dell'informatica giuridica in Italia*, cit.; Philipps, *Von der Hellen zur dunklen Seite des Computers*, cit.

132. Vittorio Frosini, *Cibernetica e società*, Comunità, Milano, 1968, 128 pp. O início do interesse de Frosini pela cibernética remonta a *Umanesimo e tecnologia nella giurisprudenza*, "Rivista internazionale di filosofia del diritto", 1966, pp. 451-68. A esse seguiram, em 1966-67, vários artigos sobre a "Civilização das máquinas", depois retomados no volume acima citado. Entre os outros pioneiros deve ser lembrada, pelo menos, a tríade composta por Angelo Gallizia, Enrico Maretti e Flora Mollame: uma bibliografia de seus escritos, juntamente com os dos outros poucos juristas da informática (Renato Borruso, Luigi Persico, F. Cannata), encontra-se em Losano, *Giuscibernetica*, em *Nuovi sviluppi della sociologia del diritto 1966-1967*. Renato Treves (a cura di), Edizioni di Comunità, Milano, 1968, pp. 316-20.

Vittorio Frosini ocupou-se também do estruturalismo jurídico: cf. *infra*, cap. II, item 7, a. Sobre o conjunto da sua obra, cf. o meu necrológio em "Sociologia del diritto", 2001, pp. 193-7.

novas possibilidades que, com a tecnologia da informática, perfilavam-se no horizonte. Essas perspectivas teóricas empolgavam-no mais do que a aplicação prática do computador ou dos modelos cibernéticos da sociedade. A nova época anunciava-se para ele repleta de promessas e de mudanças radicais, a serem enfrentadas com otimismo. A Europa do pós-guerra passara por um renascimento do direito natural, a que Frosini contrapunha um direito artificial plasmado pelo computador. O jurista, escrevia, deve "realizar uma obra de redução do problema jurídico à dimensão lógica [...]: o resultado será aquele de um produto que pode ser considerado *direito artificial*, ou seja, devido a um raciocínio perfeitamente objetivo, ou melhor, totalmente tecnicizado"[133].

Naqueles anos, falar de cibernética e direito, na Itália, significava, em primeiro lugar, informar o que se fazia e quem fazia alguma coisa. Os dois pontos de referência de Frosini eram, inevitavelmente, os Estados Unidos e a União Soviética, então percebidos como Estados de igual potencialidade científica; ou melhor, o lançamento do Sputnik, em 1957, levara a pensar, também nos Estados Unidos, em uma supremacia tecnológica da URSS. Entre as aplicações que pareciam disponíveis (ontem como hoje: a técnica muda, mas os problemas permanecem), Frosini indica a avaliação da produtividade da administração pública[134] e a agilização dos processos. A propósito destes últimos, ele considera o tempo necessário para o estudo "das fontes legislativas, dos precedentes jurisprudenciais, das fontes doutrinárias" e pergunta-se: "É possível realizar, em relação a tal dimensão de trabalho jurídico, uma substituição da máquina pelo homem, já que se tem a disponibilidade, desconhecida em tempos anteriores, dos cérebros eletrônicos?"[135] Perfilava-se naqueles anos, em Roma, a criação do banco

---

133. Frosini, *Cibernetica e società*, cit., p. 14.
134. Frosini, *Cibernetica e società*, cit., pp. 44 ss.
135. Frosini, *Cibernetica e società*, cit., p. 48.

de dados jurídicos do Supremo Tribunal, ao passo que em Milão a tríade constituída por Angelo Gallizia, Enrico Maretti e Flora Mollame tentava analisar e classificar os textos jurídicos.

Mas o interesse de Frosini voltava-se para problemas de grande envergadura, como a rejeição da ideologia cibernética por Maurice Merleau-Ponty ou por Herbert Marcuse, para passar à consciência artificial geral por aquela nova máquina que se apresentava como "simia hominis" e, por fim, para chegar às relações entre ética e cibernética já distantes de qualquer envolvimento operacional com o uso cotidiano do computador: "Se fosse possível construir um robô com uma consciência artificial, deveríamos considerá-lo, ou não, um sujeito moral?"[136]. Frosini via como "a máquina poderá calcular, raciocinar, projetar por conta do homem, mas também no lugar do homem": iniciara-se assim a "história do homem-autômato"[137], o qual deveria empenhar-se a fundo para manter desperta sua consciência moral.

A administração pública é o tema central de um *grand commis* francês, Lucien Mehl, que a descreve como um grande aparelho para a elaboração das informações. Seu modelo é um dos primeiros na época e um dos mais exaustivos do ponto de vista jurídico, porque nasce de um jurista prático e, em particular, de um jurista imerso na tradição do direito codificado, e não naquela do Common Law. Enquanto nos autores até aqui examinados o ordenamento jurídico é tratado apenas em suas grandes linhas dentro de um modelo mais geral da sociedade, Mehl – mesmo não renunciando a unir o direito com a sociedade e com a política – analisa os subsistemas gerados pelo direito europeu-continental e pela separação dos poderes.

Ele distingue, antes de tudo, a natureza da atividade empresarial daquela da administração pública: a primeira

---

136. Frosini, *Cibernetica e società*, cit., p. 112.
137. Frosini, *Cibernetica e società*, cit., p. 124.

visa ao lucro, a segunda produz serviços que o cidadão tem o direito de exigir. Portanto, para Mehl, os modelos empresariais não são imediatamente transferíveis ao Estado: "l'administration ne fabrique rien". Frosini discorda dessa nítida separação, porque Mehl "utiliza, em sua análise, critérios tradicionalmente válidos, mas já inadequados para apreender o caráter inovador do processo em curso, que estabelece uma mudança no perfil de consideração das relações entre empresa pública e empresa privada [...] e que, sobretudo, consiste em uma assimilação de métodos e de comportamentos dos quais resulta uma estreita afinidade não já sob o aspecto teleológico, mas sob aquele operacional"[138]. Mesmo que eu continue a acreditar que a atividade do Estado seja diferente da empresarial (cf. *infra*, 8), devo admitir que a privatização da esfera pública, iniciada com o final do milênio, torna mais frágeis os limites entre público e privado e, portanto, mais fácil a transferência unilateral de modelos do privado ao público: se isso é bom, deve ser avaliado caso a caso.

A administração pública recebe as informações do mundo externo sob a forma de estatísticas, investigações, informações e pedidos individuais: é a "information ascendante" que alimenta o poder decisório do Estado. Sobre essa base, a administração elabora as leis em sentido material, ou seja, todos os tipos de normas jurídicas, que são levadas ao conhecimento do cidadão a fim de que a elas direcione o seu comportamento: é a "information descendante" com que a administração regula a sociedade[139].

Uma vez que a administração com seus preceitos persegue um fim social próprio, os comandos que ela dirige à sociedade e as informações que obtém dela como resposta

---

138. Frosini, *Cibernetica e società*, cit., p. 56.
139. Lucien Mehl, *La cybernétique et l'administration*, "Revue administrative", 1958, pp. 462 ss. Todo o modelo de Mehl está descrito em uma série de artigos publicados na "Revue administrative": 1957, pp. 410-9; 1958, pp. 539--45, 667-71; 1959, pp. 201-7, 531-44; 1960, pp. 75-83, 323-7; 1961, pp. 95-101, 311-9, 671-9; 1963, pp. 505-11; 1964, pp. 77-83.

podem ser sintetizados em um sistema de retroação[140]. Nota-se a específica preparação jurídica de Mehl na construção desse sistema geral, em cujo interior ele distingue, com precisão, a perspectiva jurídica da perspectiva econômica. No âmbito jurídico, qualquer relação material e comunicativa entre a administração e o cidadão reside em uma base contratual (ou, pelo menos, assim se dá na maioria dos casos), ou seja, em uma intervenção ativa das partes interessadas. Mas a essas relações jurídicas Mehl acrescenta também a "instance politique", que com suas leis e regulamentos entra em uma relação de *feedback* com o sistema jurídico.

Sua visão da administração distingue-se, assim, da de Luhmann, que na administração compreende os três poderes. De fato, Luhmann objeta que, se se coloca o objetivo da administração fora da cibernética por ser fruto de uma decisão política, "renuncia-se a compreender o sistema assim organizado – no seu conjunto – como sistema cibernético"[141]. Além disso, em um escrito anterior, Luhmann afirmava que o modelo cibernético não podia ser estendido a toda a administração, mas devia limitar-se apenas à verificação das consequências das decisões administrativas, ou seja, ao *output* do sistema administrativo (ao passo que a parte interna àquele sistema era regida pelo modelo da homeostase). Pode-se explicar essa diferença entre Mehl e Luhmann também a partir de suas diferentes concepções da cibernética: para Mehl, a homeostase é parte dela; para Luhmann, a homeostase é um modelo distinto do modelo cibernético. Portanto, Mehl pode colocar em um único

---

140. Mehl utiliza o sistema de retroação descrito por Maurice Meylon, *Cybernétique et organisation*, "Association", 1958, pp. 470-7. Os artigos de Mehl e de Meylon aparecem juntos naquela revista: Lucien Mehl, *Cybernétique et administration*, "Association", 1958, pp. 429-69; *Éléments d'une théorie cybernétique de l'administration*, "Association", 1960, pp. 635-72.

141. Niklas Luhmann, *Recht und Automation in der öffentlichen Verwaltung. Eine verwaltungswissenschaftliche Untersuchung*, Duncker & Humblot, Berlin, 1966, p. 47, nota 36.

modelo as concepções cibernéticas e homeostáticas, ao passo que Luhmann as distingue (cf. *infra*, cap. IV, 6, e). Na realidade, os limites entre as duas disciplinas eram tão frágeis que o próprio Luhmann escrevia: "É preciso, todavia, admitir que os limites da estratégia cibernética são ainda totalmente incertos e não foram de modo nenhum alcançados."[142]

No interior das instâncias políticas, Mehl distingue as atividades governamentais das atividades parlamentares. O governo está envolvido em um duplo sistema de retroação: de um lado, está em contato direto com a administração e está, portanto, diretamente envolvido no sistema de retroação com esta última, ao passo que, de outro, está submetido às leis do parlamento, ao qual fornece, porém – em um sistema de retroação diferente do anterior –, elementos com base nos quais legislar.

A esses sistemas de retroação associa-se um sistema adicional: o dos tribunais. Os tribunais ordinários operam comparando um fim (indicado pelo direito) com as informações que recebem da sociedade e, com suas decisões, restabelecem o equilíbrio nas sociedades. Os tribunais administrativos não atuam diretamente sobre a sociedade, mas sobre decisões tomadas por outros órgãos administrativos. Os tribunais, no seu conjunto, pelo fato de serem regulados por normas jurídicas, estão, por sua vez, ligados também ao sistema do parlamento.

Parlamento, governos e tribunais estão submetidos à Constituição. Aqui, o modelo cibernético apresenta uma peculiaridade em certa medida análoga àquelas já vistas para a norma fundamental de Kelsen: o conteúdo da Constituição coloca-se de fora dos subsistemas que sofrem sua in-

---

142. Niklas Luhmann, *Lob der Routine*, "Verwaltungsarchiv", 1964, p. 19, nota 23. As asserções de Luhmann referem-se à construção de um modelo apenas teórico da administração, mesmo que ele fale de "programas": de fato, esclarece que "uma questão completamente diferente é então a medida em que os programas cibernéticos da administração sejam matematizáveis e, portanto, automatizáveis".

fluência[143]. Essa síntese do modelo proposto por Mehl evidencia que a homeostase de todo o sistema sociojurídico já está garantida pela administração, que, ininterruptamente, se adapta à mudança dos fins sociais, dos objetivos políticos e das normas jurídicas promulgadas pelo parlamento. Essa centralidade da administração pública reflete também um aspecto típico da realidade francesa, caracterizada pela alta qualidade do trabalho administrativo.

Na Alemanha, os estudos de informática jurídica e de direito da informática foram particularmente numerosos não apenas pela difusão da informática geral, graças ao milagre econômico do pós-guerra, mas também porque a Alemanha Federal foi um dos primeiros Estados a introduzir, já em 1970, uma lei sobre a privacidade[144], ao passo que a "outra" Alemanha, a RDA – através da produção própria e das traduções do russo e de outras línguas do Oriente europeu –, contribuiu para levar ao conhecimento do Ocidente o que acontecia "além da cortina". Na área germânica, devem também ser recordados os austríacos Eberhard Lang (de quem nos ocuparemos mais adiante) e o brilhante Leo Reisinger (1943-85)[145].

Na Alemanha Federal, as pesquisas sobre aquela que, originariamente, se chamava "cibernética jurídica" foram

---

143. Algumas interessantes representações gráficas da recíproca conexão desses subsistemas encontram-se em Lucien Mehl, *La cybernétique et l'administration*, "Revue administrative", 1960, pp. 643 ss.

144. A primeira lei alemã sobre a privacidade não foi uma lei federal, mas teve origem no *Land* de Hessen: *Dateschutzgesetz* de 7 de outubro de 1970 (Hess. GVBl. 1970, I, p. 625; também em Leo Reisinger, *Rechtsinformatik*, De Gruyter, Berlin – New York, 1977, pp. 321-3).

145. Leo Reisinger, *Automatisierte Normanalyse und Normanwendung. Eine Untersuchung*, Schweitzer, Berlin, 1972, VIII-127 pp.; *Die automatisierte Messung juristischer Begriffe*, Schweitzer, Berlin, 1973, VII-145 pp.; *Rechtsinformatik*, De Gruyter, Berlin – New York, 1977, 378 pp.; *Das I Ging. Eine formalwissenschaftliche Untersuchung des chinesischen Orakels*, Merta, Wien, 1972, 96 pp. Enfim, na obra póstuma de Leo Reisinger, *Strukturwissenschaftliche Grundlagen der Rechtinformatik*, Leykam-Verlag, Graz – Wien, 1987, Ota Weinberger lembra que "o autor desse livro faleceu em um acidente alpinístico em 13 de abril de 1985, aos 42 anos" (*Geleitwort*).

obra de Herbert Fiedler, Wolfgang Kilian, Ulrich Klug, Adalbert Podlech, Lothar Philipps, Spiros Simitis, Wilhelm Steinmüller e tantos outros. Na fase inicial dessa corrente insere-se também o primeiro Niklas Luhmann[146]. Todavia, não se pode falar de uma "escola" alemã, porque esses autores seguiram linhas de desenvolvimento autônomas, tendo em comum apenas o ponto de partida, ou seja, o interesse pelo modelo cibernético. A descrição desses estudos exigiria uma pesquisa à parte, não apenas porque aqueles estudiosos publicaram muito sobre o assunto, mas também porque, como docentes, orientaram vários trabalhos de doutorado e, muitas vezes, organizaram coleções de volumes dedicados à informática e ao direito. Limito-me a propor, aqui, como exemplos, os alemães Steinmüller e Podlech, o suíço (que, porém, lecionou em Mainz) Ballweg e o austríaco Lang.

Wilhelm Steinmüller foi um dos pioneiros da informática jurídica na Alemanha. Em 1970, formulou um modelo do sistema jurídico que consta de três níveis, correspondentes aos órgãos constitucionais, legislativos e estatais. A constituição prescreve o âmbito em que o órgão legislativo pode promulgar normas, as quais se dirigem aos órgãos estatais, que, por sua vez, são os únicos diretamente em contato com os cidadãos. Acima da constituição estão as "decisões fundamentais de política constitucional", que cumprem para o sistema a mesma função de orientação realizada pelo bem comum em Lang e em Mehl.

---

146. Wilhelm Steinmüller, *Rechtsinformatik – Elektronische Datenverarbeitung im Recht*, "Juristische Rundschau", 1971, n. 1, p. 2, do extrato; Garstka, *Regelkreismodelle des Rechts*, cit., pp. 47-51. Em Wilhelm Steinmüller *et al.*, *EDV und Recht. Einführung in die Rechtsinformatik*, Schweitzer, Berlin, 1970, p. 2, Luhmann é citado no grupo dos primeiros estudiosos da cibernética no direito, e cinco de suas obras estão incluídas na bibliografia (p. 124), fazendo dele, assim, um dos quatro autores mais presentes nessa matéria. Luhmann, porém, passou logo do uso da informática na administração pública à construção de modelos baseados na teoria geral dos sistemas: cf. *infra*, cap. IV, 6-8.

Nesse modelo, todos os órgãos encontram-se em uma relação de retroação com os cidadãos e os canais informativos identificam a parte do modelo em que os órgãos recebem apenas informações jurídicas; da outra parte do modelo, ao contrário, são informados sobre a situação social. As duas partes – que na representação gráfica do modelo parecem separadas[147] – apresentam uma característica importante: não existe uma supraordenação do Estado ao direito ou vice-versa, mas uma relação paritética. Além disso, diferentemente de outros modelos, os órgãos atuam apenas indiretamente sobre o cidadão: de fato, as decisões de cada órgão convergem no sistema jurídico, que funciona, assim, como "memória" e, de lá, passam depois a influenciar o comportamento individual.

Em uma elaboração subsequente do modelo, essa dupla fase transformar-se-á em uma dupla estrutura: nos sistemas em que se tomam decisões complexas estão presentes "instâncias" decisórias (que atuam com base em processos de elaboração da informação) e "canais" (que transportam e memorizam as informações necessárias ao funcionamento das "instâncias")[148].

Wilhelm Steinmüller conclui sua vida acadêmica coligindo sua visão jurídico-informática do mundo em um exaustivo livro de quase mil páginas[149]. Esse livro é uma *summa* da "arte de modelar de modo humano a tecnologia da informação". Em 1975, Steinmüller abordara essa "arte"

---

147. Um gráfico recapitulativo do modelo está em Wilhelm Steinmüller *et al.*, *EDV und Recht. Einführung in die Rechtsinformatik*, Schweitzer, Berlin, 1970, p. 53. Esse volume reúne o material de um curso e de um seminário ministrados em 1969 e documenta, assim, a primeira fase de atividade do grupo que, em Ratisbona, tinha como referência a cátedra de Steinmüller.

148. Carl-Eugen Eberle – Hansjürgen Garstka, *Die juristische Entscheidung*, em Wilhelm Steinmüller, *Automatische Datenverarbeitung (ADV) und Recht. Einführung in die Rechtsinformatik und das Recht der Informationsverarbeitung*, Schweitzer, Berlin, 1976, pp. 65-72.

149. Wilhelm Steinmüller, *Informationstechnologie und Gesellschaft. Einführung in die Angewandte Informatik*, Wissenschaftliche Buchgesellschaft, Darmstadt, 1993, XVIII-998 pp. (vastíssima bibliografia, pp. 849-960).

em seu manual de informática jurídica e depois lhe dera continuidade, corrigindo sua trajetória e concebendo-a como uma ponte entre o discurso estritamente técnico-informático e aquele aplicativo voltado para o usuário.

Adalbert Podlech foi um dos primeiros na Alemanha a publicar, em 1967, artigos sobre a cibernética e o direito[150]. Em 1974, formulou, em pouco mais de duas páginas, uma proposta de modelo cibernético do direito, enriquecida, porém, com interessantes sugestões[151]. Seus modelos são anglo-americanos, como Easton e Deutsch, e, portanto, seu método está mais próximo da teoria dos sistemas que da cibernética. Para ele, o Estado compõe-se de subsistemas (administração, tribunais), aos quais, porém, deve ser acrescentado o subsistema político. O Estado recebe os mais variados *inputs* (eleições, *lobbies*, partidos, sindicatos, serviços secretos etc.) e promulga disposições "com a pretensão de resolver os conflitos sociais produzindo decisões vinculantes para a sociedade"[152]. Também para Podlech, o problema mais difícil consiste em definir o fim a que se dirige todo o sistema. O bem comum ou formulações análogas não o convencem, porque lhe parecem "*topoi* na melhor das hipóteses e, na pior, meios para o consciente ocultamento dos fins"[153]. Parece-lhe, portanto, preferível remeter a "subsistemas informais" a determinação do objetivo para o qual orientar o sistema social.

Esse modelo permaneceu em fase de projeto, mesmo porque Podlech acabou se afastando completamente da informática para se dedicar a estudos de medievística. Desse ponto de vista, sua trajetória intelectual é, talvez, o símbo-

---

150. Adalbert Podlech, *Anforderung der Kybernetik and die Rechtswissenschaft*, "Recht und Politik", 1967, pp. 84-7; 1968, pp. 21-3; e, além desses, *Rechtskybernetik. Eine juristische Disziplin der Zukunft*, "Juristenjahrbuch", 1969-70, pp. 157-70.
151. Adalbert Podlech, *Rechtskybernetische Thesen zum Thema "Recht, Sprache und Information"*, "Rechtstheorie", 1974, pp. 108-10.
152. Podlech, *Rechtskybernetische Thesen*, cit., *ibid*.
153. Podlech, *Rechtskybernetische Thesen*, cit., p. 109.

lo mais eloquente da crise dos juristas da informática diante do incontrolável desenvolvimento da tecnologia da informática mais recente, crise a que retornaremos de modo mais difuso ao término desta exposição (cf. *infra*, item 11).

Ottmar Ballweg (nascido na Suíça em 1928, mas professor na Alemanha) foi aluno de Viehweg e, portanto, aproximou-se da filosofia do direito do lado que pode parecer o menos conciliável com a noção clássica de sistema: de fato, a tópica de Viehweg ocupa-se dos discursos jurídicos que não querem demonstrar, mas convencer. Por isso já tratamos desse assunto ao falarmos da passagem do sistema aos valores e ao indicarmos as teorias da argumentação jurídica como a outra face do direito: outra, naturalmente, em relação à sistemática, objeto desta pesquisa (cf. vol. 2, cap. V, 6). Ballweg parte dessa posição teórica, ou seja, quer ocupar-se da *prudentia*[154], não, portanto, da filosofia do direito, que analisa os fundamentos da ciência jurídica, cumprindo uma função retificadora; nem da ciência jurídica, que analisa o conteúdo das normas, cumprindo uma função verificadora; mas, ao contrário, da juris-*prudência*, ou seja, de uma doutrina da ação que, indicando como resolver uma situação concreta, cumpre uma função justificadora da ação realizada.

Nos anos 1960, a ciência oferecia a possibilidade de descrever a jurisprudência – entendida como doutrina da ação e da decisão jurídica – segundo modelos provenientes das teorias dos jogos, da ação, da decisão ou das técnicas combinatórias. Ballweg preferiu, ao contrário, o modelo cibernético porque a teoria da "caixa-preta" permitia-lhe levar em consideração os juízos de valor, elementos essenciais em cada ação e decisão jurídica[155]. Em seu livro de 1970,

---

154. Ottmar Ballweg, *Science, prudence et philosophie du droit*, "Archiv für Rechts- und Sozialphilosophie", LI, 1965, pp. 543-60; *Quelque progrès des recherches dans le domaine: Science, prudence et philosophie du droit*, "Archiv für Rechts- und Sozialphilosophie", LII, 1966, pp. 221-5.

155. Ottmar Ballweg, *Analyse de la jurisprudence à l'aide d'un modèle de la science sociale*, "Archives de Philosophie du Droit", 1969, pp. 257-64; *Rechtswis-*

Ballweg demonstra a correspondência (ou, mais exatamente, o isomorfismo) entre o sistema da jurisprudência e o da cibernética. O sistema cibernético está em relação com o ambiente circundante e reage a determinados estímulos que provêm dele. De modo análogo, o sistema social conserva seu equilíbrio graças ao subsistema da jurisprudência: este último reage, de fato, aos impulsos perturbadores (*input*) que lhe chegam do contexto social com um *output* que consiste em regras que tendem a restabelecer o equilíbrio. O subsistema da jurisprudência apresenta-se, portanto, com as características do sistema aberto, porque recebe impulsos externos, e dinâmico, porque retroage sobre o sistema do qual provêm aqueles impulsos.

O esquema gráfico em que Ballweg sintetiza sua construção prevê que a realidade social induza os órgãos decisórios a agir, produzindo, assim, uma retroação sobre a realidade social[156]. Mas o órgão tem a obrigação de justificar a decisão tomada: ao esquema acrescenta-se, dessa forma, a dogmática jurídica, a que deve referir-se o órgão agente para fundamentar sua decisão. Essa referência obrigatória à dogmática jurídica pode introduzir um elemento de rigidez no sistema. Ballweg procura remediar isso apresentando uma ligação entre dogmática jurídica e uma "doutrina básica", que pode ser vista em sentido amplo como uma categoria antropológica, ou seja, como a ideologia ou o conjunto de valores que rege a sociedade. Portanto, existe um vínculo que une essa ideologia à sociedade, fechando o círculo. O es-

---

senschaft und Jurisprudenz, Helbing & Lichtenhahn, Basel, 1970, 158 pp. (em que o artigo anterior está reproduzido a pp. 130-37).

156. Os gráficos que ilustram a progressiva construção do sistema de retroação estão em Ballweg, *Rechtswissenschaft und Jurisprudenz*, cit., pp. 83-9. O esquema global está reproduzido também em Losano, *Giuscibernetica*, cit., p. 140. A representação gráfica de Ballweg é, em certa medida, comparável àquela das conexões cibernéticas na economia nacional: Manea Mănescu, *The Role of Cybernetics in the Prognosis of the Economic and Social Development in Romania*, "Kybernetes", 1972, pp. 149-55; *id.*, *Economic Cybernetics*, Abacus, Turnbridge Wells, 1980, VIII-262 pp.

quema proposto por Ballweg assume, assim, a forma de um sistema cibernético de *feedback*, composto de subsistemas interligados, que têm como finalidade o equilíbrio do sistema global, ou seja, em outros termos, a paz social.

A construção de Ballweg não se destina a traduzir-se em uma aplicação informática: é, antes, um modelo cognoscitivo que permite explicar de maneira nova o eterno problema do julgar. O recurso ao modelo cibernético, em particular, ajuda a estabelecer com clareza a importância da ligação entre o subsistema jurídico e o restante do sistema social; ou seja, o sistema aberto cibernético ajuda a superar o sistema fechado, produto necessário do positivismo jurídico[157].

Se, enfim, restringirmos as fontes de Ballweg aos textos de cibernética, notaremos quão frequente é seu recurso às publicações da Alemanha Oriental. De fato, os modelos tecnomorfos mostram-se politicamente neutros e sua circulação no mundo científico também ocidental ocorria graças àquela neutralidade ou tecnicidade que, nos Estados comunistas, despertava as suspeitas dos guardiães da ortodoxia.

O austríaco *Eberhard Lang* tentou, em 1966, uma primeira aplicação do princípio da retroação ao aparelho do Estado. O renomado jurista René Marcić via, porém, nessa tentativa apenas uma mudança de metáfora: "O escrito quer recorrer – ao invés da ideia de organismo, já conhecida pelos sofistas – a um novo esquema interpretativo do Estado: o do servomecanismo."[158] Por outro lado, o autor renuncia, programaticamente, a associar sua pesquisa com a informática: uma vez que "o caráter de valoratividade,

---

157. Não obstante o uso da noção de sistema aberto, as teorias de Ballweg e as de Wilburg (cf. vol. 2, cap. VII) foram elaboradas independentemente uma da outra.

158. René Marcić, *Zum Geleit*, p. 11, em Eberhard Lang, *Staat und Kybernetik. Prolegomena zu einer Lehre vom Staat als Regelkreis*, Anton Pustet, Salzburg – München, 1966, 104 pp. Sobre a segunda edição de 1970, cf. *infra*, nota 166.

imanente à aplicação do direito, não deve ser tocado", sua análise se abstém de qualquer formalização do direito "que permita um múltiplo uso dos computadores"[159] e procura, ao contrário, ver "se o modelo de servomecanismo pode *ser comparado*, razoavelmente, aos deveres e às instituições do Estado"[160]. Esse modelo não deve nem sequer descrever totalmente o modelado; em outras palavras, o servomecanismo pode servir como termo de comparação apenas para algumas funções do Estado.

No modelo de Lang, os órgãos estatais têm a "função receptiva" de acatar a realidade e a "função efetiva" de operar sobre a realidade. Neste último caso, promulgam ordens de regulação (*Regelsbefehle*), ou seja, normas gerais e individuais. As funções receptiva e efetiva estão ligadas por um vínculo de retroação: o órgão estatal promulga normas efetivas, ou seja, capazes de alcançar a finalidade que lhe é indicada pela função receptiva. Essa finalidade geral é o "bem comum", ao qual devem ser adaptadas todas as decisões tomadas pelos órgãos estatais[161]. O bem comum deve ser, todavia, especificado. Para Lang, cabe a cada instituição esclarecê-lo, decompondo-o em várias partes por meio das normas jurídicas. As normas podem dirigir-se aos indivíduos, para regular suas relações sociais, ou aos órgãos estatais, delimitando seu âmbito de discricionariedade. Desse ponto de vista, elas podem também ser vistas como algoritmos de regulação. Em um Estado, os órgãos e os cidadãos estão organizados segundo o princípio da retroação: os órgãos estatais recebem informações da sociedade, com base nas quais procuram criar dispositivos que aproximem a sociedade cada vez mais de seu objetivo, ou seja, o bem comum. A construção de Lang é, todavia, um fim em si mes-

---

159. Lang, *Staat und Kybernetik*, cit., p. 39.
160. Lang, *Staat und Kybernetik*, cit., p. 40; grifo meu.
161. Lang, *Staat und Kybernetik*, cit., pp. 53 ss., e *Zu einer kybernetischen Staatslehre*, cit. *infra*, p. 172 ss. Também Mehl acredita que na "administration publique, la notion dominante, la fin suprême est celle de l'interêt général" (*La cybernétique et l'administration*, "Revue administrative", 1957, p. 416).

ma: sua aplicação por meio da informática é, de fato, explicitamente excluída pelo seu autor.

A substituição da metáfora organicista pela metáfora tecnológica para descrever o Estado revela-se um exercício, no fundo, estéril, porque exprime uma teoria antiga com vocábulos novos. Na verdade, essa mudança de modelos acabava tendo uma função não de aprofundamento cognoscitivo, mas de gratificação psicológica: aplacava os complexos de inferioridade do jurista em relação às ciências da moda, como aconteceu também com o estruturalismo. Em 1969, parecia-me que determinados modos de aplicar a cibernética ao direito tornavam-se o "cobertor de Linus"* para o jurista que queria sentir-se atualizado sem renovar as próprias ideias[162].

Essa posição demasiado prudente a respeito das novas técnicas derivava de uma ampla desconfiança para com a tecnologia então em constante crescimento na área germânica: aquela área de fronteira entre dois mundos em guerra, ainda que fria, percebia como uma ameaça iminente a destruição atômica e acabava por envolver em uma visão pessimista qualquer desenvolvimento tecnológico. Os pensadores dessa corrente apocalíptica estão também entre as fontes de Lang. Nele encontra-se o temor de Günther Anders pela "cegueira diante do Apocalipse" e pelas máquinas que assumem a responsabilidade das decisões enquanto o homem fica apenas olhando[163], ou o medo de superestimar o papel da técnica no mundo do direito[164]. Por fim,

---

* Referência ao personagem Linus, da turma de Charlie Brown, quadrinhos criados pelo cartunista americano Charles Schulz (1922-2000). Linus sempre aparece arrastando seu cobertor. [N. da E.]

162. Losano, *Giuscibernetica*, cit., p. 143-9; aí encontra-se também uma descrição e uma crítica do modelo proposto por Lang em 1966 (além de Linus e de seu cobertor, cuja menção valeu-me então um elogio na "Linus", revista *cult* para desenhistas e apaixonados por histórias em quadrinhos).

163. Günther Anders, *Die Antiquiertheit des Menschen. Über die Seele im Zeitalter der zweiten industriellen Revolution*, Beck, München, 1961, p. 245. Os temores de Anders tornam-se ainda mais partilháveis se se pensa que a primeira edição dessa obra é de 1956.

164. Karl Oflinger, *Punktationen für eine Konfrontation der Technik mit dem Recht, in Die Rechtsordnung im technischen Zeithalter*. Festschrift der Rechts- und

Lang chega à teoria da aceitável incompletude do seu modelo a partir de uma obra cujo título certamente não demonstra uma grande confiança no futuro: *A nostalgia pela imagem perdida do mundo*[165].

A nova edição da obra de Lang[166], em 1970, apresentava-se mais que triplicada no tamanho, mas substancialmente invariada na estrutura expositiva e, sobretudo, na desconfiança em relação à informática. O temor das decisões confiadas a máquinas, ao invés de ao homem, pode ser atribuído a Anders, mas encontra também novo alimento na descrição (provavelmente romanceada) do computador que decide o conflito entre McArthur e o governo dos Estados Unidos a propósito de algumas perigosas medidas a serem tomadas durante a guerra na Coreia[167]; ou na descrição de Steinbuch dos sistemas antimísseis, em que a velocidade dos vetores atômicos exige que a decisão sobre a resposta militar a um alarme antimíssil seja tomada pelo computador[168]; ou nos conflitos sindicais provocados pelos primeiros casos de desemprego tecnológico.

Staatswissenschaftliche Fakultät der Universität Zürich zum Zentenarium des Schweizerischen Juristenvereins, 1861-1961, Schulthess, Zürich, 1961, pp. 1 ss.

165. Joseph Meurers, *Die Sehnsucht nach dem verlorenen Weltbild. Verlockung und Gefahr der Thesen Teilhard de Chardins*, Anton Pustet, München, 1963, p. 75 s.

166. Eberhard Lang, *Zu einer kybernetischen Staatslehre. Eine Analyse des Staates auf der Grundlage des Regelkreismodells*, Anton Pustet, Salzburg – München, 1970, XVI-333 pp., em particular o capítulo *Kybernetische Maschinen und Rechtsordnung*, pp. 291-322.

167. Robert Jungk, *Die Zukunft hat schon begonnen. Amerikas Allmacht und Ohnmacht*, Scherz und Goverts, Bern – Stuttgart, 1963, pp. 190 ss. (1.ª ed.: 1952); [trad. it.: *Il futuro è già cominciato*. Traduzione di Giuliana Lupo, Einaudi, Torino, 1954, pp. 295 ss.] No capítulo dedicado ao "oráculo eletrônico", Jungk lembra também a "profecia política" de Wassily Leontief em julho de 1950, quando, com o uso do computador, "teve que decidir se os acontecimentos na Coreia exigiam uma mobilização total ou parcial. Seu veredicto foi: mobilização parcial" (p. 297).

168. Karl Steinbuch, *Automat und Mensch. Kybernetische Tatsachen und Hypothesen*, Berlin, 1965, pp. 189 s. Na prática, essa necessidade militar produziu a rede Arpanet, que passou depois para o âmbito civil na atual internet: cf. *supra*, item 1.

Ao lado dessas previsões tétricas, Lang registra, nas últimas páginas do livro, uma série de aplicações da informática ao direito: mas é um pedágio que o autor paga a um desenvolvimento que já não podia ignorar, mesmo que na época fosse quase inimaginável que pudessem ser alcançados os resultados atuais. Todavia, a descrição dos sucessos da informática ocupa cerca de um décimo da obra, ao passo que os restantes nove décimos são dedicados à cibernética na política, segundo concepções que se referem aos autores dos quais já nos ocupamos.

c) O sistema cibernético do direito na Europa comunista

Passando das democracias ocidentais aos Estados comunistas europeus, a construção dos modelos sofre uma variação radical. Enquanto no Ocidente tenta-se construir novas teorias sociais explorando as potencialidades do novo modelo cibernético, nos Estados comunistas o modelo cibernético não pode nem deve ser apresentado como modelo *novo*, porque qualquer explicação da sociedade já está dada pela doutrina oficial do materialismo dialético. Nos Estados comunistas, portanto, quem quisesse construir um modelo cibernético daquela sociedade deveria demonstrar que a cibernética já estava implícita no marxismo-leninismo. Tentou-se evitar a censura política com a adoção de uma forte formalização (como o polonês Kisza), ou de uma visão política menos esquemática que a ortodoxa (como o tcheco Viktor Knapp), ou de uma linguagem hiperortodoxa, para permitir a veiculação das novas ideias (como o alemão oriental Georg Klaus).

Dada essa diversidade de fundamentação, pareceria legítimo duvidar da possibilidade de comparar os modelos cibernéticos da Europa ocidental com os da Europa oriental, porque a mesma teoria cibernética é aplicada a sociedades diferentes com finalidades diferentes. Mas, prescindindo das premissas ideológicas, a "neutralidade" científica dos resultados alcançados tornava-os comparáveis também aos análogos modelos ocidentais. Aqui nos limitaremos a expor algumas dessas teorias, sem levar em conta as comparações cruzadas e aceitando – como na parte dedicada à Europa ocidental – certa fragmentariedade da exposição.

O alemão-oriental *Georg Klaus* (1912-74) descreveu em seu livro *Cibernética e sociedade*[169] um dos mais respeitáveis, autênticos e discutidos modelos cibernéticos de um Estado de socialismo real: a respeitabilidade deriva da reconhecida preparação científica do autor; a autenticidade, do fato de que suas ideias serviram para abrir as portas da política oficial a uma disciplina até pouco tempo suspeita de ser uma "concepção imperialista"; a discutibilidade do modelo depende, ao contrário, da rigidez ideológica que o permeia.

Do ponto de vista prático, os cientistas socialistas precisavam da informática para adequar sua economia à do Ocidente e, antes, viam nela o instrumento indispensável para administrar a massa dos dados necessários à distribuição dos bens. Porém, ao mesmo tempo, eles também precisavam justificar ideologicamente o uso da informática, para não entrar em contradição com a doutrina oficial do marxismo, em que se fundamentava o poder político do partido comunista.

Foi Klaus quem forneceu uma justificativa ideológica que permitia incluir a informática no quadro da doutrina marxista-leninista da sociedade alemã-oriental. A aceitação das teorias de Klaus em um contexto político dogmático deveu-se, também, ao rigoroso desenvolvimento de suas premissas, rigor que, frequentemente, se torna rigidez e esquematismo. Mas, pagando esse preço, a informática pôde ingressar em uma sociedade ideologizada, que não podia admitir uma teoria social diferente do materialismo dialético na sua versão mais dogmática. Somente tendo presen-

---

169. Georg Klaus, *Kybernetik und Gesellschaft*, Deutscher Verlag der Wissenschaften, Berlin (Oriental), 1964, XIV-358 pp.

tes tanto esses vínculos sociopolíticos como as respostas a que eles obrigavam qualquer cientista, é possível compreender algumas acrobacias teóricas de Klaus, criticadas no Ocidente como cientificamente desnecessárias e politicamente facciosas.

A necessidade de aplicar as teorias cibernéticas já dispondo de uma explicação indiscutível dos fenômenos sociais reduz muito os resultados a que Klaus pode chegar. De forma intencionalmente hiperbólica, afirmou-se que o método usado por Klaus "parafraseou, com as expressões linguísticas da cibernética, as asserções mais gerais e conhecidas dessa forma particular do marxismo-leninismo [ou seja, aquela da RDA], sem chegar, com isso, a um conhecimento fundamentalmente novo"[170]. Essa é, entretanto, uma crítica que, também no Ocidente, foi dirigida em bloco às teorias cibernéticas da sociedade e, de forma mais geral, às teorias que aplicam aos fenômenos sociais métodos e conceitos extraídos das ciências físico-naturais.

Antes de tudo, Klaus ampara a teoria (e, portanto, também a prática) da cibernética nos clássicos do marxismo, nos quais descobre a "descrição de leis sociais tipicamente cibernéticas", a ponto de afirmar que "Marx poderia ser definido como um materialista cibernético"[171]. (Mais ou menos naquela época, na França, descobria-se que Marx era estruturalista: cf. *infra*, cap. II, 4; ainda quando em vida, atribuições desse tipo parecem ter provocado um irritado esclarecimento de Marx: "Je ne suis pas marxiste".) Assim, reconduzida sob o manto da *auctoritas* marxiana, estava aberto o caminho para a aplicação da cibernética na sociedade socialista. Mas é ideologicamente aceitável que um

---

170. Michael Thomas Greven, *Systemtheorie und Demokratie. Kritik der Werke und Erkenntnismöglichkeiten im Politikmodellen der kybernetischen Systemtheorie*, Inaugural-Dissertation, Bonn, 1973, p. 235. Há também uma edição em livro: Michael Thomas Greven, *Systemtheorie und Gesellschaftsanalyse. Kritik der Werte und Erkenntnismöglichkeiten im Gesellschaftsmodelle der kybernetischen Systemtheorie*, Luchterhand, Darmstadt – Neuwied, 1974, 330 pp.

171. Klaus, *Kybernetik und Gesellschaft*, cit., p. X.

meio de produção como a informática opere do mesmo modo tanto no capitalismo como no socialismo? Klaus esclarece imediatamente: "A influência da cibernética sobre o sistema das ciências, em particular, e de toda a superestrutura, em geral, é de natureza completamente diferente no capitalismo e no socialismo."[172] Obviamente, essa frase não explicava nada, mas tranquilizava a todos.

O materialismo dialético já oferecia um modelo muito articulado da sociedade comunista, muito mais articulado e vinculante que aquele que – em Deutsch, Easton ou Etzioni – precede a elaboração de um modelo cibernético da sociedade ocidental. Klaus propõe, portanto, seu modelo cibernético como um modelo dotado de um grau ulterior de abstração em relação ao do materialismo dialético. Há características "que são exclusivamente próprias da sociedade" e, portanto, a "abstração cibernética, se quiser ser exata", deverá levar isso em conta: "se, a partir de cada uma das relações sociais, se remonta às relações cibernéticas gerais, é preciso saber antecipadamente quais são os elementos de que se pode fazer abstração"; ou, em outros termos, é preciso "conhecer as especificidades" da sociedade examinada[173]. Essas especificações são dadas pelo marxismo, que se torna, assim, o pedestal sobre o qual se apoia o modelo cibernético: é um procedimento de abstração das abstrações, no fundo análogo àquele a que Luhmann recorre.

Em seguida, o modelo de Klaus procede a algumas simplificações. Por exemplo, Klaus acredita que o método cibernético usado para construir uma teoria social não exerce influência sobre seu objeto. Além disso, acredita que o desenvolvimento social é guiado por leis internas próprias que levam à consecução de um determinado fim: "Esse finalismo (*Zielstreben*) é imanente, existe objetivamente, independentemente da vontade e dos fins de cada membro do grupo."[174] Asserções tão esquemáticas não eram aceitas

---

172. Klaus, *Kybernetik und Gesellschaft*, cit., p. 5.
173. Klaus, *Kybernetik und Gesellschaft*, cit., pp. 295 s.
174. Klaus, *Kybernetik und Gesellschaft*, cit., p. 48.

na própria RDA, onde alguns autores destacavam a importância também do elemento subjetivo na evolução social[175] ou a presença de um teleologismo menos rígido também em Marx. Um autor ocidental aproxima a posição de Klaus à de Comte: "A visão de Klaus lembra aqui, involuntariamente, aquelas teorias sociais universalísticas do século XIX, em que a evolução histórico-social é concebida como parte de um processo mais amplo de crescimento e desenvolvimento da natureza."[176]

Na concepção de Klaus, a sociedade é um conjunto de subsistemas de retroação em que o sistema de nível mais alto é o Estado: na sociedade capitalista, definida como instável, o Estado mantém o equilíbrio sobretudo com meios coercitivos, até quando sobrevém uma situação de grave instabilidade – a revolução –, depois da qual o sistema se equilibra sobre um novo nível de relativa estabilidade. E assim por diante no decorrer da história, até chegar à revolução marxista. Depois dela pode vir apenas a contrarrevolução, ou o fim da história. Nesse modelo, a sociedade parece permanecer a mesma, antes e depois da revolução, ao passo que a própria revolução implicaria apenas uma reorganização dos mecanismos de regulação interna. Esse modelo cibernético da revolução revela-se muito genérico para explicar o fenômeno de um ponto de vista da ciência política; e exatamente o cientista político alemão-ocidental Greven pergunta-se se ela não pressupõe, necessariamente, um modelo menos abstrato do qual partir, ou seja, se "a hipotética explicação daquela determinada situação já não

---

175. Kurt Braunreuther – Hansgünter Meyer, *Zur konzeptionellen Fragen einer marxistischen soziologischen Organisationstheorie. Eine Studie unter besonderer Berücksichtigung von System, Information und Entscheidung*, em Peter Christian Ludz (Hrsg.), *Soziologie und Marxismus in der Deutschen Demokratischen Republik*, Luchterhand, Neuwied – Berlin, 1972, vol. I, p. 140. O artigo foi publicado em 1967 na RDA em "Probleme der politischen Ökonomie" (1967, pp. 209-79).

176. Greven, *Systemtheorie und Demokratie*, cit., p. 221; ou *Systemtheorie und Gesellschaftsanalyse*, cit., p. 177: neste último livro a teoria de Klaus está a pp. 169-91.

deve estar contida nesse modelo preexistente"[177]; nesse caso, o modelo cibernético serviria apenas para levar o modelo originário a um nível superior de precisão linguística.

Mas Klaus, mesmo dedicando muito tempo aos problemas cognoscitivos, está interessado na cibernética sobretudo do ponto de vista da gestão social, provavelmente sob a dupla pressão do modelo soviético e das exigências materiais da RDA. Para ele, a cibernética – ou seja, o computador e a robótica – deve ser vista "como um eficaz instrumento para a planificação socialista e para a organização da economia, bem como das relações sociais"[178]. Desse interesse pela informatização nasce a tentativa de Klaus de traduzir em fórmulas matemáticas (sobretudo matrizes) as estruturas sociais, em vista de uma passagem à programação do computador, obviamente em um futuro distante.

O planejamento das máquinas operantes na economia socialista era, porém, apenas uma parte do planejamento global pensado por Klaus: ao lado das máquinas, a outra parte dos atores econômicos era constituída por pessoas, por definição imprevisíveis e não programáveis. Klaus imagina que a precisão das máquinas possa retroagir sobre o trabalho humano, de modo que "o mundo das máquinas cibernéticas" transformará "a humanidade produtiva em um grupo de cientistas e de matemáticos que pensam com exatidão"[179]. O modelo de Klaus aproxima-se, assim, mais da opressiva ficção do filme *Metrópolis*, de Fritz Lang, do que da radiante utopia do comunismo de Karl Marx. Um mundo de robôs humanizados guiados (ou seguidos?) por humanos robotizados: contra essa visão tecnocrática, incompatível com a sociedade sem classes do

---

177. Greven, *Systemtheorie und Demokratie*, cit., p. 224; *Systemtheorie und Gesellschaftsanalyse*, cit., p. 179.
178. Klaus, *Kybernetik und Gesellschaft*, cit., p. XI.
179. Klaus, *Kybernetik und Gesellschaft*, cit., pp. 118 s. Sobre a influência dos estudiosos soviéticos sobre Klaus nesta questão, cf. Georg Klaus, *Zur Soziologie der "Mensch-Maschine-Symbiose". Eine kybernetische Betrachtung*, "Deutsche Zeitschrift für Philosophie", Berlin (Oriental), 1962, pp. 885-902.

comunismo realizado, erguiam-se também críticas oficiais na própria RDA[180].

Obviamente, Klaus está ciente do conflito entre a vontade de cada indivíduo e as restrições impostas por uma sociedade planejada e informatizada, e indica no "centralismo democrático" o caminho para resolvê-lo. Não é possível discutir aqui a teoria do centralismo democrático; será suficiente lembrar que, na realidade cotidiana em que vivia também Klaus, via-se muito centralismo, mas pouca democracia. Seja como for, a discussão e a crítica desse instrumento estavam vetadas para Klaus, que no seu modelo – regido "pela aplicação dos princípios organizacionais da cibernética" – confia ao centralismo democrático a tarefa de criar "o fundamento social adequado para a elaboração de 'subprogramas' ideais para os órgãos locais, com base num plano estatal global, ou seja, num programa global"[181].

Chega-se assim à premissa primeira que condiciona toda a construção de Klaus: a sociedade que ele modela é totalmente homogênea; nela, não existem luta de classes, nem classes com visões diferentes do futuro, nem competição entre indivíduos ou concorrência entre grupos, porque todos se identificam com os objetivos de classe apresentados pelo partido comunista e pelo Estado. Retomando a visão leninista da coincidência entre necessidade e liberdade, Klaus também afirma: "A liberdade é a compreensão da necessidade."[182] Essa esquematização era útil para construir um modelo cibernético, mas não descrevia a realidade dos Estados comunistas. Na herege Iugoslávia, a teoria da autogestão partia precisamente do pressuposto de que a

---

180. Erich Hahn, *Zum Gegenstand der marxistischen Soziologie und ihrer Beziehung Praxis*, "Deutsche Zeitschrift für Philosophie", Berlin (Oriental), 1968, pp. 202-14.
181. Klaus, *Kybernetik und Gesellschaft*, cit., p. 92.
182. Klaus, *Kybernetik und Gesellschaft*, cit., p. 48: "Freiheit ist die Einsicht in der Notwendigkeit"; cf. Wladimir Iljitsch Lenin, *Materialismus und Empiriokritizismus. Kritische Bemerkungen über eine reaktionäre Philosophie*, Dietz, Berlin (Oriental), 1970, pp. 180-90: é o capítulo *Freiheit und Notwendigkeit*.

sociedade não era homogênea. A Tchecoslováquia era, ao contrário, um Estado ortodoxo, pelo menos como a RDA. No entanto, na literatura dos anos imediatamente seguintes aos escritos de Klaus aqui examinados (que são os anos próximos à "Primavera de Praga") é constante a referência a modelos pluralistas da sociedade: sirva como símbolo a figura de Viktor Knapp, autor de um modelo cibernético da sociedade e, ao mesmo tempo, expoente de relevo dos desafortunados reformadores praguenses.

Se o fim a que tende a sociedade é inelutável e se a informática oferece os instrumentos para racionalizar qualquer atividade, torna-se também possível "medir" a "eficiência", a "produtividade", a "economicidade" de uma sociedade. Desse ponto de vista, Klaus se une às correntes tecnocráticas ocidentais que, nos anos 1960, viam no progresso da técnica a solução dos problemas sociais.

Viktor Knapp, nascido em 1913, foi uma figura de grande destaque no mundo cultural tcheco, sobretudo até a trágica conclusão da Primavera de Praga em 1969. Jurista e membro da Academia Tcheca de Ciências, sua visão do mundo era cosmopolita, pois havia lecionado também em universidades da Europa Ocidental; como político e deputado no parlamento nacional, tinha uma clara visão dos problemas práticos da administração do Estado e da justiça, à qual deveria ser aplicada a informática. O impulso que essas condições iniciais lhe deram era, porém, freado pelas polêmicas contra a cibernética ligadas à doutrina oficial do marxismo ortodoxo[183]. Suas tentativas de mediação científi-

---

183. Viktor Knapp, *L'applicabilità della cibernetica al diritto*, Einaudi, Torino, 1978, XXXVII-238 pp.; o meu prefácio oferece um quadro da informática e dos computadores nos Estados comunistas europeus. A edição original é de 1963. Outras obras de Knapp: *Über die Möglichkeit der Anwendung kybernetischer Methoden im Recht*, "Staat und Recht", Berlin (Oriental), 1963, pp. 613-36; *Über die Möglichkeit der Anwendung kybernetischer Methoden im Recht*, "Archiv für Rechts- und Sozialphilosophie", 1963, pp. 45-56; *Théorie du droit et cybernétique*, em *Études juridiques offertes à Leon Julliot de la Morandière*, Dalloz, Paris, 1964, pp. 233-42.

ca e política iam em uma direção clara: por isso, com o advento de Alexander Dubček, encontramos Knapp presidente da Academia de Ciências e, no parlamento, responsável pela reforma constitucional, com as penosas consequências que podem ser imaginadas após a invasão soviética de Praga.

O título do seu livro demonstra que ele é dedicado à *aplicabilidade* – e não à aplicação – da cibernética ao direito, ou seja, que é uma pesquisa sobre os modelos cibernéticos que constituem a premissa indispensável para aplicar os computadores ao ordenamento jurídico. Concluído na primavera de 1962 e impresso em Praga no ano seguinte, foi publicado em italiano em 1978[184] depois de dolorosos acontecimentos. Sua validade científica, mesmo quinze anos depois da edição original, derivava precisamente do interesse teórico das reflexões nas quais Knapp baseava suas propostas operacionais.

Knapp elabora um modelo dinâmico do funcionamento do direito num contexto de socialismo real. Embora essa referência objetiva implique algumas referências ao direito positivo tcheco e à economia estatalista, o núcleo central do trabalho fundamenta-se em uma visão teórica não formalista do direito. Knapp constrói "um sistema que pretende explicar não o direito em si, mas o direito como instrumento de regulação social"[185]. Suas premissas teóricas devem naturalmente passar pelas forcas caudinas da lógica dialética. Como já vimos, a lógica dialética parecia inadequada para reduzir os processos a um número finito de passos formalizados (indispensáveis para programar o computa-

---

184. A tradução italiana de Knapp era anunciada – em 1969! – como "no prelo" (Losano, *Giuscibernetica*, cit., p. 85, nota 1); na realidade, uma série de acontecimentos não apenas editoriais, entre os quais a invasão de Praga, adiaram a publicação daquele texto até 1978: cf. Losano, *I primi anni dell'informatica giuridica in Italia*, em Fondazione Adriano Olivetti (a cura di), *La cultura informatica in Italia. Riflessioni e testimonianze sulle origini, 1950-1970*, Bollati Boringhieri, Torino, 1993, pp. 191-236.

185. Losano, *Giuscibernetica*, cit., p. 133.

dor), mas era parte da ideologia dominante; ao contrário, as lógicas formais eram compatíveis com a informática, mas não com o marxismo-leninismo. Knapp superou o obstáculo, reconhecendo o fluxo da lógica dialética, mas observando que a mente humana recorta segmentos daquele fluxo infinito, quase como fotogramas de um filme: a esses segmentos estáticos, que Knapp chama de "intervalos de constância", podem ser aplicadas as regras da lógica formal. Em decorrência disso, determinados processos sociais, em determinadas e precisas condições, podem ser confiados ao computador. Nessas páginas, Frosini vê uma verdadeira "crítica da razão informática"[186].

Aberto assim o caminho para as considerações formais, Knapp apresenta uma proposta inovadora que talvez hoje valesse a pena retomar para avaliar sua fecundidade: a aplicação do cálculo vetorial ao direito. "A expressão do caso em vetores – escreve Knapp – é substancialmente uma forma bem precisa de análise lógica, a qual permite, entre outras coisas, expressar os casos de modo 'compreensível' para a máquina, ou seja, elaborando o algoritmo necessário."[187] Como já descrevi alhures o modelo teórico e a correspondente representação gráfica a que chega Knapp[188], talvez seja mais útil remeter os interessados ao texto do próprio Knapp e àquelas minhas páginas, e concentrar a atenção nos pontos centrais do seu pensamento.

"O mérito principal e duradouro da obra de Knapp – escrevia eu no prefácio – consiste no equilíbrio entre entusiasmo e ceticismo sobre a automação do direito. Toda a exposição é, de um lado, uma contínua indicação da irredutível complexidade de certos fenômenos jurídicos (e, portanto, da impossibilidade de tratá-los com o computador), e de

---

186. Frosini, *Cibernetica e società*, cit., p. 34, no contexto de uma análise de Knapp baseada no artigo de "Staat und Recht", citado à nota 183. A noção de "intervalos de constância" evoca a dos "cortes sincrônicos" de Arnaud (cf. *infra*, cap. II, 8, a).
187. Knapp, *L'applicabilità della cibernetica al diritto*, p. 67.
188. Losano, *Giuscibernetica*, cit., pp. 132-6.

outro, do enorme potencial da máquina (e, portanto, à inutilidade de aplicá-la a problemas jurídicos muitos limitados ou pouco repetitivos)"[189]. Essa visão pragmática da informática que Knapp possuía resultava da sua experiência direta tanto com o centro de cálculo de uma grande empresa estatal, quanto com a administração pública. Assim, em 1963, ele traça, concretamente, as linhas de um banco de dados jurídicos que contenha direito, jurisprudência e doutrina[190], propõe a automação da administração pública e, por fim, antecipa a exigência daquela que, anos depois, será chamada de "legislação compatível com a informática": ao se referir ao cálculo dos salários, observa que a normativa a esse respeito impede, inutilmente, a automação e conclui que "o problema não é de modo algum simples, quando, ao contrário, poderia sê-lo, desde que o ordenamento jurídico fosse um pouco menos complexo"[191].

Essa ligação entre teoria e prática na informática retorna em um relatório que Knapp *teve* de escrever para a Unesco[192]: essa organização se propôs a fazer uma síntese universal da ciência jurídica, enviou uma série de questionários para todo o mundo e incumbiu o relutante Knapp de redigir uma síntese disso. Empresa desesperada, como foi escrito[193]. Aqui importa sublinhar que, nessa síntese, Knapp dedicou amplo espaço à cibernética[194]. Entre 1963 e 1976 a informática dera passos gigantescos e Knapp – em vez de tratá-la brevemente junto com os novos ramos do direito aeroespacial e do direito dos transplantes de órgãos – colocou-a na parte dedicada à metodologia do direito. Dado

---

189. Losano, *L'informatica nell'Europa orientale e l'opera di Viktor Knapp*. Prefazione a Knapp, *L'applicabilità della cibernetica al diritto*, cit., p. XXVII.
190. Knapp, *La scienza del diritto*, cit., pp. 210-34.
191. Knapp, *La scienza del diritto*, cit., p. 179.
192. Knapp, *La scienza del diritto*, Laterza, Roma – Bari, 1978, pp. XLVII-281.
193. Massimo Severo Giannini, *Prefazione*, em Knapp, *La scienza del diritto*, cit., pp. V-XLVII.
194. Knapp, *La scienza del diritto*, cit., pp. 107-16; "amplo" deve ser aqui entendido em relação ao tamanho reduzido daquele volume.

que "a cibernética não é uma ciência que, *por definição*, se ocupe da administração da *sociedade*", quando ela é aplicada às ciências sociais e ao direito surgem "problemas específicos de caráter metodológico"[195]. Desses, Knapp deriva considerações específicas: de um pedido para "padronizar, internacionalmente, pelo menos os métodos fundamentais de controle e análise das informações coletivas"[196], aos bancos de dados jurídicos, que se tornaram, nesse meio-tempo, uma realidade, até as aplicações já consolidadas, por exemplo, "no âmbito da tributação e das pensões". Porém, Knapp nunca perde de vista as dificuldades que estão por trás, também, desses procedimentos mínimos: já a determinação da pensão alimentícia para menores "é uma incumbência muito mais complexa do ponto de vista matemático"[197].

Ainda hoje, em conclusão, as teses de Knapp sobre a automação do ordenamento jurídico são úteis em dupla direção: no plano teórico, revelam quantos problemas ainda estão sem solução apesar do avanço tecnológico ou, até mesmo, foram esquecidos no afã de acompanhar o avanço tecnológico; no plano histórico, permite medir quanto caminho já foi trilhado ao realizar a informatização da sociedade.

Um dos mais complexos e profundos modelos cibernéticos do direito é o proposto, em 1970, pelo polonês *Andrzej Kisza* (nascido em 1928)[198]. O autor é um jurista formado na melhor tradição jurídica europeia[199] e viveu no con-

---

195. Knapp, *La scienza del diritto*, cit., p. 109.
196. Knapp, *La scienza del diritto*, cit., p. 113.
197. Knapp, *La scienza del diritto*, cit., p. 114.
198. Andrzej Kisza, *Kybernetisches Modell der Entstehung und der Wirkung des Rechts*. Mit einer Einleitung von Adalbert Podlech, Schweitzer, Berlin, 1975, XVIII-199 pp., com amplo resumo em inglês (pp. 165-94). O original foi publicado em Breslavia (Wroklaw) em 1970.
199. Kisza foi aluno de Fryderyk Zoll que, por sua vez, tinha sido aluno de Rudolf von Jhering.

texto polonês particularmente sensível aos problemas lógico-formais. Quando Kisza elaborou seu modelo, já tinha terminado, havia mais de uma década, a polêmica que contrapusera os marxistas, depositários da filosofia oficial pós-bélica, aos lógicos formais, herdeiros, na Polônia, de uma longa tradição pré-bélica. Em 1955, a contraposição entre lógica dialética e lógica formal fora encerrada, de fato, com um acordo que permitiu o florescimento da escola polonesa de lógica formal: os defensores da lógica dialética aceitaram a lógica formal como instrumento para análise de proposições descritivas; os defensores da lógica formal aceitaram a lógica dialética como instrumento para a explicação dos fenômenos reais. Em suma, "aceitou-se o fato de que a lógica formal é uma lógica, ao passo que a lógica dialética é, na realidade, uma ontologia"[200]. Nesse clima, por volta da metade dos anos 1960, Kisza pôde realizar sua pesquisa também em contato direto com o importante matemático Bronislaw Knaster: ela é, portanto, um dos raros casos de pesquisa interdisciplinar bem-sucedida.

O livro de Kisza caracteriza-se pelo cruzamento entre formalismo e empirismo. O modelo cibernético construído nos primeiros três capítulos é, de fato, nos outros quatro, aplicado a problemas reais do direito polonês, e principalmente ao processo, à interpretação, às relações entre direito e moral e, por fim, ao direito internacional. O ponto de

---

200. Sobre essa polêmica na Polônia, cf. Losano, *Informatica per le scienze sociali*, cit., pp. 73-5; sobre a análoga polêmica na Tchecoslováquia e os seus reflexos na obra de Knapp, cf. Losano, *Giuscibernetica*, cit., pp. 163-72. No prefácio à edição brasileira do meu livro, Miguel Reale observava, com razão, que eu falava apenas da lógica dialética marxista, como se não existissem outras (*Informática jurídica*. Tradução de Giacomina Faldini. Editora da Universidade de São Paulo – Saraiva, São Paulo, 1976, XVI-255 pp.). Na realidade, visto que eu tratava da recepção da informática nos Estados comunistas europeus, era aquela a única lógica dialética de que fazia sentido falar. Além dos textos citados nos meus livros acima mencionados, ver André Doz, *Usage et abus du mot "dialectique"*, e Dominique Dubarle (o crítico de Wiener: cf. *supra*, 3, b) *Dialectique hégélienne et formalisation*, ambos em André Doz, *Logique et dialectique*, Larousse, Paris, 1972, IX-245 pp.

partida de Kisza é que "ninguém hoje pensa em transferir diretamente ao direito os métodos das ciências naturais", ao passo que é aconselhável "basear a teoria do direito nos resultados da psicologia e da sociologia, que são o seu fundamento natural"[201]. A constante verificação do modelo teórico com a realidade traduz-se em frequentes referências, sobretudo, à sociologia e à mais tradicional doutrina dos costumes, revelando assim em Kisza um enraizado interesse pelo direito como fato. Nos anos 1960, esse interesse não podia ser satisfeito pela sociologia do direito: na Europa Ocidental, ela ainda estava em busca de uma posição própria, ao passo que na Oriental era objeto do ostracismo que atingia a sociologia geral e todas as sociologias particulares, pois não se admitia uma ciência da sociedade diferente do marxismo. As disciplinas a que Kisza se volta para realizar as suas verificações empíricas são, por isso, a história e, no direito, o costume[202].

O método adotado por Kisza é o lógico-matemático: ele escolhe um pequeno número de princípios causais que identificam os efeitos da norma jurídica sobre o mundo externo e os efeitos do mundo externo sobre a norma jurídica; a esses axiomas aplica, depois, os princípios da cibernética e as regras da lógica matemática; por fim, confronta os resultados a que chega com as concepções jurídicas tradicionais. Em outras palavras, Kisza não busca traduzir em fórmulas cibernéticas as concepções tradicionais do direito, mas compara os resultados do modelo cibernético com os da ciência jurídica clássica. Ele se afasta, portanto, das fre-

---

201. Kisza, *Kybernetisches Modell der Entstehung und der Wirkung des Rechts*, cit., pp. XI s.

202. Os autores italianos citados são Norberto Bobbio, *La consuetudine come fatto normativo*, Cedam, Padova, 1942, 92 pp.; Guido Fassò, *La storia come esperienza giuridica*, Giuffrè, Milano, 1953, 154 pp.; Alessandro Giuliani, *Ricerche in tema di esperienza giuridica*, Giuffrè, Milano, 1957, 204 pp.; e, entre os franceses, Aurel David, *Méthode sociologique et méthode législative*, Paris, 1958; Michel Villey, *Abrégé du droit naturel classique*, "Archives de Philosophie du Droit", 1961, n. 6, pp. 25-72.

quentes tentativas de reformular com termos novos as teorias antigas.

A essa altura, a síntese da minha exposição choca-se com a rigorosa consequencialidade da demonstração de Kisza, a qual não permite omitir nenhuma passagem do raciocínio. Além disso, partes separadas do seu raciocínio estão resumidas em representações gráficas, por si só não simples, que resultam, porém, incompreensíveis se não foram conhecidos os procedimentos lógicos nos quais se baseiam. Não me resta outra coisa, portanto, senão expor os pontos salientes que podem ser mais facilmente formuláveis na linguagem natural, resignando-me a mutilar a exposição rica e rigorosa do jurista polonês.

Kisza analisa, antes de tudo, os problemas internos do modelo cibernético do direito: mencionarei aqui os resultados alcançados na análise das normas processuais (mas terei de omitir o capítulo sobre a interpretação). Do modelo próprio de um único Estado, ele passa, em seguida, ao estudo da interação de vários modelos estatais, ou seja, ao direito internacional (mas terei de deixar de lado o capítulo sobre as relações entre moral e direito).

Partindo do pressuposto de que a norma jurídica produz a realidade e, ao mesmo tempo, é produzida por ela, Kisza vê esse sistema circular norma-realidade como relativamente isolado em relação aos outros sistemas e, portanto, como objeto autônomo de formalização. O sistema cibernético permite traçar uma clara linha de separação entre as normas processuais e as substanciais, eliminando as oscilações muitas vezes presentes na obra do legislador. Nas normas processuais, portanto, o processo contraditório mostra-se o melhor possível, não com base em um juízo de valor, mas porque fundado no princípio lógico do terceiro excluído: de fato, as partes enunciam pares de proposições em cujo interior cada proposição pode ser apenas ou verdadeira ou falsa. A soma das asserções das partes conterá, pois, metade de proposições verdadeiras e metade de proposições falsas. "Se o processo não fosse contraditório, ou seja, se as partes tivessem uma liberdade limitada de asserções, [...] em sentido cibernético isso equivaleria ao bloqueio total ou parcial da capacidade de transmissão de um canal [...] e poderia acontecer que apenas proposições dos pares de proposições contraditórias chegassem ao tribunal", por conseguinte "o tribunal basear-se-ia em parte ou em todo em proposições falsas"[203]. A dedução lógica permite, portanto, a Kisza ser a favor de um processo em que as partes não estejam de modo nenhum limitadas na sua liberdade de palavra: afirmação corajosa nos anos da Guerra Fria e em um Estado comunista.

O modelo cibernético de uma sociedade que, ao produzir um ordenamento jurídico, se constitui em Estado pode ser aplicado também às relações internacionais: os sistemas nacionais são conectados a um modelo de nível superior que descreve suas relações. Obtém-se, assim, uma superestrutura que pode explicar como o equilíbrio internacional é perturbado e depois restabelecido. Os Estados podem entrar em acordo para produzir normas internacionais, ou seja, para regular o suprassistema de modo a restabelecer seu equilíbrio quando ele for perturbado. Kisza experimenta a eficácia heurística do modelo proposto com uma série de exemplos históricos que vão da história romana até as revoltas camponesas dos séculos XVI-XVII e ao período da Guerra Fria, confirmando, mais uma vez, a fecundidade da ligação entre formalização e verificação histórica[204].

Kisza chega assim a conclusões – logicamente demonstradas – que contrastam com a tradicional intuição jurídica, mas que encontram confirmação na história. O modelo cibernético revela que "o sistema [de cada Estado] dotado de uma boa regulação jurídica leva a um agravamento da si-

---

203. Kisza, *Kybernetisches Modell der Entstehung und der Wirkung des Rechts*, cit., pp. 98 s.; omiti na citação as referências aos símbolos lógicos e gráficos usados pelo autor.
204. Cf. a afirmação de Lévi-Strauss segundo a qual Panofsky é um excelente estruturalista porque é um excelente historiador: *infra*, cap. II, 3, nota 33.

tuação internacional precisamente por causa dessa regulação; ou melhor, pode até mesmo tornar-se causa de uma guerra"; em outros termos, "os Estados com uma emissão forte e com uma boa regulação foram causa de guerras". Uma das comprovações históricas apresentadas por Kisza vem do Império Alemão, "cujo sistema jurídico interno, a partir da segunda metade do século XIX, foi geralmente reconhecido como o melhor do mundo" (entre parênteses, foi o sistema jurídico da pandectista, em que se enraíza a noção clássica de sistema jurídico); pois bem, conclui Kisza, "apesar disso – ou, do ponto de vista cibernético, precisamente por isso – o Império Alemão como parte de um suprassistema produziu uma grave perturbação deste último: provocou, de fato, duas guerras mundiais"[205].

É possível verificar essa conclusão partindo também do ponto de vista oposto. Quando a força interna dos sistemas parciais é limitada, o suprassistema corre menor risco de ser perturbado, ou seja, na visão corrente dos internacionalistas, é menor o perigo da guerra global. Deve-se, todavia, lembrar que o modelo cibernético indica apenas linhas de tendência, ou seja, possibilidades abstratas: se no algoritmo o valor que designa a força interna de um subsistema tende a zero, o risco de distúrbio do suprassistema diminui; há, portanto, um menor risco de guerra. Para dar maior consistência às tendências assim identificadas, seria preciso dispor de levantamentos estatísticos gerais e prolongados: mais uma vez, formalismo e empiria influenciam-se reciprocamente.

Kisza conclui sua análise da guerra e da paz segundo um modelo juscibernético suprassistêmico com a constatação de que, no decorrer da história, qualquer perturbação fora seguida de ações destinadas a restabelecer o equilíbrio: "depois das duas Guerras Mundiais surgiram organizações internacionais que deviam fazer frente à repetição das mes-

---

205. Todas as citações desse parágrafo são de Kisza, *Kybernetisches Modell der Entstehung und der Wirkung des Rechts*, cit., pp. 153 s.

mas alterações"; se houvesse uma Terceira Guerra Mundial, depois dela surgiria uma organização internacional ainda mais forte, porque "nessa direção move-se o natural automatismo cibernético". Mas, nos anos 1960, o risco da guerra atômica era muito mais forte e, por isso, Kisza exorta a não ter confiança nos automatismos cibernéticos, mas a "apoiar aquele automatismo com um agir consciente", que fortaleça as organizações suprassistêmicas: uma mensagem positiva, então, muito diferente do pessimismo resignado de Lang. Numa perspectiva cibernética retorna, assim, o apelo comunista à luta pela paz, mas também o apelo kelseniano à superioridade do direito internacional sobre o nacional.

O modelo até aqui ilustrado é formalizado e preciso: não deve, portanto, ser avaliado com base nesta minha exposição simplificada (e, além disso, sujeita às ambiguidades da linguagem natural) que se propõe apenas chamar a atenção sobre o rigoroso modelo cibernético de Kisza. Trinta anos depois da construção daquele modelo e à luz dos exemplos históricos a ele ligados, seria desejável que fosse experimentado em alguma pesquisa de sociologia histórica, ou seja, em uma moderna disciplina que identifica os elementos comuns em grandes acontecimentos históricos distantes no tempo e no espaço e os reúne em macrossistemas sociológicos[206]. Enquanto se permanece no âmbito da linguagem natural da história e da sociologia, de fato, os macrossistemas da sociologia histórica dão origem a críticas sobre a oportunidade e a fundamentação das generalizações nas quais se baseiam, e como as críticas acabam sendo tão opináveis quanto as teses criticadas, abre-se caminho a uma espiral infinita de argumentações muitas vezes agudas, mas sempre imprecisas. Ao contrário, a aplicação do modelo cibernético aqui proposto tornaria, talvez,

---

206. Para a literatura sobre o tema, cf. *Storia contemporanea del diritto e sociologia storica*. Organizado por Mario G. Losano, Franco Angeli, Milano, 1997, 265 pp.

menos discutíveis os critérios adotados na generalização dos grandes acontecimentos históricos.

Nos anos 1970, a cibernética jurídica era uma disciplina obrigatória na Faculdade de Direito da Universidade de Praga, onde era ensinada pelo jurista Vladimír Vrecion, cujas lições na universidade praguense deram origem a um livro dedicado à teoria da informação no direito[207]. Assim, procurava-se introduzir no direito uma matéria que, mesmo sendo um importante ramo da cibernética, na formulação clássica de Shannon tinha permanecido confinada sobretudo ao âmbito da técnica das telecomunicações. O tecnicismo matemático daquela teoria afastara dela os juristas (e também a obra de Vrecion decerto não é de fácil leitura); além disso, a linguagem jurídica é ainda muito imprecisa para ser objeto de formalizações. Era necessário, portanto, como exigia Podlech, que "a teoria clássica da informação fosse, por assim dizer, esmiuçada" para adaptá-la à análise jurídica e que "os problemas da ciência jurídica fossem submetidos a formais análises estruturais"[208]. O livro de Vrecion persegue esses dois objetivos.

A pesquisa de Vrecion nascia no final dos anos 1950, em um Estado de democracia popular, em que – como em todos os regimes comunistas – existia um inegável interesse prático pela cibernética (tanto que foi recebido o *management* americano, mesmo que com outro nome), mas ao mesmo tempo acontecia o conflito teórico entre lógica dia-

---

207. O material das lições foi reelaborado e publicado na Alemanha: Vladimír Vrecion, *Informationstheorie und Recht. Zur Anwendung kybernetischer Methoden in der Rechtswissenschaft*. Mit einer Einleitung von Adalbert Podlech, Schweitzer, Berlin, 1976, XV-136 pp. Cf. também do mesmo autor: *L'applicabilité des méthodes de la cybernétique au droit et à l'administration*, "Revue internationale des sciences sociales", 1970, pp. 501-8; *Research of the Applicability of the Methods of Cybernetics in Law Conducted in Czechoslovakia*, "Law and Computer Technology", 1970, pp. 154-62.

208. Adalbert Podlech, *Einleitung*, em Vrecion, *Informationstheorie und Recht*, cit., p. XII s. Podlech situa em 1958 a estadia de Vrecion na Alemanha, no decorrer da qual aquelas lições "tomaram a sua forma definitiva".

lética e lógica formal. Vrecion toma posição a respeito desse debate, uma vez que apresenta sua pesquisa como uma tentativa de formalizar partes da ciência jurídica e, em particular, a linguagem jurídica.

Aplicando a esta última a teoria clássica da comunicação e a linguística matemática, Vrecion chega a demonstrar que, aumentando-se o volume da legislação, diminui-se o conteúdo regulativo de cada texto normativo. Essa demonstração é adequada para favorecer uma técnica específica de formalização legislativa – conhecida também como legística ou *drafting* – e destinada a grandes desenvolvimentos nos anos seguintes. Ela constitui, além disso, uma resposta original ao problema da "avalanche legislativa" que, naqueles anos, preocupava os juristas de todo o mundo.

Da formulação linguística do direito Vrecion passa à sua aplicação: aqui a cibernética, com os seus métodos probabilísticos, revela-se particularmente adequada para analisar comportamentos que não são regidos por princípios lógicos formais. Por fim, a cibernética pode oferecer um modelo também para as decisões em campo jurídico.

Com os anos 1980 e com o sucesso dos computadores e da robótica, diminuía a fortuna do termo "cibernética", que talvez tivesse se tornado realmente muito interdisciplinar: não fazia mais muito sentido reunir em um único conceito geral disciplinas que talvez tivessem tido uma distante origem comum, mas que afinal se desenvolviam de modo autônomo. A analogia entre cérebro e computador substituiu, progressivamente, a ciência do computador, cada vez mais ampla e ramificada. Mais do que de cibernética, falava-se já de *computer science* nos países de língua anglo-saxônica, e de informática nos de língua latina e germânica.

8. A análise estrutural dos procedimentos jurídicos

Enquanto as descrições globais do ordenamento jurídico segundo um modelo cibernético diminuíam até desaparecer, o uso dos computadores na documentação jurídica e na administração pública aumentava de modo impressionante. A automação de um procedimento – por exemplo, a emissão de um carnê de impostos ou a notificação de uma multa por violação do código de trânsito – exigia a formalização de um segmento do ordenamento jurídico e, precisamente, uma formalização que tornasse aquele conjunto de normas "compreensíveis" ao computador. Nas empresas privadas já haviam sido dispostos instrumentos de análise dos procedimentos que facilitavam a programação do procedimento analisado. Era possível transferir essas técnicas também para o âmbito da administração pública? Em outros termos, é possível uma análise estrutural de cada segmento do direito? Existem técnicas (diferentes das lógicas formais) que permitam analisar a arquitetura interna de um conjunto de normas não em vista de uma finalidade puramente cognoscitiva, mas de uma aplicação prática, ou seja, informática? É possível uma retroação da informática sobre o direito? A resposta é afirmativa: algumas técnicas transferidas da informática para o direito permitem uma análise estrutural de pequenos subordenamentos jurídicos (não, porém, da estrutura interna de cada norma).

Os modelos cibernéticos do direito ou de um setor dele podiam satisfazer os desejos cognoscitivos dos teóricos do direito, mas não eram de muita ajuda para os práticos. Para estes, os problemas de documentação tinham sido simplificados com a criação de grandes bancos de dados em rede e com o advento do CD-ROM, que por volta do final dos anos 1980 começava, enfim, a substituir as volumosas e antigas publicações impressas de coletâneas de legislação ou de jurisprudência[209]. Continuavam, ao contrário, abertos muitos problemas na automação dos procedimentos administrativos: o *office automation* transformara os departamen-

---

209. Para complementaridade entre bancos de dados jurídicos em linha e fora de linha (ou seja, sobre o CD-ROM) remeto ao meu *Scritto con la luce. Il disco compatto e la nuova editoria elettronica*, Unicopli, Milano, 1988, 128 pp. Em 2001, o catálogo de uma grande biblioteca não jurídica continha cerca de 250 CD-ROMs de textos normativos (Bayerische Staatsbibliotek, abril de 2001).

tos das empresas, mas tardava a conquistar a administração pública.

Do ponto de vista lógico, informatizar um procedimento privado não é diferente de informatizar um procedimento da administração pública. A sequência de atos que o departamento deve realizar é analisada, ou seja, decomposta em cada passo que a compõe, recorrendo a técnicas e a símbolos que permitem sintetizar com clareza a sequência de cada passo. Se essa sequência é unívoca e finita, pode-se proceder à programação do procedimento para depois confiá-la totalmente ou em parte ao computador. Se, ao contrário, os passos contêm decisões discricionárias, ou seja, não são unívocas, *aquele* procedimento não pode ser automatizado.

Porém, a informatização de toda a sociedade leva cada vez mais à automação também de cada procedimento. Para uma empresa, o fato de não automatizar os seus departamentos significa ser mais lenta e mais cara que as empresas concorrentes: essa obsolescência organizacional implica também o risco de acabar fora do mercado, ou seja, de falir. Para a administração pública, em tempos de crise das receitas estatais, a automação dos procedimentos ajuda a fornecer aos cidadãos as prestações devidas mesmo com menos funcionários e com menos financiamentos. A burocracia pode opor-se à informática, mas então – a rigor de lógica – deveria o político favorecê-la, porque a sua reeleição depende da satisfação dos cidadãos pelos serviços a que têm direito. Na realidade, experimentei o contrário, isto é, uma grande abertura às novas tecnologias por parte dos funcionários e uma grande desconfiança por parte dos políticos. No entanto, hoje a informatização é uma necessidade a que nem as empresas, nem a administração pública podem subtrair-se.

É preciso dizer primeiramente que os critérios de avaliação são diferentes na administração pública e na empresa, como já foi visto ao exarminarmos as teorias de Mehl. Em geral, a empresa aplica a informática se dela extrai uma vantagem econômica, um lucro. O Estado pode notar que a automação de determinado procedimento apresenta vantagens econômicas, mas viola uma liberdade fundamental do cidadão: nesse caso, o Estado deve optar pela renúncia à informática. Trata-se, de todo modo, de um caso extremo: aquele procedimento poderá ser automatizado apenas depois de uma revolução que suprima aquela liberdade. Permanecendo no âmbito da habitual administração, seja pública, seja privada, são frequentes os casos em que seria oportuno automatizar um procedimento, mas encontramse obstáculos ao fazê-lo; e isso implica a perda de eficiência e prejuízos econômicos.

Por conseguinte, se *aquele* procedimento não pode ser automatizado, ele é trocado. As técnicas de análise evidenciam os pontos em que o procedimento apresenta características incompatíveis com a automação: já que Deus não desceu sobre a sarça ardente para entregar a Moisés nem os procedimentos empresariais nem os estatais, intervir-se-á nos próprios procedimentos, tornando unívocos os pontos ambíguos, quantificando as indicações indeterminadas, eliminando os âmbitos de discricionariedade. Aqui, porém, os caminhos do setor privado separam-se dos da administração pública. Em uma empresa, depois de uma série de contatos internos, é suficiente uma ordem de serviço para modificar o procedimento e tornar possível a automação. Na administração pública, ao contrário, o procedimento é regulado por um ato normativo que o departamento sozinho não tem o poder de modificar: um ato normativo pode ser modificado apenas por outro ato de igual nível, sendo necessário, a cada vez, a intervenção do Parlamento, do Conselho Regional e assim por diante. É aqui que as exigências da informatização se chocam com as do direito e da política.

De todos esses mútiplos aspectos da automação dos procedimentos interessa aqui, sobretudo, indicar os instrumentos com os quais se pode realizar a análise estrutural de um setor específico do direito. Nos anos 1970-80, os juristas da informática tinham transferido para a administração pública as técnicas usadas na informática para a análise dos procedimentos, sobretudo, empresariais. O recurso a técnicas como o PERT (Program Evaluation and Review Technique) ou a diagramação em blocos permitia evidenciar incongruências, lacunas ou passagens inúteis dentro de um procedimento administrativo, mesmo independentemente da sua sucessiva informatização. Limito-me aqui a indicar alguns pontos essenciais, remetendo para qualquer aprofundamento a alguns textos em que descrevi essas técnicas, sua história e sua aplicação a alguns procedimentos italianos e espanhóis[210].

Os resultados alcançados tinham sido estimulantes. A pura e simples aplicação dos diagramas de blocos – uma técnica eficaz, mas já antiquada para a embrionária descrição formal dos procedimentos – tinha permitido evidenciar tal quantidade de lacunas, que nos obrigou a marcá-las introduzindo um símbolo que não existia entre os predispostos pelos profissionais da informática. Já nessa primeira fase da análise estrutural – portanto, antes ainda do uso do computador – chegava-se a indicar os pontos em que uma intervenção legislativa teria eliminado alguns inconvenientes na aplicação da lei.

De fato, em geral os tradicionais textos legislativos procedimentais são formulados quase como as receitas de cozinha: elas, de modo geral, indicam a sequência das atividades a serem realizadas, sem dizer, contudo, o que acontece se uma dessas atividades não for desenvolvida. Na informática, ao contrário, cada alternativa tem duas saídas. Por exemplo, uma norma prescreve que o presidente de uma região tenha de apresentar um projeto de lei dentro de certo prazo ao órgão legislativo para a aprovação. Na for-

---

210. Losano, *L'informatica e l'analisi delle procedure giuridiche*, Unicopli, Milano, 1989, 388 pp.; Losano, *La informática y el análisis de los procedimientos jurídicos*. Traducción de Ascensión Elvira, Centro de Estudios Constitucionales, Madrid, 1991, 222 pp.

mulação tradicional, a norma não prevê o que acontece se o presidente não apresenta o projeto dentro do prazo previsto. De fato, é assim que – voluntariamente ou não – podem ser "enterrados" os projetos de lei indesejáveis.

A diagramação em blocos torna evidente essa lacuna da formulação tradicional: o legislador é, portanto, avisado a intervir para completar aquela normativa. Em casos como este, a intervenção legislativa permite informatizar o procedimento; a ausência de intervenção, ao contrário, obriga a conservar o procedimento manual. O mérito dessas técnicas para a análise dos procedimentos consiste na transparência que elas introduzem nas decisões políticas. Identificada, por exemplo, a regra que atribui determinado âmbito de discricionariedade à administração pública e que, portanto, impede a automação, o político é livre para modificá-la, abrindo caminho à informática, ou para mantê-la inalterada, conservando o procedimento manual. Não é necessário optar sempre pela informática, porque determinados procedimentos podem oferecer maiores garantias ao cidadão: os valores que regem a sociedade civil não são aqueles que regem uma sociedade anônima. A análise dos procedimentos torna possível uma decisão esclarecida sobre o uso ou a recusa da informática, com uma clara atribuição de responsabilidade que nem sempre agrada aos políticos ou aos burocratas. Dessa sua inconfessável oposição nascem frequentemente os maiores obstáculos à automação dos procedimentos administrativos.

Em conclusão, seja qual for a solução adotada, a fecundidade intrínseca da análise estrutural permanece intacta. Muitas vezes, todavia, a passagem da análise estrutural à informatização do procedimento assim analisado é impedida pelo contraste de objetivos entre o profissional de informática e o político. De fato, o profissional de informática procura tornar o sistema coerente, completo e impecavelmente gerenciado por um *software* elegante. O político visa, ao contrário, respeitar a disciplina do partido, ser reeleito, remunerar os seus financiadores ou ter um objeto de troca para outra tratativa política. O profissional de informática quer fazer funcionar o computador; determinados políticos e funcionários, ao contário, preferem regras imprecisas e "interpretáveis". "A confusão é útil", comentava conformado o então ministro Ruberti, citando uma frase de Eduardo de Filippo[211].

Transferindo os instrumentos para a análise dos procedimentos da informática ao direito abre-se caminho a uma nova análise estrutural de alguns setores jurídicos. A respeito da documentação automática do direito, identifica-se aqui uma estrutura especificamente jurídica: a descrição formalizada de determinado procedimento – seja ele um diagrama em blocos, ou qualquer outra técnica de análise preliminar à programação, ou um programa pronto para o uso – vale apenas para aquele procedimento, porque identifica a sua estrutura específica. Ao contrário, na documentação automática o programa documental era aplicável a qualquer documentação, *também* à jurídica, mas não apenas a ela.

Essa análise especificamente jurídica é possível com vários instrumentos, que podem ser extraídos das experiências de informática em campos afins. Assim, por exemplo, a diagramação em blocos é particularmente clara e útil na descrição dos procedimentos jurídicos, mas não auxilia na formalização das normas não procedimentais, ou seja, aquelas de direito substantivo.

---

211. Nos anos 1980, as várias e – sobretudo – vãs tentativas de inovar as técnicas legislativas tornaram-me melancólico. Eu tinha publicado os três volumes do *Corso di informatica giuridica* (cf. nota 116) e aquele sobre a análise dos procedimentos jurídicos (cf. nota 210), em cuja introdução escrevia: "Neste tratado ideal sobre a informática jurídica, existe enfim um quinto e último volume que, talvez, jamais escreverei. Seria o volume destinado a mostrar por qual motivo as técnicas expostas nos quatro tomos anteriores não dão resultados. Seria o volume dedicado à corrupção como obstáculo final para qualquer forma de transparência informática. Uma administração corrupta, de fato, não pode ser reformada e menos ainda informatizada. Expus brevemente estas minhas ideias nos *Lineamenti di procedura venale*, na obra organizada por Antonio Ruberti e intitulada *Tecnologia domani* (Laterza, Bari, 1985, pp. 286-94)": Losano, *L'informatica e l'analisi delle procedure giuridiche*, cit., p. 17. Talvez na época eu tivesse muita pressa; hoje seria menos pessimista. Ou, talvez, mais conformado.

Os limites da diagramação em blocos e de outras formalizações da informática primitiva levaram a conceber formas mais avançadas de descrição formal, não mais de cada "procedimento" separadamente, mas de todo o "sistema" globalmente denominado *software engineering*. Por exemplo, em 1989, o norte-americano Edward Yourdon propôs uma técnica chamada "Moderna análise estruturada"[212]. Dada uma realidade a ser analisada, a "Moderna análise estruturada" considera a finalidade, os dados e o comportamento na época, chegando a construir um modelo essencial do sistema. O modelo descreve com um gráfico específico o que o sistema deve fazer para alcançar seu objetivo; em outras palavras, concentra-se no funcionamento do sistema e não no instrumento (eventualmente de informática) que pode ser usado para alcançar aquele objetivo. Trata-se, portanto, antes de tudo, de um instrumento de racionalização, e como tal pode ser aplicado também à legislação, ou seja, a segmentos amplos do sistema jurídico. Como resultado final, a "Moderna análise estruturada" pretende ser imediatamente clara também ao cidadão não especializado, ou seja, à pessoa que atua na empresa; no entanto, para chegar a esse resultado, o caminho a ser percorrido não é simples e não pode ser aqui exposto. Remeto, portanto, a um ensaio italiano que aplica a "Moderna análise estruturada" a uma lei espanhola que fora analisada também com os diagramas de blocos[213]. Poder-se-ão, assim, ver as duas

---

212. Edward Yourdon, *Modern Structured Analysis*, Prentice Hall, Englewood Cliffs (NJ), 1989, X-672 pp. [trad. it.: *Analisi strutturata dei sistemi. Concetti e metodi*, Prentice Hall – Jackson, Milano, 1990, XII-720 pp.].
213. Roberto Tonni, *La "Moderna analisi strutturata" dall'informatica al diritto: un passo avanti rispetto alla diagrammazione a blocchi?*, em *Il diritto dei Nuovi Mondi*. Atas do Congresso promovido pelo Instituto de Direito Privado da Faculdade de Direito, Cedam, Padova, 1994, pp. 621-42 (com gráficos e ampla bibliografia): a "Moderna análise estruturada" é aplicada à lei espanhola por iniciativa legislativa popular (Ley Orgánica 3/1984), que analisara com os diagramas de blocos em *La informática y el análisis de los procedimientos jurídicos*. Esse último livro é a tradução do meu *L'informatica e l'analisi delle procedure giuridiche*, Unicopli, Milano, 1989, 388 pp.; porém, nele, aos textos legislati-

técnicas em comparação e apreciar os progressos realizados na formalização dos sistemas não apenas empresariais, mas também jurídicos.

Chega-se assim à última década do século XX, quando a informática já avançada permeou as sociedades industrializadas, obrigando, em particular, as empresas a redesenhar os organogramas, os fluxos informativos, os procedimentos de planejamento e, com a robótica, o próprio modo de produção. Para fazer frente a essa realidade, é preciso uma ruptura com o passado, um salto de qualidade, um paradigma novo e radical na regeneração das organizações existentes. Em 1993, Michael Hammer, um profissional da informática do MIT de Boston, convida a parar de "pavimentar os caminhos para as vacas", ou seja, a desistir de "revestir de silício e *software* os nossos processos obsoletos": a reorganização deve esquecer a organização passada e começar do zero, livre de qualquer restrição projetual[214]. Essa radicalidade iconoclasta está na base da "reengenharia de processos" (Business Process Reengineering, BPR) de Hammer e Champy, que permite rápidos incrementos da produtividade e dos lucros diante de custos humanos e sociais também elevados. Por isso, as sucessivas aplicações

---

vos italianos a serem submetidos à diagramação foi acrescentado o texto espanhol agora citado.

214. Michael Hammer, *Reengineering Work: Don't Automate, Obliterate*, "Harvard Business Review", julho-agosto de 1990, pp. 104-12; Michael Hammer – James Champy, *Reengineering the Corporation: a Manifesto for Business Revolution*, Harper Business, 1ª ed., New York, 1993, 223 pp. [trad. it.: Michael Hammer – James Champy, *Ripensare l'azienda: un manifesto per la rivoluzione manageriale*, Sperling & Kupfer Editori, 1994, XXII-250 pp.]. Aquele "business revolution" traduzido por "revolução empresarial" pode evocar um cenário diferente (mesmo que, desejando, se possa descobrir aí uma certa continuidade): aquele do advento dos tecnocratas teorizado por James Burnham em *The Managerial Revolution*, de 1941 [trad. it.: *La rivoluzione dei tecnici*, Mondadori, Milano, 1946, 325 pp. (no pós-guerra, "manager" era um termo desconhecido; apenas a obra reimpressa em 1992 apresenta um título modernizado: *La rivoluzione manageriale*, Bollati Boringhieri, Torino, 1992, 273 pp.)]; sobre essa obra, cf. Losano, *Saggio sui fondamenti tecnologici della democrazia*, Fondazione Adriano Olivetti [Roma], 1991, pp. 63 s.

enfrentam a reengenharia de processos com um ar menos arrogante: as siglas se sucedem, as técnicas de reengenharia se atenuam e, também por isso, se difundem[215].

Assim como com a afirmação da globalização, da informatização e do neoliberalismo, o aparelho estatal é cada vez mais equiparado ao empresarial e, entre os últimos anos do século XX e o início do novo milênio, aplica-se a reengenharia de processos também ao Estado-empresa. Essa irrupção do privado no público está em pleno desenvolvimento. Com ela, a visão sistemática do ordenamento jurídico – entrando no cerne do debate que é também político – passa da história do sistema no direito à crônica política do presente.

Seja qual for a atitude do observador para com a relação entre público e privado, a evolução da sistematização ou estruturação do aparelho público (e, portanto, das normas que o regulam) também vai nessa direção. Uma publicação da Autorità per l'Informatica nella Pubblica Amministrazione (AIPA) escreve: "A sigla BPR (Business Process Reengineering) conheceu um período de grande popularidade e desenvolveram-se muitas iniciativas em todas as principais empresas do mundo. A elaboração teórica e as reflexões sobre as experiências acumuladas nesses anos, mesmo que principalmente colocadas no setor das empre-

---

215. Os mesmos objetivos alcançados com o traumático BPR podem ser alcançados com um melhoramento gradual, obtido com uma sequência de pequenas intervenções corretivas, como propõe o "Continuous Process Improvement" (CPI) e o "Total Quality Management" (TQM): Thomas H. Davenport, *Process Innovation. Reengineering Work through Information Technology*, Harvard Business School Press, Boston (Mass.), 1993, 337 pp. [trad. it.: *Innovazione dei Processi: riprogettare il lavoro attraverso l'Information Technology*, Franco Angeli, Milano, 2001, 352 pp. (5.ª ed.)].

Com análoga moderação move-se o "Business Process Redesign" de H. James Harrington, *Business Process Improvement: the Breakthrough Strategy for Total Quality, Productivity and Competitiveness*, McGraw Hill, New York, 1991, 274 pp. Por fim, para Morris e Brandon a reengenharização não pode ser separada de uma série de outras intervenções (os "sete fatores críticos" do sucesso): Daniel C. Morris e Joel S. Brandon, *Ripensare il business*, Sperling & Kupfer, Milano, 1995, 378 pp.

sas privadas, representam um patrimônio fundamental que pode ser aproveitado, que pode fornecer indicações metodológicas e operacionais concretas sobre como responder às exigências de mudança da administração pública italiana. Esses temas têm, em particular, uma profunda conexão com as problemáticas de desenvolvimento e utilização das tecnologias da informação e da comunicação. O artigo – sintetiza a publicação da AIPA – fornece um panorama informativo sobre o estado da arte da 'reengenharia de processos', examina rapidamente algumas características da situação da Administração Pública que permitem a utilização dessa abordagem e dessas técnicas e traz, enfim, algumas primeiras indicações muito parciais sobre como utilizar o BPR na nossa realidade. É até mesmo óbvia, de fato, a necessidade de não receber acriticamente as hipóteses presentes, mas de repensá-las e revê-las para adaptá-las à específica realidade da Administração Pública italiana."[216]

As premissas para essa transformação da administração pública italiana podem ser encontradas nas várias leis (por exemplo, as chamadas "Leis Bassanini") que estabeleceram, também para as repartições públicas, critérios de transparência, de responsabilidade dos funcionários, de economicidade e de eficiência da gestão, transformando a relação entre administração pública e cidadão em uma relação entre cliente e fornecedor. Relação nem sempre louvável, pode-se objetar; todavia, seja qual for a avaliação dessa transformação, dela deriva uma aproximação do modo de funcionamento da administração pública ao da empresa e, portanto, a transferibilidade dos instrumentos de

---

216. [Anônimo], *Reingegnerizzazione dei processi e impiego delle tecnologie: due modalità da integrare per il cambiamento*, "Informazioni" [Bollettino dell'AIPA], III, junho de 1997, n. 6, texto na Internet no site: www.aipa.it, pesquisa de 16.09.2001. Ainda no mesmo *site*: Carlo Batini – Gaetano Santucci (a cura di), *Sistemi informativi per la Pubblica Amministrazione. Metodologie e tecnologie*, Scuola Superiore della Pubblica Amministrazione, 2000, em particular 1.4. *La reingegnerizzazione dei processi*.

organização e de análise da empresa à administração pública[217].

A atenção até aqui dada à formalização que transforme o ordenamento jurídico em um sistema relevante para a organização e a informática não deve fazer perder de vista o fato de que a formalização constitui apenas um segmento de um processo amplo e unitário: às novas técnicas de análise organizacional acrescentam-se os progressos na programação, nos computadores e nas redes (ou seja, no conjunto que hoje tem o nome de "information technology" e que é mais amplo que a informática clássica); é o conjunto de todos esses saberes que, no direito, produziu resultados interessantes na automação da administração e dos tribunais, na construção de sistemas especialistas e em outras formas mais avançadas de uso da informática (cf. *infra*, 9).

Enfim, a informática e seus instrumentos de análise retroagem sobre o direito. Retroagem sobre o direito já em vigor, porque a análise estrutural indica os pontos em que é oportuno que o legislador intervenha modificando ou revogando o direito vigente. Retroagem, também, sobre o tomar forma do direito futuro, através de dois caminhos. Em primeiro lugar, a documentação automática torna possível estabelecer, em relação a cada projeto de lei, quais normas já vigentes devem ser conservadas, modificadas ou revogadas; desse modo, a nova normativa evita contradições, repetições e revogações apenas implícitas ("são revogadas as normas em contraste com a presente lei"), que reduzem a certeza do direito. Em segundo lugar, desde o início dos instrumentos para análise estrutural, percebeu-se que eles já poderiam ser aplicados aos projetos de lei para torná-los mais racionais e, por conseguinte, para tornar informatizá-

---

217. Dois difusos instrumentos para a análise dos processos são, por exemplo, Action Workflow e IDEF (Integration Definition for Function Modelling). Todavia, a descrição desses instrumentos é muito especialista e sua evolução e obsolescência foram muito rápidas para poder ser aqui também apenas mencionada; basta, portanto, ter indicado essas possíveis linhas principais de futuras atividades organizativo-informáticas.

veis os procedimentos neles regulados. Já no final dos anos 1960, apresentava-se o problema de promulgar normas compatíveis com a informática[218].

Um progresso significativo nesse caminho foi a promulgação de normas que regularam a compatibilidade informática das normas futuras, vinculando os órgãos legislativos ao respeito de alguns critérios fundamentais de sistematicidade[219]. Um passo adicional poderá, depois, ser dado confiando à informática, ao menos em parte, a redação e o controle formal do texto legislativo nas várias fases de sua aprovação, recorrendo às técnicas – ainda no seu início – que a "legimática" está procurando disponibilizar[220].

9. Inteligência artificial, sistemas especialistas e direito

No direito, a inteligência artificial deveria manter hoje as promessas feitas pelos profissionais de informática há

---

218. Hans Joachim von Oertzen, *Automationsgerechte Gesetze als Voraussetzung der Automation*, "Deutsches Verwaltungsblatt", 1969, pp. 61-7; [Anônimo], *Automationsgerechte Verwaltung bürgergerechte Automation*, Siemens AG, München, 1979, 36 pp.; Malte von Berg, *Automationsgerechte Rechts- und Verwaltungsvorschriften*, Grote, Köln – Berlin, 1968, 129 pp.

219. Mario G. Losano, *Per un diritto compatibile con l'elaborazione elettronica*, "Rivista trimestrale di diritto pubblico", XXI, 1971, n. 4, pp. 1823-41. O texto em italiano da normativa bávara sobre esse tema ("Bayerische Staatsanzeiger" de 5 de setembro de 1969) está em apêndice àquele artigo, pp. 1836-41, e em Losano, *In Baviera la prima legge sul diritto compatibile con l'automazione*, "Data Report", III, 1972, n. 2, pp. 39-41. Sobre a Espanha, cf. *Direttive sulla forma e struttura dei progetti preliminari*, em apêndice a Pablo Salvador Coderch, *La tecnica legislativa in Spagna dopo la Costituzione del 1978*, em *Il diritto dei Nuovi Mondi*, cit., pp. 539-47. Em 1989, também na Itália, foi predisposto um manual intitulado *Regole e suggerimenti per la redazione dei testi normativi*.

220. Uma descrição das origens desses experimentos e dos resultados até agora alcançados (com uma precisa documentação de informática) está em Monica Palmirani, *Norma-System*, Clueb, 2000, 419 pp. Um programa diferente está descrito em Piero Mercatali, *Verso un software d'aiuto alla redazione delle leggi. Lexedit2 in Ambiente di Normazione*, em *Il diritto dei Nuovi Mondi*, cit., pp. 649-74. Os desenvolvimentos desta última pesquisa podem ser acompanhados na revista "Informatica e diritto".

meio século[221]. Assim como a primeira cibernética tentava reproduzir um modelo do cérebro humano, a jurimetria procurava prever as sentenças dos juízes. Hoje são propostos objetivos no fundo não menos ambiciosos, mas muito mais setoriais; e para alcançá-los pode-se confiar nos recentes progressos da informática, da neurologia, da psicologia e assim por diante. Aqui, "contenta-se" em construir modelos de cada setor da inteligência humana, em transformá-los em programas e em transferir sua aplicação ao computador. Para esses programas prefere-se, hoje, usar a expressão menos antropomórfica "sistemas especialistas"; mas, frequentemente, sistemas especialistas e inteligência artificial são usados como sinônimos. A natureza particularmente estruturada do direito, sua linguagem fortemente padronizada (pelo menos em relação às outras ciências sociais) e sua tradição sistemática tornaram-no particularmente adequado para ser modelado segundo as regras dos sistemas especialistas[222]. Além disso, o sistema especialista pode dar assistência a quem não é especialista: basta pensar no caso dos engenheiros e dos técnicos que devem aplicar as normas à proteção do ambiente sem, porém, serem técnicos do direito, ou ainda às numerosas atividades da polícia[223].

---

221. A inteligência artificial foi teorizada sobretudo com referência à solução de problemas matemáticos por Alan M. Turing, *Computing Machinery and Intelligence*, "Mind", 59, 1950, pp. 433-60.

222. Limito-me a indicar alguns textos, remetendo às bibliografias especializadas para qualquer atualização e aprofundamento: Anne Gardner, *An Artificial Intelligence Approach to Legal Reasoning*, Massachusetts Institute of Technology Press, Cambridge (Mass.), 1987, 225 pp. (é uma dissertação de 1984 da Universidade de Harvard); Ajit Narayanan – Mervyn Bennun (eds.), *Law, Computer Science, and Artificial Intelligence*, Ablex, Norwood (N.J.), 1991, X-265 pp.; Peter Wahlgren, *Automation of Legal Reasoning. A Study on Artificial Intelligence and Law*, Kluwer, Deventer – Boston, 1992, 435 pp. Além disso, Edwina Rissland, *Artificial Intelligence and Law: Stepping Stones to a Model of Legal Reasoning*, "Yale Law Journal", 99, 1990, pp. 1937 ss.; *The Third International Conference on Artificial Intelligence and Law*, ACM Press, New York, 1991, 309 pp.

223. Sobre esse último tema, cf. a bibliografia às pp. 155-81 em Edward C. Ratledge – Joan E. Jacoby, *Handbook on Artificial Intelligence and Expert Systems in Law Enforcement*, Greenwood Press, New York, 1989, 194 pp.; Wilhelm Steinmüller et. al., *EDV und Recht. Einführung in die Rechtsinformatik*, Schweitzer, Berlin, 1970, IV-129 pp.

O sistema especialista recupera a noção tradicional de sistema própria do positivismo jurídico. Obviamente, a programação tem por objeto não todo o ordenamento jurídico, mas apenas um de seus setores específicos, às vezes muito limitado. Porém, aquele setor jurídico apresenta-se tão sistemático quanto todo o ordenamento. O sistema é como um espelho do ordenamento como um todo; se o espelho se quebra, cada estilhaço reflete apenas uma parte do mundo circunstante, mas segundo as mesmas modalidades de todo o espelho. Em outras palavras, a sistematicidade do ordenamento jurídico se reflete na sistematicidade de cada instituto, de cada agrupamento homogêneo de normas. Recentemente, essa visão foi formulada com rigor pela teoria matemática dos fractais, de que se tentaram algumas aplicações ao direito[224]. Sobre esse sistema de normas – limitado, mas coerente e completo – intervêm as regras dos sistemas especialistas.

O profissional de informática, portanto, escolhe um setor do direito a ser traduzido em um modelo, estuda o modo como ele é representado pelos juristas e como os juristas raciocinam sobre ele. Nessa fase cognoscitiva, a tradição sistemática do direito é de grande ajuda ao profissional da informática, embora ele não a receba acriticamente: por trás de cada sistema especialista está um gigantesco trabalho de (re)definição dos conceitos, de análise das suas inter-relações e de considerações heurísticas para sua aplicação ao caso concreto.

Poderia parecer uma atividade intelectual semelhante à dos sistemáticos tradicionais do direito, se aqui o resulta-

---

224. Heinz-Otto Peitgen – Hartmut Jürgens – Dietmar Saupe, *Bausteine der Ordnung – Fraktale*, Klett-Cotta – Springer, Berlin – Stuttgart, 1992, XVIII-514 pp.: a pp. 107-15, a curva do matemático sueco Helge von Koch (1870-1924) é um exemplo do que é mencionado no texto; Heinz-Otto Peitgen – Hartmut Jürgens – Dietmar Saupe, *Chaos. Bausteine der Ordnung*, Klett-Cotta Springer, Berlin – Stuttgart, 1994, XII-688 pp.; correspondem (com acréscimos e revisões) respectivamente às partes I e II da edição inglesa de 1993, *Fractals for the Classroom*.

do final da análise não fosse um programa destinado a ajudar o jurista prático na sua atividade, através do uso do computador. Pela primeira vez na sua história, *com a informática a ciência jurídica tornou-se experimental*, ou seja, seus resultados podem ser verificados, empiricamente, e repetidos com prazer, exatamente como os experimentos de laboratório de química ou de física. A verificação, além disso, é realizada por um juiz imparcial, o computador, o qual ou não aceita o programa errado, ou fornece resultados improváveis.

Os sistemas especialistas *rule-based* baseiam-se em regras deduzidas da experiência de especialistas humanos. A sequência de alternativas (*if-then*) conduz a resultados indicativos, que diminuem a atividade do jurista prático, mas não a substituem: de fato, o sistema especialista não visa emitir uma sentença computacional que diga qual das partes no processo está errada ou certa, mas pretende direcionar o usuário em uma direção e não em outra.

Os sistemas especialistas *case-based* partem de um banco de dados de precedentes jurisprudenciais, de que fazem parte também textos legislativos. Todas as sentenças são classificadas segundo critérios de relevância, segundo a terminologia usada etc., de modo a fornecer indicações sobre quais precedentes poderiam ser aplicados a um novo caso. Nos Estados Unidos (e, em geral, nos ordenamentos de Common Law), às vezes não é possível indicar um precedente aplicável: formulam-se, então, hipóteses sobre as consequências jurídicas que poderia ter a escolha de um precedente em vez de outro.

Esses sistemas especialistas já clássicos baseiam-se na aceitação de uma analogia que é, na realidade, uma metáfora: aquela segundo a qual a mente trabalha como um computador, aplicando determinadas regras (como se fossem um programa) a determinados dados considerados "direito", porque estatuídos segundo certos procedimentos predeterminados. Essa simplificação do positivismo jurídico em relação à realidade jurídica foi criticada pelas teorias antiformalistas do direito, que veem este último não como mera aplicação de procedimentos, mas como uma complexa interação com a sociedade, com a economia, com o gênero. Rumo a essas noções mais flexíveis de direito vão se movendo as aplicações das redes neuronais ao direito, mesmo que não se chegue a um "direito livre neuronal". Por enquanto, os maiores resultados práticos foram alcançados com os sistemas especialistas clássicos. Todavia, será necessário desenvolver sistemas neuronais, sistemas de aprendizagem etc., se se quiser reproduzir em modelos programáveis também as atividades jurídicas mais complexas.

10. A realidade virtual e as três cibernéticas

O rápido desenvolvimento da cibernética, da informática, da robótica e de outras disciplinas afins impôs, retrospectivamente, que se desse uma ordem à sucessão das inovações. Assim, a sucessão dos computadores foi subdividida em três gerações, em função do elemento construtivo que as caracterizava: a válvula, o transistor e o microprocessador[225]. Em seguida, acabou-se por não levar mais isso em conta, porque os limites entre inovações de produtos e inovações de processo tornaram-se cada vez mais tênues. No fundo, nos últimos vinte anos, a técnica construtiva do computador não produziu mais saltos emocionantes como a passagem de um daqueles elementos para o outro.

---

225. Indicações a esse respeito encontram-se em quase todos os manuais: cf., para todos, Losano, *Informatica per le scienze sociali*, Einaudi, Torino, 1985, pp. 143-51; naqueles anos falava-se também de uma quarta geração (p. 149) devido aos diferentes níveis de integração dos semicondutores, ou seja, à crescente potência dos *microchips*. Como a evolução dos microprocessadores tornou impraticável essa classificação, os japoneses propuseram uma classificação dos computadores em função não do elemento construtivo, mas das funções desenvolvidas. Em 1985, os seus últimos computadores pertenciam, assim, à quinta geração (pp. 151-53); mas o termo "geração" já indicava coisas diferentes; e indicava-as de modo tão confuso, que logo essas classificações foram abandonadas.

A história da cibernética não apresenta cesuras bem definidas; não se pode aplicar a ela nem o modelo da mudança radical de paradigmas, de Kuhn, nem o de Foucault, da nítida ruptura epistemológica. Ela apresenta, antes, uma evolução contínua, oscilante muitas vezes, entre a união de várias disciplinas numa disciplina única e a fragmentação desta última em várias disciplinas especializadas. Essa história da acentuada continuidade presta-se, hoje, a ser subdividida em três fases de limites elásticos, mas de núcleos certos. A *primeira* cibernética começa por volta de 1945 e é aquela clássica de Wiener; o seu conceito-chave é a homeostase: falamos a respeito disso neste capítulo. A *segunda* cibernética toma forma por volta de 1960 em conexão com o cognitivismo radical de Varela e Maturana; o seu conceito-chave é a auto-organização: falaremos a respeito disso nos capítulos III e IV. Por fim, a *terceira* cibernética nasce por volta de 1985 das pesquisas de Varela, Books e Moravec; o seu conceito-chave é a virtualidade: devemos, aqui, contentar-nos com um breve comentário. O termo "virtualidade" lembra a animação cinematográfica ou os *videogames*, mas tem um alcance cultural bem mais amplo e ainda não delimitado: por virtualidade ou realidade virtual pretende-se evidenciar que, com o final do século XX, os objetos são concebidos como partes de matéria atravessadas por fluxos de informação. Não são mais nem matéria bruta nem puro espírito.

Vai-se, ao contrário, mais além: se a matéria é atravessada pela informação, as duas podem ser separadas; no fundo, a virtualidade é a informação sem matéria. Segundo Hans Moravec, um dos mais famosos "roboticists" atuais, nós humanos desapareceremos dentro das nossas máquinas: já estamos chegando à época em que cada função humana (física ou intelectual) terá seu par artificial. Caminhamos para uma época em que a informática separará a inteligência do corpo ("mind without body"), o que tornará possível aos humanos a conquista e a vida nos espaços siderais, onde nossos corpos terrestres são incapazes de sobreviver[226]. A ele podem ser associados dois pioneiros da inteligência artificial: Rodney A. Brooks (autor da linguagem de programação LISP, usada nos sistemas especialistas e, depois de Fortran, a mais antiga linguagem de programação de alto nível)[227] e Ray Kurzweil, nascido em 1948 e docente no MIT de Boston[228]. A terceira cibernética move-se, portanto, sobre a fronteira entre ciência e ficção científica: de um lado, os resultados efetivamente alcançados são surpreendentes e representam alguns dos pontos mais avançados da informática hodierna; de outro, essas conquistas avançadas constituem a plataforma de lançamento para especulações sobre o futuro da humanidade.

Particularmente no âmbito das ciências humanas, as pesquisas reconduzidas à terceira cibernética são, às vezes, definidas como "pós-humanas", termo que seria desprovido de sentido se não se definisse o que se entende por "humano". Vários ensaios sobre o "pós-humano" são apresentados como "vários desafios à coerência do corpo humano entendido como figura através da qual se elabora e orienta

---

226. "Earth-adapted biological humans are ill-equipped" pela "exploration and colonization of the universe": assim escreve Moravec sob o sugestivo título *Pigs in Cyberspace*, em R. Bruce Miller – Milton T. Wolf (ed.), *Thinking Robots, An Aware Internet, and Cyberpunk Librarians*, Library of Information Technology Association, Chicago, 1992, pp. 15-21. De Hans Moravec, cf. também: *Robot. Mere Machine to Transcendent Mind*. Oxford University Press, New York – Oxford, 1999, 227 pp.; *Mind Children. The Future of Robot and Human Intelligence*, Harvard University Press, 1988, do qual eu vi a tradução alemã: Hans Moravec. *Mind Children. Der Wetttlauf zwischen menschlicher und künstlicher Intelligenz*, Hoffmann und Campe, Hamburg, 1990, 274 pp.

227. Rodney Allen Brooks, *LISP. Programmieren in Common Lisp*, Oldenbourg, München – Wien, 1987, XV-318 pp.; a edição original é *Programming in Common Lisp*, Wiley. Cf. além disso: Rodney Allen Brooks, *Model-Based Computer Vision*, UMI Research Press, Ann Arbor (Mich.), 1984, 150 pp. (é uma revisão da tese de doutorado do autor de 1981); Rodney A. Brooks – Pattie Maes (ed.), *Artificial Life IV*. Proceedings of the Fourth International Workshop on the Synthesis and Simulation of Living Systems, MIT Press, Cambridge (Mass.) – London, 1994, XII-444 pp.

228. Ray [também: Raymond] Kurzweil, *Homo s@piens. Leben im 21. Jahrhundert. Was bleibt vom Menschen?*, Econ, München, 2000, 509 pp.; a edição original é *The Age of Spiritual Machines*, Viking Press, London.

a cultura". Seus símbolos prediletos são o "cyborg" ou o "robô", ente em que o humano se mescla à informática. A mistura entre pessoa e máquina, entre ciência e cultura, está na base dessa visão que funde os resultados da mais avançada tecnologia com as teorias de Deleuze, Baudrillard, Foucault e assim por diante: "a condição pós-humana já teve início e a nostalgia por uma filosofia humanista de si e do outro, do humano e do estranho, do normal e do inapto é apenas o eco de uma batalha que já começou". Os estudos pós-humanos anunciam-se como não sistemáticos. Seus estudiosos empenham-se em "praticar os hibridismos" sem reconduzi-los a "cada princípio", porque essa ordenação seria uma "perversão" acadêmica[229].

No meio século de vida da informática, as diferenças no seu interior muitas vezes foram devidas à ênfase ligada ao momento histórico em que um texto foi escrito. Um cibernético francês das origens descrevia a cibernética como o fragor da matéria que irrompia no espírito. Ao contrário, cinquenta anos depois, Alvin Toffler afirmava que "o acontecimento principal do século XX é o fato de ter posto de lado a matéria". Os tempos mudaram, e mudaram também os meios de comunicação: a primeira afirmação está contida em um livro já amarelado, a segunda voa pela internet. As duas afirmações parecem contrastantes, mas, ao contrário, comunicam a mesma mensagem; porém, em meio século, o auditório mudou e espera-se, por isso, uma mensagem formulada em conformidade com seu tempo. Para o francês, era importante destacar que uma máquina podia desenvolver funções humanas, até então consideradas domínio do espírito; queria sublinhar que, com a cibernética, passava-se da metafísica à física. Hoje, ao contrário, a enfática "Magna Charta for Knowledge Age" pode já dar como certa essa função realizada pela máquina e concentrar-se naquilo que a máquina elabora, ou seja, na informação, e a informação não é a matéria.

---

229. Judith Halberstam – Ira Livingston (ed.), *Posthuman Bodies*, Indiana University Press, Bloomington – Indianapolis, 1995, pp. VII s.

Com uma certa defasagem temporal, a primeira cibernética influenciou as teorias das ciências sociais e do direito, como foi ilustrado neste capítulo, ao passo que a segunda cibernética está na base da teoria de Luhmann e será, portanto, tratada nos capítulos III e IV. A terceira cibernética, ou seja, aquela da realidade virtual, ainda não gerou teorias jurídicas. Antes de concluir a análise da influência da primeira cibernética no direito, pode ser útil deter-se, conjuntamente, sobre essas três fases da evolução cibernética.

Com o fim da Segunda Guerra Mundial, começou a se afirmar uma visão científica segundo a qual o mundo é constituído por uma trama de estruturas informativas e de objetos materiais. À matéria e à energia associava-se, assim, um terceiro elemento, a informação. Era, porém, necessário que um instrumento material a tornasse perceptível ao ser humano. O computador foi o primeiro instrumento em que foram coordenadas as informações e a matéria. Em geral, essa necessidade de incorporar a informação em uma "ferramenta" construída com as tecnologias disponíveis explica por que determinadas teorias tenham se afirmado e outras não. Por exemplo, nas Macys Conferences, o inglês Donald MacKay propôs uma definição de informação alternativa à de Shannon, e não menos fecunda: para MacKay, a informação devia estar ligada à mudança produzida na mente do destinatário e, portanto, ao significado. Mas como medir, então, esses estados psíquicos? Ao contrário, a noção matemática de Shannon tornava possível passar da fase teórica à engenheirística, e a realizabilidade técnica decretou seu sucesso.

Essa conexão entre abstrato e concreto, entre informação e artefato levou a aplicar algumas noções da antropologia arqueológica ao estudo da evolução da cibernética. Os artefatos não apresentam mudanças repentinas, ou melhor, o arqueólogo estuda sua evolução construindo séries (*seriations*) de objetos semelhantes, mas não iguais, que conduzem de um modelo de artefato a outro. Algo similar aconteceu na cibernética. Entre suas três fases não existe uma ruptura, mas uma superação que engloba o passado e o desenvolve: pode-se, portanto, construir o mapa de uma série de variações conceituais, assim como se constrói o mapa de uma série de mudanças de um artefato préhistórico.

Nos encontros interdisciplinares dos quais nasceu a primeira cibernética, várias ideias foram aproximadas e comparadas; algumas foram fundidas, outras, rejeitadas; dessa "constelação" de ideias em evolução surgiu a primeira cibernética. "Uma semelhante constelação é a entidade conceitual que corresponde a um artefato, o qual apresenta uma coerência interna que o identifica como unidade operacional. Sua formação marca o início de um período; sua decomposição e recomposição indicam a passagem para um período diferente. Os períodos são identificáveis precisamente porque as constelações apresentam essa coerência. É raro que uma constelação seja eliminada por inteiro; acontece muitas vezes que certas ideias que a compõem sejam abandonadas, outras modificadas, enquanto são introduzidas ideias novas. Como os elementos de um artefato, em uma constelação as ideias mudam segundo um *patchwork* que une antigo e novo."[230]

Nesse processo evolutivo alguns elementos antigos e não mais funcionais ao novo artefato (ou à nova concepção) são mantidos por inércia: são aqueles que os antropólogos chamam de "skeuomorphs" e que eu, de forma mais simples, indiquei como "constância das formas"[231] através

---

230. Katherine Hayles, *How We Became Posthuman. Virtual Bodies in Cybernetics, Literature and Informatics*, University of Chicago Press, Chicago – London, 1999, p. 15. Uma interessante representação gráfica das *Three wawes of cybernetics* encontra-se a pp. 16.
231. Losano, *Storie di automi. Dalla Grecia classica alla Belle Époque*, Einaudi, Torino, 1990, pp. 12-6. As formas são constantes no tempo, mas também no espaço; por exemplo, na passagem de formas artísticas da Ásia Oriental à Europa, e vice-versa, a forma permanece, mesmo que não corresponda à realidade ou que não se perceba mais a sua função: com a importação de porcelana do Oriente, os vasos europeus têm por muito tempo a forma de abóbora de pescoço, que no Oriente era o símbolo de longevidade.

do tempo. Essa persistência pode ser usada para identificar o início na passagem de uma fase a outra da história da cibernética: "A homeostase, conceito fundante da primeira cibernética, funcionou como *skeuomorph* durante a segunda."[232] Obviamente, aquele conceito continuou a ser usado em outras disciplinas, como a biologia, mas na segunda cibernética tive uma função mais de ligação ao passado que de propulsão para o novo. Algo análogo aconteceu ou está acontecendo com o conceito de auto-organização – ou, de modo mais geral, de reflexividade – na passagem da segunda à terceira cibernética. Essas sobrevivências servem "as an allusion that authenticates new elements"[233].

A complexa história de decadências, sobreposições e inovações nas três cibernéticas ajuda a compreender por que as modernas teorias jurídicas ligadas ao estruturalismo, à primeira cibernética e à autopoiese apresentam elementos de continuidade e pontos de contato. Em particular, a continuidade entre a primeira e a segunda cibernética está documentada em Luhmann com uma evidência que eu diria quase biográfica: essa complexa história científica será lembrada quando forem lidas aquelas páginas, sobretudo sociojurídicas. Além disso, não deverão ser esquecidas as críticas suscitadas por cada transposição de métodos ou de conceitos das ciências físico-naturais às humanas e sociais (cf. *infra*, cap. III, 7; cap. IV, 9).

Mas, para concluir o exame das relações entre a primeira cibernética e as ciências sociojurídicas, deve-se lembrar que a afirmação da informação estendeu demasiadamente as dimensões dos conhecimentos necessários para seguir sua evolução. Estou convencido de que uma história bibliométrica da informática forneceria dados superiores às

---

232. Hayles, *How We Became Posthuman*, cit., p. 17.
233. Hayles, *How We Became Posthuman*, cit., p. 18; para um aprofundamento, remete-se aos seguintes capítulos do livro de Hayles: cap. 3, sobre a cibernética; cap. 6, sobre a autopoiese; cap. 9, sobre a vida artificial.

estimativas mais ousadas. Nos anos da primeira cibernética, portanto, o jurista debatia-se entre a maré crescente dos dados normativos e a avalanche dos programas e dos textos de informática: é preciso ver, agora, qual caminho ele teria tomado para salvar-se.

11. *O retorno dos juristas ao aprisco: da informática jurídica ao direito da informática*

A informática jurídica nasceu como uma costela da primeira cibernética; sua história, que deve ainda ser escrita, apresentará, provavelmente, elementos comuns a toda a Europa e elementos específicos para cada Estado. É certo, porém, que o advento dos anos 1970 marcou uma ruptura no decurso da informática jurídica, como consequência da afirmação de uma difusa desconfiança para com a técnica em geral. Desconfiança, de resto, já presente nos anos 1960, quando um jurista suíço – mesmo constatando que "o estabelecimento do direito [europeu-continental] está, por sua natureza, próximo do pensamento sistemático-construtivo [...] do qual tem origem a técnica moderna"[234] – exortava a "não ter ilusões: a técnica traz, por sua natureza, um fragmento de despotismo na vida social"[235]. A esse argumento replicava-se com a afirmação de que, na realidade, era o homem que fazia mau uso da técnica[236].

Esse pessimismo sobre a tecnologia surge, segundo Steinmüller, já nos anos 1960[237] ou, de acordo com Philipps,

---

234. Hans Huber, *Das Recht im technischen Zeitalter. Rektoratsrede 1959*, Haupt, Bern, 1960, p. 6.
235. Huber, *Das Recht im technischen Zeitalter*, cit., p. 22.
236. Karl Steinbuch, *Programm 2000*, Deutsche Verlag-Anstalt, Stuttgart, 1970, 213 pp., especialmente pp. 77 ss., onde cita as opiniões dos "pessimistas da cultura, que veem na técnica a causa de todos os males", e indica depois os fundamentos sociais para uma "anthropologische Orientierung" do desenvolvimento tecnológico.
237. Wilhelm Steinmüller *et al.*, *EDV und Recht. Einführung in die Rechtsinformatik*, Schweitzer, Berlin, 1970, p. 3.

na metade dos anos 1970[238]. Nesse período, registra-se a passagem de um "otimismo tecnológico" a um "pessimismo tecnológico", que marcou também a mudança de orientação nas pesquisas dos profissionais de informática jurídica alemães. Na realidade, foi um fenômeno de alcance europeu. Antes daqueles anos prestava-se atenção sobretudo nas promessas da informática, ao passo que nos anos seguintes a atenção concentrou-se em seus perigos. As primeiras realizações informáticas a atrair os juristas foram os bancos de dados, dos quais se esperava sua salvação da "avalanche de informações" que estava arrastando a sociedade (cf. *supra*, 6, a). Com o aumento da potência de máquinas e programas e com a automação de grandes empresas e da administração pública, os bancos de dados armazenaram não apenas mais informações bibliográficas ou jurídicas, mas também dados pessoais. A vida privada corria o risco de ser desnudada, o cidadão tornava-se transparente e os juristas começaram a ver no computador um inimigo da privacidade. Nasceram e multiplicaram-se as leis sobre a proteção dos dados pessoais, baseadas no conceito de *privacidade* extraído da tradição de Common Law[239].

Os perigos da informática não eram infundados, mas, segundo Philipps, acabaram atraindo, de modo muito exclusivo, a atenção dos juristas europeus. É típica a trajetória

---

238. Lothar Philipps, *Von der hellen zur dunklen Seite des Computers – Die Wende in der Geschichte der deutschen Rechtsinformatik*, em Maria-Theres Tinnefels – Lothar Philipps – Kurt Weis (Hrsg.), *Die dunkle Seite des Chips. Herrschaft und Beherrschbarkeit neuer Technologien*, Oldenbourg, München – Wien, 1993, pp. 11-5.
239. Sobre as fontes anglo-americanas da privacidade, cf. Mario G. Losano, *Introduzione, ovvero Dei diritti e dei doveri: anche nella tutela della privacy*, em Losano (a cura di), *La legge italiana sulla privacy. Um bilancio dei primi cinque anni*, Laterza, Roma – Bari, 2001, pp. V-XX; sobre as legislações europeias inspiradas naquele conceito, a minha *Introduzione*, pp. XI-XIV, e a *Bibliografia straniera*, pp. 541-51, em Ettore Giannantonio – Mario G. Losano – Vincenzo Zeno-Zencovich, *La tutela dei dati personali. Commentario alla L. 675/1996*, Cedam, Padova, 1997, 569 pp. Esses textos atualizam o meu livro *Il diritto pubblico dell'infomatica*, Einaudi, Torino, 1986, IV-348 pp.

percorrida pela tríade de ponta da informática jurídica alemã, Simitis, Podlech e Steinmüller: otimistas com a tecnologia e liberais de esquerda, compartilhavam a visão de uma sociedade solidária, na qual a informática desenvolveria uma função essencial.

Para a Alemanha, o ano de 1976 parece ter sido o divisor de águas entre o otimismo e o pessimismo tecnológico, o ano da grande cesura na informática jurídica[240]. Phillips atribui a guinada dos juristas da informática ao movimento estudantil de 1968, que fez do computador "o símbolo do mal". Essa incompatibilidade entre esquerda e informática não me parece compartilhável: basta pensar na importância que Salvador Allende queria atribuir à informática na sua reforma do Estado chileno, quando, em 1971, confiou a Stafford Beer a criação de um sistema informativo e informático adequado aos programas de Unidad Popular[241]; ou na visão do "Computer-Sozialismus" própria de um dos pais do computador europeu, Konrad Zuse[242].

Mas os fatos são eloquentes: em 1976, Steinmüller reeditou seu manual de informática jurídica, mas seu nome aparece apenas como organizador; passando depois à Faculdade de Informática de Bremen, não se ocupou mais de informática jurídica, mas de proteção dos dados. Também Simitis dedicou-se à proteção dos dados e tornou-se um dos mais famosos responsáveis pelos dados da Alemanha. Enfim, o caso mais emblemático foi precisamente o do promissor e original Podlech: em 1976 resumiu em um artigo suas ideias sobre os possíveis desenvolvimentos da infor-

---

240. Um intervalo de oito anos entre o movimento estudantil e a crise dos juristas da informática parece-me muito longo para identificar uma relação de causa e efeito nas pessoas que viviam imersas na vida universitária.

241. Stafford Beer et. al., Il progetto Cysbersyn. Cibernetica per la democrazia. Fiorella De Cindio e Giorgio De Michelis (a cura di), Clup-Clued, Milano, 1980, 366 pp. Coautores do volume são os chilenos Raúl Espejo e Hermann Schwember e o italiano Mario Grandi; sobre Beer, cf. supra, 7, a.

242. Arno Peters, Was ist und wie verwirklicht sich Computer-Sozialismus. Gespräche mit Konrad Zuse, Neues Leben, Berlin, 2000, 154 pp. Sobre as obras de Zuse, cf. supra, nota 6.

mática jurídica[243], confiando-as aos que desejassem, de boa vontade, aventurar-se na sua realização, e abandonou completamente a informática e a lógica para se dedicar ao estudo das universidades medievais. Somente muitos anos mais tarde voltou a ocupar-se de temas próximos à informática, mas na vertente do direito da informática: também ele, de fato, ocupou-se da *privacidade*. A mesma parábola foi percorrida por estudiosos mais jovens: os juspublicistas Dieter Suhr e Bernhard Schlink abandonaram seus experimentos de sistemas especialistas jurídicos *ante litteram* a favor da *privacidade*[244]. Wolfgang Kilian, após um doutorado sobre as relações entre decisão jurídica e informática[245], passou rapidamente, e com sucesso, ao direito da informática e à já infalível *privacidade*.

Na perspectiva italiana, o retorno ao aprisco jurídico das ovelhas informáticas não se baseou apenas no "pessimismo tecnológico", de resto justificado. Baseou-se, também, na crescente dificuldade técnica conexa com o uso da informática e com a falta de uma adequada preparação universitária dos jovens juristas. Nos anos 1960, o jurista ligado à informática era um autodidata da informática, capaz de acompanhar as publicações da sua nascente disciplina:

---

243. Adalbert Podlech, *Architektur einer möglichen Rechtstheorie*, "Rechtstheorie", 1976, pp. 1-21.

244. Dieter Suhr, *Computer als juristicher Gesprächspartner. Ein Arbeitspapier zu programmierter dialogischen Denkhilfen für die Jurisprudenz*, Schweitzer, Berlin, 1970, V-178 pp.: contém as contribuições de Walter Popp e Bernhard Schlink sobre o programa, "Judith" (*Juristischer Dialog*), e de Suhr sobre o programa "Disum" (*Dialogische Subsumtion*), programas para a subsunção de conceitos jurídicos através de um diálogo com o programa. O primeiro é de nível "médio", o segundo, "superior". O livro contém o menu dos programas. Além disso, Suhr patenteara até mesmo uma pioneira rede neuronal, descrita em Suhr (Hrsg.), *Begriffsnetze – Invarianten – Routinen der Kritik. Vorstudien zu Denkhilfesystemen, Invariantenerkennung und programmiertem Unterricht in Kritik*, Schweitzer, Berlin, 1971, 119 pp.

245. Wolfgang Kilian, *Juristische Entscheidung und elektronische Datenverarbeitung. Methodenorientierte Vorstudie*, Athenäum, Frankfurt a. M., 1974, XI-326 pp., com bibliografia a pp. 301-19. É a dissertação defendida na Universidade de Frankfurt em 1973.

elas eram poucas, assim como poucos eram os juristas que se ocupavam de informática. Aqueles escritos tinham por objeto, sobretudo, os bancos de dados, e os programas de *information retrieval* então mais difundidos eram três ou quatro. Amparado por um bom profissional da informática, o jurista podia aplicar aqueles programas mesmo sem uma preparação técnica específica. A partir dos anos 1970, a informática sofreu um frenético processo de ramificação, de especialização, de multiplicação dos especialistas e de proliferação das fontes de informação. Se nos primórdios, como foi visto, uma das primeiras preocupações dos juristas ligados à área de informática tinha sido a compilação de bibliografias para orientar-se na nascente disciplina, com a chegada dos anos 1970 as possibilidades aplicativas multiplicaram-se e complicaram-se, as publicações que as ilustravam aumentaram de forma irrefreável e o tecnicismo do seu conteúdo tornou-as inacessíveis aos não especialistas. Acredito que, precisamente por volta do final dos anos 1970, muitos juristas ligados à informática tenham começado a perceber, como eu mesmo percebi, que não era mais possível acompanhar os desenvolvimentos vertiginosos da matéria. Mesmo uma especialização mais simples exigia conhecimentos técnicos preliminares quase impossíveis de ser adquiridos em idade madura. A primeira geração dos juristas ligados à informática havia exaurido a sua tarefa.

A essa situação geral e a essa mudança de gerações acrescentavam-se alguns problemas especificamente italianos. Enquanto o currículo universitário de outros países reconhecia, em alguma medida, a existência da informática jurídica, na Itália esse reconhecimento institucional chegou tarde, no começo dos anos 1990: durante pelo menos duas décadas, portanto, estudantes e docentes tiveram que se mover em um limbo paralisante. O docente tinha que ensinar sua matéria tradicional e, além disso, oferecer quase clandestinamente cursos de informática jurídica. Se um estudante se entusiasmasse pela matéria semiclandestina, iria ao encontro de amargas surpresas. Ao escolher a informática jurídica como objeto da sua tese de graduação, o aluno não se diplomava em informática jurídica, mas na matéria oficial do docente; os meus alunos de informática diplomavam-se, portanto, em teoria geral do direito, matéria que certamente não escancara as portas das empresas. Mas se mais tarde aquele diplomado desejasse continuar suas pesquisas e até mesmo empreender a carreira acadêmica, as dificuldades tornar-se-iam quase insuperáveis. Não existindo cadeiras oficiais de informática jurídica, o jurista ligado a essa área devia concorrer às cadeiras tradicionais (filosofia do direito, direito público etc.) para as quais era, porém, examinado por uma comissão composta de "verdadeiros" filósofos do direito ou de "verdadeiros" juspublicistas. Se a comissão julgasse não pertinentes os trabalhos da informática do candidato, não seria possível dizer que ela estava errada. Se, ao contrário, a banca examinadora, ciente do atraso do ordenamento universitário italiano, reconhecesse ao canditato a qualificação de docente, iria condená-lo a seguir as pegadas do mestre, ou seja, aquelas que conduziriam ao ensino clandestino da informática jurídica e à docência oficial de outra matéria. Recordo esse *status* acadêmico como um verdadeiro desdobramento da personalidade: conforme o congresso do qual participava, perguntavam-me se eu tinha um irmão que ensinava filosofia do direito, ou informática. Como o primeiro grau da docência era o de professor "associado", quem desejava ensinar informática jurídica acabava por ser, na realidade, um professor "dissociado".

A evolução tecnológica aumentou, portanto, a potência e as insídias da informática, mas distanciou também os juristas da informática. Para remediar os perigos da informática não bastava mais estender por analogia as normas existentes, mas era necessário promulgar leis sobre a privacidade, depois aquelas sobre a proteção do *software*, sobre a criminalidade de informática, sobre a assinatura eletrônica, sobre o *e-commerce* e assim por diante: leis novas que se inseriam no antigo ordenamento jurídico, bem conhecido pelos juristas, mas incompreensível para uma boa parte dos que trabalhavam no mundo da informática. Nascia o direito da informática. O jurista deixava de ser o pária da informática e voltava a ser brâmane do direito. Podia, finalmente, tratar de igual para igual com os profissionais da informática, depositários de uma modernidade que cada vez mais encontrava impedimentos nas normas jurídicas. Foi provavelmente aí que os juristas se deram conta de que podiam desistir da já insustentável perseguição da tecnologia da informática; quase todos retornaram ao aprisco do direito, do qual tinham, imprudentemente, se afastado. Nesse meio tempo, na Itália, as empresas e o Estado providenciaram a formação; em seu interior, dos profissionais da informática do direito ou dos juristas da informática de que tinham necessidade. A universidade italiana, ao contrário, perdera duas gerações de especialistas.

Com o novo milênio, os temores suscitados pelas tecnologias do século anterior – a nuclear, a informática – tinham sido substituídos pelos novos fantasmas da globalização e da genética. A informática já faz parte da vida cotidiana. Sabe-se que esconde perigos, mas eles são discutidos suavemente, um pouco como se faz com a nicotina ou com o álcool, pois um perigo quase universal parece menos perigoso.

Também na Itália, entretanto, foram instituídos cursos universitários que associam, de várias maneiras, o direito e a informática. Enquanto os modelos cibernéticos do direito já são objeto de pesquisas históricas, vão se consolidando duas especializações: o *direito da informática* (que se ocupa da aplicação das normas jurídicas à informática e que é prerrogativa, sobretudo, dos juristas) e a *informática jurídica* (que se ocupa, ao contrário, de aplicar a informática ao direito, automatizando, por exemplo, a administração pública). Já os pioneiros da informática jurídica tinham presentes esses dois ramos; porém, originariamente, faltavam as normas de direito positivo sobre as quais fundar um direito da informática[246], ao passo que hoje essas normas não só existem, mas estão em contínua expansão.

O uso da informática no mundo jurídico e a regulamentação jurídica do mundo da informática já determinam a organização social e têm, portanto, um alto valor de mercado. Apresenta-se, por isso, o problema da preparação dos futuros juristas da informática e dos futuros profissionais de informática do direito. Entretanto, a universidade projetada para além do ano 2000 já assumiu as feições de uma entidade *dollar-conscious* que visa cada vez mais fornecer especializações imediatamente utilizáveis no mercado de trabalho. Em toda a Europa, as faculdades jurídicas – esquecendo-se de que a informática jurídica nasceu graças aos juristas interessados na teoria e aos filósofos do direito – estão reduzindo ao mínimo as matérias teóricas e históricas porque não são profissionalizantes. Portanto, a teoria é um bem cada vez menos exigido: é um luxo que a sociedade opulenta acredita não ser mais possível conceder-se. Sobre esse excesso de empreendedorismo de baixa qualidade, seria oportuno fazer pelo menos uma pergunta, especialmente quando se lida com a informática: é possível uma boa preparação prática sem bases teóricas firmes e, sobretudo, quanta boa teoria é necessária para se conseguir uma boa prática? É preciso muita teoria. Mesmo que possa parecer contraditório, aos jovens diretores ensina-se que, "para se obter a escuridão, é preciso uma grande quantidade de luz".

---

246. Já em 1970, Wilhelm Steinmüller tinha presentes tanto os problemas técnico-informáticos quanto aqueles do direito da informática. Seu manual de 1970 contém o esquema de ensino da sua matéria: no direito da informática não só é antecipada a tutela da *privacidade*, mas são apresentados os problemas de informática conexos com os direitos constitucional, administrativo, penal, privado e processual: Wilhelm Steinmüller *et. al.*, *EDV und Recht. Einführung in die Rechtsinformatik*, Schweitzer, Berlin, 1970, pp. 64-111.

Capítulo II
Estruturalismo e direito

Pontos de intersecção e desenvolvimentos do discurso. Paralelamente à afirmação dos sistemas cibernéticos, floresceu entre os linguistas franceses, de forma preponderante, o estruturalismo, cujo método difundiu-se na antropologia, na história e nas ciências sociais. Também o direito não decepcionou as expectativas. Retorna aqui um problema já enfrentado no primeiro volume e em Eco (vol. 2, cap. I, 3): a estrutura está dentro das coisas estudadas ou dentro da cabeça de quem as estuda? E ainda: a estrutura dos estruturalistas é aquela de que falam desde sempre os juristas? Para distinguir o novo método do antigo dever-se-ia dizer que, tradicionalmente, se fazia pesquisa *estrutural*, ao passo que o novo método é o *estruturalista*.

Da mesma forma que, no século XIX, o organicismo tinha reagido ao mecanicismo, também no século XX o estruturalismo reage ao historicismo. Os linguistas observam que, para compreender uma língua, não é necessário conhecer a sua história, e vão, portanto, em busca das estruturas atemporais que estão subjacentes aos fenômenos linguísticos, mas que lhes dão forma. À mesma busca dedicaram-se os antropólogos (e ao linguista Jakobson cabe o mérito de ter levado o método estruturalista para fora do âmbito linguístico, influenciando o antropólogo Lévi--Strauss) e até mesmo os historiadores como Braudel: mesmo que o estruturalismo seja frequentemente tachado, mas injustamente, de ser não apenas a-histórico, mas também anti-histórico. No direito, os juristas dividiram-se em duas categorias. Alguns, pondo no mesmo plano a noção genérica e a noção técnica de estrutura, afirmaram que os juristas sempre foram estruturalistas. Mas, na realidade, os juristas que fizeram análises *estruturais* nem por isso introduziram métodos *estruturalistas* no direito. Ao contrário, outros juristas viram no método *estruturalista* um instrumento novo e fecundo: muitos, porém, limitaram-se a estimular o uso do novo método, ao passo que poucos tentaram uma análise estruturalista do direito. Entre estes últimos, deve-se indicar o francês Arnaud, autor de uma análise estruturalista do código civil francês de 1804 (cf. 8, a). Enfim, os desenvolvimentos críticos do pós-estruturalismo e, em particular, o desconstrutivismo de Derrida, deixaram os juristas perplexos, com exceção de um pequeno grupo de entusiastas (cf. 11).

O balanço do estruturalismo jurídico é magro. Os juristas receberam com o habitual atraso a novidade metodológica dos linguistas e dos antropólogos. Já que a parábola ascendente do estruturalismo vai do final da guerra ao final dos anos 1960, os juristas aproximam-se do novo método justamente quando ele, com a chegada dos anos 1970, começava o seu rápido declínio. Mas logo acabaram por ser atraídos por métodos novos e mais promissores: os da cibernética e da teoria geral dos sistemas. Esta última ia criando raízes nos Estados Unidos e apresentava um grau de abstração maior que o estruturalismo. Segundo Easton (cf. 12), precisamente a teoria geral dos sistemas impediu que o estruturalismo francês lançasse raízes nos Estados Unidos e, ao contrário, decretou o seu fim para fora do âmbito linguístico.

Delineia-se, assim, um percurso teórico estimulado pela busca de um grau cada vez maior de abstração: as teorias estruturais aprimoram-se nas teorias estruturalistas; e estas se rarefazem ulteriormente na teoria geral dos sistemas; esta última, por fim, sublima-se nas superteorias, como aquela construída por Luhmann.

1. *A estrutura das coisas e o século das teorias: uma breve história*

Com o século XX, as ciências humanas e sociais conheceram um desdobramento: seu objeto, até então tratado com o método histórico, foi estudado também para se extrair dele as teorias. As principais disciplinas começaram, assim, a subdividir-se em uma história e em uma teoria, ainda que esta última apresentasse, e continue apresentando, diferentes graus de desenvolvimento nas ciências humanas e sociais. Todavia, não obstante o diferente nível de aprimoramento teórico, algumas linhas de desenvolvimento são comuns a muitas disciplinas.

De fato, os objetos de uma teoria não são encontráveis na realidade e, portanto, as teorias que se ocupam de tais objetos apresentam quesitos que envolvem não apenas a disciplina em particular, mas também uma série de problemas filosóficos gerais. Basta aqui constatar que hoje essas teorias existem; que é possível traçar as linhas principais de uma história dessas teorias a-históricas; que – a despeito dos filósofos nominalistas, segundo os quais as teorias são ficções humanas pensadas para pôr ordem no caos do mundo empírico – os estudiosos de ciências humanas e sociais se comportam como se os objetos de suas teorias existissem tanto quanto os objetos de suas histórias.

Também o termo "estrutura" (como "sistema" ou "construção") conhece um uso antigo e atécnico, a que em um preciso momento histórico se associa um uso moderno e técnico do termo. O uso atécnico e a sua etimologia remetem ao latim "struere", ou seja, à raiz daquele "construir" que tinha sido um termo técnico para os pandectistas alemães. Até o século XVIII, o termo foi usado com referência ao construir material, à arquitetura, depois passou à anatomia, à gramática e, por fim, à psicologia: o corpo, a língua e a mente eram vistos como um edifício, uma construção, uma estrutura em que as partes estavam unidas em uma totalidade por determinadas relações.

A acolhida do termo "estrutura" nas ciências sociais do século XIX parece dever-se ao filósofo inglês Herbert Spencer (1820-1903)[1]. Afirma-se com ele uma visão natu-

---

1. Georges Gurvitch, *Une source oubliée des concept de "structure sociale", "fonction sociale" et "institution": Herbert Spencer*, "Cahiers Internationaux de Sociologie", XXIII, 1957, pp. 111-21, que Gurvitch publica "en guise de postface" ao seu precedente artigo *Le concept de structure sociale*, "Cahiers Internationaux de Sociologie", XIX, 1955, pp. 3-44.

ralista ou organicista da sociedade, à qual Lévi-Strauss procura subtrair-se chamando a atenção para o antropólogo norte-americano Lewis Morgan (1818-1881), que, ao contrário, analisa a sociedade como "sistema". Entretanto, as análises não são mais estruturais, mas estruturalistas: a terminologia complica-se posteriormente. Miriam Gluckmann traçou um quadro preciso da evolução desses termos na sociologia e na antropologia: ao descrever a passagem por Radcliffe-Brown, por Durkheim e por Mauss até Lévi-Strauss e Althusser, o seu livro começa com uma comparação entre a teoria estrutural e a teoria estruturalista, para distinguir os autores que empregam o termo "estrutura" em sentido corrente dos que o utilizam em sentido técnico, e estes últimos são os estruturalistas franceses[2]. Também o cientista político David Easton retorna sobre essa distinção, da qual se ocupa, difusamente, o item conclusivo deste capítulo.

Os adjetivos *structuralist* e *structural* do inglês correspondem a *structural* e *structurel* em francês. Falar-se-á, portanto, de "linguistique structurale" (estruturalista), porque ela segue a corrente do estruturalismo; ao contrário, um modelo econométrico irá conter uma análise "structurelle" (estrutural), porque descreve a estrutura de determinados dados; mas, infelizmente, nem sempre se leva em conta essa distinção e os dois adjetivos, algumas vezes, são usados como sinônimos[3]. Nas páginas seguintes procurar-se-á

---

2. Assim é, de fato, intitulado o primeiro capítulo: *The Approach to Structural and Structuralist Theory*, em Miriam Glucksman, *Structuralist Analysis in Contemporary Social Thought. A Comparison of the Theories of Claude Lévi-Strauss and Louis Althusser*, Routledge and Paul Kegan, London – Boston, 1974, XIII--197 pp.
3. Essas considerações encontram-se à nota 15, p. 226, de Raymond Boudon, *A quoi sert la notion de structure?*, Gallimard, Paris, 1968, 244 pp. (Boudon, *Strutturalismo e scienze umane*. Com um apêndice sobre estruturalismo e direito de Mario G. Losano, Einaudi, Torino, 1970, p. 130, nota 1). Esse emprego de *structural/structurel* encontra uma ampla aplicação no verbete *Structuralisme* em Raymond Boudon – François Bourricaud, *Dictionnaire critique de la sociologie*, Presses Universitaires de France, 1982, pp. 524-31.

manter distintos os métodos "estruturalistas" contemporâneos dos métodos "estruturais" passados ou atécnicos.

O uso atécnico do termo "estrutura" remete quase sempre a uma das variantes das teorias sistemáticas clássicas; portanto, uma terminologia que parece moderna, muitas vezes, a um exame mais atento, revela-se apenas enganosamente moderna. A estrutura torna-se então um curinga que se usa para sublinhar que o objeto do próprio estudo está organizado sistematicamente. Essas investigações estão "em busca de um ser perdido, o qual, porém, sabem que está inicialmente estruturado"[4].

Também Umberto Eco, partindo de uma definição de estrutura e de uma investigação sobre os precursores do estruturalismo, chega à conclusão de que existe um estruturalismo "'genérico', que se diz tal apenas por erro próprio ou alheio"; um estruturalismo "metodológico" (que vê a estrutura como construção do pesquisador: sistema externo) e um estruturalismo "ontológico" (que considera a estrutura existente dentro do objeto: sistema interno). Eco define a estrutura atécnica como composta de três elementos: "um conjunto, as partes desse conjunto e as relações dessas partes entre si"; ou seja, como um "sistema em que tudo está relacionado, o todo relacionado e o sistema das relações"[5].

Limitando-nos ao direito, uma enciclopédia geral contém, por exemplo, o verbete *Estruturalismo jurídico*, que vem assim explicado: "Na ciência do direito, denominação genérica em que se refere a diferentes teorias, em geral variantes modernas do *normativismo*, que negam a possibilidade de proceder a avaliações lógicas e axiológicas de cada

---

4. Um ordenado panorama desse tipo "atécnico" de pesquisas estruturais no direito encontra-se na primeira parte do artigo de André-Jean Arnaud, *Les théories structuralistes du droit*, em Paul Amselek – André-Jean Arnaud (orgs.), *Controverses autour de l'ontologie du droit*, Presses Universitaires de France, Paris, 1989, pp. 88-98.

5. Umberto Eco, *La struttura assente. Introduzione alla ricerca semiologica*, Bompiani, Milano, 1968, pp. 256 s. Sobre Eco, cf. vol. 2, cap. I, 3.

uma das normas jurídicas, reconduzindo-as à unidade sistemática do ordenamento jurídico a que pertencem."[6] Portanto, aplicando a distinção terminológica anteriormente enunciada, podemos dizer que os positivistas jurídicos (o primeiro dentre eles, Hans Kelsen) elaboraram uma análise *estrutural* – mas não *estruturalista* – do direito.

Um simpósio de teóricos do direito escandinavos examinou a "estrutura do direito" do ponto de vista lógico, legislativo e judiciário. Em todos os seus contributos recorre a palavra "estrutura" ou "sistema" em sentido atécnico e o relatório introdutivo faz remontar o uso desse termo "pelo menos" à *Reine Rechtslehre* de Kelsen[7]. Também recentemente, portanto, o uso atécnico do termo "estrutura" no direito termina por retornar aos significados tradicionais e, nas remissões mais específicas, à concepção sistemática que encontra sua expressão mais completa na teoria pura do direito.

É possível, por fim, tentar ver se e como a noção técnica de estrutura pode ser aplicada a textos que empregam aquele termo em sentido atécnico, ou seja, pode-se enfrentar com os instrumentos do pós-estruturalismo também um porta-bandeira da noção clássica de sistema como Hegel. A soma de duas linguagens obscuras não me parece produzir resultados iluminadores. Na literatura sobre Hegel, o conceito atécnico de estrutura "já é aceito há muito tempo"; mas pode-se ir além e examinar "Die Strukturalität der Struktur und die Dekonstruktion des transzendentalen Significats"[8]. Retornam à mente a "Existen-

---

6. *La piccola Treccani. Dizionario enciclopedico*, Istituto dell'Enciclopedia Italiana, Roma, 1997, s.v. *Strutturalismo*.

7. Stig Strömholm, *Families of Structures*, em Åke Frändberg – Mark Van Hoecke (ed.), *The Structure of Law*. Iustus Förlag, Uppsala, 1987, pp. 9-18; é a *Opening Lecture* ao 2nd Benelux-Scandinanvian Symposium in Legal Theory, December 11-13, 1986.

8. Alexander Schubert, *Der Strukturgedanke in Hegels "Wissenschaft der Logik"*, Hain, Königstein/Taunus, 1985, pp. 122 s. Também Drucilla Cornell, sobre a qual voltarei ao tratar do desconstrutivismo jurídico (cf. *infra*, 11),

tialität der Existenz" e a "Weltlichkeit der Welt" de Heidegger. É uma obscuridade bem estruturada, que tem uma tradução, mas aqui é melhor deter-se no limiar desse texto.

A abrangência das teorias modernas e a atecnicidade no uso dos termos "estrutura" e "sistema" tornariam esta pesquisa tendencialmente ilimitada se não interviessem duas delimitações para conter seu transbordante desenvolvimento. Em primeiro lugar, a presente pesquisa concentra-se nas teorias do direito ou, melhor, nas teorias estruturalistas que influenciaram a teoria do direito. Em segundo lugar, ela leva em consideração a "estrutura" apenas a partir do momento em que ela assume um significado técnico, ou seja, definido com certo rigor e usado por vários estudiosos de um modo, em grandes linhas, coerente.

Dentre as ciências humanas, a linguística é a que primeiro conheceu a moderna separação entre história e teoria, procedendo depois à elaboração de uma teoria própria, articulada e específica, destinada a se tornar o modelo de outras ciências sociais e humanas. Nosso exame da história da "estrutura" nas ciências do século XX, começará, portanto, pela linguística. Já que o paralelismo entre língua e direito é um dos temas recorrentes pelo menos desde os tempos da filosofia clássica alemã, seria lícito pensar em uma maciça transferência de concepções teóricas do estudo da língua ao do direito; ao contrário, como se verá, isso se deu apenas em mínima medida. Todavia, para compreender essas embrionárias tentativas de interdisciplinaridade, é necessário mencionar, em linhas gerais, as origens, os conceitos fundamentais e as recepções bem-sucedidas do estruturalismo linguístico.

---

ocupou-se de Hegel, contribuindo para a sua atual revalorização nos Estados Unidos: Drucilla Cornell – Michel Rosenfeld – David Gray Carlson (eds.), *Hegel and Legal Theory*, Routledge, New York – London, 1991, XVIII--359 pp.

2. Às fontes do estruturalismo

No século XX, o estruturalismo surge em contraposição ao evolucionismo e desempenha uma função comparável à do evolucionismo no século XIX. A oposição entre os conceitos de estrutura e de evolução é tão fundamental quanto aquela entre a noção de espaço e de tempo. Já que as ciências das várias épocas acabaram privilegiando principalmente um dos dois elementos, depois de Darwin ocupou-se muito mais de evolução do que de estrutura, ao passo que, depois de Saussure, a atenção concentrou-se sobre a estrutura em prejuízo da evolução.

O estruturalismo do século XX baseia-se nas teorias do linguista Ferdinand de Saussure (1857-1913) e do físico James Clerk Maxwell (1831-79), embora nas ciências sociais se indique exclusivamente o primeiro como pai do estruturalismo. Também aqui seguiremos esse costume, não sem fazer justiça a Maxwell, mesmo que seja em poucas linhas.

A importância de Maxwell na superação do mecanicismo está também ligada ao fato de que, na época, não se distinguia a física teórica da física experimental. Maxwell cultivou ambas, mas as suas teorias foram o primeiro passo para uma física teórica preponderantemente matemático-formal: foi essa formalização que marcou a superação do mecanicismo. Para Maxwell, em nível atômico a natureza não conhece evolução: "Cada molécula, em todo o universo – escrevia –, leva sobre si a marca de um sistema métrico tão preciso quanto aquele do metro das Archives Nationales ou do duplo cúbito do templo de Karnak. Não é possível construir nenhuma teoria evolucionista capaz de explicar a semelhança das moléculas, já que a evolução subentende, necessariamente, uma mudança contínua, ao passo que uma molécula não é capaz nem de crescer nem de decair, nem de gerar nem de destruir"[9].

---

9. Citado em Jurij Ivanovič Manin, *Structture matematiche*, em *Enciclopedia Einaudi*, Einaudi, Torino, 1981, vol. 13, p. 766.

Assim como Maxwell rompe com o mecanicismo, também Saussure rompe com o historicismo do século XIX: é por isso que sua obra marca o início do moderno estruturalismo linguístico. Início filologicamente atormentado, porque Saussure não colocou por escrito seus cursos de linguística geral que lançaram as bases do estruturalismo linguístico: foram alguns de seus alunos que, usando apontamentos feitos durante as aulas, publicaram "une reconstruction, une synthèse"[10].

Além disso, Saussure utiliza o termo "sistema" enquanto um linguista usaria hoje a palavra "estrutura" em um sentido técnico: "A língua é um sistema do qual todas as partes podem e devem ser consideradas em sua solidariedade sincrônica."[11] Porém, é do seu *Cours* que nasce o estruturalismo europeu, ao passo que o estruturalismo americano tem raízes próprias e desenvolvimentos que se entrelaçam depois, inevitavelmente, com os europeus.

No final do século XIX, a maior escola linguística européia era a alemã: naquelas universidades passaram três corifeus do estruturalismo – o suíço Saussure, de 1876 a 1880, o americano Bloomfield e o russo Trubeckoj, ambos em 1913-14 –, mas delas não saiu um estruturalismo, mesmo que a linguística sincrônica de Georg von der Gabelentz (1840-93) possa ser indicada como uma possível fonte do

---

10. Assim se lê no prefácio a Ferdinand de Saussure, *Cours de linguistique générale*. Publié par Charles Bally et Albert Sechehaye avec la collaboration de Albert Riedlinger, Payot, Lausanne – Paris, 1916, 336 pp. O seu *Cours* de 1916 pode hoje ser estudado de modo aprofundado através da edição sinóptica das notas manuscritas: Saussure, *Cours de linguistique générale*. Édition critique par Rudolf Engler, Harrassowitz, Wiesbaden, 1967, 515 (+51+VIII) pp. e, antes ainda, a tese genebrina de Robert Godel, *Les sources manuscrites du Cours de linguistique générale de F. de Saussure*, Studer, Genève, 1957, 283 pp. (também: Droz, Genève – Minard, Paris, 1967, 282 pp.). Indispensável complemento a essas edições é o comentário de Tullio De Mauro: Saussure, *Corso di linguistica generale*. Introduzione, traduzione e commento di Tullio De Mauro, Laterza, Bari, 1967, XXIII-487 pp. (1970, 3.ª ed.).

11. Saussure, *Cours de linguistique générale*, cit., p. 124: trad. it., p. 106.

estruturalismo de Saussure[12]. A linguística alemã estava esgotada pelo excepcional florescimento conhecido no século XIX, de modo que as sementes daquela estação germinaram em outros terrenos.

Por volta da metade dos anos 1920, o estruturalismo começou a afirmar-se também na Tchecoslováquia e na União Soviética. Assim, às obras da escola de Saussure acrescentam-se, na Europa, as do Círculo Linguístico de Praga[13]. Este pode ser considerado o núcleo duro do estruturalismo, ao passo que os seus desenvolvimentos diretos – frequentemente também críticos – encontram-se na Escola de Copenhague (com Louis Hjelmslev, 1899-1965) e naquela dos Estados Unidos, com Leonard Bloomfield (1887-1949), originariamente ligado à psicologia de Wilhelm Wundt, e depois com Noam Chomsky, nascido em 1928.

O Círculo de Praga atuava sobretudo (ainda que não exclusivamente) no âmbito da fonologia. No seu interior, o exilado russo Roman Jakobson (1896-1982) assume uma particular importância para as ciências não linguísticas. Ele elaborou um sistema universal composto por uma dúzia de elementos fonológicos binários (por exemplo, surdo – sonoro; nasal – oral), que combinados podem construir todos os sistemas fonológicos do mundo. O estruturalismo deve ao modelo binário de Jakobson o seu maior sucesso fora da linguística: de fato, Lévi-Strauss remete-se explicitamente a Jakobson e é, sobretudo, através da antropologia estrutu-

---

12. Wolf-Dieter Stempel, *Gestalt, Ganzheit, Struktur. Aus der Vor- und Frühgeschichte des Strukturalismus*, Vandenhoeck & Ruprecht, Göttingen, 1978, pp. 3 s.

13. *Travaux du Cercle Linguistique de Prague*, 8 vols., 1929-1939. Em 1966, as *Tesi del 1929* foram publicadas na Itália pelo editor Umberto Silva, com uma apresentação de Emilio Garroni, em um "Quaderno" da revista "Sigma", que foi um elitista ponto de chegada de muitos inovadores. Infelizmente, aquela editora encerrou suas atividades já em 1971: cf. o fascículo de "La rivista ligure" dedicado àquele editor e organizado por Stefano Verdino. Cf. também Wolfgang F. Schwarz, *Prager Schule. Kontinuität und Wandel*, Vervuert, Frankfurt a. M., 1997, X-426 pp.

ral de Lévi-Strauss que o novo método se difunde nas ciências sociais. Também essa ductilidade metodológica foi interpretada pelos críticos do estruturalismo como um defeito, como "uma interdisciplinaridade de congressos da Unesco". Como quer que o interpretemos, resta o fato de que Jakobson é "o linguista estruturalista que mais se assemelha aos estruturalistas não linguistas e que, não por acaso, teve um grande sucesso entre eles"[14].

Com Noam Chomsky começa uma "absorção crítica" do estruturalismo clássico, em que é difícil dizer se prevalece a absorção ou a crítica. Chomsky parte da observação empírica de que a língua não se aprende mediante a escuta de outros falantes, porque também frases completamente novas são imediatamente compreendidas: o ser humano leva consigo um sistema inato que lhe permite construir, gerar uma gramática. Portanto, sob a estrutura empírica superficial deve exercer uma estrutura sua mais profunda e racional. Wittgenstein já falara de uma gramática superficial no § 664 das *Philosophische Untersuchungen*: quem *escuta* faz uso da gramática superficial, quem *compreende* faz, ao contrário, uso da gramática profunda. Chomsky aplica essa distinção à gramática geral. Partindo dessas posições, Chomsky critica a psicologia behaviorista de Skinner e as teorias linguísticas de Bloomfield. O estruturalismo deste último é acusado de permanecer na superfície dos fenômenos, de se limitar às frases pronunciadas, ou seja, de ser taxonômico e atomista, em vez de ser sistemático. Com a gramática gerativa de Chomsky, já estamos distantes do estruturalismo saussuriano originário, que é o que mais parece ter influenciado as ciências sociais e humanas.

Sobre o estruturalismo foram escritas bibliotecas inteiras[15]. Hoje, além disso, existem também pesquisas específi-

---

14. Sebastiano Timpanaro, *Lo strutturalismo e i suoi successori*, em Timpanaro, *Sul materialismo*, Nistri-Lischi, Pisa, 1970, p. 159.

15. Indico, aqui, poucas obras gerais escritas no auge do estruturalismo: primeiramente, o bem-sucedido livreto de Jean Piaget, *Le structuralisme*, Pres-

cas dedicadas à historia do estruturalismo[16]. Aqui, pode ser suficiente tentar uma periodização do movimento para ver, depois, em qual fase se apresenta o fraco estruturalismo jurídico.

Sem dúvida, o estruturalismo conheceu, em poucas décadas, uma apoteose e um redimensionamento. Essa parábola está elegantemente expressa já na homofonia dos títulos dos dois volumes de Dosse, citado na nota anterior: o primeiro é *Le champ du signe, 1945-1966*; o segundo, *Le chant du cygne, de 1967 à nos jours*. Lepschy distingue quatro fases do estruturalismo linguístico[17]: a fase da incubação, ou pré-estruturalismo, anterior a 1929; a fase do sucesso, que começa por volta de 1900 e culmina nos anos 1930; a fase da moda, que vai dos anos 1950 aos anos 1960; a fase da consolidação crítica, ou pós-estruturalismo, que começa nos anos 1980.

As tentativas estruturalistas no direito localizam-se quase totalmente na "fase da moda". Quando uma teoria

---

ses Universitaires de France, Paris, 1968, 124 pp. (*Lo strutturalismo*, il Saggiatore, Milano, 1968, 176 pp.), que somente em 1968 conheceu três edições num total de mais de cinquenta e cinco mil exemplares. Além disso, Oswald Ducrot et. al., *Qu'est-ce que le structuralisme?*, Seuil, Paris, 1968, 445 pp.; *Che cos'è lo strutturalismo?*, ILI, Milano, 1971, 504 pp. (também: Isedi, Milano, 1973, 504 pp.); um panorama dedicado a oito intelectuais franceses ligados ao estruturalismo (Claude Lévi-Strauss, Louis Althusser, Henri Lefebvre, Paul Ricoeur, Alain Touraine, Jacques Lacan, Roland Barthes, Michel Foucault) está em Edith Kurzweil, *The Age of Structuralism: from Lévi-Strauss to Foucault*, Transaction Publishers, New Brunswick, 1996, 2.ª ed., XXI-256 pp. (originariamente: Columbia University Press, New York, 1980, XI-256 pp.). Para a Itália: Silvio D'Arco Avalle, *L'analisi letteraria in Italia. Formalismo, strutturalismo, semiologia. Con un'appendice di documenti*, Milano, 1970, 235 pp.; Giulio C. Lepschy, *Osservazioni sul termine struttura*, "Annali della Scuola Normale Superiore di Pisa", XXXI, 1962, pp. 173-97; Cesare Segre, *Structuralism in Italy*, "Semiotica", IV, 1971, pp. 215-39.

16. François Dosse, *Histoire du structuralisme*, La Découverte, Paris, 1991-92, 2 vols.; para uma avaliação crítica do estruturalismo do ponto de vista marxista, ver Sebastiano Timpanaro, *Lo strutturalismo e i suoi successori*, em Timpanaro, *Sul materialismo*, Nistri-Lischi, Pisa, 1970, pp. 123-221.

17. *Enciclopedia del Novecento*, Istituto dell'Enciclopedia Italiana, Roma, 1984, verbete. *Strutturalismo*, de Giulio C. Lepschy.

vira moda, tende a compensar as formulações cada vez mais simplificadas e superficiais com a polêmica cada vez mais agressiva: também o estruturalismo não se subtraiu a essa degeneração. Nos anos 1960, ao lado das análises críticas mais profundas, como as da revista "Esprit"[18], registraram-se polêmicas tão violentas contra o "terrorismo estruturalista", que nelas foi apontado o estopim que fez deflagrar o Movimento de 1968 em Paris[19]. Não poderemos tratar dessas polêmicas, todavia, é também por meio delas – portanto por meio de uma versão simplificada do estruturalismo – que os juristas conheceram essa teoria. De resto, no estruturalismo não faltaram polêmicas nem antes nem depois do Movimento de 1968.

O jovem estruturalismo registrou o conflito entre Jakobson (que pode ser imputado à fenomenologia husserliana) e Hjelmslev (reconduzível ao empirismo lógico). Ao contrário, o estruturalismo adulto procurou as próprias raízes em pais antigos: Lévi-Strauss remonta ao século XVIII e a Rousseau; Chomsky remonta a Port Royal e aos iluministas franceses, pondo como mote em seu livro sobre a "linguística cartesiana" a frase de Whitehead, segundo o qual mais de dois séculos de moderno saber europeu estão contidos *in nuce* no pensamento do Iluminismo[20].

---

18. "Esprit" dedicou dois fascículos ao estruturalismo: *La "pensée sauvage" et le structuralisme*, de novembro de 1963, sobre o estruturalismo "antes que a moda se apropriasse dele"; e *Structuralisme: idéologie et méthode*, de maio de 1967, sobre filosofias, também não declaradas, que estão por trás das teorias de Foucault e de Althusser.

19. Epistémon, *Ces idées qui ont ebranlé la France*, Fayard, Paris, 1968 [trad. it.: *Le idee che hanno fatto tremare la Francia. Nanterre, novembre 1967 - giugno 1968*, Saggiatore, Milano, 1968, 142 pp.): a preparação do húmus cultural do Maio parisiense é reconduzida à polêmica dos professores de Nanterre (entre os quais o próprio Paul Ricoeur: é ele que assina Epistémon) contra o "terrorismo estruturalista".

20. Noam Chomsky, *Cartesian Linguistics. A Chapter in the History of Rationalist Thought*, Harper & Row, NewYork – London, 1966, 119 pp. (Bibliografia: pp. 113-19). Trad. ital. em Saggi linguistici, Boringhieri, Torino, 1969, vol. 3, pp. 445-99. A frase de Alfred N. Whitehead é extraída de *Science and the Modern World*, Cambridge University Press, Cambridge (GB), 1926, XI-296 pp.

Mas a reconstrução de Chomsky deve ser entendida não como um trabalho histórico-filológico, mas como a reconstrução de um patrimônio de ideias sobre a natureza da língua que, associadas a certas teorias do intelecto (mind), pairam sobre vários autores sem estar organicamente presentes em nenhum deles, nem mesmo em Descartes. É inútil dizer que essas aproximações suscitaram muitas críticas, porque do ponto de vista histórico parecia problemático, por exemplo, tratar os jansenistas franceses junto com os românticos alemães[21]. Em outras palavras, na busca dos antepassados do estruturalismo, Chomsky remonta às teorias racionalistas contra as quais reagiu a linguística romântica. Talvez apenas Wilhelm von Humboldt se aproxime da "linguística cartesiana" de Chomsky, porque está situado na confluência do racionalismo com o romantismo[22]. O estruturalismo linguístico não é, portanto, o último elo de uma cadeia, mas sim a aglutinação nova e original de ideias diversamente difusas ao longo do caminho do pensamento racionalista. A dinastia dos estruturalistas não é, em suma, a herdeira de um poder consolidado no tempo; ao contrário, sua galeria dos antepassados foi reunida depois da afirmação da dinastia.

O pós-estruturalismo critica o estruturalismo clássico, mas ao mesmo tempo faz uso de seus resultados científicos. Por esse motivo, obras diferentes e muitas vezes contrapostas usam o mesmo termo "estrutura" em um sentido que é técnico sem ser, no entanto, unívoco. Hoje acaba-se,

---

21. Luigi Rosiello, *Linguistica illuminista*, Il Mulino, Bologna, 1967, 217 pp., contrapõe à gramática geral "racionalista dedutiva" de Port-Royal aquela "empirista dedutiva" de Leibniz e do Iluminismo: em suma, entre Descartes e Humboldt existiu Kant. Cf. também Paolo Rossi, *Linguisti d'oggi e filosofi del Seicento*, "Lingua e stile", III, 1968, p. 1 ss.

22. Chomsky, *Cartesian Linguistics*, cit., pp. 2, pp. 19-28. "The concept of generative grammar, in the modern sense, is a development of the Humboldtian notion of 'form of language' only if the latter is understood as form in the sense of 'possession of knowledge' rather then 'actual exercise of knowledge', in Aristotelian terms" (p. 28).

portanto, indicando como estruturalismo o conjunto tanto das teorias estruturalistas clássicas, como das críticas àquelas próprias teorias, de modo que quase em cada texto o termo "estrutura" tem significados diferentes.

A palavra "estruturalismo" foi usada esparsamente antes da Segunda Guerra Mundial, mesmo tendo sido apresentada por Jakobson em 1929. Afirmou-se no pós-guerra a partir do artigo de 1945 de Cassirer, *Structuralism in Modern Linguistics*, na "Word", a revista dos linguistas nova-iorquinos. Nessa mesma revista surgiu, em 1945, *L'analyse structurale en linguistique et en anthropologie*, de Claude Lévi-Strauss, que no ano seguinte concluiu, em Nova York, *Les structures élémentaires de la parenté*, publicado depois em Paris, em 1947[23]. Nele, Lévi-Strauss toma como modelo o método da fonologia de Jakobson, autor com o qual tivera estreitas relações também pessoais[24]: assim como a fonologia reduz a poucos fonemas a pluralidade dos significantes linguísticos, sua antropologia reduz a complexidade dos sistemas matrimoniais à combinação de duas regras, a de residência e a de filiação. Com a obra de Lévi-Strauss, o método do estruturalismo linguístico inicia sua difusão nas ciências sociais e, em particular, sua afirmação na antropologia. A consagração dessa importação metodológica ocorreu em 1958 com a publicação da *Anthropologie structurale*[25].

---

23. Claude Lévi-Strauss, *Les structures élémentaires de la parenté*, Presses Universitaires de France, Paris, 1949, XIV-639 pp. Existe uma segunda edição: Mouton, Paris – La Haye, 1967, 591 pp.

24. A referência a Jakobson é direta e pessoal. Lévi-Strauss agradece "très singulairement, Roman Jakobson, dont l'amicale insistance nous a presque contraint à mener jusqu'à son terme un effort dont l'inspiration théorique lui doit encore bien davantage" (*Préface de la première édition* [New York, 23 février 1947], em Claude Lévi-Strauss, *Les structures élémentaires de la parenté*, cit., p. XIII). Nessa obra são mencionadas duas vezes as comunicações pessoais de Jakobson a Lévi-Strauss (p. 431 e p. 528), e uma vez é citado o seu estudo sobre a linguagem infantil (p. 109). Em colaboração com Jakobson escreveu *Les chats de Charles Baudelaire*, "L'Homme", 1962, pp. 5-21.

25. Claude Lévi-Strauss, *Anthropologie structurale*, Plon, Paris, 1958, 454 pp. Outros escritos importantes para definir a noção de estrutura encontram-se em *Anthropologie structurale deux*, Plon, Paris, 1973, 450 pp. (em particular:

O sucesso científico na linguística e na antropologia levou os estudiosos de outras disciplinas a também tentar aplicar o método estruturalista. O estruturalismo tornou-se uma moda, e algumas de suas aplicações revelaram-se superficiais e efêmeras. Mas nem sequer as tentativas sérias de uso interdisciplinar do estruturalismo linguístico encontraram a aprovação dos linguistas estruturalistas. Um deles lembra como a extensão dos resultados do estruturalismo linguístico à crítica literária e à antropologia não era percebida pelos linguistas estruturalistas "como uma válida aplicação e extensão dos próprios métodos"[26]. É "inevitável", continuava, que os conceitos e os termos nascidos no âmbito de certo método acabem por "assumir um valor não mais que metafórico e alusivo" quando são transferidos para um contexto científico diferente[27]. Repete-se, aqui, um fenômeno análogo àquele a que se assiste na extensão das noções da fisiologia ao darwinismo social, ou das concepções neurofisiológicas a Luhmann, ou daquelas cibernéticas ao ordenamento jurídico; nessas importações interdisciplinares, o termo originariamente rigoroso acaba "por designar coisas diferentes entre si e, além disso, imprecisas"[28]. Em conclusão, "termos e conceitos da linguística estrutural retornam, às vezes, no estruturalismo não linguístico, muito mais distorcidos do que adaptados"[29].

Sens et usage de la notion de modèle, pp. 89-101; *La structure et la forme*, pp. 139--73; *Structuralisme et critique littéraire*, pp. 322-5).

26. Giulio C. Lepschy, *Enciclopedia del Novecento*, Istituto dell'Enciclopedia Italiana, Roma, 1984, s.v. *Strutturalismo*, p. 246; e, além disso, referindo-se aos não linguistas: "nas suas extensões fora da linguística, fizeram dele um método oposto, em particular, àqueles de inspiração historicista e humanista" (p. 247).

27. Carlo Berruto, *Siamo mai stati strutturalisti?*, em Gian Luigi Beccaria (a cura di), *Quando eravamo strutturalisti*, Edizioni dell'Orso, Alessandria, 1999, p. 81.

28. Berruto, *Siamo mai stati strutturalisti?*, ibid.; o autor traz como exemplo dessas distorções o conceito de "estrutura profunda", rigoroso na linguística gerativa e impreciso nas ciências humanas que o receberam, como, por exemplo, a semiologia e a psicologia.

29. Lepschy, *Enciclopedia del Novecento*, cit., p. 254.

3. As principais ideias do estruturalismo

As ciências modernas visam identificar as constantes abstratas na variedade dos fenômenos concretos. O estruturalismo insere-se nesse movimento e sua importância consiste em ter estendido às ciências humanas e sociais essa análise abstrata e generalizante. Ele é, portanto, uma teoria que contrasta o evolucionismo nas ciências físico-naturais com o historicismo nas ciências sociais e humanas; é uma teoria que estuda os elementos de que se compõe determinada disciplina com base não na sua função, mas sim nas relações opositivas e distintivas de cada elemento em relação aos outros elementos daquele conjunto.

Partindo desse ponto de vista, os estruturalistas – independentemente da disciplina em que operam – estudam: a) os elementos permanentes subjacentes às incrustações históricas que, a cada vez, podem esconder essas estruturas principais; b) as relações entre os elementos principais, as quais fazem com que o todo seja mais que a soma de cada uma das partes (como já foi visto nas teorias holísticas); c) a possibilidade de construir um modelo que inclua tanto os elementos principais como suas relações profundas. Em suma, o que o estruturalista quer traçar não é um mapa geográfico em escala, mas um mapa geológico; e quer fazê-lo com instrumentos simbólicos próximos aos matemáticos e lógicos.

Como já foi dito, essa tendência para o geral e o teórico acometeu, antes de tudo, a linguística, que, ao contrário, até o final do século XIX, fora estudada segundo padrões individualizantes e históricos. Saussure identificou algumas bem-sucedidas dicotomias que já fazem parte – resta ver se própria ou impropriamente – também da bagagem das ciências humanas e sociais: sincronia-diacronia; língua-*parole*, sintagmática-paradigmática; significante-significado. As três primeiras são aplicáveis não apenas à linguística, mas também a todas as disciplinas que apresentam uma dimensão histórica; portanto, seriam aplicáveis também ao direito.

a) *Sincronia – diacronia*: do ponto de vista metodológico, essa oposição pode corresponder à distinção tardia do século XIX entre o estudo histórico e o estudo antiquário, ou seja, entre o estudar um fenômeno em um seu momento (mesmo que não no presente) e no seu vir-a-ser histórico. A linguística do século XIX fora essencialmente histórica, e atribuía à descrição sincrônica um valor puramente didático. Com o estruturalismo inverte-se essa hierarquia: se no século XIX a sincronia tinha sido subordinada à diacronia, com o estruturalismo é a sincronia que prevalece sobre a diacronia.

Porém, nem toda diacronia é história, nem vice-versa, ainda que efetivamente os dois termos já sejam usados como sinônimos; de fato, podemos ter estudos diacrônicos não históricos e estudos históricos sincrônicos. Acima de tudo, omitir a história não significa cancelar o tempo; muitas críticas ao estruturalismo originaram-se desses mal-entendidos. Para Braudel, os dois termos sincrônico-diacrônico "definem-se sozinhos", mas é difícil separá-los: "na linguagem da história, pelo menos assim como eu a entendo, não pode, de modo nenhum, existir uma sincronia perfeita: uma parada instantânea que suspenda todas as durações é quase absurda em si"[30]. O tempo da história deve ser medido e, portanto, "presta-se pouco ao ágil jogo duplo da sincronia e da diacronia: ele não permite, de fato, imaginar a vida como um mecanismo de que se possa parar o movimento para mostrar, a seu bel-prazer, uma imagem imóvel sua"[31]. Portanto, a profissão do historiador consiste não em criar modelos ou em estudar acontecimentos, mas "em virar a ampulheta nos dois sentidos: do acontecimento à estrutura, depois das estruturas e dos modelos ao acontecimento"[32].

---

30. Fernand Braudel, *La longue durée*, "Annales. Économies. Sociétés. Civilisations", 1958, p. 739; sobre as relações entre esse autor e o estruturalismo retornaremos em seguida.
31. Braudel, *La longue durée*, cit., p. 749.
32. Braudel, *La longue durée*, cit., p. 751; sobre a oposição entre acontecimento e estrutura, Braudel cita (mas sem indicar o ano) Gilles Granger, *Evé-*

Para Lévi-Strauss, a análise estrutural deve partir da história, como afirma a respeito do historiador da arte Erwin Panofsky: "Se este autor é um grande estruturalista, é pelo fato de ser, antes de tudo, um grande historiador."[33]

Com Saussure, a sincronia torna-se prioritária na linguística: a língua é um sistema que pode ser estudado apenas no seu conjunto instantâneo, ou seja, sincronicamente. Para explicar esse método, Saussure recorre ao exemplo do jogo de xadrez: um movimento, afirma, pode ser explicado independentemente da história da partida em curso. Transferindo para a linguística, essa comparação significa que não é necessário conhecer a história de uma língua para entender como funciona seu mecanismo.

Nos desenvolvimentos do estruturalismo, o prevalecer da sincronia levou a posições a-históricas ou até mesmo anti-históricas, que o psicólogo suíço Jean Piaget (1896-1980) tentou superar com o seu estruturalismo genético ou evolutivo, ao passo que o Círculo Linguístico de Praga preferiu pôr de lado essa distinção.

A dicotomia sincronia-diacronia deveria valer para todas as disciplinas que não se subtraem à história. Ela apresenta, de fato, um interesse metodológico geral, porque diz respeito ao processo de abstração.

b) *Língua – parole:* a língua é um sistema de regras, a *parole* é a realização dessas regras. Retornando ao exemplo do jogo de xadrez, as peças simbolizam as *paroles*: os "bispos" são, de fato, diferentes de acordo com a forma, a substância, a cor etc., mas é o sistema das regras do jogo de xadrez que diz que são "bispos", ou seja, a *langue* daquele jogo. A língua é por isso o modelo abstrato que está por trás da pluralidade de *paroles* e que estabelece suas relações.

---

nement et structure dans les sciences de l'homme, "Cahier de l'Institut de Science Économique Appliquée", série M, [ano?], n. 1, pp. 41-2, que não pude ver.

33. Claude Lévi-Strauss, *Anthropologie structurale deux*, Plon, Paris, 1973, p. 324; publicado originariamente no "Paragone" (Milano), 1965, n. 182, pp. 125-33.

A gramática gerativa, a esse respeito, fala de competência e de execução. Mas essa dicotomia abre caminho a problemas filosóficos mais amplos: na concepção nominalista, o pesquisador tenta pôr uma ordem nos dados realmente caóticos; na concepção substancialista, a estrutura já está dentro das coisas, e o pesquisador deve apenas trazê-la à luz. Esse problema já havia surgido no início do estudo da noção de sistema no direito, porque também diante do sistema jurídico surge a questão: é o jurista quem ordena as normas em sistema, ou as normas já estão intrinsecamente estruturadas e o jurista deve apenas descobrir essa sua ordem interna?[34]

Além disso, diante dessa dicotomia, o jurista é tentado a se fazer também outra questão mais estritamente ligada às teorias estruturalistas: no sistema jurídico, a *parole* pode corresponder à norma, e a língua ao ordenamento jurídico?

c) *Sintagmática – paradigmática:* retorna, aqui, a distinção do século XIX entre as associações por contiguidade e as associações por semelhança, elaboradas pela psicologia associacionista. Para Saussure, um elemento linguístico está ligado por relações sintagmáticas a outros elementos presentes no discurso e por relações paradigmáticas a elementos ausentes do discurso, mas de qualquer modo a ele reconduzíveis.

Também essa dicotomia tem interesse metodológico geral, porque diz respeito à natureza da descrição e da explicação científica.

d) *Significante – significado:* essa dicotomia remete àquela entre forma e conteúdo. Mas com Hjelmslev as coisas se complicam: ele distingue a expressão (que coincide com

---

34. Mario G. Losano, *Sistema e struttura nel diritto*.Vol. 1: *Dalle origini alla Scuola storica*, Giappichelli, Torino, 1968, pp. 278 s., em que a pesquisa das páginas anteriores, dedicada sobretudo ao sistema externo, abre-se ao problema do sistema interno com uma referência ao estruturalismo através da obra de Boudon, *A quoi sert la notion de structure?*, cf. vol. 1, cap. XVI, 4.

significante) do conteúdo (que coincide com significado). Por sua vez, tanto na expressão como no conteúdo é preciso distinguir a forma da substância. Em particular, no conteúdo a divisão em forma e substância corresponde à distinção entre *langue* e *parole* em Saussure. A situação é tão complicada (e desde a origem em Saussure tão pouco clara) que a escola dinamarquesa chega a eliminar a semântica da pesquisa linguística estruturalista.

Não é oportuno deter-se por muito tempo nessa controversa dicotomia, porque ela deveria ser relevante apenas para a linguística e a semiótica, e não para as ciências humanas e sociais. Entretanto, também essa distinção tende a tornar-se universal, porque a semiótica tende a apresentar-se como uma teoria geral que interpreta todo o mundo como um sistema de sinais, ou seja, como uma linguagem. Como veremos, uma herança ainda viva do período estruturalista no direito é constituída por uma corrente de estudos sobre a semiologia jurídica.

Mas com a semiótica já estamos além do estruturalismo clássico. "O estruturalismo de Lévi-Strauss – escrevia em 1980 uma estudiosa americana – foi hoje modificado até ficar irreconhecível. Foi incluído naquele que se poderia chamar de o debate pós-estruturalista, um debate cuja base empírica não é mais sólida que a do próprio estruturalismo. Althusser e Ricoeur uniram-se a Touraine e Lefebvre ao sustentar que o estruturalismo é mais uma ideologia que uma ciência. O próprio Lévi-Strauss retornou à antropologia e rejeitou o neoestruturalismo; Barthes e Ricoeur passaram à semiótica, essa segunda manifestação da linguística estruturalista na sua reencarnação mais filosófica que diz ter rejeitado os seus fundamentos antropológicos"[35].

Da semiótica geral nasceu, nos anos 1970, também uma semiótica jurídica. Nela, os estudos enraizados criticamente no estruturalismo francês confluíram com os deriva-

---

35. Edith Kurzweil, *The Age of Structuralism: from Lévi-Strauss to Foucault*, Columbia University Press, New York, 1980, p. 240.

dos da semiótica de Charles Sanders Peirce (1839-1914). É ainda difícil definir com certeza essa disciplina, se não *ex negativo*: a semiótica jurídica está em aberto contraste com o positivismo jurídico e se coloca do lado das correntes pós-modernistas em sentido amplo. Mas há também quem distinga a semiologia da semiótica, e há quem siga a semiótica de Carnap e quem siga a de Greimas[36].

Uma avaliação global do valor cognoscitivo do estruturalismo está em uma afirmação do historiador polonês Krzysztof Pomian: "As teorias estruturalistas não dão início à descrição dos efeitos visíveis ou observáveis bem definidos, que se supõe verificar em circunstâncias determinadas, mas que não foram ainda constatados; não servem, em outras palavras, para fazer previsões. E essa, ao que parece, não é tanto uma espécie de incapacidade provisória, mas, ao contrário, um caráter intrínseco dessa classe de teorias. Sua função não é preditiva, é hermenêutica. Elas reduzem a arbitrariedade da descrição."[37] Para Pomian, "as teorias estruturalistas satisfazem a nossa necessidade de inteligibilidade"[38].

4. *O estruturalismo não linguístico*

O primeiro a usar o termo "estrutura" nas ciências sociais, como dissemos, foi provavelmente Spencer, que o extraía da biologia e fazia um amplo uso desse termo nas suas

---

36. Do franco-lituano Algirdas Julien Greimas ver, sobretudo, *Sémiotique et sciences sociales*, Seuil, Paris, 1976, 215 pp. Sobre semiótica e direito: Bernhard S. Jackson, *Making Sense in Law. Linguistic, Psychological and Semiotic Perspectives*, Deborah Charles Publications, Liverpool, 1995, XII-516 pp., com bibliografia a pp. 466-97, que retoma os temas de *Semiotics and Legal Theory*, Routledge & Kegan Paul, London, 1985, XII-373 pp., com bibliografia a pp. 349-73; Roberta Kevelson, *The Law as a System of Signs*, Plenum Press, New York, 1988, XII-331 pp., com bibliografia a pp. 303-20.

37. Krzysztof Pomian, *Struttura*, em *Enciclopedia Einaudi*, Einaudi, Torino, 1981, vol. 13, p. 760.

38. Pomian, *Struttura*, cit., p. 761.

teorias organicistas. Mas, em tempos mais recentes, o mesmo termo foi introduzido nas ciências humanas através dos instrumentos da matemática, com que se tentava formalizar as ciências humanas e sociais. São duas fontes e duas tendências difíceis de conciliar, porque a relação entre estrutura e tempo varia de ciência para ciência: o tempo é obrigatório nos estudos dos historiadores e dos economistas, ao passo que está ausente nos estudos dos lógicos. Assim, quando em 1958 um grupo de estudiosos reuniu-se em Paris para definir qual área do termo "estrutura" seria comum às ciências sociais, conseguiu não tanto esclarecer as ambiguidades ou os contrastes entre os vários usos, mas fazer um inventário crítico[39]. No grupo de estudiosos que participaram daquele encontro não estava presente nenhum jurista.

Para compreender uma teoria, pode ser útil ver a quais teorias ela se opõe. Ora, nos anos 1960, tanto na França como na Itália o marxismo representava uma corrente de pensamento bem consolidada, agrupada em pelo menos três correntes principais – os marxistas oficiais, a da Escola de Frankfurt e a de Althusser – que se entrelaçavam e se criticavam em um emaranhado cuja história ainda não foi escrita. Desde o princípio, o estruturalismo teve de acertar contas com esses marxismos. Seu materialismo e seu historicismo eram mais diversificados e flexíveis que os do marxismo dogmático da Europa oriental e podiam, portanto, aproximar-se da psicanálise e do estruturalismo, ora tentando uma fusão interdisciplinar, ora rejeitando total ou parcialmente aquelas novas correntes de pensamento (que, frequentemente, também eram novas modas).

Aqui é necessário limitar-se a lembrar os nomes de quem animou o cenário cultural daquela década e das décadas seguintes. As relações entre estruturalismo e marxis-

---

39. Roger Bastide, *Colloque sur le mot "structure"*, "Annales", 1959, pp. 351 s. O congresso devia contribuir para a preparação do *Dictionnaire de sciences sociales*.

mo foram conturbadas. A obra de Louis Althusser (1918--90) foi indicada como uma tentativa de conciliar o estruturalismo com o marxismo, que, aliás, faz uso da noção de "estrutura econômica"[40]. Porém, Althusser negou essa sua propensão ao estruturalismo, declarando que este é apenas uma ideologia filosófica elaborada por cientistas. Do estruturalismo, ele limitar-se-ia a retomar, marginalmente, a terminologia, fazendo a sua paródia[41]; e o item intitulado *Structuralisme?* resolve aquele ponto de interrogação com a afirmação: "Mais nous n'avons pas été structuralistes"[42]. Fernand Braudel (1902-85) via em Marx o primeiro construtor de modelos sociais, geralmente baseados naquela "longa duração" a ele cara, porém, temia que naqueles anos o marxismo estivesse se enrijecendo na busca do modelo pelo modelo, caindo, assim, em um formalismo estéril. Jacques Lacan (1901-81) descobriu, à luz de Saussure, que, em Freud, o inconsciente está estruturado como uma linguagem. Em particular, os sinais linguísticos utilizados pelas pessoas para se comunicar não são um produto do homem, mas, ao contrário, é o homem que é estruturado pelos sinais: é o mundo das palavras, afirma Lacan, que cria o mundo das coisas. Suas teorias se valem de várias referências matemáticas para conferir maior rigor ao discurso, mas sobre a pertinência dessas referências e sobre seu valor apenas metafórico a discussão está aberta. "Em que medida procurou 'matematizar' a psicanálise? – perguntam-se dois cientistas – Não estamos em condição de dar uma resposta definiti-

---

40. O termo alemão é "Struktur"; o italiano "superestrutura" não deve induzir ao erro, porque na dicotomia base/superestrutura Marx usa o termo "Überbau".

41. "En certaines pages de *Lire le Capital*, dans ce printemps de 1965", escreve Althusser, "notre 'flirt' avec la terminologie structuraliste a certainement passé la mesure permise, puisque nos critiques, à quelques exceptions, n'ont pas senti l'ironie ou la parodie": Louis Althusser, *Élements d'autocritique*, Hachette, Paris, 1974, pp. 56 s. Cf. também Miriam Glucksman, *Structuralist Analysis in Contemporary Social Thought. A Comparison of the Theories of Claude Lévi-Strauss and Louis Althusser*, cit.

42. Althusser, *Élements d'autocritique*, cit., p. 64.

va a essa pergunta, que, no final das contas, não tem muita importância, uma vez que a 'matemática' de Lacan é tão bizarra que não poderia exercer nenhum papel fecundo em uma análise séria da psique humana."[43]

Outros pensadores escolheram, ao contrário, a rota de colisão com o estruturalismo, considerado um retorno ao idealismo. Limitar-me-ei a citar a crítica de um representante do marxismo italiano: "O fato de os linguistas de formação croceana ou vossleriana polemizarem contra o estruturalismo em nome da identificação da linguagem com a arte não elimina que o estruturalismo faça do 'sistema algo fechado e perfeitamente coerente em si, sem nenhum interesse por sua gênese 'de baixo', pelas relações entre as atividades humanas e seus condicionamentos, quer econômico-sociais, quer físico-biológicos. A esse conceito verdadeiramente cuvieriano [44] de 'sistema' é inerente a a-historicidade (não apenas o anti-historicismo): a exasperação da separação entre sincronia e diacronia e o desprezo ou o estranhamento às pesquisas diacrônicas são características essenciais do estruturalismo que não podem ser superadas com alguma conciliação eclética."[45] Dessa "conciliação", o marxismo podia sair "culturalmente enriquecido", mas "sempre em posição subalterna". E, partindo de um marxismo não subalterno, lançavam-se sobre os estruturalistas juízos que a história revelaria equivocados: se a psicanálise é in-

---

43. Alan Sokal – Jean Bricmont, *Imposture intellettuali. Quale deve essere il rapporto tra filosofia e scienza?*, Garzanti, Milano, 1999, pp. 31-46: aqui são analisadas a topologia psicanalítica, os números imaginários e a lógica matemática. A passagem citada está à p. 45.

44. A referência é a Georges de Cuvier (1769-1832), fundador da paleontologia e adversário da filosofia da natureza de cunho goethiano.

45. Sebastiano Timpanaro, *Considerazioni sul materialismo*, em Timpanaro, *Sul materialismo*, Nistri-Lischi, Pisa, 1970, pp. 33. Sebastiano Timpanaro (1923-2000) foi filólogo clássico por formação e marxista por vocação. Militou primeiro no Partido Socialista Italiano (PSI), depois no Partido Socialista de Unidade Proletária (PSIUP). O ensaio aqui citado foi originariamente publicado nos "Quaderni Piacentini" (1966, pp. 76-97), férvido centro minoritário da esquerda italiana.

verificável, a antropologia estrutural chega a ser "charlatanesca"[46].

Uma vez que foi sobretudo na França que o estruturalismo se afirmou fora da linguística, ele se chocou com as duas correntes mais difundidas naquela cultura por volta da metade do século XX, ou seja, com o existencialismo e com o marxismo. Saussure e Jakobson são considerados os principais mediadores nesse processo de difusão *in partibus infidelium* de uma visão cientista, formalizante, sincrônica, que descobre as continuidades profundas da estrutura sob as descontinuidades superficiais da história. A essas adaptações não faltaram críticas também severas e, como foi visto, os próprios linguistas estruturalistas expressaram suas dúvidas sobre a oportunidade dessas transposições.

A mais célebre dessas adaptações do estruturalismo linguístico às ciências sociais deveu-se ao francês Claude Lévi-Strauss, nascido em 1908 e "licencié" em filosofia, em Paris, no ano de 1928, e em direito em 1929. Em 1935-39 lecionou sociologia em São Paulo e estudou os índios no Brasil[47]; depois, em 1942-45, encontrou o estruturalismo nos Estados Unidos, onde lecionou na New York School for Social Research. Da fusão desses fermentos nasceram suas obras mais célebres, *Anthropologie structurale* e, principalmente, *Les structures élémentaires de la parenté*, em que Lévi-Strauss se refere ao método de Jakobson, tanto que muitos até se perguntaram se a teoria de Lévi-Strauss era uma teoria da antropologia ou da língua[48]. É difícil uma análise do termo "estrutura" nos seus escritos devido a seu estilo,

---

46. Timpanaro, *Considerazioni sul materialismo*, cit., *ibid.*; Lévi-Strauss é acusado de "colossal presunção" e de "ridículas afetações".

47. Claude Lévi-Strauss tinha vinte e sete anos quando chegou ao Brasil. Sobre o primeiro encontro escreveu *Saudades de São Paulo*, Companhia das Letras, 1996, 107 pp., retomando o título em português de uma precedente obra francesa sua, em que documentava fotograficamente suas expedições entre 1935 e 1939: *Saudades do Brasil* (Plon, Paris, 1994, 223 pp.; trad. al.: *Brasilianisches Album*, Hanser, München, 1995, 223 pp.)

48. Alessandro Di Caro, *Lévi-Strauss, teoria della lingua o antropologismo?*, Spirali, Milano, 1981, 313 pp.

muitas vezes intencionalmente ambíguo; além disso, "mesmo quando define o termo 'estrutura', acaba mais confundindo do que ajudando, pois aquilo que ele fala para fazer nem sempre coincide com o que ele efetivamente faz"[49].

A antropologia estrutural exerceu certa influência sobre a filosofia do direito, que, todavia – talvez porque predisposta a isso pelo pensamento sistemático tradicional –, não procurou o que existe de jurídico nas estruturas antropológicas, mas, ao contrário, perguntou-se sobre o que existe de estrutural nas normas dos povos primitivos. E "estrutural" não significa "estruturalista".

Uma obra dedicada ao aspecto jurídico da doutrina de Lévi-Strauss lembra "o interesse suscitado pelas várias correntes do estruturalismo na filosofia do direito"[50] e a escassa literatura a esse respeito, mas dirige depois sua atenção a outra direção. De fato, a obra de Lévi-Strauss "força a exercer a reflexão sobre o lugar que o fenômeno jurídico ocupa no âmbito da normatividade humana originária e sobre o significado a ser atribuído, eventualmente, a uma juridicidade originária"; todavia, a antropologia estrutural não é, e nem sequer contém *in nuce*, uma antropologia jurídica, "mesmo porque, no caso da antropologia de Lévi-Strauss, o direito não constitui por si só um tema explícito de investigação, tampouco de reflexão, com exceção de algumas raras passagens"[51].

Passemos agora do direito para a história. Braudel e a sua revista "Annales"[52] exerceram uma forte influência so-

---

49. Miriam Glucksman, *Structuralist Analysis in Contemporary Social Thought*, cit., pp. 31 s.
50. Lorenzo Scillitani, *Dimensioni della giuridicità nell'antropologia strutturale di Lévi-Strauss*, Giuffrè, Milano, 1994, p. 13, nota 45; resenhado por Marcela Varejão em "Rivista internazionale di filosofia del diritto", 1995, pp. 900-04.
51. Scillitani, *Dimensioni della giuridicità*, cit., p. 10.
52. Desde 1946 o título da revista é "Annales. Économies. Sociétés. Civilisations"; ela foi fundada em 1929 com o título "Annales d'histoire économique et sociale". Segundo o próprio Braudel (p. 734), a tendência metodológica de "longa duração" fora antecipada desde 1900 pela "Revue de synthèse historique", tanto que em 1960 foi extraído dela e republicado "l'artique classique"

bre a historiografia, não apenas europeia, da segunda metade do século XX. Por sua vez, os "Annales" são objeto de pesquisa histórica[53].

Braudel refere-se a esquemas estruturalistas na sua história de "longa duração"[54]. Mas veremos como esse "historien incorrigible" não fica à vontade "au pays des intémporelles mathématiques sociales"[55], ou seja, das estruturas: de fato, sua noção de estrutura não é a dos linguistas estruturais, ao passo que aceita apenas em parte o método de Lévi-Strauss, mesmo admirando-o.

Contrapondo-se à história dos acontecimentos, ou seja, à breve duração, Braudel propõe estudar as "longas durações" que se exprimem, antes de tudo, através dos vínculos geográficos, climáticos, econômicos, culturais e assim por diante, ou seja, descobrir a "estrutura" de determinada sociedade: o termo "estrutura" – escrevia em 1958 – "domina os problemas de longa duração. Por *estrutura* os observadores do mundo social entendem uma organização, uma coerência, ou seja, relações bastante rígidas (*assez fixes*) entre realidade e massas sociais. Para nós, historiadores, a estrutura é sem dúvida uma construção (*assemblage*), uma arquitetura, mas ainda mais uma realidade que o tempo desgasta e transporta muito lentamente". Essas estruturas acabam por "atravancar a história", condicionando seu curso: elas

---

de 1903, de François Simiand, *Méthode historique et sciences sociales*, "Annales", 1960, pp. 83-119.

53. Stuart Clark, *The Annales School. Critical Assessments*, Routledge, London, 1999, 4 vols.; Matthias Middell (Hrsg.), *Alles Gewordene hat Geschichte. Die Schule der Annales in ihren Texten; 1929-1992*, Reclam, Leipzig, 1994, 362 pp. (do francês); Peter Burke, *The French Historical Revolution. The Annales School, 1929-89*, Polity Press, Cambridge, 1990, VI-152 pp.; Raphael Lutz, *Die Erben von Bloch und Febvre. Annales-Geschichtsschreibung und nouvelle histoire in Frankreich, 1945-1980*, Klett-Cotta, Stuttgart, 1994, 635 pp. (dissertação).

54. Ferdinand Braudel, *Histoire et sciences sociales: la longue durée*, "Annales. Économies. Sociétés Civilisations", 1958, pp. 725-53; tema retomado, com o mesmo título, por Walt W. Rostow, "Annales", 1959, pp. 710-18, e por Witold Kula, *Histoire et économie: la longue durée*, "Annales", 1960, pp. 294-313. Para Braudel, a longa duração, se existe, "é o tempo dos ensaios" (p. 748).

55. Braudel, *Histoire et sciences sociales: la longue durée*, cit., p. 748.

"são contemporaneamente suporte e obstáculo. Pensem nas dificuldades de infringir determinados vínculos geográficos, determinadas realidades biológicas, determinados limites de produtividade, e até mesmo este ou aquele vínculo espiritual: também os esquemas mentais são prisões de longa duração". Ou seja, são "limites, dos quais o homem e sua experiência não podem se libertar"[56].

Já que "todas as ciências humanas, incluindo a história, estão contaminadas umas pelas outras: falam a mesma língua, ou ao menos podem falá-la"[57], a história de longa duração apresenta-se como típica pesquisa interdisciplinar. Mas o modelo que Braudel pretende desenvolver é mais próximo do modelo dos economistas – atentos aos ciclos também longos da história econômica – que daquele dos linguistas estruturalistas. A história do direito, típica história que se ocupa de estruturas duradouras, não é nem sequer mencionada, talvez por ter sido reabsorvida na história das instituições. No seu "appel à la discussion" sobre a história de longa duração, Braudel indica claramente com quais disciplinas devem cair as cancelas da fronteira: "Falarei, portanto, longamente da história, do tempo da história – esclarece já nas primeiras páginas; nem tanto para os leitores desta revista [os "Annales"] quanto para os nossos vizinhos das ciências humanas: economistas, etnógrafos, etnólogos (ou antropólogos), sociólogos, psicólogos, linguistas, demógrafos, geógrafos e até mesmo matemáticos sociais ou estatísticos: vizinhos que há muito tempo acompanhamos em suas experiências, porque nos parecia (e nos parece ainda) que a história, posta a reboque ou em contato com eles, se ilumina de uma luz nova. Talvez possamos, de nossa parte, dar-lhes algo." O dom que a nova história oferece às ciências sociais é "a multiplicidade do tempo e o excepcional valor do tempo longo"[58].

---

56. Braudel, *Histoire et sciences sociales: la longue durée*, cit., p. 731.
57. Braudel, *Histoire et sciences sociales: la longue durée*, cit., p. 734.
58. Braudel, *Histoire et sciences sociales: la longue durée*, cit., p. 727.

As matemáticas sociais (que para Braudel compreendem as ciências da informação e da comunicação, bem como as matemáticas qualitativas: todas então em seus inícios) servem para criar *modelos* de determinados tipos de sociedade. Emblemática é neste campo a antropologia estrutural de Lévi-Strauss. Porém, para o historiador, o ponto crucial não é tanto a construção do modelo, mas a escolha da realidade que se quer traduzir em modelo. A receita é simples: "Escolher uma unidade delimitada de observação, como uma tribo primitiva ou um grupo demográfico em que se possa examinar e tocar com a mão quase tudo; estabelecer depois entre os elementos distintos todas as relações, todas as combinações (*jeux*) possíveis. Essas relações rigorosamente determinadas dão lugar a equações, de que as matemáticas tirarão todas as conclusões e os prolongamentos possíveis, para chegar enfim à construção de um modelo que as resuma todas, ou melhor, que leve todas em conta"[59].

Ao elaborar as estruturas elementares do parentesco, Lévi-Strauss associa à sua observação antropológica as formalizações do matemático André Weill[60]. Braudel admira o rigor dessas pesquisas, mas não parece acreditar muito nelas: encontradas essas "rapports simples et mysterieux" – pergunta-se Braudel –, pretende-se talvez chegar "a traduzi-las em alfabeto Morse, quero dizer, na universal linguagem matemática? Essa é certamente a ambição das novas matemáticas sociais. Mas posso dizer, sem sorrir, que essa é outra história?"[61]. De fato, Braudel contrasta o *modelo* com a *duração*: construam modelos mesmo assim (afirma refe-

---

59. Braudel, *Histoire et sciences sociales: la longue durée*, cit., p. 744.
60. André Weill, professor da Universidade de Chicago, escreve no *Apêndice à primeira parte* do livro de Lévi-Strauss (pp. 257-63): "En ce quelques pages, écrites à la prière de C. Lévi-Strauss, je me propose d'indiquer comment des lois de mariage d'un certain type peuvent être soumises au calcul algébrique, et comment l'algèbre et la théorie des groupes de substitutions prevent en faciliter l'étude et la classification" (em Claude Lévi-Strauss, *Les structures élémentaires de la parenté*, Mouton, Paris – La Haye, 1967, p. 257).
61. Braudel, *Histoire et sciences sociales: la longue durée*, cit., p. 745.

rindo-se, sobretudo, mais aos modelos matemáticos da teoria dos jogos e menos aos modelos econométricos), eu me reservo o direito de confrontá-los depois com a realidade histórica. Os modelos são como os navios: devem ser postos na água da história e "o naufrágio é sempre o momento mais significativo"[62]. A admirável pesquisa de Lévi-Strauss (dentre todas "a mais inteligente, a mais clara, a mais radicada na experiência social"[63]) também opera sobre estruturas de longa, longuíssima duração, como as relações de parentesco ou a proibição do incesto, mas naufraga se aplicada a estruturas igualmente duráveis, porém mais móveis, como, por exemplo, o maquiavelismo. O método de Lévi-Strauss funciona apenas para objetos que sejam "o ponto de encontro do infinitamente pequeno e da duração muito longa"; Braudel é explícito: "Não acredito que essas tentativas [...] possam ter lugar fora da longa duração."[64]

Concluindo, à medida que nos distanciamos da linguística estrutural, a noção de estrutura assume significados e extensões diferentes e nem sempre comparáveis. Sobre a possibilidade de transferir essa noção da linguística para as ciências sociais, os linguistas estruturais apresentaram suas reservas. Os próprios cientistas sociais estão pouco propensos a transferir a noção de estrutura elaborada em uma determinada disciplina social para uma outra disciplina social.

5. O *estruturalismo na Itália:* une saison à l'envers

O estruturalismo linguístico difundiu-se na Itália nos anos 1960, quando já havia percorrido, no exterior, várias etapas do seu desenvolvimento e tinha enfim se consolidado como um método. Os quase trinta anos de atraso em re-

---

62. Braudel, *Histoire et sciences sociales: la longue durée,* cit., p. 746.
63. Braudel, *Histoire et sciences sociales: la longue durée,* cit., ibid.
64. Braudel, *Histoire et sciences sociales: la longue durée,* cit., p. 747.

lação ao estruturalismo internacional explicam-se com o fato de o historicismo e o neoidealismo terem prevalecido na cultura italiana nos anos do pós-guerra. Procurando recuperar, tumultuosamente, o tempo perdido, entre 1965 e 1971 foram traduzidas para o italiano uma centena de obras de estruturalistas estrangeiros de cada disciplina[65]. Por sua vez, os juristas italianos sofreram o fascínio do estruturalismo com atraso em relação aos linguistas: as principais obras sobre direito e estruturalismo apresentam-se, de fato, na década seguinte, aproximadamente entre 1970 e 1980.

Essa descoberta tardia mas apaixonada logo agitou as águas em vários ambientes culturais. Em geral, o estruturalismo tornou-se também uma moda: "No rádio ouviam-se [...] intercalações do tipo: 'como nos ensina a linguística'", e isso conferia autoridade à opinião enunciada[66]. Entre os linguistas, as obras dos estruturalistas foram estudadas em conjunto: como por uma espécie de contrapasso, a teoria da sincronia sofria uma distorção sincrônica, como se ela mesma não tivesse conhecido a evolução ilustrada anteriormente. Os linguistas italianos tiveram que proceder ao contrário, remontando à corrente do pensamento estruturalista: "Aos nossos olhos então – lembra uma linguista – surgiam no mesmo plano e simultaneamente [...] os trabalhos dos mestres do estruturalismo de um lado, de Saussure a Jakobson, de Hjelmslev a Martinet, e os do nascente gerativismo de outro; o *Cours* de Saussure e o *Language* de Bloomfield eram lidos ao mesmo tempo, e sobretudo vistos pelo mesmo observatório, que os *Aspectos da teoria da sintaxe* de Chomsky."[67]

---

[65]. Luigi Rosiello, *Il periodo delle traduzioni*, em Daniele Gambarara – Paolo Ramat (a cura di), *Dieci anni di linguistica italiana (1965-1975)*, Bulzoni, Roma, 1977, pp. 31-48.

[66]. Pier Marco Bertinetto, *La cortigiana redenta*, em Gian Luigi Beccaria (a cura di), *Quando eravamo strutturalisti*, Edizioni dell'Orso, Alessandria, 1999, p. 62.

[67]. Carlo Berruto, *Siamo mai stati strutturalisti?*, em Gian Luigi Beccaria (a cura di), *Quando eravamo strutturalisti*, cit., p. 80.

Por fim, entre os juristas, a palavra mágica era "interdisciplinaridade", cultivada na devota companhia de antropólogos e linguistas (desde que fossem estruturalistas) e seguida da frustrante sensação de que, em relação àquela ciência da moda, o direito era uma ciência retrógrada.

6. Estruturalismo e direito: mas quais?

Se os estruturalistas não se ocuparam especificamente do direito, os juristas, ao contrário, ocuparam-se do estruturalismo, embora isso não signifique que eles tenham criado uma escola estruturalista do direito. Na realidade, eles escreveram sobre estruturalismo e direito, sem que os dois termos aproximados se compenetrassem; porém, cedendo à perversa sedução da hendíadis, já daquela aproximação extraíram a ilusão de que os dois termos se integravam em uma unidade. Na realidade, essa unidade não existia. Os juristas terminaram, assim, acrescentando outra enganadora união às listadas na epígrafe da não edificante *Écritures saintes* de Prévert: "à Paul et a Virginie – au tenon et à la mortaise – à la chèvre et au choux – à la paille et à la poutre – au dessus et au dessous du panier – à Saint-Pierre et Miquelon – à la une e à la deux – à la mygale et à la fourmie – au zist et au zest – à votre santé et a la mienne – au bien et au mal – à Dieu et au Diable – à Laurel et Hardy."[68] Por que não também "ao direito e à estrutura"?

Derrida sublinhara a perfídia da conjunção: "A conjunção 'e' associa palavras, conceitos, talvez coisas que não pertençam à mesma categoria. Ousa desafiar a ordem, a taxinomia, a lógica classificatória, seja qual for sua ação: por analogia, distinção ou oposição." Ela permitiria a "um orador de mau humor" falar de cada um dos conceitos, rejeitando, porém, a sua ordem[69].

---

68. Jacques Prévert, *Paroles*, Gallimard, Paris, 1949, p. 198.
69. Jacques Derrida, *Force de loi. Le "Fondement mystique de l'autorité"*, Galilée, Paris, 1994, p. 13 s.

Também a informática aplicada dá sua contribuição – superficial, note-se[70] – ao documentar a existência de uma antropologia estruturalista, de uma linguística estruturalista, mas não de um direito estruturalista, ou melhor, a conjunção entre "estruturalismo" e (isto é, *and*) "direito" revela-se enganadora. Fazendo essa pergunta a uma base de dados bibliográficos, de aproximadamente oito milhões de títulos, obtém-se uma única resposta, que pode ser considerada pertinente apenas em parte. Na tela aparece o título *Franz Kafka*, e o livro trata da análise segundo Lacan do conto *Das Urteil*, da análise segundo Foucault do conto *In der Strafkolonie* e da psicanálise aplicada ao romance *Der Prozess*[71]. Existe o estruturalismo, existe também – mesmo obliquamente – o direito; porém, não existe o estruturalismo jurídico.

Em direção ao estruturalismo jurídico, os juristas dos países neolatinos deram alguns passos, aos quais retornaremos mais adiante. Na Grã-Bretanha, afirmou-se um ramo particular do estruturalismo: o da semiótica (cf. *infra*, 7, b). Na Alemanha, ao contrário, não se encontra nenhuma tentativa porque – como sustenta, ironicamente, Philipps – a filosofia do direito alemã move-se aproximadamente uma década depois que uma moda filosófica atingiu o seu auge. Assim, se o existencialismo atingiu o seu ápice em 1945, na Alemanha começou-se a falar de uma filosofia

---

70. Embora a classificação por matéria seja feita com profissionalismo, os resultados são sempre indicativos e podem servir apenas para iniciar uma pesquisa. Assim, a pergunta "linguística e estruturalismo" dá cinco respostas, todas pertinentes; "antropologia e estruturalismo" dá oito respostas, todas pertinentes: porém, elas continham dois escritos sobre Lévi-Strauss, e nenhum de Lévi-Strauss. A biblioteca contém muito mais títulos pertinentes do que aqueles encontrados (Pesquisa de 1º de março de 2001, Bayerische Staatsbibliothek, München).

71. Hans H. Hiebel, *Franz Kafka. Kafkas Roman "Der Prozess" und seine Erzählungen "Das Urteil", "Die Verwandlung", "In der Strafkolonie" und "Ein Landarzt": Begehren, Macht, Recht. Auf den französischen Strukturalismus (Lacan, Barthes, Foucault, Derrida) beruhende Textanalysen*, Fernuniversität, Hagen, 1998, 171 pp.

existencialista do direito por volta de 1955. Como o estruturalismo atingiu o seu ápice por volta de 1960, "pelo princípio da defasagem temporal dever-se-ia ter uma filosofia estruturalista do direito por volta da metade dos anos 1970. Mas dessa vez nada aconteceu. Poucas alusões em alguns ensaios, talvez: mas ninguém prestou atenção nisso"[72]. Apenas Philipps tratou desse assunto em 1990: mas ele mesmo não deu continuidade a essa pesquisa, que por isso permaneceu em um único artigo (cf. *infra*, 8, b). Sobre as razões desse silêncio podem ser formuladas apenas conjecturas: talvez, segundo Philipps, a filosofia europeia do direito (e a filosofia alemã em particular) vivam uma fase de esgotamento. Por outro lado, não se deve esquecer que o próprio estruturalismo linguístico se desenvolveu em torno da área alemã, em Praga, Copenhague e na Rússia, mas não na Alemanha, bloqueada pela grandeza de sua própria tradição linguística[73].

Originariamente, o estruturalismo atraíra a atenção dos juristas devido aos bons frutos obtidos em várias ciências humanas; assim, diante da metodologia destas últimas, o jurista se perguntou em que medida e com qual resultado o método estruturalista poderia ser aplicado também ao direito (mesmo faltando ser esclarecido, como veremos, o que se esconde por trás das palavras "direito" e "estruturalismo").

Assim como em outras disciplinas, também no direito há quem sustente que o estruturalismo estava presente na pesquisa jurídica antes mesmo que esse método recebesse um nome tão bem-sucedido. Quem sustenta essa tese remete-se à concepção clássica do direito como sistema e às teorias que tentam explicar a ligação entre as normas jurídicas. Um exemplo dessa posição (ou seja, aquela que vê no estruturalismo o método jurídico usado no passado,

---

72. Lothar Philipps, *Strukturalistiche Regeln zur Rechtsfindung*, em Slawomira Wronkowska – Maciej Zieliński (orgs.), *Szkice z teorii prawa i szczgółowych nauk prawnych*, Universytet im. Adama Mickiewicza, Poznań, 1990, p. 213.
73. Stempel, *Gestalt, Ganzheit, Struktur*, cit., pp. 1 s.; cf. *supra*, 1 e nota 12.

mesmo que com menor refinamento em relação ao presente) é fornecido por um artigo de Giorgio Ghezzi, que apresenta o problema nestes termos: "É possível qualificar como estruturalista o método de pesquisa do jurista positivo? Eu diria que sim: acrescentaria – aliás – que, em certas condições, *é precisamente no respeito do princípio estruturalista que o estudo do direito costuma encontrar, no âmbito do empenho metodológico, ao menos um componente reconhecível de sua cientificidade.* De fato, a análise do jurista (pelo menos nos ordenamentos de Civil Law) refere-se essencialmente à organização desses modelos teóricos particulares, por si sós convencionais, que são as proposições normativas jurídicas."[74]

Outros acreditam, ao contrário, que o direito não possa ser explicado com uma formalização muito rigorosa, porque ele é parte da vida social, por sua natureza multiforme e imprevisível. O estruturalismo é, para os primeiros, um prolongamento moderno da tradicional concepção sistemática do direito; para os segundos, ao contrário, é um método formalizado (e, em último caso, matemático) aplicável apenas a âmbitos restritos de pesquisa.

Enquanto essa avaliação divergente sobre a utilizabilidade do estruturalismo depende de concepções diferentes do direito, outras incertezas devem-se ao fato de que nem sequer os estruturalistas têm uma visão unitária da própria disciplina; por exemplo, o problema das relações entre sincronia e diacronia na análise estrutural reacende a velha polêmica entre estaticidade e dinamicidade na análise jurídica.

A divergência de opiniões que se encontra nos poucos escritos sobre as relações entre direito e estruturalismo baseia-se, portanto, nas diversas concepções do estruturalismo por parte dos estruturalistas e na identificação do direi-

---

74. Giorgio Ghezzi, *A proposito di "strutturalismo" e di metodo dell'indagine giuridica*, em "Rivista Trimestrale di Diritto e Procedura Civile", XX, 1966, n. 4, p. 1.416 (o grifo é meu).

to com um aspecto particular do próprio direito por parte dos juristas: diz-se "direito" e entende-se "filosofia do direito", "todo o direito positivo", "um setor do direito positivo", "a história do direito", "o direito comparado".

Combinando uma noção diferente do direito com uma noção diferente de estrutura, cada autor acaba assumindo uma posição diferente da dos outros. O quadro global desse setor da pesquisa jurídica torna-se, assim, um mosaico, cujas peças não se prestam a compor um projeto unitário; e agora, no momento de identificar as linhas principais desse quadro, também sou tentado a repetir o protesto de Gombrowicz contra o estruturalismo: "Sachez-le, je suis à la page, quoique je ne sache pas laquelle... il y en a trop!"

7. *Juristas no limiar do estruturalismo*

Também os juristas, no estudo do direito, procuram ou um sistema interno ou um sistema externo, ou seja, um objeto estruturado ou uma razão estruturante. Ambas as categorias de juristas usam o termo "estrutura", que assume, portanto, múltiplos significados. Mas frequentemente o termo "estrutura" é pleonástico, ou seja, ele pode ser eliminado ou substituído por um sinônimo sem que isso dificulte a compreensão do texto[75].

Para introduzir uma certa ordem nas várias doutrinas jurídicas que fazem uso do termo "estrutura", é útil a classificação proposta por Arnaud, que distingue não apenas um uso genérico de um uso técnico do termo "estrutura", mas introduz, também, algumas subcategorias esclarecedoras. Antes de tudo, em sentido atécnico, a estrutura pode ser usada como um "curinga genérico" ou como um "curinga técnico"; além disso, em sentido próprio, pode ser usa-

---

75. Losano, *Sistema e struttura nel diritto*, cit., pp. 124 ss., onde se encontram vários exemplos de uso pleonástico de "estrutura": agora no vol. 1, cap. IX, 2.

da como "instrumento" de pesquisa em duas direções: renovando os estudos clássicos sistemáticos sobre o direito ou aplicando ao direito o método da análise linguística.

a) A estrutura não vem do estruturalismo clássico

O termo "estrutura" pode ser utilizado em um sentido não específico: como um "curinga" no jogo de cartas, diz Arnaud. Pode ser um *"curinga genérico"*, isto é, a ponto de ser omitido sem modificar o sentido do discurso. A palavra "estrutura" é empregada nesse sentido também por Hans Kelsen, o "sistemático" por excelência, o jurista unanimemente considerado um estruturalista, naturalmente *ante litteram* e *sui generis*. Como já vimos, ele concebe o direito como uma pirâmide de normas, em que a sentença do juiz funda a própria validade sobre a norma contida na lei, ao passo que esta última funda a própria validade sobre a constituição. Em um ordenamento jurídico assim concebido, a validade da norma é explicada não com base na própria norma, mas por seu pertencimento a determinada estrutura. Ora, Kelsen às vezes utiliza o termo "estrutura", porém não o define de modo rigoroso[76].

Os exemplos poderiam multiplicar-se, porque "estrutura" é uma palavra cômoda, que frequentemente é útil inserir sem muitas complicações em qualquer discurso jurídico: sempre cai bem, exatamente como o curinga nas cartas.

Porém, é possível usar o termo "estrutura" em um sentido pré-definido, com um significado próprio, ou seja, em um sentido técnico, que não é, porém, o sentido técnico

---

76. Cf. vol. 2, cap. II, 6. Hans Kelsen, *La dottrina pura del diritto*. Saggio introduttivo e traduzione di Mario G. Losano, Einaudi, 1966, p. XCIX; também em Losano, *Forma e realtà in Kelsen*, Comunità, Milano, 1981, p. 221 s. Em ambos os livros, no verbete "Stufenbau" da *Avvertenza terminologica*, aborda-se exatamente o problema do significado do termo "estrutura" na obra kelseniana e das relações entre concepção kelseniana e estruturalismo em sentido próprio.

que lhe é dado pelo estruturalismo. É, então, um *"curinga técnico"*. Quando Amselek vê na estrutura a "morphologie propre et irremplaçable" do direito[77], quando, em suma, se retorna a Reinach, fala-se de uma estrutura como um instrumento útil ao desenvolvimento da pesquisa jurídica, realiza-se – para usar uma distinção introduzida no início deste capítulo – uma análise estrutural, mas não estruturalista do direito. Bastará examinar dois casos em que se vê esse uso: quando o sociólogo do direito Carbonnier fala da estrutura como da condição prevista pelo legislador para que exista um contrato e quando o filósofo do direito Frosini fala da estrutura do direito como da morfologia da ação.

O breve escrito de Jean Carbonnier sobre a noção de estrutura no direito privado[78] acompanha o de André Mathiot sobre o termo "estrutura" no direito público[79]. Jean Carbonnier vê uma estrutura no conjunto dos requisitos que o código civil exige para que exista um contrato (art. 1108 c.c. francês, art. 1325 c.c. italiano). Fazer estruturalismo jurídico, segundo essa concepção, consistiria, portanto, em realizar uma análise da interconexão entre cada disposição de um determinado setor do ordenamento jurídico. Dessa análise resultariam as ligações que condicionam a existência de um determinado instituto: o código civil francês fala exatamente de "conditions du contrat", enquanto o italiano fala de "requisitos". Os trabalhos de Carbonnier e de Mathiot evidenciam, porém, que o uso do termo "estrutura" não implica o uso da metodologia do estruturalismo linguístico.

---

[77]. Paul Amselek, *Les fondements ontologiques de la théorétique juridique*, "Archives de Philosophie du Droit", 1984, pp. 201 ss.; tradução espanhola em "Anales de la Cátedra Francisco Suarez", 1983-84, n. 24-24, pp. 19-27.

[78]. Jean Carbonnier, *Les structures en droit privé*, em *Sens et usages du terme structure dans les sciences humaines et sociales*, édité par Roger Bastide, Mouton, 's-Gravenhage, 1962, pp. 72-5.

[79]. André Mathiot, *Le mot 'structure' en droit public*, em *Sens et usages du terme structure*, cit., pp. 76-80. A obra foi traduzida para o italiano por Lidia Basso Lonzi: *Usi e significati del termine struttura*, Bompiani, Milano, 1966, 216 pp.

Vittorio Frosini publicou um ensaio intitulado *La struttura del diritto*[80], em que o direito é concebido como morfologia da prática. Também esse ensaio situa-se entre os escritos que se ocupam da estrutura do direito de um ponto de vista técnico, ou seja, fornecendo uma definição do termo "estrutura"; porém, essa definição revela-se diferente da dos estruturalistas. De fato, os pais espirituais da estrutura segundo Frosini não são Claude Lévi-Strauss ou Roland Barthes, mas sim Nikolai Hartmann e os teóricos da psicologia gestáltica. Por esse caminho nos aproximamos de uma concepção estrutural do direito, mesmo que não seja estruturalista em sentido estrito. Todavia, a fundamentação básica é bem diferente da dos estruturalistas "oficiais": Frosini busca, de fato, "a forma interna da ação", e a encontra no direito. Sua pesquisa tem por objeto a estrutura que o direito *é* (em relação ao agir social), e não a estrutura que o direito *tem* (como sistema de normas).

Frosini também aceitou essa descrição ao traçar um quadro da gênese daquele livro e um balanço do seu sucesso. "A distinção certamente é útil – escrevia referindo-se à estrutura que o direito *é* ou *tem* – porque serve para marcar, precisamente, o caráter distintivo de uma visão culturalista, e não estritamente legalista, do direito."[81] Para ele, portanto, o direito dá forma ao agir humano, é uma "morfologia" desse agir; pode-se então discutir sobre que tipo de jusnaturalismo anima essa concepção, ou se ela implica um perigo de irracionalidade e de anti-ideologismo[82]. Todavia, é certo

---

80. Vittorio Frosini, *La struttura del diritto*, Giuffrè, Milano, 1962, 206 pp. Ver também do mesmo autor *Il concetto di struttura e la cultura giuridica contemporanea*, "Rivista Internazionale di Filosofia del Diritto", 1959, pp. 167-76. Sobre Vittorio Frosini, cf. *supra*, cap. I, 7, b.

81. Vittorio Frosini, *Ricordi e riflessioni su "La struttura del diritto"*, em Francesco D'Agostino (a cura di), *L'indirizzo fenomenologico e strutturale nella filosofia del diritto italiana più recente*, Giuffrè, Milano, 1988, p. 35.

82. Essas críticas foram formuladas por Erhard Denninger em uma resenha publicada por ocasião da segunda edição do livro de Frosini ("Archiv für Rechts- und Sozialphilosophie", 1968, n. 1, pp. 122-5). Essa resenha depois foi traduzida e publicada com uma réplica de Frosini em "Rivista Internazionale di Filosofia del Diritto", 1969, pp. 138-44.

que Frosini está em busca da estrutura que é inata ao agir humano, e não da estrutura que está dentro do direito porque foi introduzida ali pelo estudioso ou porque é preexistente. O estruturalismo francês não causou impressão favorável nem sequer em um de seus artigos mais tardios[83].

Por fim, encontramos de novo a estrutura como curinga técnico também na linguagem dos sociólogos estrutural-funcionalistas. Lawrence M. Friedman vê na estrutura do direito o seu "skeletal framework"[84], o seu arcabouço institucional, que tem a função de garantir o seu funcionamento; mas a "substância" do direito é diferente dessa sua estrutura, e Friedman determina essa substância do direito com relação às teorias de Hart[85]. O mesmo uso técnico não estruturalista encontra-se em Raz que, em sua pesquisa especificamente dedicada ao sistema jurídico[86], emprega o termo "estrutura" para indicar as relações internas que unem cada uma das partes em um sistema; ou nos neoinstitucionalistas. "Num caso como no outro – conclui Arnaud –, o uso do termo é 'técnico' , ou seja, é ditado por uma preocupação analítica, porém não é específico. O termo difundiu-se tanto na linguagem corrente dos juristas anglo-saxões, que o termo 'estrutura' já aparece sem nenhuma conotação."[87] Essa constatação pode ser estendida sem preocupação também aos juristas de Civil Law, especialmente agora que a moda estruturalista desapareceu.

---

83. Vittorio Frosini, *Neostrutturalismo e dialettica funzionale nel diritto*, "Sociologia del diritto", 1980, pp. 11-23.

84. Lawrence M. Friedman, *The Legal System. A Social Science Perspective*, Russel Sage Foundation, New York, 1975, p. 14: "The structure of a system is its skeletal framework; it is the permanent shape, the institutional body of the system, the though, rigid bones that keep the process flowing within bounds."

85. A obra de Friedman já foi examinada *supra*, cap. I, 5, a; 7, a.

86. Joseph Raz, *The Concept of a Legal System. An Introduction to the Theory of Legal System*, Clarendon Press, Oxford, 1970, IX-212 pp.; 2.ª edição, 1980, IX-244 pp.

87. Arnaud, *Les théories structuralistes du droit*, cit., p. 93.

b) A estrutura como instrumento inovador

No uso da estrutura como instrumento para um estudo renovado do direito, Arnaud distingue as "tentativas de renovar o sentido clássico" dos estudos sistemáticos do direito e a semiologia jurídica.

Bobbio escrevia em uma carta a Arnaud que a ciência do direito tem sempre a tendência de estudar as estruturas, e também ele apresentava como exemplo a teoria kelseniana. Portanto, conclui Bobbio, "a meu ver, não se trata de *aplicar* o estruturalismo ao direito, mas de inseri-lo na tradição da ciência jurídica, que sempre teve, repito, uma vocação estruturalista, como, por outro lado, a linguística, da qual derivou o novo estruturalismo"[88]. O estruturalismo jurídico tornar-se-ia, portanto, a "reatualização das teorias que analisam o direito como sistema". Se a noção de estrutura está, portanto, tradicionalmente presente no direito, seu uso, em primeiro lugar, será diferente do uso que dele faz o estruturalismo linguístico clássico e, em segundo lugar, poderá ser mais técnico ou menos técnico.

A tentativa de renovação parte de Bobbio e da noção de estrutura como relação entre os elementos de um sistema, desenvolvida em meu livro *Sistema e struttura nel diritto*, com a distinção entre sistema externo e interno, várias vezes mencionada nestas páginas. Desse núcleo originário, Arnaud faz derivar quatro desenvolvimentos que são justamente vistos como uma "dispersão" do grupo que poderia ter constituído uma escola[89]. Minha propensão "para o aporte técnico da análise estrutural"[90] favoreceu a passagem para a informática jurídica. Outros, seguindo a filoso-

---

88. Arnaud, *Les théories structuralistes du droit*, cit., p. 88.
89. Arnaud, *Les théories structuralistes du droit*, cit., p. 95.
90. Arnaud emprega aqui o adjetivo "structural", que, a rigor, significaria "estruturalista" em sentido próprio, como sublinhara também Boudon (cf. *infra*, nota 127). Para a minha análise tinha usado o termo "estruturística" (cf. 11) precisamente para indicar que eu tratava da estrutura do direito, mas não com o método dos estruturalistas.

fia analítica da linguagem, constituíram "une école florissante". Outros passaram à teoria geral dos sistemas aplicada à sociedade e ao direito, encontrando em Luhmann o seu guia teórico: "mesmo que Luhmann – comenta Arnaud – não tivesse concordado se se quisesse descrever a sua teoria com os critérios de um estruturalismo"[91]; note-se: "de um estruturalismo", não necessariamente do clássico estruturalismo linguístico. Mas sobre a doutrina de Luhmann falaremos amplamente no capítulo IV.

Com a semiótica (ou semiologia) jurídica chega-se, finalmente, à aplicação ao direito de noções deduzidas de várias correntes estruturalistas (estas sim em sentido estrito: cf. *supra*, 3, no final). A origem da semiótica jurídica confirma as conexões subterrâneas entre história e estruturalismo. De fato, o maior expoente dessa escola, Bernard S. Jackson, entre 1975 e 1980 ocupava-se de história do direito hebraico antigo, mas as crescentes inquietações metodológicas levaram-no para o estruturalismo. Jackson concebe o estruturalismo em uma acepção delimitada, ou seja, como "a aplicação dos métodos linguísticos a unidades de discurso maiores da proposição"[92] e descreve assim o procedimento compreendido na construção da sua teoria: "Tomei duas tradições intelectuais muito diferentes – a semiótica estruturalista de A. J. Greimas e a teoria moderna (sobretudo positivista) do direito representada por Hart, McCormick, Dworkin e Kelsen – e, contrapondo-as, procurei esclarecer e ordenar os seus pressupostos semiológicos, para lançar os fundamentos de uma sensata teoria do direito"[93]. Sobre a novidade dos resultados alcançados, os pareceres são discordantes. Para Arnaud, Jackson chegou "simplesmente a reencontrar a estrutura de um ser – o direito – que ele considera já dotado de estrutura", de modo que o

---

91. Arnaud, *Les théories structuralistes du droit*, cit., p. 97.
92. Bernard S. Jackson, *Semiotics and Legal Theory*, Routledge & Kegan Paul, London, 1985, p. X.
93. Jackson, *Semiotics and Legal Theory*, cit., p. IX.

seu sonho "parece ser aquele de reescrever uma teoria do direito natural de conteúdo variável, *à la* Stammler, graças aos mais atuais aportes metodológicos"[94].

Como curinga ou como instrumento, o termo "estrutura" foi empregado pelas teorias até aqui examinadas para indicar algo que é inato ao direito e, portanto, preexiste à pesquisa estrutural. Ou seja, existe no âmbito do sistema interno.

Arnaud propõe uma visão estrutural do direito que se apoia na teoria geral dos sistemas, em uma versão, porém, particularmente adequada a esse objeto. Antes de mais nada, ele considera "o direito um conjunto que apresenta determinado número de características do sistema, mas que não pode ser tratado recorrendo-se à teoria geral dos sistemas. [...] O direito não pode ser considerado um sistema, mesmo que se pudesse provar que esse conjunto possui determinadas características do sistema, incluindo o caráter *ativo* do elemento e o caráter *adaptativo* do conjunto"[95]. A proposta metodológica de Arnaud não se refere ao estruturalismo linguístico, mas é uma elaboração autônoma que encontra a sua colocação em uma adaptação particular da teoria geral dos sistemas ao direito.

Os limites do estruturalismo parecem levar, naturalmente, em direção à teoria geral dos sistemas. A falta de difusão do estruturalismo nos Estados Unidos é explicada precisamente pela superioridade metodológica da teoria geral dos sistemas, já havia muito tempo presente entre os estudiosos daquele país (cf. *infra*, 12). Desse ponto de vista, toda a produção científica de Arnaud documenta essa transição do estruturalismo para a teoria geral dos sistemas[96].

---

94. Arnaud, *Les théories structuralistes du droit*, cit., p. 97.
95. Arnaud, *Les théories structuralistes du droit*, cit., p. 100.
96. Sobre a última fase da sua evolução, cf. André-Jean Arnaud – M.ª José Fariñas Dulce, *Sistemas jurídicos. Elementos para un análisis sociológico*, Boletín Oficial – Universidad Carlos III, Madrid, 1996, 355 pp. Arnaud redigiu a segunda parte, de natureza metodológica, da qual se deve indicar o capítulo *So-*

As páginas seguintes tratarão apenas das teorias que declaram remeter-se ao estruturalismo em sentido próprio, ou seja, ao estruturalismo originariamente elaborado pelos linguistas. Nessa direção moveram-se, por volta da metade dos anos 1970, alguns juristas que indicaram interessantes perspectivas, destinadas, porém, a não conhecer ulteriores desenvolvimentos.

8. *O estruturalismo e o direito positivo*

Entre aqueles que julgam aplicável ao direito o método estruturalista podem ser observadas duas atitudes, ainda que frequentemente um mesmo escrito possa expressar ambas, embora em medida diferente.

A primeira atitude parte da constatação da fecunda novidade do estruturalismo nas matérias extrajurídicas e limita-se a convidar os juristas a aplicá-lo à própria matéria. O escrito baseado nessa atitude apresenta-se mais como o documento programático de uma pesquisa futura do que como uma contribuição para essa mesma pesquisa. A segunda atitude, ao contrário, parte do pressuposto da obrigatória presença do pensamento estrutural em cada ciência humana e – no direito – termina por equiparar o método estruturalista ao pensamento sistemático tradicional. O escrito baseado nessa atitude apresenta-se, então, como uma contribuição nova (mas, frequentemente, apenas na terminologia) em relação a uma problemática bem mais antiga (e, frequentemente, antiquada): é, na melhor das hipóteses, uma análise estrutural, mas não estruturalista, do direito.

---

bre a análise sistêmica do direito, pp. 238-68. Existe uma edição francesa ampliada (*Introduction à l'analyse sociologique des systèmes juridiques*, Traduction française revue et augmentée. Préface de Jacques Commaille, Bruylant, Bruxelles, 1998, 378 pp.), por sua vez traduzida para o português (*Introdução à análise sociológica dos sistemas jurídicos*, Renovar, Rio de Janeiro, 2000, 456 pp.).

Em um ensaio de André-Jean Arnaud, a primeira atitude, ou seja, aquela que exorta os juristas ao estruturalismo, está bem representada: "[...] aquilo que sugeririam as pesquisas estruturalistas seria a adoção de determinadas atitudes na pesquisa. Isso se dirige tanto aos filósofos do direito quanto aos historiadores das instituições e dos fatos sociais ou aos juristas mais imediatamente interessados nos fatos cotidianos. Seria conveniente parar de considerar o direito necessariamente transcendental. Temos de romper com a tradição evolucionista que nos foi inculcada nas aulas de filosofia. [...] As disposições jurídicas, sociais, econômicas – tudo isso que reunimos no termo 'direito' – não poderiam ser consideradas simplesmente regras de *troca*?"[97].

Sobre essa base metodológica, Arnaud propunha um plano de trabalho sedutor, mas ainda vago (é preciso lembrar que ele escrevia em 1968): "Atualmente, o recurso à análise estrutural daria aos pesquisadores uma inesperada possibilidade de aprofundamento. De fato, muitos historiadores do direito querem aplicar e fazer aplicar um método puramente indutivo; por exemplo, seria preciso partir do estudo de todas as obras de um gênero, de uma época, de uma sociedade, para traçar em seguida um modelo geral: empreendimento desesperado. Milhares são as obras, poucos os pesquisadores. Por ora, eles não têm computadores à sua disposição. Condenados forçosamente a um procedimento dedutivo, por que não conceber, antes de mais nada, um modelo hipotético de descrição, para descer depois, pouco a pouco (partindo desse modelo), em direção aos elementos que, a cada vez, a ele se adaptam ou dele se afastam? É apenas no nível dessas adequações e dessas diferenças que esse tipo de análise – em posse de um único

---

[97]. André-Jean Arnaud, *Structuralisme et droit. Notes de lectures et directions de recherche*, "Archives de Philosophie de Droit", XIII, 1968, p. 298; atualizado pelo próprio Arnaud, *Nouvelles du structuralisme*, "Archives de Philosophie de Droit", XV, 1970, pp. 466-71.

instrumento de descrição – reencontra a pluralidade dos comentários e das opiniões, a própria diversidade histórica, geográfica e cultural. *Seguir as transformações do direito de maneira estrutural significa praticar cortes sincrônicos repetidas vezes, para comparar depois os sistemas.* Neles, cada elemento desempenha uma função; e a mudança de função deve permitir concluir a transformação dos sistemas. Um elemento pode desaparecer deixando sua função a outro; porém, pode também continuar a existir, mas com uma função diferente. Apenas a análise estrutural permite uma análise desse tipo"[98].

Com o problema de apreender o átimo fugidio no fluir dos acontecimentos (o faustiano "pára: tu és belo!") devem confrontar-se todos aqueles que querem realizar uma análise formal de fenômenos imersos na história. Ao analisar o direito em função do uso da informática, Viktor Knapp fala de "intervalos de constância", muito semelhantes aos "cortes sincrônicos" de Arnaud (cf. *supra*, cap. I, 7, c).

a) Uma análise estruturalista do código civil francês

Arnaud desenvolveu essas ideias no já citado artigo de 1989, mas principalmente em sua análise estrutural do código civil francês de 1804, publicada em 1973[99]: este último escrito foi, a meu ver, a melhor promessa daquilo que poderia ser, mesmo que depois não tenha sido, o estruturalismo jurídico. Ele continua sendo ainda hoje, sempre em minha opinião, o melhor exemplo de estruturalismo aplicado ao direito. Seu trabalho, afirma Mounin, "oferece um terreno para os exercícios e a reflexão semiológica que sem dúvida não tem igual depois dos trabalhos de Lévi-Strauss

---

98. Arnaud, *Structuralisme et droit*, cit., p. 300 (o grifo é meu).
99. Arnaud, *Essai d'analyse structurale du code civil. La règle du jeu dans la paix bourgeoise*. Préface de Michel Villey. Postface de Georges Mounin, Librairie Générale de Droit et de Jurisprudence, Paris, 1973, IX-182 pp.

sobre os mitos"[100]. A inovação de Arnaud é também fruto dos fermentos que permeavam o ambiente parisiense nos anos ao redor do Movimento de 1968. Ao conservadorismo político e acadêmico contrapunham-se um marxismo vivaz e uma curiosidade científica intensa. Relendo-o trinta anos depois, o ensaio de Arnaud revela todas as qualidades e todos os defeitos daqueles anos: qualidades que eu teimo em considerar superiores aos defeitos, tanto nesse livro como naqueles anos.

A academia conservadora está presente não tanto na formação básica de Arnaud (inevitavelmente), mas sobretudo no prefácio de seu "Doktorvater", o filósofo do direito, historiador e jusnaturalista Michel Villey. No escrito de seu aluno inquieta-o a presença de autores como Marx e Mao. A interpretação do código napoleônico como instrumento do poder burguês parece-lhe uma explicação parcial, e portanto "partidária": para Villey, o erro do estruturalismo consistia, precisamente, em apresentar como "vérités totales" as "vérités partielles". Por fim, como para Villey o direito é uma realidade perpetuamente mutável que se encaminha para uma justiça superior, "os métodos das ciências exatas fracassam na presença do direito". Em particular, o estruturalismo permite construir modelos sedutores mediante uma simplificação da realidade, mas seria errôneo identificar o modelo com a realidade: "a análise estrutural não fala de um dos aspectos do direito entre outros"; para Villey, "o real jamais obedece completamente a um sistema"[101]. São coisas de "franc-tireur" aquelas que escreve Arnaud, mas o correto neotomista da Sorbonne acolhe com curiosidade na sua escola também um franco-atirador inteligente.

No lado oposto do firmamento científico parisiense – e também, fisicamente, no lado oposto do livro –, os defen-

---

100. Georges Mounin no posfácio a Arnaud, *Essai d'analyse structurale du code civil*, cit., p. 178; o juízo é reafirmado também a pp. 182.
101. Michel Villey no prefácio a Arnaud, *Essai d'analyse structurale du code civil*, cit., pp. IV s.

sores das novas teorias são representados pelo linguista e semiólogo Georges Mounin. A interdisciplinaridade produz uma primeira inversão de juízos, que surpreende o jurista como uma ducha fria: para Mounin, o código civil de 1804 é "un texte infiniment moins complexe qu'un roman ou un poème"[102].

O semiólogo move-se à vontade nessa pesquisa e passa o texto de Arnaud pelo crivo do ponto de vista linguístico, não por "purismo", mas por "higiene epistemológica"[103]. Certos vícios daqueles anos são postos no índice já nesse posfácio: o termo "langage" está frequentemente para os mais correntes "sentido" ou "conceito"; "signifiant" está para "significativo"; e em seguida a inflação dos termos "sinal", "sintagma", "sintaxe": todos termos a serem empregados com cautela, pois em linguística eles têm, com frequência, um significado diferente daquele em que Arnaud os emprega, mesmo porque chegam a ele, às vezes, por meio de textos interdisciplinares que corromperam o seu significado original. O Código (civil) não é um código (linguístico): retornam, aqui, as críticas que os linguistas estruturalistas sempre fizeram ao uso da sua terminologia em outras disciplinas.

O método de Arnaud é a semiologia do significado, na forma que ela tinha tomado naqueles anos nos trabalhos, por exemplo, do linguista e semiólogo Luis J. Prieto. Um fenômeno é considerado um sistema de sinais que têm um significado, reconstruível através de uma série de indícios, ou seja, de fatos observáveis que informam sobre outros fatos não observáveis. A semiologia do significado interpreta os indícios para identificar a estrutura do fenômeno estudado. O verdadeiro problema, aqui, é a escolha dos indícios: o perigo é escolhê-los não em função do que a própria realidade oferece, mas do que se tem em mente querer encontrar. Desse ponto de vista, na análise semiológica do códi-

---

102. Mounin em Arnaud, *Essai d'analyse structurale du code civil*, cit., p. 171.
103. Mounin em Arnaud, *Essai d'analyse structurale du code civil*, cit., p. 172.

go civil, Arnaud é favorecido pela sua preparação jurídica, histórica, sociológica: assim como Panofsky, Arnaud é um bom estruturalista porque é um bom historiador. De fato, a sua análise estrutural do código civil constituía a premissa metodológica para uma edição histórico-crítica do Code Napoléon que ele, por vários motivos acadêmicos, não pôde desenvolver até a publicação[104]. Esse tema acompanhou a atividade cultural de Arnaud também na sua evolução do estruturalismo clássico à análise sistêmica, ligada a uma concepção filosófica pós-moderna.

Arnaud procura, portanto, trazer à tona o modelo estrutural do código civil e, com vários indícios apropriados, reconstrói do conjunto das normas as regras do jogo da sociedade burguesa: o grande jogo da burguesia, que se autotutela e se autorregula. Um ponto controverso é este: para Arnaud, os redatores do código – de Portalis e Napoleão ao burguês jansenista e galicano – estavam cientes do disfarce com o qual escondiam seus interesses sob as normas do código. Na realidade, é difícil dizer até que ponto os próprios autores principais estavam cientes do conflito entre a especificidade dos interesses tutelados e a pretensão de generalidade inerente às normas jurídicas proclamadas.

Na impossibilidade de reler o código civil segundo as propostas de Arnaud, é necessário mencionar a técnica de

---

104. André-Jean Arnaud, *Les origines doctrinales du code civil français*, Librairie Générale de Droit et de Jurisprudence, Paris, 1969, IV-326 pp. Arnaud publicou em seguida algumas partes daquela análise estrutural do código civil francês: *La paix bourgeoise*, "Quaderni fiorentini per la storia del pensiero giuridico moderno", 1973, pp. 147-76; *Analyse du texte du Livre Préliminaire du Code civil français (Texte de 1804)*, CRIV-Beaubourg (Centre Georges Pompidou), Paris, 1989, 99 pp.; *L'intérêt des personnes: quelques enseignements d'une analyse structurale comparée des textes du livre premier du code civil français de 1803 à 1987*, em Philippe Gérard – François Ost – Michel Van de Kerchove, *Droit et intérêt*; vol. 3: *Droit positif, droit comparé et histoire du droit*, Publ. des FUSL, Bruxelles, 1990, pp. 7-22, agora retomado no seu volume *Le droit trahi par la sociologie. Une pratique de l'histoire*, Préface de Vincenzo Ferrari, Librairie Générale de Droit et Jurisprudence, Paris, 1998, 260 pp., junto com *La famille-cocon; aspects sociologiques du droit nouveau de la famille e Notre droit des biens entre jeu et providence (1804-1976)*.

análise que ele declara usar: "A formalização [...] permite isolar as unidades fundamentais que serão objeto de análise, relacionando-as uma com a outra. Depois de ter tornadas manifestas essas unidades – cujo conjunto forma o 'código' de que lança mão o redator do Código civil – será oportuno examinar quais regras construtivas ele usou e segundo qual ordem as usou; de fato, é inata uma escolha na organização das unidades (cujo critério é a função), e essa escolha cria o *sistema*. A investigação sobre a natureza das mensagens transmitidas ocupará uma dimensão suplementar na comparação de cada instituição com as restantes. Esse modo de proceder permitirá formar grupos de instituições, descobrir as eventuais lacunas do Código civil; em uma palavra, permitirá apreender seu sentido passando através da sua estrutura."[105]

A aplicação dessa técnica gera também outro aspecto mais específico, mas inovador: o uso da teoria dos conjuntos e de grafos de vários tipos para ilustrar e sintetizar as conclusões a que chega a análise estrutural. Villey considerava essa leitura "un peu indigeste": na realidade, ela é apenas uma leitura um pouco incomum para o jurista.

b) Uma análise estrutural das normas penais

O alemão Lothar Philipps voltou-se para a aplicação das normas penais ao caso concreto, partindo da constatação de que a teoria clássica concentra toda a atenção no caso concreto a ser decidido, enquanto o método estruturalista leva a considerar também os casos similares, com resultados fecundos[106]. Dado determinado caso, deve-se, antes de mais nada, ver em que medida ele pode ser equipa-

---

105. Arnaud, *Essai d'analyse structurale du code civil*, cit., p. 23 (o grifo é de Arnaud).
106. Lothar Philipps, *Strukturalistische Regeln zur Rechtsfindung*, em Wronkowska – Zieliński (org.), *Szkice z teorii prawa*, cit., pp. 213-22.

rado aos casos típicos, ou melhor, aos modelos típicos, que Philipps chama de "casos normais" (*Normalfälle*) e que poderíamos, talvez, reconduzir à corrente dos "tipos" examinados em Larenz, Wilburg e Canaris. Em seguida, considera-se quanto o caso em exame distancia-se do "caso normal", analisando profundamente suas características. Se a distância é pequena, aplica-se ao caso a solução adotada também no "caso normal". Se a distância é grande, examina-se o "caso normal" oposto: de fato, os casos problemáticos são aqueles limítrofes, ou seja, aqueles situados na área cinzenta no limite entre dois casos opostos. As três possíveis decisões podem ser representadas graficamente como os vértices de um triângulo ao qual aplicar uma das teorias estruturalistas: aquela do "grafo do triângulo equilibrado", que Philipps deduz do francês Flament[107]. Os três vértices do triângulo formam três pontos de um grafo, que será equilibrado se os três lados expressam decisões iguais, ou se dois – e apenas dois – lados ligam decisões diferentes.

O grafo pode ser usado em casos mais complexos: então, o grafo elementar, ou seja, o triângulo, pode compor um quadrado constituído por quatro triângulos unidos por um vértice. Esses retículos de triângulos servem a Philipps para ilustrar duas operações estruturalistas da decisão de casos: a transferência do modelo de um problema e sua extensão. Os casos examinados deixam fora, porém, uma terceira operação estrutural, a "reprodução especular", ilustrada em outros trabalhos de Philipps[108].

Também essa formalização explica conceitos penalísticos já conhecidos de modo diferente do tradicional. Sua utilidade consiste, porém, em perseguir uma dupla finalidade prática: de um lado, fornecer um instrumento metodológi-

---

107. Claude Flament, *Théorie des graphes et structures sociales*, Mouton – Gauthier –Villars, Paris, 1965, 167 pp.
108. Lothar Philipps, *Täterschaft und Teilnahme – Versuch und Irrtum*, "Rechtstheorie", 1974, pp. 129-46; e *Kombinatorik strafrechtlicher Rechtsmeinungen*, em Adalbert Podlech, *Rechnen und Entscheiden. Mathematische Modelle juristischen Argumentierens*, Duncker & Humblot, Berlin, 1977, pp. 221-54.

co que ajude tanto na efetiva decisão dos casos concretos, como na solução dos casos propostos no ensino do direito penal; de outro, preparar o terreno para a construção de um sistema especialista, "em que o computador sirva à decisão dos casos, e não apenas para encontrar ou analisar textos jurídicos"[109]. O estruturalismo jurídico de Philipps une-se, assim, a um tema específico da informática (cf. *supra*, cap. I, 9).

9. O estruturalismo e a filosofia do direito

Ao lado dos juristas que se ocupam da aplicabilidade do estruturalismo ao direito positivo, à história do direito e ao direito comparado, outros estudiosos ocupam-se do mesmo problema com relação à filosofia do direito. Para esta última vale, mais uma vez, a observação feita a respeito do termo "direito": a unicidade do termo encerra uma pluralidade de significados. Por exemplo, pode-se discutir sobre a aplicabilidade do estruturalismo a uma filosofia do direito de inspiração marxista ou tradicional. Por ora, convém limitar-se apenas a essas duas correntes.

As frequentes discussões sobre as relações entre marxismo e estruturalismo tiveram reflexos também na teoria marxista do direito, cuja posição foi sintetizada com exatidão por uma jurista romena, Anita Naschitz (1928-73): "Se algumas pesquisas estruturalistas puderam levar a um progresso notável, especialmente em determinados setores das ciências sociais [...] a orientação estruturalista levou também, ao mesmo tempo, a novas formas de afirmação do idealismo e da metafísica nas ciências sociais. A referência às estruturas estáveis dos fenômenos e aos processos sociais transformou-se, frequentemente, em ponto de partida para substituir a ideia de estabilidade pela ideia de imobili-

---

109. Philipps, *Strukturalistiche Regeln zur Rechtsfindung*, em Wronkowska – Zieliński (org.), *Szkice z teorii prawa*, cit., p. 222, e também 215, nota 5, com referência a autores que compartilham dessa posição.

dade, para combater e contra-atacar a crescente influência da ideia do historicismo, do processo, da progressiva evolução da sociedade humana. O meio teórico que permitiu essa visão errônea e retrógrada é a fetichização das estruturas, sua hipostatização em um mundo separado, destacado das empíricas realidades dinâmicas da vida social e a ela supraordenado (mundo muito semelhante àquele da tradicional 'ideia absoluta', dos valores imutáveis e válidos em geral no tempo e no espaço, das essências eidéticas *a priori*). A ideia fenomenológica das estruturas e das conexões essenciais do mundo dos conceitos jurídicos, como um mundo à parte, separado dos fenômenos jurídicos reais, poderia ser concretamente considerada uma manifestação, nas ciências jurídicas, daquela que – em oposição ao *método* estruturalista – pôde ser definida como a *ideologia* estruturalista"[110].

Em outras palavras, Anita Naschitz rejeita aquilo que Boudon chama de "estruturalismo mágico", mas acredita (em explícita polêmica com Roger Garaudy e implícita com Raimond Boudon) que as estruturas estejam *dentro* das coisas. Apenas essa premissa permite à autora afirmar que o estruturalismo constitui "um elemento organicamente integrado" ao marxismo[111]. Com isso, porém, reabsorve-se o método estruturalista em outro a ele preexistente: note-se como essa argumentação percorre de novo o mesmo itinerário que levara a fazer conviver a cibernética com o marxismo-leninismo ortodoxo (cf. *supra*, cap. I, 4 e 7, c).

Anita Naschitz exprime corretamente essa sua posição falando não da aplicabilidade do estruturalismo à teoria

---

110. Anita M[eirovici] Naschitz, *Teoria şi tehnica în procesul de creare a dreptului în lumina filozofiei marxiste a dreptului şi a practicii legislative a statului socialist român*, Editura Academiei, Bucureşti, 1969, pp. 41 s.
111. Naschitz, *Teoria şi tehnica*, cit., p. 43. O problema foi, porém, resolvido de diversos modos: Maurice Godelier aceita a conciliação entre marxismo e estruturalismo, Lucien Sève a rejeita, e Roger Garaudy é favorável a uma assimilação crítica do estruturalismo no marxismo. Sobre Althusser, cf. *supra*, item 4.

marxista do direito, mas sim "da necessidade de valorizar o método da análise estrutural no âmbito das pesquisas marxistas". Nessa perspectiva, ela indica três possíveis diretrizes de pesquisa jurídico-estrutural: o direito como *superestrutura* jurídica; o direito como conjunto de *modelos* de comportamento social; o processo de transformação do direito[112].

O estudo de Anita Naschitz não tem a finalidade de desenvolver essas três possíveis diretrizes de pesquisa; todavia, a última delas introduz um problema particularmente relevante para o direito: o estruturalismo serve para explicar as transformações do direito ou para descrever a sua estrutura estática?

Diante desse problema, as respostas não são únicas. André-Jean Arnaud e Viktor Knapp acreditam que o estudo das transformações do direito apenas seja possível mediante cortes sincrônicos em várias fases da transformação, para comparar depois entre si cada um dos resultados obtidos. Giorgio Ghezzi assume uma posição mais imprecisa: "Se por análise sincrônica o estruturalismo designa aquela que é feita, especificamente, sobre as relações entre os elementos que, contemporaneamente, são constitutivos de determinada totalidade, deve-se concluir que, essencialmente, sincrônica é, sempre, a análise jurídica positiva."[113] Essa posição é moderada por observações inspiradas provavelmente por Lévi-Strauss: "A noção de 'sincronia', típica da hermenêutica jurídica, não é traduzível, enfim, em uma absurda e falsa abolição da dimensão temporal do objeto de estudo, e isso precisamente porque não se tem de lidar com o puro pensamento, mas com estruturas ideais, desvinculadas decerto da atividade humana que foi a sua produtora, mas apreendidas em determinado momento no curso da história."[114]

---

112. Naschitz, *Teoria şi tehnica*, cit., pp. 45 s.
113. Ghezzi, *A proposito di "strutturalismo" e di metodo della indagine scientifica*, cit., p. 1.418.
114. Ghezzi, *A proposito di "strutturalismo" e di metodo della indagine scientifica*, cit., p. 1.420.

A dinâmica do direito é o centro do interesse de Vladimiro Lamsdorff-Galagane, filósofo do direito em Santiago de Compostela. Esse autor nega a possibilidade de aplicar o método estruturalista à filosofia do direito. A seu ver, o estruturalismo aplicado à filosofia do direito deveria responder à questão sobre a "lei geral que regula cada transformação jurídica. Em termos kantianos, a resposta a essa pergunta nos indicaria a forma que cada fenômeno jurídico assumiria para submeter-se a essa lei"[115].

Todavia, essa compreensão dinâmica do fenômeno jurídico não implica necessariamente a conciliabilidade entre método estruturalista e método filosófico-jurídico: "Se no aspecto descritivo-factual do organismo jurídico o estruturalismo podia ser considerado um método científico, cujos resultados podiam servir como fundamento para uma reflexão filosófica, do ponto de vista dos valores o estruturalismo e a filosofia do direito movem-se em planos totalmente diferentes. O estruturalismo não transcende o seu setor científico-factual, ao passo que a filosofia do direito, pelo menos nesta pesquisa concreta, deve ser entendida como parte da ética."[116]

Alguns anos depois, um grupo de pesquisadores da Universidade Complutense de Madri voltava a se ocupar do estruturalismo jurídico, seguindo porém mais de perto o modelo dos linguistas[117]. Traçando um paralelo entre língua e direito, o civilista Antonio Hernández Gil constata que cada língua "continua a ser fruto de acordos sociais imperceptíveis", ao passo que o direito, "mesmo tendo conhecido manifestações análogas nas suas primeiras fases, conheceu depois um processo de tecnicização", que o transformou em ordenamento jurídico, ou seja, em sistema. Gil es-

---

115. Vladimiro Lamsdorff-Galagane, *¿Estructuralismo en la filosofia del derecho?*, Porto y Cía, Santiago de Compostela, 1969, p. 90.
116. Lamsdorff-Galagane, *¿Estructuralismo en la filosofia del derecho?*, cit., p. 102.
117. Antonio Hernández Gil [et al.], *Estructuralismo y derecho*, Alianza Editorial, Madrid, 1973, 241 pp.

timula a evitar o equívoco de considerar estruturalista a comparação entre as estruturas socioeconômicas e as jurídicas e propõe percorrer um caminho exclusivamente jurídico, superando assim a barreira metodológica que separa o direito das disciplinas mais modernas.

No curso da história, o direito tornou-se ordenamento jurídico; mas o estruturalismo jurídico "não pode consistir em trazer à luz essa ordem ou sistema com que o direito se apresenta nos ordenamentos jurídicos": o estruturalismo deve ir mais a fundo. Gil quer transferir para o direito os resultados adquiridos pelo estruturalismo linguístico, seguindo um caminho que, como veremos adiante, Boudon indica como infrutífero: "Os estruturalismos linguístico, antropológico, sociológico e matemático tornam a estabelecer as 'leis' ou as 'regras' com as quais se conformam as grandes séries de combinações, mas não se ocupam das regras enunciadas desde o início como tais, ao passo que é precisamente isso que deve propor-se a fazer o estruturalismo jurídico. As normas oferecem algumas combinações de elementos que se conformam à regras que obedecem à estrutura do sistema."[118] Gil propõe transferir a dicotomia entre *langue* e *parole* também ao interior do direito, buscando, portanto, no direito não as regras "feitas pelas 'normas' que prescrevem um comportamento ou prefiguram um efeito, mas aquelas outras 'regras' internas, ou seja, não enunciadas, a que se atêm as combinações (ou seja, as associações e as oposições) de elementos"[119]. Por isso, o que importa dessa prescrição não é o conteúdo, mas a forma. Todavia, essa aproximação metodológica entre língua e direito é possível só até certo ponto, pois a língua pode fluir livremente, ao passo que o direito está intimamente ligado à coercitividade.

O texto de Gil apresenta-se como uma reflexão aprofundada das relações entre o estruturalismo linguístico e

---

118. Antonio Hernández Gil, *Introducción al estudio del estructuralismo y el derecho*, em Gil, *Estructuralismo y derecho*, cit., p. 44.

119. Gil, *Introducción*, cit., p. 48.

um desejável estruturalismo jurídico; e os juristas que colaboraram com ele exprimem, como muitas vezes se viu, sobretudo uma aspiração contemplativa à renovação metodológica da ciência jurídica. De fato, os seus ensaios[120], com exceção daquele sobre o direito comparado[121], tentam mais lançar as bases de uma teoria estruturalista do direito do que reconstruir como estruturalistas um segmento de ordenamento. No panorama cultural espanhol de 1973, esses ensaios poderiam ter sido um bom começo para uma escola estruturalista do direito. Mas dois anos depois viriam a morte de Franco, o advento da democracia, o *destape* cultural e a corrida às novas teorias na Europa e na América. Também sobre esse início promissor caiu o pó do esquecimento.

10. *O estruturalismo jurídico e a estruturística jurídica*

Os textos até aqui citados dão a impressão de que o estruturalismo dos juristas foi principalmente uma lista de aspirações, acompanhada de poucas aplicações bem articuladas e pensadas profundamente. Essas aspirações eram no fundo apenas duas, bem diferentes, mas complementares: elas são elementos típicos do pensamento jurídico e, portanto, ainda estão presentes nele, mesmo depois da extinção do estruturalismo jurídico.

Aqueles que equiparavam o método jurídico tradicional ao estruturalismo concebiam este último como uma análise estática de estruturas. Nesse sentido, "análise estrutu-

---

120. Luis Nuñez Ladevéze, *Para un estructuralismo jurídico*, em Gil, *Estructuralismo y derecho*, cit., pp. 53-105; e *Ideología y problemática*, pp. 213-41; Juan José Sobrado Chaves, *Cambio jurídico y concepto de transformación*, pp. 107-47; Andrés Mesa Mengíbar, *¿Es posible la aplicación del análisis estructural al derecho?*, pp. 149-58; José Antonio Pérez de Gracia, *Distintos entendimientos del estructuralismo y la estructura*, pp. 185-212.

121. Jesús Ernesto Peces y Morate, *Estructuralismo y derecho comparado*, em Gil, *Estructuralismo y derecho*, cit., pp. 159-82.

ral" é uma expressão não genérica, mas técnica: porém, sua precisão técnica reside no termo "análise", e não no termo "estrutura". Em particular, na programação chama-se análise à fase que antecede a redação do programa e que consiste exatamente em identificar todas as relações que existem entre os elementos de um dado sistema (prático ou teórico); ao falar da informática, um item inteiro foi dedicado à *Análise estrutural dos procedimentos jurídicos* (cf. *supra*, cap. I, 8). Nos anos 1960, essa reviravolta da teoria à tecnologia estava no ar.

A análise estrutural do direito obrigava a escolher entre três caminhos, e os três levavam para fora do estruturalismo. Um, porém, movia-se em direção ao passado, enquanto os outros apontavam para o futuro: ou abandonava-se o estruturalismo para se retornar à tradicional exegese jurídica, ou – se se quisesse trilhar novos caminhos – acabava-se por passar mais ou menos gradualmente do estruturalismo à teoria dos sistemas e a sofisticadas teorias pós-modernas, ou ainda se atravessava o Rubicão do estruturalismo e passava-se à cibernética e à informática jurídica. Mas com esta última, nos anos 1950, enfrentava-se uma disciplina que, na época, não se chamava informática, mas cibernética, e recaía-se, portanto, nas temáticas já abordadas a respeito dessa disciplina (cf. *supra*, cap. I).

Ao contrário, aqueles que viam no estruturalismo a análise das leis de transformação de determinada realidade colocavam-se em um plano diferente: davam como adquirida a análise estática das estruturas legislativas e, examinando a modificação de um elemento dessa estrutura, perguntavam-se quais outras modificações deveriam ocorrer na estrutura global, a fim de que esta última pudesse continuar a exercer sua função.

Nessa forma abstrata, o discurso era interessante, mas impreciso. Se se tentava ligá-lo mais estritamente à realidade do direito e da ciência jurídica, era preciso mover-se em dois níveis bem distintos: o primeiro era o filosófico, que em geral era exemplificado com a teoria pura do direito, de que já nos ocupamos. Ela tem por objeto as relações hierárquicas entre normas (constituição, lei, sentença), cujo conteúdo deliberadamente não leva em consideração: ocupa-se mais de formas que de normas. Se, vice-versa, se quiser levar em conta o conteúdo de cada norma, será preciso passar para o outro nível, que é o do direito positivo. Chega-se assim a uma atitude que (pressupondo como já dada a análise estática de *todas* as estruturas do direito positivo) se pergunta se é possível passar de uma descrição estática e setorial para uma descrição dinâmica e global de tais estruturas. Todavia, como o pressuposto no qual se baseia essa concepção não havia sido realizado na época, nem está realizado hoje, limitava-se, aqui, a formular essa exigência de estrutura abrangente, procurando-a depois em uma análise do direito mais sociológica que jurídica.

Examinamos assim um primeiro nível, em que a estrutura traz pouca novidade ao jurista, e um segundo nível, o da macroestrutura do direito, que, por sua vez, poderia ser filosófica ou jurídico-positiva. Por esse segundo setor do segundo nível de pesquisa jurídico-estruturalista, o profético "corolário pessimista" de Raymond Boudon assumia particular importância: "Se a nossa análise é aceitável – escrevia –, dela resulta que aqueles que, com termo genérico, podem ser chamados de 'métodos estruturalistas' dependem das características do objeto considerado. Em certos casos, esses métodos conduzirão a teorias cujo rigor será comparável ao das teorias das ciências naturais. Em outros casos, ao contrário, estaremos na presença de teorias capazes mais de persuadir que de convencer. Isso depende do fato de que o problema não consiste apenas em dar ao objeto o *status* de sistema, tratando-o depois em uma perspectiva 'estruturalista'. [...] À custa de traumatizar os adeptos do estruturalismo mal definido, resumirei o que precede dizendo que a perspectiva 'estruturalista' não apresenta em si e por si nenhuma utilidade."[122]

---

122. Raymond Boudon, *Strutturalismo e scienze umane*, Einaudi, Torino, 1970, pp. 86 s.

A fecundidade do método estruturalista depende, portanto, da natureza do objeto a que ele é aplicado. Se esse objeto é limitado, podem ser alcançados surpreendentes resultados que, para determinada época, fizeram do estruturalismo o método principal da linguística ou da antropologia e cujos resultados já são, enfim, parte integrante dessas disciplinas. Mas a situação se complica quando se deve proceder a uma simplificação arbitrária de um objeto muito vasto, como a economia, a sociologia e – podemos acrescentar agora – o direito. Em cada futura análise estruturalista deste último será necessário lembrar-se das observações formuladas por Boudon na *Conclusão* do capítulo sobre o significado da noção de estrutura no contexto das definições efetivas.

Antes de mais nada, Boudon lembra a diferença entre uma pesquisa estruturalista em sentido técnico (ou seja, que utiliza o método chamado estruturalismo) e uma pesquisa estrutural, notando que a distinção entre *structural* no primeiro caso e *structurel* no segundo nem sempre existe e que a confusão dos dois termos gera graves equívocos. A diferença entre os dois tipos de análise, continua Boudon, "consiste em uma diferença entre os *objetos* em vez de uma diferença entre os *métodos* das diferentes disciplinas. Quando se analisam as regras matrimoniais de uma sociedade, se está diante de um pequeno número de fatos que podem ser facilmente identificados e descritos. [...] Vice-versa, quando se analisa um sistema econômico ou, mais modestamente, uma decisão de voto, é preciso delimitar arbitrariamente certo número de características do sistema econômico ou do sistema dos fatores decisórios. É inevitável que as regras matrimoniais constituam um sistema definido, ao passo que os fatores decisórios constituem um sistema indefinido. Tomada *em um sentido*, a noção de estrutura não tem, portanto, o mesmo *sentido* se se fala de estrutura de parentesco ou de estruturas da decisão. [... Alguns] acreditam que o estruturalismo seja próprio da antropologia e da linguística e propõem introduzi-lo em outras disciplinas como se a coisa – mesmo não tendo um nome – não existisse já há muito tempo em disciplinas como a sociologia ou a economia"[123]. Assim fizeram quase todos os juristas.

Mas, ao não distinguir os objetos "definidos" dos "indefinidos", perde-se de vista que a busca da estrutura é uma hipótese de trabalho, e não uma essência inerente ao objeto. Daqui nasce "aquilo que poderíamos chamar de 'estruturalismo mágico'. De fato, a partir do momento em que o estruturalismo alcançou resultados sem dúvida espetaculares em disciplinas como a antropologia e a linguística, acreditou-se que essas revoluções fossem causadas apenas por uma mudança de perspectiva de ordem metafísica. [...] As revoluções estruturalistas datam não do momento em que se compreendeu que as línguas, as pessoas, os mercados e as sociedades constituem sistemas, mas do momento em que foram elaborados instrumentos mentais que permitiram analisar esses sistemas (como tais) com a ajuda de teorias científicas. Apesar disso, houve quem acreditasse ser suficiente considerar um objeto como um sistema para provocar *ipso facto* uma revolução científica: é a essa crença que damos o nome de 'estruturalismo mágico'"[124]. Entre o estruturalismo mágico e o estruturalismo de Lévi-Strauss e de Chomsky, conclui Boudon, "existe uma diferença comparável àquela que separa o atomismo da física moderna do atomismo de Demócrito"[125]. A maioria dos juristas que se aproximaram do novo método eram levados a perdoar esse estruturalismo mágico por causa da natureza sistemática do direito: ela induzia a supor que o método aplicado ao sistema da língua ou do parentesco pudesse valer para qualquer sistema, mesmo para o sistema jurídico. Nesse erro de método provavelmente resida uma das principais razões do insucesso do estruturalismo no direito.

Em conclusão, o uso não tanto do método estruturalista como do termo "estrutura" no direito provocou dois di-

---

123. Boudon, *Strutturalismo e scienze umane*, cit., p. 131.
124. Boudon, *Strutturalismo e scienze umane*, cit., p. 133.
125. Boudon, *Strutturalismo e scienze umane*, cit., *ibid*.

ferentes tipos de investigação, uma estática e setorial, e outra dinâmica e global. A ciência do direito retornava assim a um dos seus problemas de fundo: de um lado existe o trabalho do jurista prático, que põe ordem em um limitado setor normativo, e de outro existe o pensamento do filósofo do direito, que sistematiza de forma abstrata todo o ordenamento júridico[126].

Em 1970, procurando tirar conclusões do debate sobre o estruturalismo jurídico, eu afirmava que este não era decerto inútil, mas devia ser conduzido com extrema prudência para evitar que ele voltasse a ser o discurso jurídico tradicional, envolto nos termos do estruturalismo clássico. Naqueles anos, um estruturalismo jurídico em sentido técnico (com todas as cautelas evidenciadas por Boudon para todas as ciências humanas) parecia possível apenas como análise das leis de transformação de todo o ordenamento jurídico positivo. Ao contrário, a análise estática de estruturas jurídicas setoriais ou a explicação filosófica de estruturas jurídicas globais apresentavam-se como problemas diferentes, reconduzíveis, por exemplo, ou a uma filosofia jurídica kelseniana, ou às teorias cibernético-informáticas.

Por isso, tomando emprestado um termo próprio da química – mas apenas o termo, não o método –, eu propunha distinguir a *estruturística* jurídica do *estruturalismo* jurídico.

a) *A estruturística jurídica*. Em química, o termo "estruturística" era um neologismo, na época, bastante recente com o qual se indicava a parte da química física que se ocupava da estrutura atômica e molecular da matéria. Essa disciplina, entendida na sua acepção mais própria, estuda as distâncias intermoleculares e intramoleculares, contribuindo, assim, de modo determinante, para a explicação e a previsão de cada fenômeno químico. Não é difícil perceber a

---

126. Sobre a relevância dessas diferentes abordagens do direito no âmbito do estudo da noção de sistema, ver o vol. I, cap. XI e XII; já em Losano, *Sistema e estrutura no direito*, cit., pp. 157-74.

analogia entre essa pesquisa e aquela que o jurista realiza analisando cada uma das normas de um ordenamento, mas estamos diante de uma assonância, de uma analogia. Ao estudar a estrutura da respectiva matéria, o direito e a química inevitavelmente usam métodos diferentes, mesmo que as duas disciplinas afirmem ter realizado uma "análise estrutural". A estruturística jurídica poderia, portanto, ter sido a análise estrutural da realidade jurídica[127]. Então, poderia ter assumido também a forma da diagramação em blocos de um procedimento jurídico; hoje adquiriria o aspecto de uma análise de *reengineering* ou similares. Mesmo que os instrumentos sejam novos, é claro que esse tipo de pesquisa é a que os juristas realizam desde sempre; mas deveria também estar claro que não se trata de estruturalismo jurídico.

Se essas linhas sobre a "estruturística jurídica" fossem um hipertexto, a essa altura o leitor poderia "clicar" sobre essas duas palavras e encontrar-se-ia no capítulo sobre a informática, precisamente no item sobre a *Análise estrutural dos procedimentos jurídicos*, onde se explicam os instrumentos para analisar um procedimento em vista da sua gestão de informática: aquelas são as ferramentas do ofício da estruturística de que estamos nos ocupando aqui (cf. *supra*, cap. I, 8).

b) *O estruturalismo jurídico*. O exame dos estruturalistas clássicos mostrou como são diferentes as definições de estruturalismo em sentido estrito, mas, ao mesmo tempo, indicou alguns caminhos através dos quais se tentou explorar também nas ciências sociais os resultados da análise estruturalista clássica. Somente às tentativas de realizar essas possibilidades deveria ser reservado o nome de estruturalismo jurídico. Mas essas indicações já podem servir sobretudo para esclarecer a exposição do historiador que quiser

---

127. Mas a análise *estrutural* não é a análise *estruturalista*: para a diferença entre os dois termos, ver item 1 deste capítulo; cf. a nota 15, p. 226 de Boudon, *A quoi sert la notion de structure?*, cit. (nota 1, p. 130 da edição italiana).

descrever o breve período do estruturalismo jurídico, o qual já está absorvido por formalizações sistêmicas ainda mais amplas e abrangentes, provenientes da América: Easton forneceu uma explicação comumente aceita das razões que impediram o estruturalismo europeu de criar raízes nos Estados Unidos e, vice-versa, das razões que levaram as teorias sistêmicas americanas a eliminar o estruturalismo europeu, que teve de qualquer forma o mérito de preparar-lhes o terreno. Sobre esses temas retornaremos mais amplamente no item que encerra este capítulo.

À luz dessas conclusões, retornaremos aos escritos até aqui examinados. Enquanto se pode dizer que boa parte da tradicional literatura jurídica recaía na estruturística jurídica (mesmo que com os nomes de dogmática, construção, sistematização ou qualquer outro), os escritos dos anos 1970-80 não são ainda escritos de estruturalismo jurídico. Muitos aspiram a isso, mas bem poucos conseguem. Por quê?

Parecia-me, em 1970, que era a preparação do jurista que tornava difícil, se não impossível, a formação de um estruturalismo jurídico em sentido técnico. Entre as matérias ensinadas na faculdade de direito, a sociologia e a antropologia estavam timidamente aparecendo, ao passo que eram totalmente inexistentes as matemáticas modernas, as lógicas, a informática e a linguística, e a rigidez dos planos de estudo não permitia ultrapassar esses limites. Mas exatamente os ingredientes que faltavam teriam sido os indispensáveis para um sério discurso estruturalista no direito. No entanto, quem *na época* tivesse desejado fazê-lo não teria tido os instrumentos.

Desde então, o currículo universitário do jurista não sofreu mudanças radicais; as que se anunciam para o futuro vão na direção da redução das matérias humanistas e teóricas em benefício das matérias de direito positivo. Mas sobretudo o estruturalismo não é mais uma moda triunfante: na melhor das hipóteses, é um método complexo usado por disciplinas muito especialistas e, às vezes, difíceis. Para reforçar os próprios argumentos ninguém mais diz: "Como nos ensina a linguística." A busca do sucesso científico não passa mais pelo estruturalismo. Portanto, também quem tivesse os instrumentos para emulá-lo, *hoje* não teria vontade de fazê-lo.

Em 1998, quando a febre estruturalista já havia diminuído, com uma pitada de melancólica autoironia um grupo de linguistas turineses relembrou aqueles anos em um congresso organizado por Gian Luigi Beccaria, "desencantada e semicética testemunha, embora protagonista, do revigorante acontecimento"[128]. Já o título – *Quando éramos estruturalistas* – advertia que o estruturalismo era uma experiência que pertencia em grande parte ao passado: um passado certamente não concluído, mas do qual já se podia fazer um balanço. Lepschy, que em 1966 escreveu o *livre de chevet* dos estruturalistas italianos[129], fez também esse balanço do estruturalismo, concluindo que "muitas atitudes ideais, maneiras de enfrentar as questões, típicas do estruturalismo, penetraram tão profundamente na pesquisa linguística que é difícil pensar em obras importantes, em qualquer setor da disciplina, que sejam estranhas a problemas e elaborações estruturalistas"[130].

Seríamos tentados a estender esse juízo também às disciplinas não linguísticas: todas seriam um pouco estruturalistas no sentido de que algo do estruturalismo restou nelas. Ou seja, não poderíamos não nos dizer estruturalistas, assim como, para Croce, não podemos não nos dizer cristãos; porém, do mesmo modo, não poderíamos não nos dizer aristotélicos, platônicos, idealistas, marxistas, positivistas e assim por diante. Como a cultura atual nasce daquelas que a precederam, essa afirmação acaba por dizer

---

128. Assim o recorda Pier Marco Bertinetto, *La cortigiana redenta*, em Gian Luigi Beccaria (a cura di), *Quando eravamo strutturalisti*, Edizioni dell'Orso, Alessandria, 1999, p. 61.

129. Giulio C. Lepschy, *La linguistica strutturale*, Einaudi, Torino, 1966, 252 pp., com apêndice bibliográfico a pp. 221-36.

130. Giulio C. Lepschy, *Bilancio dello strutturalismo*, em Cesare Segre (a cura di), *Intorno alla linguistica*, Feltrinelli, Milano, 1983, pp. 47-65.

muito pouco. Ao contrário, as aquisições do estruturalismo em sentido estrito continuam a vivificar sobretudo a disciplina que o produziu, ou seja, a linguística, e depois – em sentido decrescente – as disciplinas que adotaram com variados êxitos aquele modelo metodológico.

Para o estruturalismo jurídico, ao contrário, o balanço é menos reconfortante. O método estruturalista não produziu nenhuma nova teoria jurídica. Apenas algumas raras tentativas conseguiram aplicar com sucesso o estruturalismo ao direito. Mas, muitas vezes, limitou-se a alguma exortação nesse sentido; porém, quando o fervor projetual do neófito deveria dar lugar à paciência construtiva do artesão, os juristas deixaram de se ocupar disso: ou voltaram a suas concepções tradicionais, ou se alinharam a novas modas consideradas mais promissoras.

Portanto, na árvore do estruturalismo clássico amadureceram bem poucos frutos jurídicos. Hoje não existe mais um estruturalismo jurídico; existe, em vez dele, uma circunscrita semiótica jurídica, apenas parcialmente reconduzível ao estruturalismo clássico. A estrutura do direito que voltou ao centro da atenção dos juristas através da cibernética, da informática e da teoria geral dos sistemas não é, porém, a estrutura do estruturalismo. Mais uma vez, as novas análises estruturais não devem ser confundidas com a análise estruturalista.

Agora só resta examinar o que veio depois do estruturalismo, ou seja, investigar para quais margens migraram os construtores de teorias. Porque uma coisa é certa: a necessidade de teoria que caracterizou a segunda metade do século XX não se extinguiu. Já que o estruturalismo revelou-se um instrumento insuficiente, ele foi substituído por uma crítica radical (à qual é dedicado o próximo item) ou por uma transição a uma teoria de maior fôlego, isto é, à teoria geral dos sistemas: a tentativa de explicar essa transição conclui o capítulo sobre o estruturalismo e prepara a passagem para o pensamento hoje dominante nas ciências sociais.

11. Depois do estruturalismo: a desconstrução do direito

À visão organizadora do estruturalismo contrapõe-se o desconstrutivismo de Jacques Derrida (nascido em 1930) e da revista "Tel Quel", que tende a evidenciar os elementos desestabilizadores presentes até mesmo na mais sistemática das construções. Assim como os "Annales", a "Tel Quel" é objeto de reconstruções históricas[131] e até mesmo de livros de memórias[132]: é o mito da desconstrução que toma o lugar do mito do estruturalismo.

O termo "déconstruction" foi originariamente proposto por Derrida para traduzir "Destruktion", termo com o qual Heidegger (em *Sein und Zeit*, de 1927) indica a superação da metafísica: livrar o pensamento das estruturas metafísicas é uma des-estruturação, uma "Destruktion" que Derrida prefere interpretar como desconstrução[133]. Essa noção é aplicada por Derrida também ao direito, seguindo três temas principais: em um primeiro sentido extremamente geral, fala de direito a respeito de temas como "direito e gênero" (tema depois desenvolvido pelos juristas derridianos, como veremos); fala de um "direito do pai", porém com uma propensão mais para a psicanálise que para o direito; por fim, enfrenta temas gerais ligados ao direito, como a pretensão (*right*), a justiça e o Estado. Da sua obra podem extrair-se estímulos para considerações jurídicas, ainda que seja inútil procurar nela uma filosofia do direito formulada

---

131. Philippe Forest, *Histoire de Tel Quel. 1960-1982*, Seuil, Paris, 1995, 654 pp.; Niilo Kauppi, *The Making of an Avant-Garde: Tel Quel*, Mouton de Gruyter, Berlin, 1994, XIX-515 pp. (original: *Tel Quel. La constitution sociale d'une avant-garde*, Societas Scientiarum Fennica, Helsinki, 1991, 282 pp.); Danielle Marx-Scouras, *The Cultural Politics of Tel Quel*, Pennsylvania State University Press, University Park (Pa.), 1996, X-254 pp.

132. Jean Thibaudeau, *Mes années Tel Quel. Mémoire*, Écriture, Paris, 1994, 258 pp.

133. Nas traduções as terminologias confundem-se ulteriormente: Heidegger usa não "estrutura", mas "Gestell"; "déconstruction" já era usado na crítica literária por Paul De Man, o que contribuiu para desviar a interpretação corrente de Derrida do plano filosófico ao literário.

em termos, diria, não sistemáticos, como também apenas explícitos.

O desconstrutivismo de Derrida realizou também uma proveitosa incursão no campo da filosofia do direito com o livro *Force de Loi*, de 1994[134], embora com argumentos e terminologia incomuns e muitas vezes estranhos à filosofia do direito. Seu ponto de partida é a *Crítica da violência*, obra de juventude de Walter Benjamin escrita depois da Primeira Guerra Mundial e recebida com pouca atenção pelo público e pelos especialistas, exceto por uma efêmera onda de interesse nos anos 1960. Derrida desconstrói a obra de Benjamim para desenvolver uma crítica radical aos Critical Legal Studies norte-americanos. O método da crítica literária irrompe, assim, na filosofia do direito e, naturalmente, também é desconstruído Kleist, sobre quem *Michael Kohlhaas* e cada geração de juristas manejou o seu bisturi[135].

Com a descontrução começam as várias teorias pós-modernas. Já Lévi-Strauss tinha suas dúvidas sobre essa crítica literária que ele via como uma "mythologie de notre temps": ela poderia ser "interpretada de modo estrutural como a leitura dos tarôs, das borras de café ou das linhas da mão: trata-se, de fato, de delírios coerentes"[136]. De modo geral, alguns cientistas reconheceram no pós-modernismo "a empolgação pelos discursos obscuros; o relativismo cog-

---

134. Depois dos encontros em 1989 sobre *Deconstruction and the Possibility of Justice*, cada uma das contribuições e o texto inglês da conferência de Derrida (a pp. 919-1.045) foram publicados com o título *Deconstruction and the Possibility of Justice* em "Cardozo Law Review", XI, 1990, n. 5-6, resumido depois em livro (Routledge, NewYork – London, 1992). Existe uma tradução alemã: *Gesetzeskraft. Der "mystische Grund der Autorität*, Suhrkamp, Frankfurt a. M., 1991, 124 pp. A última é a edição francesa: Jacques Derrida, *Force de loi. Le "Fondement mystique de l'autorité"*, Galilée, Paris, 1994, 145 pp.

135. J. Hillis Miller, *Laying Down the Law in Literature: The Exemple of Kleist*, "Cardozo Law Review", XI, 1990, p. 1510.

136. Claude Lévi-Strauss, *Anthropologie structurale deux*, Plon, Paris, 1973, p. 324. O texto – intitulado *Structuralisme et critique littéraire* – era a resposta a um questionário, originariamente publicado em "Paragone" (Milão), 1965, n. 182, pp. 125-33.

nitivo ligado a um ceticismo generalizado em relação à ciência moderna; o excessivo interesse pelas convicções subjetivas prescindindo de sua verdade ou falsidade; a importância dada à retórica em prejuízo dos fatos a que tais argumentações fazem referência (ou, pior, a rejeição da própria ideia de que os fatos existam ou de que se possa fazer referência a eles)"[137]. E na realidade um ou mais desses elementos, de forma menos ou mais radical, estão presentes nos escritos sócio-humanísticos que se definem pós-modernos. Estão, portanto, também nas teorias pós-modernas do direito que, a meu ver, não têm mais nada em comum com as teorias sistemáticas dos juristas até aqui examinadas. Uma parte desse sucesso deve, talvez, ser creditada também ao predomínio linguístico do inglês: se aqueles textos tivessem sido escritos em holandês ou em neo-helênico, seus autores teriam se transformado apenas em *local heroes*.

Além disso, essas teorias são provavelmente superestimadas, à semelhança dos movimentos análogos na filosofia, nas ciências sociais, na crítica literária e assim por diante. A esse respeito compartilho das três suspeitas de Barberis: "que, vistos da periferia do Império, os movimentos jurídicos pós-modernos não representem, pois, aquele terremoto que Minda pretende; que talvez apenas na perspectiva graniticamente EUA-cêntrica, compartilhada pelo autor com grande parte dos juristas de que fala, os atuais sucessos do pós-modernismo e do desconstrutivismo possam ser confundidos com uma guinada epocal; e que até mesmo a doutrina pós-moderna mais provocante do ponto de vista teórico-jurídico – o ceticismo interpretativo – tenha apenas trazido nova água ao antigo moinho da ortodoxia analítica"[138].

---

137. Alan Sokal – Jean Bricmont, *Imposture intellettuali. Quale deve essere il rapporto tra filosofia e scienza?*, Garzanti, Milano, 1999, pp. 189 s. Sobre o problema das relações (ou da guerra) entre as "duas culturas" nesses autores, cf. *infra*, cap. III, 7.

138. Mauro Barberis, *Deconstructing Gary*, apresentação de Gary Minda, *Teorie postmoderne del diritto*, Il Mulino, Bologna, 2001, pp. VII s.

Existe hoje uma boa descrição desses movimentos jurídicos, cuja estrutura ressente-se, porém, dos incertos limites do pós-modernismo (ou pós-estruturalismo, ou antifundacionalismo, ou antiessencialismo, ou pós-modernidade)[139], entendido de qualquer modo, em grandes linhas e segundo a definição de Lyotard, como a recusa da tradição racional do Ocidente que acredita no progresso e na ciência[140]. O pós-modernismo é assim definido essencialmente *ex negativo* em relação às teorias modernas que são a cada vez rejeitadas, e está impregnado de um sentido de desespero pela complexidade da vida atual, considerada objetivamente incognoscível. Portanto, valem apenas as impressões individuais, fracas e passageiras como o estado de espírito do observador pós-moderno. No direito, as novas ideias "emergem para desaparecerem imediatamente tão logo se revelem como tentativas fracassadas" e "o humor intelectual que reina atualmente na teoria do direito exprime-se em um sentimento de excitação que logo dá lugar ao tédio quando a 'última nova proposta do pensamento jurídico' é definida 'apenas como mais uma contribuição [...] irremediavelmente fracassada'"[141]. A impressão é a de ter sob os olhos não a descrição de um movimento teórico, mas a projeção de um videoclipe, que é o que de mais assistemático pode existir.

Na tentativa de encontrar um fio condutor, ou pelo menos uma linha evolutiva da história, uma estudiosa nor-

---

139. Gary Minda, *Teorie postmoderne del diritto*, Il Mulino, Bologna, 2001, XIX-428 pp.; o original é de 1995: *Postmodern Legal Movements. Law and Jurisprudence at Century's End*, New York University Press, New York – London, 1995, XIII-350 pp. Cf. também Bruno Romano, *Soggettività, diritto e post-moderno*, Bulzoni, Roma, 1988, XIII-192 pp.

140. Ciência, razão, progresso, emancipação são os "metacontos" da cultura ocidental moderna; pós-moderna "é a incredulidade em relação a todos os metacontos": Jean-François Lyotard, *La condition postmoderne. Rapport sur le savoir*, Éditions de Minuit, Paris, 1979, p. 7. Essa frase tornou-se uma espécie de *mantra* dos pós-modernistas.

141. Pierre Schlag, *Postmodern and Nowhere to Go*, "Stanford Law Review", 43, 1990, p. 184.

te-americana reconstruiu a história das teorias jusfilosóficas pós-modernas remetendo-se ao kantismo, considerado a corrente de pensamento que uniria a tradição filosófica moderna com o pós-modernismo, cuja história abrangeria toda a segunda metade do século XX[142]. Ora, Kant é certamente um dos fundadores do pensamento moderno, mas é também um dos autores sistemáticos por excelência. E justamente a noção de sistema é rejeitada pelos pós-modernistas como irremediavelmente moderna, isto é, velha: eles rejeitam a ideia de que "exista um mundo 'real' ou um sistema jurídico 'lá fora', perfeito, formado, completo e coerente, que espera ser conhecido pela teoria"[143]. O moderno é velho; são velhos, ou seja, modernos, os estudos sobre a análise econômica do direito, sobre o direito e a literatura, sobre os Critical Legal Studies, sobre as teorias jurídicas feministas e as teorias sobre as diferenças raciais[144]. Só o pós-moderno é novo, mesmo que seja difícil estabelecer qual é sua contriuição inovadora para a ciência do direito. Essa opacidade dos conceitos se traduz, também, em uma linguagem obscura, tanto que surgiu uma literatura[145] para resguardar essa passagem dos Critical Legal Studies para os Cryptical Legal Studies.

Voltaremos várias vezes ao problema da obscuridade da linguagem ao tratar das teorias jurídicas mais recentes[146].

---

142. Helen M. Stacy, *Postmodernism and Law. Jurisprudence in a Fragmenting World*, Ashgate, Dartmouth 2001, 212 pp. Os cinquenta anos de pós-modernismo partem do pensamento de Kant tal como está presente na teoria jurídica tradicional e, passando por Foucault, Derrida e Lacan, chegam até Habermas.

143. Costas Douzinas, *Postmodern Jurisprudence: The Law of Texts in the Texts of Law*, Routledge, New York, 1991, p. 14.

144. Uma descrição precisa de cada uma dessas correntes está em Gianfranco Zanetti, *Filosofi del diritto contemporanei*, Cortina, Milano, 1999, 314 pp. Além disso, Arianna Sansone, *Diritto e letteratura. Un'introduzione generale*, Giuffrè, Milano, 2001, 165 pp.

145. Cf. o item *Discorsi comprensibili*, em Minda, *Teorie postmoderne del diritto*, cit., pp. 354-7, e a literatura ali citada.

146. Sobre a obscuridade textual nos transplantes interdisciplinares, cap. III, 7; e, além disso, *Luhmann obscuro?*, cap. IV, 1, a.

Por ora, pode ser esclarecedor examinar alguns exemplos de *jurisprudence* pós-moderna.

Em uma coletânea alemã de ensaios (que se referem ao congresso nova-iorquino sobre a desconstrução e a justiça de 1989) toda uma parte é dedicada à *Desconstrutibilidade do direito*, mas o objeto das intervenções é sobretudo uma complexa exposição do problema da justiça de pontos de vista que deixam o jurista um pouco desambientado, porque a maioria das intervenções é de linguistas ou de literatos. De fato, de um total aproximado de quinze autores, apenas dois são juristas da Cardozo Law School de Nova York[147]. Drucilla Cornell se ocupa do bem, da lei moral e dos "princípios pertencentes a um dado sistema jurídico". No seu ensaio, a noção de sistema retorna muitas vezes, através da mediação de Hegel e Lévinas, mas seu discurso apresenta um viés não tanto filosófico-jurídico quanto filosófico *tout court*. Por isso, quando fala de sistema jurídico, fala em sentido atécnico, ou seja, segundo o uso corrente. Charles M. Yablon analisa o formulário em branco para uma intimação de direito privado (*summon*): "é um formulário jurídico normal – conclui –, mas é ao mesmo tempo um instrumento de violência e de dor. Seu significado deriva da indeterminação".

Talvez a suspeita de que ao realismo jurídico americano esteja se associando um surrealismo jurídico ou um dadaísmo normativo não seja infundada. A ideia de desconstruir um formulário ou uma lista já fora dada pelo poeta Jacques Prévert (1900-77) em um de seus escritos tardios, quando observava a arrogância de quem – aparentemente "para ver com um pouco mais de clareza"[148] – analisava os

---

147. Charles M. Yablon, *Formblatt*, pp. 54-9; Drucilla Cornell, *Von Leuchtturm her: Das Erlösungsversprechen und die Möglichkeit der Auslegung des Rechts*, pp. 60-96; ambos os ensaios estão em Anselm Haverkamp (Hrsg.), *Gewalt und Gerechtigkeit. Derrida – Benjamin*, Suhrkamp, Frankfurt a. M., 1994, 446 pp.

148. É uma frase de Henri Mitterand, *Les atomes de l'écritoire*, que Prévent detesta e cita na abertura dos trechos intitulados *En petit morceaux*, textos publicados postumamente, ligados por uma urticante animosidade contra

textos com o computador: "É preciso rir, parece, de quem não aproveita a oportunidade de ver com um pouco mais de clareza os mistérios da produtividade literária. Seria como dizer que esses mistérios são verdades reveladas pelo computador nas quais devemos acreditar mesmo sem compreendê-las?". Quando, porém, desconstroem-lhe "um pequeno mamífero que me é caro, o guaxinim" (o *raton laveur*: palavra amada desde criança e que se tornou depois o estribilho de uma de suas poesias), quando ele o vê "feito em pedaços diante do Grande Computador"[149], a "ferocidade cartesiana"[150] de Prévert desencadeia-se. Enuncia vários anagramas daquele nome, descreve um seminário de cavernícolas que, gesticulando, discutem se "as palavras são sinais" ou se "os sinais são palavras", e conclui propondo um "texto a ser 'desmontado' integralmente e sem rir, para ver com um pouco mais de clareza a 'produtividade' artística e literária".

Quase antecipando Yablon, o texto que Prévert pretende desconstruir é a conta dos restauros de pintura e escultura feitos em 1841 em uma igreja. Um texto muito mais intrigante que o *summon* de Yablon, porque composto por uma dúzia de palavras de ambiguidade involuntária e fascinante, do tipo: "Por ter recolocado a cauda no Espírito Santo e feito um chapéu novo para São José, 4 francos."[151]

O próprio Derrida nos ajuda a compreender que seu discurso sobre o direito não é o que os juristas fazem. Durante a mesa-redonda do dia 2 de outubro de 1994, na Vil-

---

"l'analyse dite structurale": Jacques Prévert, *Choses et autres*, Gallimard, Paris, 1972, pp. 109-15.

149. Jacques Prévert, *Paroles*, Gallimard, Paris, 1949, pp. 208-10: na poesia *Inventaire*, o bricabraque dos objetos listados em desordem é interrompido aqui e ali por um "raton laveur", "un autre raton laveur", até o conclusivo "plusiers ratons laveurs". O dissecador de guaxinins é Jean-Marie Auzias, no seu *Clef pour le structuralisme*.

150. O juízo é de Gaston Bouthoul, "Les lettres nouvelles", janeiro, 1965, citado em Arnaud Laster, *Paroles (1946) – Prévert*, Hatier, Paris, 1972, p. 75.

151. Prévert, *Choses et autres*, cit., pp. 114 s.; Prévert indica que o documento provém de Archives Nationales, Bibliothèque Nationale.

lanova University, um dos participantes pediu-lhe que dissesse algo mais sobre a natureza da justiça ("to elaborate a bit more on the nature of justice"), fato que fez Derrida lembrar da pergunta que lhe fora dirigida em Oxford por um jornalista: "Could you tell me, in a nutshell, what is deconstruction?". Um modo "very brutal" de fazer perguntas, objeta Derrida; porém, às vezes, "it may be useful to try nutshells". A síntese de Derrida revela-se duplamente útil e duplamente simplificada, porque ele tinha que expor oralmente um problema complexo e porque, ainda por cima, tinha que expô-lo em inglês. Vale a pena, portanto, ver por extenso a sua resposta:

"So, what about this problem of justice in a nutshell? – assim inicia a sua resposta – É verdade que, mesmo tendo sempre presente o problema da justiça também em textos anteriores, apenas recentemente ocupei-me, especificamente, deste problema. Isso ocorreu no contexto de uma conferência na Cardozo Law School sobre *Deconstruction and the Possibility of Justice*, em que tive de me ocupar de um texto de Benjamin sobre a violência. Achei útil fazer uma distinção entre direito (*Law*) e justiça (*Justice*), aquilo que em francês se chama *droit* e em alemão *Recht*. Em inglês, quando vocês dizem *law*, dizem ao mesmo tempo *right* e *law*, ou seja, *le droit et la loi*, ao passo que em francês distinguimos os dois termos. Portanto, eu faço uma distinção entre a *law* (ou seja, a história do *right*, dos sistemas jurídicos, *legal systems*) e a justiça. Seguindo Benjamin – e procurando, ao mesmo tempo, desconstruir o texto de Benjamin, ou procurando demonstrar com o texto de Benjamin como Benjamin desconstruía a si mesmo –, afirmei, *in nuce*, que o direito pode ser desconstruído. Há uma história dos sistemas jurídicos, dos *rights*, dos *laws*, dos direitos positivos: essa história é a história da transformação dos direitos. E isso ocorre porque eles existem. Vocês podem melhorar uma lei, podem substituir uma lei por outra. Existem constituições e instituições. Essa é história, e a história, como tal, pode ser desconstruída. Assim o direito (*law*) como tal pode ser desconstruído e deve ser desconstruído. Essa é a condição de historicidade, revolução, moral, ética e progresso. Porém, a justiça não é o direito (*law*). A justiça é aquilo que nos dá o impulso, a carga, o movimento para melhorar o direito, ou seja, para desconstruir o direito. Sem o impulso da justiça não teríamos nenhum interesse em desconstruir o direito. Por isso afirmei que a condição da possibilidade de desconstruir é o impulso da justiça. A justiça não é redutível ao direito (*law*), a determinado sistema de estruturas jurídicas. Isso significa que a justiça é sempre diferente de si, que não coincide consigo mesma."[152]

Excedi-me, talvez, na indicação dos termos ingleses usados por Derrida, mas pareceu-me útil fazê-lo porque eles não correspondem ao uso técnico que deles fazem os juristas e, portanto, nesse contexto, podem provocar mal-entendidos. *Law* corresponde a *loi*, lei, apenas na linguagem corrente, quando se diz, por exemplo, "homem de lei". Mas em sentido próprio *law* quer dizer direito (Constitutional Law é direito constitucional), ao passo que *right* é o direito subjetivo, ou seja, a pretensão.

As críticas dirigidas à desconstrução em geral podem ser dirigidas também ao uso da desconstrução no direito. Seus adversários (mas também alguns admiradores) acreditam que a desconstrução implica uma intervenção violenta, uma crítica destrutiva do objeto desconstruído. Todavia, para Derrida, desconstrói-se em nome de algo, e esse algo é indesconstrutível. Abrem-se, desse modo, as portas às críticas de transcendentalismo e similares. Basta aqui concluir que uma teoria desconstrutiva do direito – recente expansão jurídica de uma teoria originariamente literário-filosófica – parece estar muito mais próxima de uma filosofia moral ou de uma filosofia do direito, uma vez que ela é quase totalmente dedicada aos problemas da justiça.

---

152. John D. Caputo (ed.), *Deconstruction in a Nutshell. A Conversation with Jacques Derrida*, Fordham University Press, New York, 1998, XV-215 pp. A passagem citada está a pp. 16 s.; o organizador comentou amplamente esse tema: *Justice, If Such a Thing Exists*, pp. 125-55.

Vários textos de Derrida retornam a esse problema do direito, do julgar ou da justiça, mas sempre evitando o direito ou decepcionando o jurista. Para Derrida não interessa o direito, mas sim aquilo que ele ou outros falam ou escrevem sobre o direito. Em um seminário de 1984, *Du droit à la philosophie*, ele não empreende um estudo do direito, mas um "étude du discours juridique, qui, sans occuper le devant de la scène, fonde les institutions philosophiques"[153] (ou seja, para expressar-se de modo horrendamente atual, desmistifica os mecanismos do poder que estão por trás da institucionalização da filosofia). Voltando em 1985 àquele tema, acrescenta o adjetivo "populaire" à filosofia[154], procura suas raízes em Kant, coloca-se o problema da obscuridade da linguagem filosófica (cf. *infra*, cap. IV, 1, a) e conclui: "Tudo acontece como se o acesso do povo à língua filosófica, ou seja, o direito do povo à filosofia se desenvolvesse, antes de mais nada, no plano mais sensível do tema do direito, da filosofia do direito, do direito à filosofia do direito."[155] Ou fala daquilo que Kafka diz do direito, e do que ele mesmo diz sobre aquilo que Kafka diz do direito[156]. São páginas em que

---

153. Jacques Derrida, *Du droit à la philosophie*, Galilée, Paris, 1990, 663 pp. A passagem citada está a pp. 10 (o grifo é meu). A discordância de data a respeito do livro citado na nota seguinte é apenas aparente: no prefácio, Lyotard explica as razões do atraso dessa publicação em relação ao seminário do qual reproduz uma parte dos relatórios.

154. A extensão do tema se dá quase por associação de ideias: "*Du droit à la philosophie*: ce fut le titre d'un seminaire au Collège, l'an dernier. Rien de fortuit à cela, rien de fortuit à ce que la question du *populaire (philosophie populaire, savoir populaire) y ait longtemps retenu notre attention. Que veut dire populaire?*". E daqui inicia a análise da noção de popularidade na filosofia, que ocupa o seu *Avant-Propos* (intitulado: *Popularités. Du droit à la philosophie du droit*, pp. 12-9) no livro coletivo *Les sauvages dans la cité. Auto-émancipation du peuple et instruction des prolétaires au XIX[e.] siècle*, Champ Vallon, Seyssel, 1985, 229 pp.

155. "Tout se passe comme si la question de l'accès du peuple à la langue philosophique, le droit du peuple à la philosophie se jouait de façon d'abord plus sensible sur le thème du droit, de la philosophie du droit, du droit à la philosophie du droit": Derrida, *Du droit à la philosophie*, cit., p. 15.

156. Jacques Derrida, *Préjugés devant la loi*, pp. 87-139, em Jacques Derrida et al., *La faculté de juger*, Les Éditions de Minuit, Paris, 1985, 237 pp.

reina o fetichismo da palavra escrita ou dita. Lembrando um encontro de Cerisy, Lyotard captou, magistralmente, o clima dessas discussões: "Nous fûmes enveloppés dans un monde de phrases."[157] Derrida se debruça sobre aquilo que ele disse ou que foi dito, esmiúça-o, disseca-o, remodela-o: fala daquilo que diz, mas não diz do que fala.

Essa técnica de escrita, adotada também por outros autores que aderiram a esse pensamento, talvez seja adequada para uma filosofia iniciática ou para uma crítica literária, mas produz um discurso impenetrável ao jurista e externo ao direito, embora não faltem tentativas de juristas de aplicar as técnicas desconstrutivas ao direito. Com isso, não se quer dizer que o discurso de Derrida não seja inteligente e, às vezes, fascinante nos malabarismos lexicais: mas é "outro" discurso em relação àquele jurídico, e os parâmetros que valem para um não são necessariamente aplicáveis também ao outro.

Nos anos 1980 desenvolveu-se uma escola de "Derridean Jurisprudents"[158], cujos expoentes aplicaram as teorias de Derrida aos estudos sobre o raciocínio jurídico e sobre a retórica, como Jack M. Balkin, que elabora uma "desconstrução transcendental" com base na qual julga poder indicar que determinadas teorias ou práticas jurídicas são preferíveis a outras[159]. Para Drucilla Cornell, o pensamento de

---

157. Jean-François Lyotard, *Avertissement*, em Derrida, *La faculté de juger*, cit., pp. 7 s.
158. Ver os verbetes *Postmodern Philosophy of Law; Deconstructionist Philosophy of Law* e *Derridean Jurisprudents*, em Christopher Berry Gray (ed.), *The Philosophy of Law. An Encyclopedia*, Garland Publishing, New York – London, 1999, 2 vols. Além disso: Douglas Litowitz, *Derrida on Law and Justice: Borrowing (Illicitly?) from Plato and Kant*, "Canadian Journal of Law and Jurisprudence", 8, 1995, pp. 325-46; Matthew H. Kramer, *Legal Theory, Political Theory, and Deconstruction. Against Rhadamanthus*, Indiana University Press, Bloomington – Indianapolis, 1991, XIII-335 pp. (a referência ao "Rhadàmantys" da mitologia grega – filho de Zeus e Europa, juiz e legislador, tanto da terra como do inferno – serve para Kramer desenvolver uma teoria desconstrutivista que privilegia a subjetividade em relação à objetividade).
159. Jack M. Balkin (nascido em 1956) escreveu *Being Just with Deconstruction*, "Social and Legal Studies", 3, 1994, pp. 393-404; *Transcendental De-*

Derrida é a continuação da filosofia clássica alemã e, na filosofia atual, é a voz mais radical para traçar o limite entre razão prática e razão teórica: esta elaborou, portanto, uma "filosofia do limite", termo por ela preferido a "desconstrução"[160]. Essas tentativas exigiriam mais espaço para uma exposição e mais tempo para seu amadurecimento, visto que são elaborações ainda em curso. No atual estado, elas parecem estudos de filosofia *tout court* a que se deverá acrescentar uma verdadeira filosofia do direito articulada segundo essas concepções desconstrutivas.

Do grupo de "Tel Quel" também fez parte Michel Foucault (1926-1984), que se posiciona como um observador externo em relação aos fenômenos sociais, sobretudo os de doença e loucura. Esse seu interesse pelas instituições totais levou-o também a estudar a prisão[161]. Mais ainda que em Derrida, em Foucault é difícil encontrar uma filosofia do direito. Ele é censurado por ver no direito apenas um instrumento de disciplina e por não lhe dar a atenção merecida na sociedade moderna, que ampliou o seu âmbito de ação[162]. Mesmo que suas obras possam dar uma rica messe

---

construction, Transcendent Justice, "Michigan Law Review", 94, 1994, pp. 1.133 ss.; *Ideological Drift and the Struggle over Meaning*, "Connecticut Law Review", 25, 1993, pp. 869 ss.; *Nested Oppositions*, "Yale Law Journal", 94, 1994, pp. 1.669 ss.

160. Drucilla Cornell (nascida em 1950) escreveu *The Imaginary Domain. Abortion, Pornography and Sexual Harassment*, Routledge, New York, 1995, XII-292 pp.; *Beyond Accomodation: Ethical Feminism, Deconstruction, and the Law*, Routledge, New York, 1991, XI-239 pp. (nova edição: Rowman & Littlefield, Lanham, 1999, XXXVIII-239 p.); além disso, organizou as atas do congresso realizado em Nova York em 1989, *Deconstruction and the Possibility of Justice*, Routledge, New York, 1992, X-409 pp., e o volume *The Philosophy of the Limit*, Routledge, New York, 1992, X-219 pp., no qual publicou *The Good, The Right and the Possibility of Legal Interpretation*, pp. 91-115.

161. Michel Foucault, *Surveiller e punir. La naissance de la prison*, Gallimard, Paris, 1975, 318 pp. [trad. it.: *Sorvegliare e punire. Nascita della prigione*, Einaudi, Torino, 1976, VII-340 pp.].

162. Alan Hunt – Gary Wickman, *Foucault and Law. Towards a Sociology of Law as Governance*, Pluto Press, London, 1994, VIII-148 pp.; Alan Hunt, *Foucault's Expulsion of Law: Toward a Retrieval*, "Law and Social Inquiry", 17.1, 1992, pp. 1-38; Gerald Turkel, *Michel Foucault: Law, Power, and Knowledge*, "Journal of Law and Society", 1990, pp. 170-93; Jerry Palmer – Frank Pearce, *Le-*

de *excerpta* sobre o direito, "de uma coisa podemos ter certeza: o próprio Foucault teria, vigorosamente, negado que sua obra tivesse, intencionalmente, alguma relação com a filosofia do direito"[163].

A subversão do pensamento tradicional – para retomar o título de um livro de Foucault – se dá para Derrida com a "desconstrução", e para Foucault com a "arqueologia". Esses autores elaboraram uma terminologia própria, que se distancia da do estruturalismo. Sua revisão do estruturalismo é tão radical que Eco os define como os "dois destruidores do estruturalismo francês"[164].

Com Derrida e Foucault chegamos ao debate cultural atual, ou seja, à crítica do estruturalismo, que recebe o nome de pós-estruturalismo. Seu início coincide com as obras publicadas por volta de 1970[165] pelo crítico literário Roland Barthes, do qual ambos podem em certa medida ser considerados alunos. Sua crítica às concepções tradicionais do sujeito, às vezes indicada também como "anti-humanismo", remete-os a Nietzsche e Heidegger.

Aqui deve acabar, pelo menos por enquanto, também uma história da noção de "estrutura" aplicável ao direito, ao passo que o estruturalismo se transforma no pós-estruturalismo e já se anuncia um pós-pós-estruturalismo[166].

---

gal Discourse and State Power: Foucault and the Juridical Relation, "International Journal of Sociology of Law", 11, 1983, pp. 361-83.

163. Alan Hunt no verbete *Foucault*, em Christopher Berry Gray (ed.), *The Philosophy of Law. An Encyclopedia*, Garland Publishing, New York – London, 1999, vol. 1, p. 305.

164. Umberto Eco, *La struttura assente*, cit., p. 343.

165. Cf. por exemplo: Stefan Münker, *Poststrukturalismus*, Metzler, Stuttgart, 2000, XIV, 195 pp. A literatura é imensa, mas não jurídica. O catálogo informatizado da Bayerische Staatsbibliothek, pesquisado com os descritores *Dekonstruktion* e *Poststrukturalismus*, em 8 de fevereiro de 2001 indicava 162 e 63 títulos de volumes, que em 8 de junho de 2001 já haviam se tornado, respectivamente, 168 e 67.

166. Wendell V. Harris, *Beyond Poststructuralism. The Speculation of Theory and the Experience of Reading*, Pennsylvania State University Press, University Park (Pa.), 1996, XIII-445 pp.; Nancy Easterlin, *After Poststructuralism. Interdisciplinarity and Literary Theory*, Northwestern University Press, Evanston (Ill.),

Havia vinte anos que o advento da realidade virtual, propiciado pela informática, fazia anunciar um mundo pós-humano[167]. Na realidade, o sufixo *"pós"* poderia, muitas vezes e melhor, ser substituído por *"anti"*. Se a modernidade é o mundo das ideias claras e distintas nascido do Iluminismo, o pós-moderno é, na realidade, antimoderno, porque seduzido pelas sugestões da intuição e pelas fulgurações do irracional; se o estruturalismo é a busca de um formalismo lógico em sentido amplo, o pós-estruturalismo é, na realidade, um antiestruturalismo que antepõe as cavilações sobre as palavras à busca de arquiteturas harmoniosas nas coisas designadas por aquelas palavras.

Em suma, é recomendável certa desconfiança em relação a esses exercícios críticos pós-algo: quando nos definimos apenas em relação ao passado, significa que não encontramos nenhum vínculo com o futuro.

Existem tentativas de aplicar ao direito os métodos da crítica literária pós-estruturalista, da semiótica psicanalítica, das teorias do caos ou da complexidade e de quase toda nova teoria ou moda que surge no mundo das ciências físicas e naturais[168]. Essas tentativas, porém, levam-nos longe – muitas vezes, aliás, em sentido diametralmente oposto – da noção de sistema e de estrutura a que se dedica esta pesquisa.

1993, XI-234 pp.; Jennifer Lehmann, *Deconstructing Durkheim. A Post-Post--Structuralist Critique*, Routledge, London, 1993, X-270 pp.

167. "Five hundred years of humanism may be coming to an end as humanism transforms itself into something we must helplessly call posthuman", assim escrevia em 1977 Ihab Hassan, citado no interessante livro de N. Katherine Hayles, *How We Became Posthuman. Virtual Bodies in Cybernetics, Literature, and Informatics*, University of Chicago Press, Chicago – London, 1999, p. 246. O livro termina com uma inquietante questão: *Conclusion: What does it mean to be posthuman?*, pp. 283-91.

168. Ver, por exemplo, a bibliografia (pp. 259-73) do livro de Dragan Milovanovic, *Postmodern Law and Disorder. Psychoanalitic Semiotics, Chaos and Juridic Exegeses*, Deborah Charles Publications, Liverpool, 1992, 280 pp.; Steven Best, *Chaos and Entropy. Metaphors in Postmodern Science and Social Theory*, "Science as Culture", 1991, n. 11, pp. 188-226.

Na evolução do estruturalismo, os pós-estruturalistas mantiveram apenas o nome da disciplina de origem. Outros teóricos, ao contrário, consideraram o estruturalismo uma primeira e necessária abertura em direção à abstração, porém já historicamente concluída: por isso era necessário ir além, formulando teorias ainda mais gerais. O impulso para dar esse passo veio dos Estados Unidos, onde o estruturalismo suscitara um interesse muito limitado porque os construtores de teorias haviam aprimorado outros instrumentos, destinados a ser adotados pelos estudiosos europeus.

12. Da teoria da estrutura à teoria dos sistemas

Diante da breve trajetória do estruturalismo, é inevitável fazer-se duas perguntas: por que o apogeu do estruturalismo durou apenas cerca de trinta anos (aproximadamente de 1950 a 1980), e por que ele foi um fenômeno apenas europeu, ou melhor, quase exclusivamente francês?

Essas perguntas também foram feitas pelo teórico de política americano David Easton, que descreveu um modelo cibernético da política em uma clássica trilogia amplamente comentada no capítulo anterior. No centro desse modelo está a "caixa-preta" que transforma os impulsos recebidos em respostas. Ao conteúdo da caixa-preta, ou seja, à estrutura da política, Easton dedicou a última fase da pesquisa da ciência política[169]. Ao fazer isso, ele seguiu um itinerário contrário ao percorrido naquele período pelas ciências sociais na Europa: lá se passara da estrutura ao sistema, ao passo que Easton passara do sistema à estrutura. A explicação que ele mesmo dá sobre essa sua trajetória cultural, de cuja peculiaridade ele está plenamente ciente, ajuda a sair das fronteiras europeias e a situar o fenômeno

---

169. David Easton, *The Analysis of Political Structure*, Routledge, New York – London, 1990, XV-336 pp.

do estruturalismo em uma dimensão mundial, que afinal é a dimensão própria de toda ciência no século XX.

Antes de mais nada, será oportuno verificar o que Easton entende por *estrutura* da política, examinando depois quais eram, em sua opinião, *as qualidades e os limites* do estruturalismo europeu em relação à evolução teórica que – já antes do estruturalismo – se desenvolvera nos Estados Unidos com o nome de teoria geral dos sistemas e, enfim, perguntar-se sobre a *herança positiva* deixada pelo estruturalismo já extinto.

São, todavia, necessários dois esclarecimentos preliminares. Em primeiro lugar, quando falamos aqui de desaparecimento do estruturalismo, limitamo-nos às ciências sociais (e, para Easton, sobretudo à ciência política), deixando, portanto, em aberto a sobrevivência do estruturalismo na linguística e na antropologia. Em segundo lugar, o discurso de Easton, embora enraizado na ciência política, identifica no estruturalismo e na teoria dos sistemas dois métodos, cuja concorrência parcial desemboca no predomínio da teoria dos sistemas sobre todo o *front*. Observa-se essa preponderância, portanto, também em outros campos, como por exemplo no dos sistemas cibernéticos: eles foram usados pelos americanos para retratar a política, mas puderam ser aplicados também ao direito, como vimos no capítulo anterior.

O que Easton entende por *estrutura da política*? As estruturas são propriedades abstratas das coisas (por exemplo, dos grupos de pressão, dos partidos etc.) e não as próprias coisas. Também na política, como no estruturalismo clássico, segundo uma imagem geológica se podem distinguir as estruturas superficiais das estruturas profundas[170]. É preciso, porém, lembrar que Easton chama de estruturas de baixo nível as estruturas superficiais, e de alto nível as estruturas profundas, subvertendo assim a intuitiva percep-

---

170. Easton, *The Analysis of Political Structure*, cit., p. 112.

ção do "sobre" e do "sob" no leitor. A distinção entre estruturas superficiais e estruturas profundas é ontológica: as estruturas superficiais podem ser observadas na realidade, ao passo que as estruturas profundas podem ser conhecidas apenas através da abstração; além disso, as estruturas empíricas superficiais são organizadas pelas estruturas profundas.

Estruturas de baixo nível (isto é, as superficiais) são o "regime"[171] e as "estruturas diferenciadas relacionadas a ele"[172], ou seja, as relações sociais[173]: é principalmente nelas que se concentrou a ciência política tradicional. Essas estruturas são "esquemas estáveis de relações entre os atores políticos e as coletividades"[174]. O estruturalismo clássico é visto por Easton – sempre e apenas do ponto de vista da teoria política – como a maior tentativa do século XX de fornecer uma explicação teórica da infinita série de mudanças das estruturas de baixo nível.

Mais difícil é, ao contrário, encontrar em Easton uma definição sintética das estruturas de alto nível (isto é, as profundas), chamadas também de "high order or system structure". Elas assumem a máxima importância, porque neste alto nível de abstração a teoria estrutural entra em contato com a teoria sistêmica, própria do Easton clássico. "Falar dessa estrutura [de alto nível] significa identificar a totalidade das relações políticas fundamentais. É verdade que estas últimas devem ser especificadas, deduzindo-as de uma teoria da política: no nosso caso, da teoria analítico-sistêmica (*system-analytic*). Devemos ter presente, porém, que a análise estrutural, por si só, não coincide com

---

171. Por "regime" Easton entende "the way in which a political system is organized for making decisions" (Easton, *The Analysis of Political Structure*, cit., p. XIII).
172. Easton, *The Analysis of Political Structure*, cit., p. 64 s.
173. Easton, *The Analysis of Political Structure*, cit., p. 112.
174. Traduzo "patterns" por "esquemas", ainda que pudesse ser mais bem traduzido por "estrutura"; porém, assim, eu tornaria tautológica a definição (Easton, *The Analysis of Political Structure*, cit., p. 109).

esta última teoria: a análise sistêmica é mais ampla. De fato, ela se ocupa também dos processos, ou seja, das atividades significativas de cada um e de todos os sistemas políticos, ou seja, *input*, conversões e retroações. No entanto, o modo como operam os processos pode ser compreendido apenas através da análise estrutural que os modela, limita ou determina [...]. Portanto, uma teoria das estruturas políticas é apenas uma parte da análise sistêmica e não é idêntica a ela."[175] A essa visão global Easton explicitamente dá o nome de "holismo", mas o termo deve ser entendido em sentido genérico, sem referência à concepção de Smuts (cf. *infra*, cap. III, 4).

Easton chega ao estruturalismo quando, na Europa, o fenômeno já havia se exaurido e pode, portanto, avaliar mais pacatamente *as suas qualidades e limites*.

Desde a primeira abordagem, ele distingue explicitamente a análise estrutural da análise estruturalista, sobre a qual os próprios estruturalistas chamaram a atenção (cf. *supra*, 1): "A análise *estruturalista*, contraposta à análise *estrutural*, não interpreta a estrutura como um objeto a ser descrito e explicado fazendo referência a variáveis ou forças postas no mesmo nível de observação. [... A análise estruturalista] conduz, antes, à busca de asserções teóricas sobre fatores que podem parecer não estritamente associados a essas estruturas aparentes e que constituem um tipo de estrutura mais elevada ou ordenante. Para o estruturalismo, conseguimos descrever a estrutura de um sistema quando compreendemos as leis que regem a interdependência das partes desse sistema de alto nível: essas leis explicarão de que modo o sistema gera ou produz as estruturas que vemos a nosso redor. A busca da estrutura transforma-se, assim, da descrição dos esquemas estáveis formados pelos elementos do sistema social na investigação sobre os ele-

---

[175]. "System analysis is more comprehensive": Easton, *The Analysis of Political Structure*, cit., p. 268.

mentos fundamentais ou de alto nível de um sistema e sobre as regras que regem suas relações. Dado que essas relações entre os elementos mudam com a mudança das condições, essas regras determinam o modo pelo qual são reordenados ou reestruturados os esquemas superficiais das relações."[176]

Uma breve paráfrase pode ajudar a compreender melhor a asserção de Easton. A análise estrutural é a interpretação de fenômenos empíricos com base em outros fenômenos empíricos, em uma atividade cognoscitiva que se move apenas no nível da estrutura superficial. Por exemplo, poder-se-ia explicar a persistência da forma democrática em função do desenvolvimento econômico, da instrução dos cidadãos, e assim por diante. Os estruturalistas rejeitam essa explicação horizontal e propõem uma explicação vertical, que é a verdadeira explicação estruturalista: sob as estruturas superficiais existe uma estrutura profunda que as determina. Essa estrutura profunda permeia todo o sistema, determinando a sua coesão: nesse sentido, "structuralism is holistic"[177], ou seja – como se dizia na concepção tradicional de sistema –, cada parte deve estar unida por um vínculo. Por outro lado, a noção de sistema estava presente também nos estruturalistas clássicos: para Lévi-Strauss, uma estrutura deve "apresentar as características de um sistema"; para Piaget, a "estrutura pode viver apenas em um sistema"[178].

O mérito do estruturalismo em relação à ciência política consiste, para Easton, em ter aberto caminho para a visão da "estrutura de um sistema como um todo"[179]; "ensina-nos a buscar uma possível lógica que contém em si a so-

---

176. Easton, *The Analysis of Political Structure*, cit., p. 122.
177. Easton, *The Analysis of Political Structure*, cit., p. 115.
178. Easton, *The Analysis of Political Structure*, cit., p. 115, notas 14 e 15: cita Lévi-Strauss, *Structural Anthropology*, p. 271, e Piaget, *Structuralism*, p. 142. Nesse contexto, Easton remete à Boudon, *Uses of Structuralism*, p. 57 (versão inglesa da obra já citada na nota 3): volta-se, por isso, ao esclarecimento terminológico exposto no item 1 deste capítulo.
179. "Structure of a system as a whole": Easton, *The Analysis of Political Structure*, cit., p. 110.

ciedade, um *corpus* de relações oculto à observação corrente, mas fundamental para dar uma ordem às relações sociais"[180]. Portanto, na ciência política, o estruturalismo ajuda a compreender as estruturas de nível inferior por meio das de nível superior, ou seja, a "considerar a ligação entre a teoria estrutural e a análise sistêmica"[181].

No estruturalismo, Easton vê, portanto, uma teoria nova, porque "a perspectiva holística do estruturalismo conduz por caminhos muito diferentes dos da análise puramente estrutural". Efetivamente, o verdadeiro estruturalista indaga "as leis que governam a interdependência das partes" de um sistema, as suas "operating rules". Essas regras "produzem aquelas variáveis visíveis ou aqueles resultados empíricos [...] sobre os quais tipicamente se detém a atenção do analista *estrutural*"[182]. A explicação *estruturalista* é, portanto, uma explicação de nível superior.

Se se lhe pergunta em que consiste a inovação estruturalista, Easton responde que os estruturalistas transformaram o substantivo em verbo, ou seja, deram ao nome "estrutura" o significado do verbo "estruturar"[183]. Eles não estudam mais o produto (isto é, as estruturas superficiais), mas o processo que das estruturas profundas leva às superficiais. Na antropologia, por exemplo, das estruturas empíricas observadas por Radcliffe-Brown se passa à força estruturante do sistema de Lévi-Strauss.

O mérito que não poderá jamais ser negado ao estruturalismo consiste em ele ter aberto a Europa à teoria dos sistemas: *"O núcleo da mensagem, oculto mas vital, do estruturalismo é uma orientação conceitual que encontra explícita expressão na análise sistêmica."*[184] Ou seja, o estruturalismo é a

---

180. Easton, *The Analysis of Political Structure*, cit., p. 111.
181. Easton, *The Analysis of Political Structure*, cit., p. 112; é importante todo o item *Structural Analysis vs. Structuralism*, pp. 112-7.
182. Easton, *The Analysis of Political Structure*, cit., p. 115.
183. "The noun structure takes on the meaning of the verb structuring": Easton, *The Analysis of Political Structure*, cit., p. 116.
184. Easton, *The Analysis of Political Structure*, cit., p. 118 (grifo meu).

teoria que rompe com a antiga concepção europeia do sistema externo ou descritivo e que propõe uma noção moderna dele, aquela do sistema "que faz": "Social systems do something."[185]

À luz dessa interpretação, o estruturalismo francês deve ser visto como uma das manifestações da revolução sistêmica mundial. Sua *herança positiva* consiste em ter compreendido que, no século XX, a pesquisa científica não podia mais limitar-se a acumular dados empíricos, mas devia, também, construir uma teoria que pudesse ser confirmada ou refutada por aqueles fatos. A intensa atividade teórica dos Estados Unidos no pós-guerra fora movida pela insatisfação com o hiperfactualismo e com a "grand speculation" da primeira metade do século XX e levara os Estados Unidos a formas de "explicação teórica orientada empiricamente": são os anos em que, nas ciências sociais norte-americanas, circulam expressões como "decision making", "functionalism", "system analysis" e "rational modeling"[186].

Também na Europa havia uma expectativa por essa mudança de paradigma, mas sua realização fora retardada pelas ditaduras e pela guerra. O advento das teorias sistêmicas nos Estados Unidos do pós-guerra ajuda a compreender melhor o sucesso do estruturalismo europeu, uma vez que ambos são manifestações históricas específicas da mesma exigência científica geral. O estruturalismo também reagiu ao empirismo da primeira metade do século XX, mas ao mesmo tempo não foi um movimento puramente filosófico (como, por exemplo, o existencialismo) e pôde, portanto, apresentar-se também como uma alterna-

---

185. Easton, *The Analysis of Political Structure*, cit., ibid.; Easton insiste no fato de que a ideia do sistema "que faz" nasce antes do estruturalismo (tanto que escreve "before" em negrito); depois cita a *General System Theory* de Bertalanffy (p. 119), publicada em 1969. Como naquela data o estruturalismo linguístico e antropológico já havia se afirmado, a cronologia a que se refere Easton não é clara.

186. Easton, *The Analysis of Political Structure*, cit., p. 128; sobre a situação nos Estados Unidos, cf. pp. 127-31.

tiva ao marxismo ortodoxo. Sua força consistiu em abrir um canal de comunicação entre a teoria e o conhecimento empírico. Sua fraqueza foi permanecer no meio do caminho.

De fato, os estruturalistas remetem-se ao sistema para explicar a estrutura profunda, mas o fazem apenas marginalmente. O mais sistêmico dos estruturalistas é Piaget: "Uma estrutura é um sistema de transformações. Na medida em que é um sistema e não uma simples coleção de elementos e de suas propriedades, essas transformações implicam leis [...]. Em suma, a noção de estrutura compreende três ideias-chave: a ideia de totalidade, a ideia de transformação, a ideia de autorregulação."[187] Piaget chama de "formas" as relações empíricas, e "forma das formas" as estruturas profundas que determinam as formas empíricas. Apenas a essas estruturas profundas reserva o nome de "estrutura".

A teoria de Lévi-Strauss "não constitui a busca de uma teoria geral que se ocupe do modo como uma sociedade opera: começa e acaba, antes, com o empenho de compreender determinadas estruturas observadas". Nele, o jogo entre estruturas profundas e estruturas superficiais é menos manifesto que em Piaget e, portanto, seu estruturalismo não pode ser considerado uma teoria geral das ciências sociais, mesmo tendo sido aplicado da matemática à cozinha[188].

A produtividade das estruturas é, ao contrário, explícita em Althusser e em seu aluno Poulantzas: na base existe um modo de produção (variável) que produz subsistemas sociais como a ideologia, a política, a economia e o conhecimento científico. Portanto, o modo de produção, a antiga "base" marxista, não é entendida em sentido puramente economicista: é uma estrutura profunda, um sistema "que faz", como explicara Bertalanffy. Easton dedica, portanto, muito espaço à análise das teorias de Nicos Poulantzas, jul-

---

187. Easton, *The Analysis of Political Structure*, cit., p. 120; Easton cita Piaget, *Structuralism*, p. 13.
188. Easton, *The Analysis of Political Structure*, cit., p. 126.

gando-as as mais sistêmicas entre as nascidas no âmbito do estruturalismo francês[189]. Seu marxismo estruturalista "pode ser interpretado como uma incorporação disfarçada do pensamento sistêmico na tradicional teoria marxista. Desse ponto de vista, o estruturalismo desempenhou a histórica função de atualizar o marxismo, procurando adaptá-lo, mesmo que indiretamente, à revolução sistêmica do pensamento moderno"[190].

Em conclusão, o estruturalismo pode ser visto como uma resposta à necessidade moderna de teorias, porém uma resposta que indica uma direção fecunda – a que desemboca na teoria geral dos sistemas –, mas que se detém depois dos primeiros passos. Os estruturalistas não podiam fazer mais do que isso, ou, se o tivessem feito, conclui Easton, "teriam simplesmente se tornado analistas sistêmicos, algo que não fazia parte de seus interesses, desejos ou intenções"[191].

Assim, é possível traçar a linha de demarcação entre o estruturalismo e a análise sistêmica e, ao mesmo tempo, compreender por que o estruturalismo não teve sucesso nos Estados Unidos. O estruturalismo "é uma teoria da estrutura que, na maior parte dos casos, apoia-se em uma perspectiva sistêmica ou a subsume"; não é, portanto, uma teoria sistêmica completa, mas limita-se a adotar "a perspectiva sistêmica apenas na medida necessária para explicar a variabilidade das relações sociais"[192], isto é, das estruturas

---

189. Easton dedica a Poulantzas as pp. 155-220; o interesse por suas teorias está ligado, em Easton, às teorias neoestatalistas que se difundiram na América dos anos 1980, que – em contraposição às teorias centradas na sociedade – propunham estudar o Estado como ator autônomo na vida social. Sobre o "neostatism", cf. Peter B. Evans – Dietrich Rueschemeyer – Teda Skocpol (eds.), *Bringing the State Back In*, Cambridge University Press, Cambridge, 1985, X-390 pp.

190. Easton, *The Analysis of Political Structure*, cit., p. 164. Easton utiliza a expressão: "a disguised way of incorporating system thinking into traditional Marxism".

191. Easton, *The Analysis of Political Structure*, cit., p. 121.

192. Easton, *The Analysis of Political Structure*, cit., p. 122.

de nível inferior. Ou seja, os estruturalistas elaboraram um método mais limitado que aquele próprio de uma teoria geral dos sistemas.

Por volta da metade do século XX, os Estados Unidos já haviam adotado a teoria geral dos sistemas e, portanto, não lhes chamava a atenção o estruturalismo, que se apresentava como uma teoria europeia com uma capacidade menor de abstração. "Uma das mais importantes transformações epistemológicas" do século XX é, para Easton, "a descoberta da utilidade de examinar cada tipo de ente como um sistema, geralmente como um sistema complexo, em vez de como uma montagem ou um agregado mecânico ou como um simples conjunto de elementos interagentes"[193]. Durante a Segunda Guerra Mundial e logo depois dela, essa visão sistêmica transformara a física, a biologia, as técnicas das comunicações, a linguística, a ciência política e produzira a cibernética. De um lado, portanto, o estruturalismo ajudara os franceses e os europeus a compreender as maiores inovações do século XX, que, porém, nasceram quase totalmente nos Estados Unidos, mesmo que tivessem raízes europeias. Por conseguinte, o estruturalismo "limitou-se a arranhar a superfície da pesquisa social americana"[194], porque fornecia uma resposta teoricamente insatisfatória. Difundiu-se na linguística, mas arraigou-se pouco na antropologia, apesar do prestígio de Lévi-Strauss, e ainda menos na ciência política, apesar do estrutural-marxismo de Althusser e Poulantzas, ao passo que os juristas pós-estruturalistas, como vimos, são um exíguo punhado de aplicados inovadores.

Ao estruturalismo dirige-se a crítica de ele não ter se livrado totalmente dos resíduos de empirismo que lhe de-

---

193. Easton, *The Analysis of Political Structure*, cit., p. 130: "The discovery of the utility of viewing all kinds of entities as systems, usually complex ones, rather then as mechanical assemblies or aggregates or as simple sets of interacting elements."

194. "Barely scratched the surface of American social inquiry": Easton, *The Analysis of Political Structure*, cit., p. 123.

rivavam da história europeia. O positivismo do século XIX é dominado pela fé nos sentidos e na verificação empírica que Nietzsche chamava de a "imaculada percepção", presente, por exemplo, na antropologia inglesa com Radcliffe-Brown. Com a antropologia de Lévi-Strauss, a percepção sensorial vale apenas para as estruturas superficiais; para Piaget, também estas últimas só podem ser compreendidas se existe uma reflexão prévia ou abstração. Hoje, a teoria sistêmica acredita que uma abstração preventiva seja o pressuposto indispensável de qualquer conhecimento, seja qual for o seu nível.

É errado sustentar que possam ser conhecidas empiricamente as estruturas superficiais (conhecimento estrutural) e que apenas através da teoria seja possível ter acesso às teorias profundas (conhecimento estruturalista). À primeira vista, uma estrutura superficial pode parecer puramente descritiva, ao passo que a profunda pode parecer teórica; porém, para Easton, hoje ninguém acredita que se possa descrever uma realidade (partidos, grupos) sem "theoretical presuppositions". As estruturas superficiais parecem diretamente observáveis porque são percebidas com um menor trabalho de abstração, mas sua percepção direta é uma ilusão. Como as estruturas superficiais exigem um baixo nível de abstração, tem-se a impressão de conhecê-las sem recorrer a instrumentos lógico-abstratos. Ao contrário, as estruturas profundas não se veem, mas podem ser conhecidas apenas com o raciocínio, ou seja, podem apenas ser inferidas. Já que para fazer isso são necessárias regras fornecidas pela teoria, as estruturas profundas exigem um alto nível de abstração. Mas sem abstração não é possível conhecer nem as estruturas superficiais nem as estruturas profundas.

Desfaz-se, então, a oposição entre conhecimento estrutural e conhecimento estruturalista. Não se trata de dois tipos opostos de conhecimento, mas de dois níveis diferentes do próprio conhecimento. "A análise estrutural e o estruturalismo estão baseados na teoria, porém em diferentes níveis de abstração", de modo que "não pode existir uma verdadeira diversidade cognitiva entre a análise estrutural e o estruturalismo"[195]. Delineia-se, assim, um percurso teórico animado pela busca de um grau maior de abstração: as teorias estruturais aprimoram-se nas teorias estruturalistas; estas se rarefazem ulteriormente na teoria geral dos sistemas; esta última sublima-se nas superteorias, como a construída por Luhmann.

No entanto, Easton chama a atenção dos estudiosos americanos para um aspecto positivo do estruturalismo, que o desinteresse geral em relação a ele levara a negligenciar: no entusiasmo da descrição sistêmica, os americanos desprezaram o convite do estruturalismo a "explicar a natureza e as mudanças das estruturas, objeto de observação". "Não dando ouvidos – e justamente – às propostas teóricas e sistêmicas do estruturalismo, não ouvimos nem sequer o seu *leitmotiv* mais imperioso sobre as forças que modelam as estruturas observadas."[196]

O estruturalismo respondia, portanto, à exigência de teoria e de abstração do pós-guerra, mas dava uma resposta parcial: indicava a direção da teoria sistêmica, mas depois não percorria até o fim o caminho indicado. Dessa situação resultou o pouco interesse dos americanos pelo estruturalismo e, ao contrário, o crescente interesse dos europeus pela teoria geral dos sistemas, a qual se apresentou também – pelo menos em suas origens – com o fascínio de ser uma parte da cibernética.

---

195. Easton, *The Analysis of Political Structure*, cit., p. 124: "there can be no genuine cognitive difference between structural analysis and structuralism".

196. Easton, *The Analysis of Political Structure*, cit. p. 131: "In turning a deaf ear, appropriately, to the theoretical and systems tunes that structuralism was playing, we failed to hear its more compelling Leitmotiv about the possible forces that shape observed structures." Easton pretende remediar essa lacuna dedicando à estrutura da política o livro até aqui examinado, depois de ter dedicado os anos de 1953 a 1965 à sua trilogia sobre o sistema cibernético da política.

Capítulo III
Natura facit saltus: *da visão sistemática à visão sistêmica*

Pontos de intersecção e desenvolvimentos do discurso. Antes de abordar o pensamento de Niklas Luhmann, faz-se necessária uma análise histórica das noções que, através de sua obra, encontraram nas ciências sociais uma sistematização teórica já disseminada no mundo todo. Essas noções derivam, de fato, das ciências biológicas, que já no século XIX forneceram as bases da teoria da auto-organização, a que se refere a autopoiese de Luhmann. Por volta dos anos 1950, com a "primeira" cibernética de Wiener e de Ross Ashby, a auto-organização afirma-se em sua forma moderna: é sobretudo o conceito de homeostase – ou seja, a capacidade de um sistema de readquirir o equilíbrio perdido por uma interferência do meio externo – que abre o caminho para a concepção de sistemas auto-organizadores. Para a primeira cibernética, qualquer interferência é uma perturbação, um elemento negativo. Ao contrário, para a "segunda" cibernética de Maruyama e Foerster, a interferência é concebida como um enriquecimento, visto que, ao incorporar o impulso externo, o sistema se reorganiza em função dele. Se a primeira cibernética se caracterizava pela relação entre sistema e ambiente, a segunda cibernética se enriquece com um terceiro elemento: sistema, ambiente e observador. O observador também retornará como uma característica da teoria de Luhmann.

Além disso, no século XIX os biólogos estavam divididos a respeito de um problema relevante também para a noção de sistema: um organismo é a soma de suas partes ou algo mais? Os "meristas" como Roux (autor da *Autorregulação*, 1914) sustentavam que o organismo nada mais é que a soma de suas partes, mesmo porque – aceitando como os "vitalistas" à la Driesch que fosse "algo mais" – estaria aberto o caminho às especulações metafísicas, não verificáveis experimentalmente. Em 1932, Bertalanffy enunciou uma teoria completa dos sistemas vivos, indicando no organismo um "sistema aberto", ou seja, um sistema que dá e recebe materiais do ambiente. Nessa interação, o sistema não é mais estável, como na primeira cibernética, mas instável. O passo seguinte foi dado por Prigogine: os sistemas estudados por ele não têm equilíbrio nem estável nem instável. Todos esses cientistas deixaram de lado a desconfiança, persistente em Wiener, sobre estender as noções científico-biológicas às ciências sociais. Ao contrário, precisamente a generalidade, o "holismo" que caracteriza a sua visão, tende a englobar todas as disciplinas, porém, de fato, a ciência não biológica examinada com mais frequência na revista "General Systems" é a economia.

A auto-organização atual ainda é um canteiro de obras aberto: nele concorrem várias disciplinas, de formas variadas e não sem conflitos. Da escola de Bielefeld vem uma lista de sete setores científicos da qual derivam muitas das contribuições hodiernas às teorias da autorregulação (item 5). É entre essas disciplinas que também surgem os sistemas autopoiéticos e autorreferenciais dos neurobiólogos chilenos Varela e Maturana, fontes diretas de Luhmann, mesmo que discordantes (cf. *infra*, cap. IV, 9).

1. Do ser do simples ao devir do complexo

No início do século XX, a teoria jurídica se apresenta como um mundo novo comparado à do final do século anterior (cf. vol. 2, cap. IV, 1). Além disso, na metade do século XX, afirma-se na química, na física e na biologia uma revolução científica que tem como objeto não a ordem, mas o caos; não o equilíbrio, mas a instabilidade; não o domínio da natureza, mas o diálogo com ela (Prigogine). A nova ciência não mais procura as grandes constantes e as leis universais, mas investiga os fenômenos irregulares e complexos que os estudos anteriores relegaram à margem da pesquisa científica: uma revolução que pode ser resumida no conceito de "auto-organização".

Para evitar mal-entendidos, deve-se lembrar que nos anos 1930 o direito e as ciências sociais glorificavam a exceção, contraposta à normalidade (amiúde tachada de "burguesa"). Mas eram enfoques muito diferentes. O interesse científico geral pelos casos marginais ou pelas situações excepcionais é também compartilhado por Carl Schmitt (cf. vol. 2, cap. V, 5). Todavia, à luz de seu pensamento nacional-socialista, esse interesse pelo evento marginal sofre uma clara torção em direção ao autoritarismo. "Justamente uma filosofia de vida concreta não deve retrair-se perante a exceção e o caso extremo, mas, ao contrário, deve encarar isso com o máximo interesse. Para ela a exceção pode ser mais importante que a regra [...] De fato, a exceção é mais interessante que o caso normal. A normalidade não demonstra nada; a regra só vive graças à exceção. Na exceção a força da vida real estilhaça a crosta de uma mecânica enrijecida pela repetibilidade"[1]. Nessas frases ressoa mais o eco das teorias do super-humanismo que o interesse científico por uma investigação sobre elementos anteriormente negligenciados. E eis a reviravolta autoritária, estranha ao pensamento técnico-científico: "É soberano aquele que decide sobre a situação excepcional"[2]; e ainda: "o caso excepcional manifesta o mais claramente possível a essência da autoridade estatal. [...] A autoridade demonstra que, para criar direito, não precisa ter razão"[3]. Ao contrário, na segunda metade do século XX, os cientistas, mesmo os sociais, reportam-se aos casos-limite para completar um quadro dos conhecimentos que já explicou os fenômenos mais evidentes.

Lyotard falou da ciência pós-moderna como ciência da instabilidade e em sua obra, que em 1979 difundiu nas ciências sociais e humanas a noção de pós-modernidade, dedi-

---

1. Carl Schmitt, *Politische Theologie*, Duncker & Humblot, München – Leipzig, ²1934, p. 22.
2. Schmitt, *Politische Theologie*, cit., p. 11.
3. Schmitt, *Politische Theologie*, cit., p. 20.

cou um capítulo inteiro aos novos campos que, a seu ver, constituem o núcleo inicial da ciência pós-moderna[4]. Com essa obra, temas como o determinismo e a previsibilidade na física atômica e quântica, a geometria fractal, a teoria do caos e das catástrofes, e outras ainda, entram para o vocabulário das ciências sociais. Mas, junto com essas palavras, também são aceitos os conceitos das ciências exatas? Ao reexaminar essas teorias (particularmente a da autopoiese), encontramos defensores entusiastas da transferência metodológica, que falam até mesmo de uma mudança do saber com o advento da era pós-moderna. Todavia, não devemos esquecer que alguns cientistas apresentaram críticas severas a essa transferência: basta lembrar aqui as que foram dirigidas a Lyotard[5].

Esses assuntos despertaram forte interesse dos sócio-humanistas pelas ciências físico-naturais, acompanhado, porém, de um mal-entendido baseado provavelmente em sua deformação profissional: eles identificaram a *ciência* com os *textos* através dos quais a ciência se expressa. Foram levados a isso pelo fetichismo da palavra, do qual já foram dados vários exemplos. Na realidade, o físico que descobre experimentalmente alguma coisa presta contas através de um texto; porém, aquele texto não é o seu método de pesquisa, mas apenas um subproduto dele. Ao contrário, o sócio-humanista, acostumado à análise textual, tende a se deter nos textos – fascinado por palavras que servem para a construção de esplêndidas metáforas – desprezando o método, para cuja análise não possui a devida preparação técnica. Os conceitos científicos transformam-se então em metáforas sócio-humanistas, como já vimos nas teorias cibernéticas.

---

[4]. Jean-François Lyotard, *La condizione postmoderna. Rapporto sul sapere*, Feltrinelli, Milano, 1981, cap. 13; ed. original: *La condition postmoderne: rapport sur le savoir*, Éditions de Minuit, Paris, 1979, cap. 13.

[5]. Alan Sokal – Jean Bricmont, *Imposture intellettuali. Quale deve essere il rapporto tra filosofia e scienza?*, Garzanti, Milano, 1999, pp. 129-40, no capítulo dedicado à teoria do caos e à ciência pós-moderna.

Uso o termo "metáfora" em sentido amplo. Talvez o linguista prefira catacrese, que ocorre "quando, em vez de introduzir um termo novo, recorre-se a uma palavra já existente na língua, tornando-a de uso extensivo"[6]. Nas teorias que examinaremos, dessa forma venial de recepção distorcida passa-se a mal-entendidos cada vez mais graves. A metáfora sócio-humanista, todavia, sempre implica uma fratura em relação ao termo científico: não por acaso, mesmo a branda "catacrese", em grego, "significa 'abuso' (e, de fato, foi traduzida como *abusio* pelos mestres latinos de retórica); é um abuso, ou melhor, uma extensão do uso". E o abuso dos conceitos científicos, como veremos, é o *leitmotiv* de todo o livro de Sokal e Bricmont (cf. *infra*, 7).

A transferência das palavras e não dos métodos, o uso metafórico (aliás, o abuso, como acabamos de ver) dos termos científicos leva a esquecer a interação entre observação e teoria, ou seja, o fundamento experimental das ciências exatas; concentra-se aqui não na observação, mas no observador; não no objeto, mas no sujeito; vai-se até o ponto de acreditar que a realidade seja uma construção do sujeito, tanto que uma teoria extrema como a de Luhmann pôde ser acusada de ser uma forma atual de solipsismo. Nesse mal-entendido de fundo, a meu ver, residem as incompreensões entre cientistas e sócio-humanistas que levaram até mesmo a se falar de uma "guerra entre as duas culturas" exatamente no momento em que as ciências sócio-humanistas tendem a vestir (mas quão apropriadamente?) as roupas das ciências exatas. Desse mal-entendido deriva também a infecundidade de grande parte das transferências interdisciplinares, porque – vale a pena repetir – os sócio-humanistas tendem a se apropriar das palavras, mas não dos métodos das ciências exatas.

No século XX as ciências exatas começam a transferir sua atenção do universo das estrelas para o universo da luz,

---

6. Bice Mortara Garavelli, *Le parole della giustizia. Divagazioni grammaticali e retoriche su testi giuridici italiani*, Einaudi, Torino, 2001, p. 7, nota 7; cf. também p. 149.

de Galileu para Einstein, da mecânica para a física quântica, da astronomia para a cibernética. Esses estudos ainda são objeto de ásperas controvérsias, mesmo podendo contar com resultados positivos nas ciências físico-naturais. O fato de ter trazido ao centro da atenção científica fenômenos anteriormente considerados marginais é visto pelos defensores da auto-organização nas ciências sociais "como a terceira grande revolução científica de nosso século, depois da teoria da relatividade e da teoria quântica"; pode-se vê-la, aliás, "como a única grande inovação teórica depois da revolução copernicana"[7]. As avaliações dos cientistas são menos enfáticas.

Também as pesquisas sobre a auto-organização têm como objeto "sistemas"; e os resultados alcançados, assim como aconteceu com o darwinismo, foram aplicados às ciências sociais e, em particular, ao direito. Surgem imediatamente algumas questões. Será que a decaída ciência jurídica, assistindo ao triunfo das ciências naturais, procura mais uma vez atrelar-se à ciência da moda para fugir do complexo de inferioridade que lhe sobrevém ao se sentir como ciência hoje relegada ao último lugar? Já assistimos a algo semelhante com a corrida ao estruturalismo e à cibernética. E ainda, mais especificamente, até que ponto a organização da matéria viva é semelhante à do direito? Até que ponto a origem do *laser* é comparável à origem do direito? Até que ponto pode-se comparar a autopoiese de Humberto Maturana à de Niklas Luhmann, ou a teoria dos hiperciclos autocatalíticos enunciada por Manfred Eigen para a química e àquela proposta por Gunther Teubner para o direito? Concluindo, a transferência dos métodos das ciências naturais para a ciência jurídica é uma inserção metodológica intrinsecamente fecunda, ou não passa de uma nova terminologia usada como metáfora para modernizar os conceitos tradicionais do direito?

---

[7]. Rainer Paslak, *Urgeschichte der Selbstorganisation. Zur Archäologie eines wissenschaftlichen Paradigmas,* Vieweg, Braunschweig – Wiesbaden, 1991, p. 85.

Alguns cientistas rejeitam o uso metafórico dos termos científicos porque, no discurso não literário, a metáfora serve para esclarecer um conceito pouco conhecido remetendo-o a outro mais familiar; já nas ciências sócio-humanistas pós-modernas parece acontecer o oposto. O recurso a analogias também é rejeitado, porque a analogia só é possível entre elementos semelhantes, e não "entre teorias bem fundamentadas (nas ciências naturais) e teorias demasiado imprecisas para serem verificadas empiricamente (por exemplo, a psicanálise de Lacan). Não podemos deixar de suspeitar que a função de tais analogias seja esconder os pontos fracos da teoria mais imprecisa". Essas metáforas e analogias escondem talvez uma "tentativa de fazer passar como profunda uma observação filosófica ou sociológica um tanto banal, revestindo-a de um jargão científico fantasioso?"[8]. Essas são algumas das questões a que o exame das mais recentes teorias sobre o direito deve responder.

De agora em diante essas teorias serão chamadas de "sistêmicas", para distingui-las das teorias "sistemáticas" próprias do século XIX e da primeira metade do século XX. Nesse contexto, também o termo "construtivismo" adquire um significado diferente do usado para indicar a técnica jurídica dos pandectistas. Essas novas definições serão exemplificadas adiante. Para abordar a fase mais recente da pesquisa jurídica – aquela que de sistemática tornou-se sistêmica –, é necessário, antes de mais nada, examinar as raízes dos novos paradigmas que se afirmaram nas ciências físico-naturais; depois, o conteúdo dos mais importantes desses paradigmas, para adquirir uma ideia, mesmo vaga, dos modelos importados pela ciência jurídica; por fim, a análise poderá deslocar-se – mas no texto atual não passa-

---

8. Sokal-Bricmont, *Imposture intellettuale*, cit., p. 24. Nenhum cientista tentaria esclarecer um conceito da física quântica reportando-se ao conceito de aporia de Derrida, "porque nosso público de físicos teria razão em perguntar qual seria o objetivo de tal metáfora" a não ser o de "exibir nossa erudição".

rão de poucas referências – para duas teorias jurídicas baseadas na autorregulação: as de Luhmann e as de Teubner. Por trás das asserções anteriores está uma montanha de problemas jurídico-filosóficos que devem ser considerados já decididos em certo sentido, mesmo que não tenham sido, de modo algum, resolvidos: antes de mais nada, que a ciência do direito seja ciência, assim como o são as ciências naturais (portanto, não autonomia da ciência jurídica); depois, que o mesmo método possa ser aplicado a uma e às outras (portanto, monismo metodológico); por fim, que essa translação de métodos leve a resultados relevantes para a teoria ou para a prática do direito (portanto, fecundidade das transferências interdisciplinares)[9]. As páginas seguintes, que descrevem as raízes históricas das teorias de Luhmann e de seus seguidores, pressupõem que as três questões sejam respondidas positivamente; mas para fundamentar essa aceitação seria necessária uma pesquisa diferente da atual: apenas no final deste capítulo faremos referência à polêmica mais ampla que surgiu com a adoção de conceitos científicos na filosofia e nas ciências sociais da época pós-moderna. Obviamente, Luhmann enriquece, adapta e, portanto, modifica os paradigmas científicos extraídos das teorias da auto-organização: por trás de suas escolhas, porém, está a convicção de que a ciência do direi-

---

9. Sobre os problemas jurídicos gerais, basta aqui reportar-se a Norberto Bobbio, *Teoria della scienza giuridica*, Giappichelli, Torino, 1950, 239 pp. As relações entre ciência e direito foram abordadas por Vittorio Villa, *Teoria della scienza giuridica e teorie delle scienze naturali. Modelli ed analogie*, Giuffrè, Milano, 1984, VII-251 pp. Villa examina algumas importantes teorias do direito "que procuraram fundamentar o método jurídico a partir da concepção geral da ciência elaborada pelo neopositivismo (principalmente em relação às ciências naturais)" (p. IX). Sua pesquisa, a partir de Alf Ross, aborda os modelos neopositivistas de ciência: ela é, portanto, uma pesquisa metodológica e não histórica (como a presente), referente a um modelo de ciência que predominou a partir de 1950, diferente do cognitivismo radical a que se reporta a escola de Luhmann. Sobre a diferença entre as ciências naturais e sociais, cf. Siegfried J. Schmidt, *Zum Dogma der prinzipiellen Differenz zwischen Natur- und Geisteswissenschaften*, Vandenhoek & Ruprecht, Göttingen, 1975, 22 pp.

to é uma ciência como as naturais, de que os métodos podem passar de uma à outra, e de que essa passagem constitui um progresso.

Na história das teorias de auto-organização, partindo dos conhecimentos atuais, podemos distinguir três fases.

A primeira fase é a dos *predecessores*, que prepararam o terreno para a revolucionária transformação em curso. Ela pode ser remetida aos pré-socráticos, tem seu apogeu do século XVII ao XIX e encerra-se no início do século XX. Os cientistas dessa primeira fase não desenvolveram intencionalmente as teorias de auto-organização; foram, antes, os cientistas da auto-organização que se reconheceram em algumas partes das teorias precedentes. Um processo semelhante foi visto quando os estruturalistas construíram sua galeria dos antepassados (cf. *supra*, cap. II, 2). De fato, já se afirmou, com razão, que cada pesquisador é um anão sobre os ombros de um gigante.

A segunda fase é a da elaboração dos *primeiros processos auto-organizadores*. Ela vai de 1920 a 1960 e compreende os estudos que examinaremos ao descrever o holismo sistêmico e a chamada primeira cibernética.

Por fim, a terceira fase se desenvolve a partir de 1960, quando as *teorias modernas da auto-organização* tomam forma e uma dezena de anos depois são adotadas também na ciência jurídica[10].

---

10. Para um exame aprofundado desta "pré-história da auto-organização, remeto à obra de um defensor da teoria da auto-organização, que proferiu a entusiasmada citação mencionada no início deste parágrafo: Rainer Paslak, *Urgeschichte der Selbstorganisation,* cit., que divide sua exposição em duas partes (*Primeiros conceitos da auto-organização*, pp. 14-90; *Conceitos modernos da auto-organização*, pp. 91-184). Na primeira parte reúne aquelas que, no meu texto, são a primeira e a segunda fases (distinção que, aliás, foi sugerida pelo próprio Paslak na p. 87). A obra de Paslak usa também a transcrição de fitas magnéticas com as entrevistas dos principais autores das teorias descritas. Trata-se de transcrições até agora inéditas, conservadas na Universidade de Bielefeld. Uma bibliografia ordenada por temas, autores e ano de publicação encontra-se em Rainer Paslak – Peter Knost, *Zur Geschichte der Selbstorganisationsforschung Ideeengeschichtliche Einführung und Bibliographie (1940-1990),* Kleine, Bielefeld, 1990, 227 pp. Uma constante atualização é fornecida pelos

2. Os precursores da auto-organização

Se, fortalecidos pelos últimos progressos da ciência moderna, quisermos remontar às origens das teorias que se dedicaram à passagem da desordem para a ordem, do caos para o cosmos, podemos chegar às teogonias e às cosmologias mais exóticas e mais antigas. Além disso, algumas passagens de Heráclito, de Lucrécio e de Aristóteles (*Física*, II, 8, 199b) demonstram que desde a Antiguidade clássica era filosoficamente aceitável a ideia de um caos criativo, de uma desordem geradora de ordem. Mas com Platão e mais tarde com o cristianismo, o dualismo passou a prevalecer na visão do mundo: o caos deve ser organizado pelo espírito para que, assim, dele surja a ordem.

Como o espírito é frequentemente identificado com Deus, também a teologia deve ocupar-se da natureza existente entre o momento da criação e o momento do apocalipse, e sobre esse tema há duas posições divergentes. Como consequência do pecado original, a *natura lapsa* é caótica e tende a recair no caos: é por isso que tem uma constante necessidade da intervenção ordenadora de Deus. Essa concepção teológica associa-se à concepção política do soberano absoluto e à econômica do mercantilismo. Exatamente contrária é a visão da *theologia naturalis*: depois da criação, a natureza reflete a ordem divina e, portanto, tende a voltar a um estado de ordem, mesmo que possam surgir oscilações e turbulências momentâneas. De fato, observadas por longos períodos, as irregularidades acabam sendo absorvidas pela ordem predominante. É nesse contexto que Adam Smith (1723-90) pode falar de uma "invisible hand" que governa os mercados, ou que o mundo pode ser visto como uma máquina, mais especificamente, como um relógio[11].

---

volumes temáticos publicados em "Selbstorganisation. Jahrbuch für Komplexität in den Natur-, Sozial- und Geisteswissenschaften", publicado a partir de 1990 por Duncker & Humblot, Berlin.

11. Ilya Prigogine – Isabelle Stengers, *Dialog mit der Natur. Neue Wege naturwissenschaftlichen Denkens,* Piper, München, 1981, p. 53. Na política, a me-

Essa visão da natureza como mecanismo tendente ao equilíbrio, composto por elementos imutáveis e regulado por leis eternas, só entraria em crise por ocasião do surgimento da teoria evolucionista de Darwin, que demonstrou como, ao longo do tempo, foram surgindo formas de vida completamente novas (cf. vol. 2, cap. IV, 1). Até aquele momento, o interesse dos cientistas estava concentrado no modelo mecanicista baseado no paradigma newtoniano. Ele prevalece também em Kant, que, entretanto, em 1790 usou – provavelmente pela primeira vez – a expressão "entidade que se auto-organiza" para designar a capacidade da natureza de produzir sistemas orientados a uma finalidade, como os planetas ou os organismos[12]. No entanto, para ele essa capacidade permanece "uma qualidade não indagável"[13]; em outras palavras, os problemas da complexidade seriam relegados à margem da pesquisa científica, que seguia outros caminhos.

A insistência em querer encontrar nas teorias passadas as antecipações das teorias presentes exige, todavia, uma grande cautela para não fazer, por exemplo, da "produtividade original" da natureza em Schelling uma antecipação direta da autopoiese de Maturana[14].

---

táfora do relógio (e, em geral, da máquina) representa a monarquia absolutista, ao passo que as concepções democráticas são simbolizadas pela metáfora da balança: Mario G. Losano, *Saggio sui fondamenti tecnologici della democrazia*, Fondazione Adriano Olivetti, Roma, 1991, 82 pp.

12. "Selbst organisierendes Wesen": Kant, *Kritik der Urteilskraft*, 65, B 291 s.

13. "Unerforschliche Eigenschaft": Kant, *Kritik der Urteilskraft*, 65, B 293.

14. Marie-Luise Heuser-Keßler, *Die Produktivität der Natur. Schellings Naturphilosophie und das neue Paradigma der Selbstorganisation in den Naturwissenschaften*, Duncker & Humblot, Berlin, 1986, 129 pp.; e também *Wissenschaft und Metaphysik. Überlegungen zu einer allgemeinen Selbstorganisationtheorie*, em Wolfgang Krohn – Günter Küppers, *Selbstorganisation. Aspekte eine wissenschaftlichen Revolution*, Vieweg, Braunschweig – Wiesbaden, 1990, pp. 39 ss.; *Georg Cantors transfinite Zahlen und Giordano Brunos Unendlichkeitsidee*, em Uwe Niedersen – Ludwig Pohlmann (Hrsg.), *Der Mensch in Ordnung und Chaos*, Duncker & Humblot, Berlin, 1991, pp. 221-44; *Keplers Theorie der Selbststrukturierung von Schneeflocken vor dem Hintergrund neuplatonischer Philosophie der*

Do século XVIII até o final do século XIX, a ciência é regida pelo modelo mecanicista, pois este fornece explicações fidedignas para um grande número de fenômenos reais. Porém, o ponto de partida é ideal, assim como ideal é justamente a máquina de Newton, cujo movimento se transmite às várias partes sem atrito. Portanto, naquela fase de pesquisa científica estudavam-se os fenômenos que mais se aproximavam do modelo ideal. Os resultados obtidos com os experimentos tinham valor científico, já que podiam ser repetidos: os mesmos experimentos realizados com os mesmos objetos em presença das mesmas condições deveriam levar aos mesmos resultados. A reprodutibilidade do experimento baseava-se numa visão determinista do mundo: as mesmas causas deveriam produzir os mesmos efeitos.

Portanto, a ainda assim fecunda visão mecanicista elimina como fenômeno de distúrbio todo elemento que altere o experimento. O determinismo e a reprodutibilidade experimental são incompatíveis com o interesse pelos fenômenos irregulares ou demasiado complexos para poderem ser reduzidos a um modelo ideal. A realidade é complexa, mas o cientista recorta em seu interior os fenômenos redutíveis a leis e princípios relativamente simples; e os fenômenos que não podem ser explicados dessa maneira são descartados, por ser considerados irrelevantes, ou ficam à espera de tempos científicos mais propícios. Como veremos a seguir, é justamente neles que se concentram os pesquisadores atuais.

Os fenômenos irregulares ou complexos foram postos de lado por várias razões: antes de mais nada, porque pro-

---

Mathematik, em Wolfgang Krohn *et al.* (Hrsg.), *Konzepte von Chaos und Selbstorganisation in der Geschichte der Wissenschaften,* Duncker & Humblot, Berlin, 1992, pp. 237-58; Heuser-Keßler (Hrsg.), *Schelling und die Selbstorganisation: Neue Forschungsperspektiven,* Duncker & Humblot, Berlin, 1994, 294 pp. Por fim, ver todo o fascículo 3 de "Selbstorganisation": Wolfgang Krohn (Hrsg.), *Konzepte von Chaos und Selbstorganisation in der Geschichte der Wissenschaften,* Duncker & Humblot, Berlin, 1992, 319 pp.

curavam-se explicações de fenômenos mais gerais e, além disso, porque faltavam instrumentos conceituais e materiais para enfrentar a irregularidade e a complexidade. O instrumento técnico mais avançado era a integração das equações diferenciais: conhecendo-se a velocidade de um corpo (por exemplo, de um planeta) em determinado momento e supondo estáveis as demais condições, é possível calcular suas posições passadas e futuras. Esse instrumento matemático pressupõe, porém, o conhecimento completo das condições iniciais e isso, por si só, torna-o inadequado para o estudo dos fenômenos irregulares.

Na mecânica clássica, a explicação científica quer reduzir os fenômenos estudados a poucas leis, simples e universais. Esse método, também conhecido como reducionismo mecanicista, foi assim sintetizado por Descartes em 1637: se um problema é tão complexo que você não consegue resolvê-lo, pode decompô-lo em vários subproblemas que serão tão pequenos que você poderá resolvê-los, um de cada vez[15].

Concluindo, nessa pesquisa dominada pelos princípios do equilíbrio, do determinismo e do reducionismo, a ordem só poderia nascer da ordem. "Em particular, a pré-história das pesquisas atuais sobre o caos – que talvez constituam o setor mais relevante da investigação sobre a auto-organização – mostra quanto esforço se fazia então para neutralizar ou marginalizar os fenômenos caóticos, ou até mesmo ignorá-los. Assim, os típicos processos não lineares que conduzem às turbulências foram ignorados ou relegados a uma pesquisa posterior por serem 'demasiado complexos'."[16] Mesmo depois dos estudos sobre a termodinâmica do sé-

---

15. No início do seu escrito, Descartes propõe a substituição dos métodos tradicionais por quatro simples "precepts": "Le second, de diviser chascune des difficultez que il examineroit, en autant de parcelles qu'il se pourroit, & qu'il seroit requis pour les mieux resoudre": René Descartes, *Discours de la méthode & essais*, em *Oeuvres*, publiées par Charles Adam et Paul Tannery, Léopold Cerf, Paris, 1902, vol. VI, p. 18.

16. Paslak, *Urgeschichte der Selbstorganisation*, cit., p. 33.

culo XIX, que também marcaram o início da "ciência da complexidade"[17], valia a constatação: "Onde começa o caos acaba a ciência clássica."[18]

Com o final do século XIX nos aproximamos do fim dessa ciência. O físico inglês James Clerk Maxwell (1831-1879) afirmou que o princípio "causas iguais produzem efeitos iguais" é tão indiscutível quanto inútil, porque na natureza não existem duas causas iguais. Melhor dizer então que "causas semelhantes produzem efeitos semelhantes": mas dessa forma saímos do mundo da precisão e da previsibilidade e entramos no da aproximação e da incerteza[19]. No início do século XX, os trabalhos do matemático Henri Poincaré (1854-1912) demonstraram a imprevisibilidade da evolução dos sistemas dinâmicos também nos corpos celestes, ou seja, exatamente no campo preferido dos mecanicistas: quando um sistema dinâmico alcança o limiar da instabilidade não é possível prever qual posição irá assumir no futuro[20].

3. Rumo à auto-organização: da primeira à segunda cibernética

No início do século XX, várias linhas de pesquisa independentes entre si encontraram-se proficuamente, criando assim os pressupostos para o salto qualitativo que, na se-

---

17. James Gleick, *Chaos – Die Ordnung des Universums: Vorstoß in Grenzbereicheder modernen Physik,* Droemer Knaur, München, 1988, p. 10.
18. Prigogine – Stengers, *Dialog mit der Natur,* cit., pp. 112 s.
19. A afirmação de James C. Maxwell encontra-se em um ensaio de 1873, citado em Uli Decker – Harry Thomas, *Unberechenbares Spiel der Natur,* "Bild der Wissenschaft", 1983, Nr. 1, p. 65.
20. Henri Poincaré, *Wissenschaft und Methode,* Teubner, Leipzig – Berlin, 1914 (reeditado em 1973), p. 56 s.; *Science et méthode,* Flammarion, Paris, 1908, 314 pp. Paslak vê Poincaré como o precursor das teorias do caos e, particularmente, do "efeito borboleta" descrito por Edward N. Lorenz, *Deterministic Non-periodic Flow,* "Journal of the Atmospheric Sciences", XX, 1963, pp. 130 ss. (que não pude ver). Cf. *infra,* 5, nr. 4.

gunda metade do século, assiste ao surgimento das teorias da auto-organização. Em particular, nos resultados até então alcançados inseriram-se a cibernética e a ciência da informação.

Assim como Poincaré, também o matemático alemão David Hilbert (1862-1943), em sua teoria sobre funções recursivas, elaborara um instrumento que seria amplamente utilizado pelos estudiosos da auto-organização: "Atualmente, a ideia da recursividade pode ser considerada o mais importante ponto de referência ou o mínimo denominador comum das várias teorias de auto-organização."[21] Nessas funções o cálculo leva a um resultado que servirá a um novo cálculo, e assim sucessivamente. Na informática, é recursivo o programa cujo *output* é usado como *input* para o próprio programa.

Na aplicação das funções recursivas, os matemáticos depararam-se com um obstáculo técnico: as equações que descrevem processos recursivos são de natureza não analítica, mas numérica. Essas equações exigiam, portanto, um compromisso material de cálculo cuja duração ultrapassava quase sempre não apenas a vida do próprio cientista, mas também a da equipe de colaboradores que o assistia. Essa dificuldade técnica explica por que as teorias de Poincaré e de Hilbert não foram amplamente adotadas pelos pesquisadores da época: elas chegaram a um ponto morto devido à sua inexequibilidade técnica.

O *impasse* foi superado quando, após a Segunda Guerra Mundial, os computadores também puderam ser utilizados para finalidades civis. A matemática da recursividade teve, assim, à disposição o instrumento que permitia realizar uma enorme quantidade de cálculos numéricos numa fração de tempo impossível a um calculador humano. Assim, o interesse dos cientistas pôde deslocar-se para os processos recursivos; em particular, a atenção dos pesquisadores podia deslocar-se dos processos reversíveis da mecânica para os processos irreversíveis da biologia.

---

21. Paslak, *Urgeschichte der Selbstorganisation*, cit., p. 46.

Aqui devemos nos debruçar sobre alguns aspectos da *primeira cibernética* em que se encontram elementos de recursividade. Esses aspectos estão misturados com elementos de psicologia behaviorista e com outras concepções que permitem aproximar alguns estudos cibernéticos dos estudos sobre a auto-organização, sem, entretanto, neles serem incluídos.

Em 1952, William Ross Ashby (1903-72) propunha a construção de uma máquina capaz de aprender, ou seja, capaz de realizar o típico processo recursivo de transformar em *input* o produto de sua elaboração anterior[22]. Também algumas concepções hoje próprias da auto-organização (e mesmo os termos para designá-las) aparecem em trabalhos anteriores de Ross Ashby: o sistema nervoso é visto como "self-organizing", pois pode adaptar-se às mudanças externas através de um processo de *trial and error*[23]; os sistemas auto-organizadores são capazes de reorganizar-se por si sós[24]. A base da concepção de Ashby, porém, é a homeostase, ou seja, a capacidade do sistema de reagir a uma influência externa retornando à situação originária de equilíbrio. Essa noção de "homeostase negativa" associa as teorias cibernéticas às teorias da mecânica clássica.

---

22. William Ross Ashby, *Design for a Brain*, Wiley, New York (e Chapman, London), 1952, 259 pp. Mesmo que não seja possível tratar disso de forma adequada, é preciso pelo menos lembrar que John von Neumann (1903-1957) demonstrou a possibilidade de construir máquinas que se autorreproduzem: *The Computer and the Brain*, New Haven, 1958, XIV-82 pp.; *Theory of Self-reproducing Automata*. Edited and completed by Arthur W. Burks, Illinois University Press, Urbana – London, 1966, XIX-388 pp. Um artigo do fundador da teoria da comunicação oferece uma avaliação sintética da obra de Von Neumann: Claude E. Shannon, *Von Neumann's Contributions to Automata Theory*, "Bulletin of the American Mathematical Society", LXIV, January to December 1958, pp. 123-29. O fascículo inteiro é dedicado a Neumann: John C. Oxtoby (ed.), *John von Neumann 1903-1957*, "Bulletin of the American Mathematical Society" LXIV, 1958, n. 3, 129 pp.

23. William Ross Ashby, *The Physical Origin of Adaptation by Trial and Error*, "Journal of General Psychology", XXXII, 1945, pp. 13-25.

24. William Ross Ashby, *Principles of the Self-Organizing Dynamic System*, "Journal of General Psychology", XXXVII, 1947, pp. 125-28.

Homeostase, controle externo, previsibilidade: nesses três princípios podem ser sintetizadas as características da cibernética em sua fase inicial.

Essa cibernética do equilíbrio via as intervenções externas como perturbações, assim como a teoria da informação, na mesma época, avaliava negativamente como "barulho" qualquer interferência. Além disso, seus adeptos não prestavam atenção (nem prepararam instrumentos matemáticos adequados) às contribuições positivas que poderiam chegar de fora. A "homeostase positiva" não era vista como um meio para criar uma nova ordem ou uma complexidade de grau mais elevado.

Essa extensão da cibernética ocorreu apenas no início dos anos 1960, com a passagem da primeira para a *segunda cibernética*[25]. A passagem da cibernética da adaptação à cibernética do desenvolvimento implica uma reflexão, um voltar-se da disciplina para si mesma. "A cibernética é aplicada a si mesma – comenta Paslak – porque o observador é incluído na descrição do sistema; os sistemas observados são o produto dos sistemas observantes; a dicotomia clássica 'sistema – ambiente' é substituída pela tricotomia 'sistema – ambiente – observador'."[26] Não por acaso esse esclarecimento é suscitado pela fórmula: "Tudo o que se diz é dito por um observador", enunciada por um dos pais da teorias sobre a auto-organização, Heinz von Foerster[27]. Os sis-

---

25. Essa denominação é de Magoroh Maruyama, *The Second Cybernetics: Deviations-Amplifying Mutual Causal Processes*, "American Scientist", LI, 1963, pp. 164-79; agora em Walter F. Buckley, *Modern System Research for the Behavioural Scientist: A Sourcebook*, Aldine Publications, Chicago, 1969, XX-525 pp. (o ensaio de Maruyama está nas pp. 304 ss.).

26. Paslak, *Urgeschichte der Selbstorganisation*, cit., p. 75.

27. Heinz von Foerster, *Cybernetics of Cybernetics*, em Klaus Krippendorff (Hrsg.), *Communication and Control in Society*, Gordon and Breach, New York – London, 1979, p. 5 (XIII-529 pp.). A respeito desse autor, ver a *Festschrift* ("Cybernetics Forum", IX, 1979) e o esboço autobiográfico ("Current Anthropology", V, 1964, p. 330 ss.); além disso, Bernard Scott, *Heinz von Foerster: An Appreciation*, "International Cybernetics Newsletter", 1979, pp. 209-14; Francisco J. Varela, em sua introdução à coletânea de ensaios (editados entre 1960

temas especialistas e a inteligência artificial nascem dessa segunda cibernética, que com a noção de "observador" também introduz um elemento fundamental das teorias luhmannianas.

A percepção dessa passagem já está presente em Norbert Wiener, que em 1961 enriqueceu a segunda edição de sua *Cibernética* de 1948 com dois novos capítulos. Separou-os nitidamente do texto anterior, porque representavam novos desdobramentos da disciplina que, apresentada como "um programa" em 1948, se tornara "uma ciência existente"; portanto, noções como as de informação estatística e de teoria de controle, anteriormente "novas e talvez também chocantes", nesse meio-tempo transformaram-se quase "em um conjunto de surradas obviedades" (pelo menos entre os especialistas da cibernética). "Os simples *feedbacks* lineares – concluía Wiener –, cujo estudo foi tão importante para tornar os cientistas conscientes da função dos estudos cibernéticos, acabaram se revelando muito menos simples e muito menos lineares do que pareciam à primeira vista."[28] O estudioso de cibernética devia, portanto, dirigir-se às novas "ideias surgidas dos desenvolvimentos da última década", ou seja, nos anos 1950, e precisamente a essas novas ideias são dedicados os dois capítulos acrescentados à edição de 1961. Um deles trata das máquinas que aprendem e daquelas que se autorreproduzem, baseado nos estudos de Von Neumann; o outro explica as ondas cerebrais como "específico sistema auto-organizado em que os fenômenos não lineares desempenham um papel importan-

---

e 1977) de Heinz von Foerster, *Observing Systems*, Intersystems Publications, Seaside (Cal.) 1982, XVIII-331 pp., com a bibliografia das obras de Foerster às pp. 314-8; Humberto R. Maturana, *Erkennen: Die Organisation und Verkörperung von Wirklichkeit*, Vieweg, Braunschweig – Wiesbaden, 1982, pp. 11 ss. Onze ensaios foram traduzidos do inglês para a antologia: Heinz von Foerster, *Sicht und Einsicht. Versuche zu einer operativen Erkenntnistheorie*. Autorisierte deutsche Fassung von Wolfram K. Köck, Vieweg, Braunschweig – Wiesbaden, 1982, XI-233 pp.

28. Norbert Wiener, *La cibernetica. Controllo e comunicazione nell'animale e nella macchina*, Mondadori, Milano, 1968, pp. 9 s.

te"²⁹, antecipando assim, também na terminologia, os estudos da segunda cibernética.

A evolução da cibernética e da informática é também a história de um instrumento auxiliar da pesquisa científica, de uma técnica que incorpora, cada vez mais, extensas contribuições teóricas de outras disciplinas, ou seja, de uma tecnologia no sentido etimológico do termo: uma *tékhne* permeada de *lógos*. Sem remontar ao surgimento da informática a partir da cibernética³⁰, é necessário agora voltar ao século XIX para acompanhar o surgimento das ciências cognitivas, que influenciaram tanto a segunda cibernética como as teorias da auto-organização.

4. As primeiras teorias sobre sistemas biológicos complexos

No final do século XVIII, o uso do microscópio assinalou o início da embriologia. No século XIX, junto com o evolucionismo darwiniano que estudava a evolução das espécies (filogênese), desenvolveu-se também o estudo da evolução do indivíduo, de embrião a organismo maduro (ontogênese). A visão do organismo e, em particular, do homem como máquina revelava-se cada vez mais insatisfatória, porque a máquina exige um projeto externo que determine tanto as partes como as funções (quer dizer, a finalidade), ao passo que o organismo demonstra que traz dentro de si o próprio projeto construtivo. Tornava-se necessário, portanto, responder à questão sobre como a célula era capaz de desenvolver o organismo; questão que, muito sinteticamente, dizia assim: o organismo é a soma de suas partes, ou algo mais que essa soma? E o que era, então, esse "algo mais"? Sobre esse problema digladiavam-se duas teorias: a tradicional mecanicista e as novas totalitarista e vitalista.

---

29. Wiener, *La cibernetica*, cit., p. 234; o título do capítulo é *Onde cerebrali e sistemi autorganizzati*, pp. 234-59.
30. Cf. *supra*, cap. I, 1 e a literatura ali citada.

A concepção mecanicista do organismo procurava explicar sua evolução em termos de causa e efeito, como um processo linear[31] que aplicava as leis da mecânica clássica às teorias evolucionistas de Darwin: nesta "mecânica evolucionista", as partes do organismo estavam lutando entre si – *struggle for life!* – para realizar a finalidade inerente ao próprio organismo.

No final do século XIX, um dos representantes dessa mecânica evolucionista foi Wilhelm Roux[32], autor, dentre outros, de um livro de título precursor: *A autorregulação*[33]. Essas teorias também foram chamadas de "merismo", pois proclamavam que o organismo era constituído pela soma de suas partes. Desse ponto de vista, o darwinismo não só era compatível com a concepção mecanicista, como a aperfeiçoava: de fato, a seleção permitia explicar a origem do organismo sem ter de recorrer a princípios metafísicos ou a Deus. Por outro lado, muitos críticos observaram que esses raciocínios eram mecanicistas só na aparência[34].

No artigo programático de abertura de sua revista, Roux manifestou claramente a relação de sua doutrina com

---

31. Sobre o abuso do termo "linear" nas ciências sócio-humanistas, cf. Sokal – Bricmont, *Imposture intellettuali*, cit., pp. 136-39.

32. Descendente de uma família huguenote de Grenoble, Wilhelm Roux (1850-1924) deixou uma autobiografia em Louis Reyter Grote (Hrsg.), *Die Medizin der Gegenwart in Selbstdarstellungen*, Meiner, Leipzig, 1923, pp. 141-202, com bibliografia primária seletiva às pp. 203-6. Cf., além disso, Wilhelm Roux, *Die Entwicklungsmechanik. Ein neuer Zweig der biologischen Wissenschaft*, Engelmann, Leipzig, 1885, XIV-283 pp.; *Über die Leistungsfähigkeit der Principien der Descendenzlehre zur Erklärung der Zweckmäßigkeiten des thierischen Organismus*, Köhler, Breslau, 1880, 31 pp.; *Der Kampf der Theile im Organismus. Ein Beitrag zur Vervollständigung der mechanischen Zweckmäßigkeitslehre*, Engelmann, Leipzig, 1881, VIII-244 pp. Sob a influência do positivismo de Comte é, ao contrário, o estudo de Julius Schultz, *Die Maschinen-Theorie des Lebens*, Vandenhoeck & Ruprecht, Göttingen, 1909, IV-258 pp.; segunda edição totalmente revista: Meiner, Leipzig, 1929, VIII-194 pp.

33. Wilhelm Roux, *Die Selbstregulation, ein charakteristisches und nicht notwendig vitalistisches Vermögen aller Lebewesen* [Deutsche Akademie der Naturforscher], Halle, 1914, 91 pp.

34. A respeito dessa polêmica, cf. Ludwig von Bertalanffy, *Kritische Theorie der Formbildung*, Borntraeger, Berlin, 1928, pp. 5-7.

as teorias filosóficas do passado, abrindo, ao mesmo tempo, um leque de caminhos para pesquisas amplamente interdisciplinares. "Qualquer evento submetido à causalidade – escrevia em 1895 – é definido como um evento mecânico a partir da definição de mecanismo dada por Kant e Espinosa; portanto, pode-se chamar 'mecânica' a teoria que os descreve. Visto que são pesquisáveis (ou seja, podem ser o único objeto de uma doutrina exata) apenas os eventos submetidos à causalidade, e visto que a produção de configurações (*Gestaltungen*) constitui a essência da evolução, é portanto admissível designar como 'mecânica da evolução' a doutrina dessas configurações."[35]

Essa referência ao passado era seguida logo depois por uma abertura ao futuro: "Também a física e a química reduzem (ou, pelo menos, tentam reduzir) ao movimento de partículas todos os eventos, mesmo aqueles que possam parecer mais heterogêneos, como, por exemplo, os eventos magnéticos, elétricos, ópticos e químicos; desse modo, o conceito originariamente restrito da mecânica, assim como a entendia o físico, sofreu uma extensão que o levou a se encontrar com o conceito filosófico da mecânica, que compreende qualquer evento casualmente condicionado. O termo 'mecânica do desenvolvimento' (*Entwickelungsmechanik*) pode então designar, de acordo com os conceitos mais recentes da física e da química, a teoria das causas de qualquer evento."

---

35. Wilhelm Roux, *Einleitung: I. Aufgabe der Entwickelungsmechanik*, "Archiv für Entwickelungsmechanik der Organismen", I, 1985, n. 1, pp. 1 s. Essa síntese das concepções de Roux ocupa as pp. 1-42. Fundada em 1895, essa revista tornou-se mais tarde o "Wilhelm Roux's Archiv für Entwicklungsmechanik der Organismen. Organ für die gesamte kausale Morphologie". Após o difícil 1923 (aquele ano da revista foi publicado como "52.-97. Band"!), ela fundiu-se com o "Archiv für mikroskopische Anatomie", continuando com o título de "Archiv für mikroskopische Anatomie und Entwicklungsmechanik". No momento de sua fundação, Roux elencou entre os numerosos defensores da sua revista e, portanto, de sua teoria apenas um italiano de origem suíça, Carlo Emery (1848-1925), da Universidade de Bolonha; Hans Driesch colaborou muitas vezes com a revista.

Roux partia da observação do ovo fecundado, a partir da qual o organismo se desenvolve através de uma diferenciação espontânea de cada parte do germe. Ele identificava no ovo vários setores que, no curso do desenvolvimento, se segmentam em células individuais, dando lugar ao embrião (ou seja, ao organismo) futuro. Portanto, o germe era visto como um mosaico composto por vários elementos do organismo: de fato, a teoria de Roux é conhecida como "teoria do mosaico". As partes do organismo desenvolvem-se ou a partir de elementos do mosaico ou por influência recíproca, mas sem intervenção externa; tem-se, assim, um fenômeno de autodiferenciação, que, darwinianamente, Roux via como uma "luta entre as partes dos organismos".

Em contraposição a essas teorias dos "meristas", os totalitaristas sustentavam que o organismo era um todo autônomo, ou seja, algo mais que a soma de suas partes. Com essa afirmação, eles se reportavam às teorias vitalistas do século XVIII. O fundador do vitalismo foi Georg Ernst Stahl (1660-1734), "homo acris et metaphysicus", cuja teoria do "flogisto" dominou a química até o início do século XIX, quando foi suplantada pela descoberta do oxigênio por Lavoisier. O vitalismo, que ele também chamava de "animismo", baseia a especificidade do organismo num *principium movens* que o diferencia do mecanismo e que é a *anima* ou, como a designará mais tarde, a *natura*. Portanto, o organismo não pode ser estudado pela física, que entra na medicina apenas como "ornamenti gratia"[36]. As doutrinas de Stahl estão entre a alquimia e a química moderna: em seus

---

36. Georg Ernst Stahl, *Dissertation sur la différence qu'il y a entre le mécanisme et l'organisme; Véritable distinction à établir entre le mixte et le vivant du corps humain*, em *Oeuvres médico-philosophiques et pratiques*, Baillères, Paris, 1859, vol. 2, pp. 279-82 (*De vera diversitate corporis mixti et vivi*, Halle, 1707), também citado por Prigogine – Stengers, *Dialog mit der Natur*, cit., pp. 90 s. Um vitalista italiano em contato (e em polêmica) com Driesch foi Eugenio Rignano (1870-1930), cuja obra *La vita nel suo aspetto finalistico* (Zanichelli, Bologna, 1925, VIII-60 p.) foi também traduzida para o alemão: *Das Leben in finaler Auffassung*, Borntraeger, Berlin, 1927, 243 pp.

Fundamenta chymiae dogmaticae et experimentalis de 1720 ainda está presente a pedra filosofal. Portanto, o vitalismo do século XVIII está de algum modo ligado a doutrinas, em última análise, irracionais; e mesmo os aprofundamentos do século seguinte não conseguiram eliminar essa passagem à metafísica ao explicar a origem da vida.

Essa vertente do pensamento do século XVIII encontrou novo alento quando, no final do século XIX, em torno do alemão Hans Driesch (1867-1941) reuniu-se a escola do "neovitalismo". Os experimentos de Driesch demonstraram que, de uma célula de ouriço-do-mar cortada ao meio, desenvolvem-se dois organismos completos, refutando, assim, a concepção mecanicista do organismo[37]. Faltava explicar como uma divisão poderia produzir uma duplicação: a essa altura, o vitalismo desviava-se em direção ao não demonstrado ou ao irracional, como Bergson com o "élan vital" ou Driesch com a "enteléquia" inerente ao organismo[38]. Driesch chegou, aliás, a procurar na parapsicologia o fundamento vitalista do organismo[39].

Alguns aspectos das teorias vitalistas antecipam, para o bem ou para o mal, os conceitos das teorias de auto-or-

---

37. Hans Driesch, *Analytische Theorie der organischen Entwicklung*, Engelmann, Leipzig, 1894, XIV-184 pp.; *Philosophie des Organischen*, Engelmann, Leipzig, 1909, 2 vols. Cf. também Reinhard Mocek, *Hans Driesch und das Problem einer finalen Harmonie in der Morphogenese*, em Wolfgang Krohn *et al.* (Hrsg.), *Konzepte von Chaos und Selbstorganisation in der Geschichte der Wissenschaften*, Duncker & Humblot, Berlin, 1992, pp. 155-66.

A vida do biólogo Driesch cruza a do jurista Gustav Radbruch em Nápoles "em uma estreita amizade de viagem": junto com Herbst, Driesch "estava levando à Estação Zoológica as últimas pesquisas que deviam levar à fundação do neovitalismo" (Gustav Radbruch, *Der innere Weg. Aufriß meines Lebens*, Vandenhoek & Ruprecht, Göttingen, 1961, p. 73).

38. Hans Driesch, *Parapsichologie. Die Wissenschaft von den "okkulten" Erscheinungen*, Bruckmann, München, 1932, 149 pp.

39. Todo o debate foi examinado por Volker Schurig, *Die Entdeckung der Systemeigenschaft "Ganzheit"*, "Gestalt-Theory", VII, 1985, pp. 209 ss.: "Driesch foi o primeiro a colocar o conceito de 'sistema' na posição correta; em seguida, porém, não desenvolveu *nenhuma teoria explícita dos sistemas biológicos*, mas a substituiu por uma abstrata 'Philosophie des Organischen', de 1909" (p. 223).

ganização; portanto, também naquilo que não apenas eu julgo um mal: a "filosofia anti-intelectual" de Bergson, escreve Russell, marca a rendição diante de qualquer dificuldade ou erro e induz "a afirmar que isso revela a falência do intelecto e o triunfo da intuição". Em particular, "em relação à matemática, Bergson preferiu, deliberadamente, os erros tradicionais de interpretação às visões mais modernas que prevaleceram entre os matemáticos nos últimos oitenta anos"[40]. Sua polêmica, em 1922, sobre a relatividade[41] levou-o a debater publicamente suas concepções com físicos do porte de Einstein, Jean Becquerel e André Metz, que tentaram, também através de contatos pessoais, explicar-lhe os equívocos nos quais incorrera. Em 1931, Bergson suspendeu a republicação da obra que deu origem à polêmica. Mas é significativo que na França essa obra tenha sido reimpressa várias vezes a partir de 1968, influenciando assim a nova filosofia até Deleuze[42]. "Existe nele uma indiferença aos argumentos empíricos que o aproxima, em todo caso, dos pós-modernos"[43], tanto que Sokal e Bricmont veem nele um ancestral destes últimos. Os ancestrais são, por definição, sempre melhores que seus descendentes. Porém, as qualidades positivas de Bergson também podem

---

40. Bertrand Russel, *Storia della filosofia occidentale,* Longanesi, Milano, 1991, p. 765.
41. Henri Bergson, *Durata e simultaneità. A proposito della teoria di Einstein e altri testi sulla teoria della relatività,* Pitagora, Bologna, 1997, XXXIII-204 pp.; o original de 1923, *Durée et simultanéité: à propos de la théorie d'Einstein,* Presses Universitaires de France, Paris, 1992, XI-216 pp.
42. Gilles Deleuze, *Le bergsonisme,* Presses Universitaires de France, Paris, 1966, 120 pp. [trad. it.: *Il bergsonismo,* Feltrinelli, Milano, 1983, 109 pp.; e também *Il bergsonismo e altri saggi,* Einaudi, Torino, 2001, XVIII-164 pp.].
43. Sokal-Bricmont, *Imposture intellettuali,* cit., p. 172; um capítulo inteiro é dedicado a Bergson, como progenitor dos pós-modernos: *Uno sguardo alla storia dei rapporti tra scienza e filosofia: Bergson e i suoi successori,* pp. 170-88. Aí são analisadas as críticas de Bergson à relatividade; o escrito de 1931 do filósofo Vladimir Jankélévitch (*Henri Bergson,* Alcan, Paris, 1931, VIII-300 pp.), traduzido para o italiano em 1991 (*Henri Bergson,* Morcelliana, Brescia, 1991, 387 pp.); as considerações sobre o tempo de Merleau-Ponty e as referentes à relatividade segundo Bergson de Gilles Deleuze.

ser lidas como alfinetadas contra os pós-modernos. Nele há "um quê de sério em nítido contraste com o desembaraço e o caráter de desencanto dos pós-modernos"[44]; seu estilo é "sedutor", é uma "dialética metafórica desprovida de lógica, mas não de poesia", responsável por seu sucesso no passado: "Se Bergson tivesse usado uma linguagem menos clara, um estilo mais 'profundo' – conclui Monod –, seria lido até hoje."[45] Revive-se hoje a contraditoriedade da visão de Bergson, segundo a qual o sistema biológico realiza um salto final irracional: contradição intencionalmente proclamada no título de sua obra mais célebre: *A evolução criadora*.

Para chegar a uma teoria completa dos sistemas biológicos abertos, é preciso esperar até 1932, quando o biólogo austro-canadense Ludwig von Bertalanffy (1901-72) publicou seus estudos sobre as características totalitaristas dos organismos[46]. Estes são sistemas abertos, ou seja, instáveis, capazes de se adaptar às exigências do ambiente: "Quanto ao organismo, trata-se de um sistema não fechado, mas sim aberto. Dizemos que um sistema é 'fechado' quando nenhum material 'do exterior' entra nele e quando dele não sai nenhum material 'em direção ao exterior'. Portanto, é 'aberto' um sistema em que têm lugar uma entrada e uma saída de materiais."[47] Eles se associam aos sistemas fechados da termodinâmica clássica (que, tendo por base o princípio da entropia, tendem ao equilíbrio), mas deles se dife-

---

44. Sokal-Bricmont, *Imposture intellettuali*, cit., p. 171.
45. Jacques Monod, *Il caso e la necessità*, Mondadori, 1970, pp. 36 s.
46. Bertalanffy, *Theoretische Biologie*, Bd. 1: *Allgemeine Theorie, Physikochemie, Aufbau und Entwicklung des Organismus*, Borntraeger, Berlin, 1932, XII-349 pp.; Bd. 2: *Stoffwechsel, Wachstum*, Borntraeger, Berlin, 1942, XVI-362 pp.; *Das biologische Weltbild: Die Stellung des Lebens in Natur und Wissenschaft*. Mit einem Vorwort von Felix D. Bertalanffy und einer Einleitung von Josef Schurz, Böhlau, Wien – Köln, 1990, XXIX-202 pp.: é a reimpressão da primeira edição de 1949. A introdução e a bibliografia permitem uma atualização sobre o destino de Bertalanffy.
47. Bertalanffy, *Der Organismus als physikalisches System betrachtet*, "Die Naturwissenschaften", XXVIII, 1940, n. 33, pp. 521-31. O trecho citado está a pp. 521.

renciam porque, de um lado, produzem entropia com processos irreversíveis e, de outro, introduzem energia do ambiente externo (por exemplo, com a nutrição), de modo que seu equilíbrio é "instável" ou "quase estacionário". Para Bertalanffy, portanto, todo o organismo é constituído por subsistemas em um estado de equilíbrio clássico (por exemplo, a pressão do sangue está em equilíbrio homeostático); porém, sua soma é um organismo em um estado de equilíbrio particular: o equilíbrio instável[48].

Essas concepções foram mais tarde unificadas por Bertalanffy em uma teoria geral dos sistemas[49], comparável à *mathesis universalis* perseguida por Leibniz[50]. Entre os precursores da teoria geral dos sistemas, Bertalanffy indica o psicólogo gestaltista Wolfgang Köhler (voltaremos a ele adiante) e o estatístico, demógrafo e biólogo Alfred J. Lotka (1880-1949)[51]. Este último define assim a biologia física, objeto de seus estudos: "O termo 'biologia física' é usado para indicar a vasta aplicação dos princípios e dos métodos físicos no exame dos *sistemas* biológicos, ao passo que 'biofísi-

---

48. "Stationärer Zustand" é, para Bertalanffy, a tradução do inglês "steady state". Um "primäres Charakter" do organismo (e de todos os sistemas abertos) consiste precisamente em ser um "quasistationäres System" (Bertalanffy, *Der Organismus als physikalisches System*, cit., p. 521).
49. Ludwig von Bertalanffy, *Teoria generale dei sistemi. Fondamenti, sviluppo, applicazioni*. Traduzione di Enrico Bellone, Istituto Librario Internazionale, Milano, 1971, 406 pp. A edição original é: *General System Theory. Foundations, Development, Applications*, George Braziller, New York, 1968, XV-289 pp.
50. Bertalanffy, *Allgemeine Systemtheorie – Wege zu einer neuen Mathesis Universalis*, "Deutsche Universitätszeitung", XII, 1957, n. 5-6, pp. 8-12. A referência a Leibniz está à p. 12, no "Naturphilosoph Driesch", a pp. 11.
51. Em Leipzig, Lotka foi aluno de Wilhelm Ostwald (que influenciou a teoria de Teubner: cf. *infra*, cap. IV, item 11) e foi por ele orientado a se dedicar ao estudo dos fundamentos físicos e matemáticos da evolução. Lotka continuava assim a tradição iniciada por Karl Ernst von Baer (1792-1876), que já por volta de 1860 estudava a evolução da biosfera. O escrito de Lotka, *The Law of Evolution as a Maximal Principle* – publicado em "Human Biology" (John Hopkins University), 1945, pp. 167-94 – está agora também em "Selbstorganisation", vol. 9: Evolution und Selbstorganisation in der Ökonomie, Duncker & Humblot, Berlin, 1998, pp. 443-65; aí também se encontram uma breve biografia de Lotka (pp. 437-41) e oito cartas entre Lotka e Ostwald.

ca', na linguagem corrente, refere-se particularmente ao setor específico de certos aspectos físicos vitais do *indivíduo*. Segundo essa terminologia, a biologia física também compreenderia a biofísica."[52] Os sistemas estudados por Lotka são os que estão sujeitos à evolução e, para ele, "a evolução é a história de um sistema submetido a mudanças irreversíveis". Essas mudanças são "problems of probabilities, statistical problems" e referem-se a sistemas físicos que evoluem devido a causas complexas e não totalmente conhecidas; portanto, "a linha de separação entre processos reversíveis (puramente mecânicos) e irreversíveis (dissipativos) não é tão clara"[53]. Nessa progressiva expansão da noção de sistema na biologia, o instrumento fundamental é a estatística, o que leva Lotka a estender, embora de forma embrionária, os sistemas físicos também aos sociais, em particular à economia[54].

Bertalanffy, ao fornecer um exemplo de aplicação de sua teoria geral dos sistemas às ciências da sociedade, refere-se à economia e, em particular, à obra de Boulding (nascido em 1910)[55], para quem a economia pode ser explicada também recorrendo às teorias behavioristas, que se afirmaram naqueles mesmos anos. O novo campo de pesquisa é assim definido no editorial do primeiro número de uma revista fundada em 1956: "Nosso pensamento atual, que poderá mudar com o tempo, é que uma teoria geral deve abordar as propriedades estruturais e comportamentais dos

---

52. Alfred J. Lotka, *Elements of Physical Biology*, Williams & Wilkins, Baltimore, 1925, XXX-460 pp. O trecho citado está a pp. VIII. Particularmente importantes para a história do sistema na biologia são os capítulos II (*Evolution Defined: The History of a System in the Course of Irreversible Transformations*, pp. 20-9) e V (*The Program of Physical Biology*, pp. 49-54).

53. Lotka, *Elements of Physical Biology*, cit., pp. 24-6.

54. Lotka, *Elements of Physical Biology*, cit., p. XXII ("Sociological analogues of forces and 'quasi-dynamics'": essa terminologia é empregada no *Analytical Synopsis of Chapters*, mas não retorna no texto, p. 52), pp. 163 s., 244, 304, 409.

55. Kenneth E. Boulding, *The Organizational Revolution. A Study of the Ethics of Economic Organization*, Quadrangle, Chicago, 1968, XXXVI-235 pp. Bertalanffy refere-se à primeira edição: Harper, New York, 1953, XXXIV-286 pp.

sistemas. São grandes as diversidades entre sistemas: a molécula, a célula, o órgão, o indivíduo, o grupo, a sociedade são exemplos de sistemas. Além dos níveis de organização, os sistemas também diferem por outros aspectos relevantes: podem ser vivos, não vivos ou mistos; materiais ou conceituais; e assim por diante. A estratégia seguida pelo Michigan Institute será a de privilegiar a identificação dos princípios gerais, que se estendem aos vários níveis dos sistemas."[56] Esse era o espírito da época.

Compartilhando desse espírito, Bertalanffy associava-se tanto aos estudiosos das décadas anteriores quanto ao passado mais remoto, pois via na própria teoria geral dos sistemas um instrumento cognoscitivo universal: uma "mathesis universalis", como já foi dito. Ao mesmo tempo, seus estudos abriam caminho para as pesquisas de Prigogine, que, a partir de 1947, estudou os sistemas que não apresentam nenhum equilíbrio, nem mesmo instável.

A fim de favorecer o estudo de aplicações específicas da teoria geral dos sistemas, em 1954 foi fundada a "Society for the Advancement of General System Theory", que em 1956 começou a publicar a revista "General Systems", cujos redatores eram Bertalanffy e Rappoport: "Este método inspirava-se na advertência de Whitehead, para quem a ciência do século XX ainda se nutria em ampla medida do capital intelectual do século XVIII, já próximo do esgotamento. A busca de teorias para os sistemas gerais é uma tentativa de fugir do ponto de vista extremamente 'analítico' da física clássica e de tornar mais rigoroso e mais explícito o método dito 'holístico', recomendado, em geral vagamente, por vários filósofos a partir de Goethe." Em particular, os *editors* enfatizam a importância decisiva da aplicação dos

---

56. Em janeiro de 1956 tinha início a publicação da revista "Behavioral Science", órgão oficial do Menthal Health Research Institute of the University of Michigan. O editorial citado no texto esclarecia seus objetivos científicos: *Editorial: Behavioral Science, a New Journal*, "Behavioral Science", I, 1956, n. 1, p. 3. No número de julho era publicado o artigo de Charles D. Osgood, *Behavior Theory and the Social Sciences*, "Behavioral Science", I, 1956, n. 1, pp. 167-85.

métodos matemáticos às ciências sociais: "A utilidade dos modelos matemáticos oferecidos pelos sistemas gerais começa e termina com sua aplicabilidade às ciências sociais e comportamentais." O ponto forte – mas também objeto de muitas críticas – é a extrema generalidade dos conceitos utilizados: "Precisamente a ausência de conteúdo das matemáticas – reiteram os *editors* – torna os métodos matemáticos *universalmente* úteis aos olhos de quem propõe as teorias dos sistemas gerais."[57]

Dado o perfil científico dos dois redatores, nesses estudos interdisciplinares a parte do leão cabe naturalmente às ciências da mente, ao passo que as ciências sociais são identificadas sobretudo com a economia. Mas não falta uma primeira referência, mesmo que marginal, aos problemas jurídicos, no sentido de definir os direitos em função da biologia: "Os 'direitos do homem' são tentativas de definir o território de um indivíduo ou de um pequeno grupo em relação aos vizinhos ou em relação a um grupo maior."[58]

Exatamente por sua generalidade, a concepção de Bertalanffy podia ser aplicada em outros campos: em primeiro lugar, não só ao organismo, mas também ao ambiente em que este se move. A teoria geral dos sistemas insere-se, assim, no debate sobre a ecologia, iniciado nas últimas décadas do século XIX[59].

---

57. [Ludwig von Bertalanffy – Anatol Rappoport, eds.] *Preface*, "General Systems. Yearbook of the Society for the Advancement of General Systems Theory", 1956, vol. 1, p. V. Uma história da teoria geral dos sistemas deveria examinar pelo menos os anos de 1956-1966 desse anuário, tão rico de conteúdos quanto modesto na forma. Em particular, vejam-se a tomada de posição (tudo somado favoravelmente) dos pesquisadores soviéticos (vol. VI, 1961) e dois grupos de artigos no vol. VII, 1962: *System Approach to Philosophy of Knowledge* (pp. 23-129) e *Social* (pp. 247-306).

58. Ralph Waldo Gerard, *The Rights of Man: A Biological Approach*, "General Systems", 1956, vol. 1, pp. 161-62; retomado pela Unesco (ed.), *Human Rights. Comments and Interpretations*. A Symposium with an Introduction by Jacques Maritain, Allan Wingate, London, 1950, 288 pp.

59. Cf. Ludwig Trepl, *Geschichte del Ökologie: vom 17. Jahrhundert bis zum Gegenwart*. Zehn Vorlesungen, Athenäum, Frankfurt am Main, 1987, 280 pp.; Paslak, *Urgeschichte der Selbstorganisation*, cit., pp. 59 s. e a literatura ali indicada.

As primeiras décadas do século XX assistem à polêmica entre as concepções reducionistas e o holismo. Ambas são teorias de matriz materialista, mas o reducionismo atribui valor apenas às partes mínimas do universo (os tijolos do universo), cuja composição gera as estruturas mais complexas de acordo com uma única lei de causalidade. Se, ao contrário, se admite que as estruturas complexas são algo mais que a simples soma de suas partes, deve-se pressupor uma força vital que as mantêm unidas em um todo. A terminologia não deve induzir ao erro: "O moderno reducionismo é o mecanicismo de antigamente; de forma análoga, o holismo coincide aproximadamente com o antigo vitalismo."[60] Empregado em um sentido tão amplo, o termo acaba compreendendo também o darwinismo, o finalismo, o evolucionismo; em resumo, todas as doutrinas que veem no organismo uma entidade não analisável em última instância, já que suas partes não estão unificadas pelo princípio da causalidade.

Uma das formulações clássicas do holismo é a teoria totalitarista formulada em 1925, em uma redação frenética que durou somente oito meses, feita pelo general e político Jan Christian Smuts (1870-1950), considerado o Winston Churchill da África do Sul[61]. No prefácio da edição alemã, Smuts indica seu programa: "Gostaria de demonstrar como a concepção holística na ciência elimina totalmente e dis-

---

60. Jean Largeault, *Réductionnisme et holisme*, em *Encyclopaedia Universalis*, Paris, 1990, vol. 19, p. 648. Nesse vasto item (pp. 647-51), a bibliografia compreende Bergson e Darwin, Haeckel e Varela, mas não Smuts.

61. Uma extensa biografia foi publicada pelo filho Jan Christian Smuts Jr., *Jan Christian Smuts*, Cassel, London, 1952, XVI-568 pp. Graduado em Direito em Cambridge e lembrado por Maitland como "the most brilliant law student he had ever taught" (p. 23), foi uma figura central na vida política sul-africana, ocupando cargos ministeriais de 1907 a 1948 e relevantes cargos militares na Guerra dos Bôeres e nas campanhas coloniais contra os alemães. Sobre o holismo, cf. o capítulo *Holism and Evolution*, pp. 286-93; além disso, p. 330 ("he hoped to complete it in a second volume") e pp. 338 s. ("He wrote it hastily, too hastily, he feels, to do the subject real justice"). Cf. também *Jan Smuts Remembered. A Centennial Tribute*. Edited by Zelda Friedlander, Wingate, London, 1970, 104 pp.; em particular o ensaio do botânico da Witwatersrand University: John F. V. Phillips, *Smuts, Ecology and Holism*, pp. 63-6.

solve as fraquezas e os erros das explicações baseadas nas categorias da mecânica, e com isso mesmo elimina e dissolve toda a concepção mecanicista"; para ele, "a totalidade (*Ganzheit*) é um fator essencial e real", presente em cada parte do todo e, portanto, um "elemento constitutivo do real", um "fator causal da realidade"[62].

O holismo parte, assim, do átomo e da célula ("The two great departures in the upbuilding of the universe") e lhes acrescenta o espírito (*mind*), entendido como "o mais significativo fator do universo, o órgão supremo que guia todas as demais estruturas e mecanismos"; em conclusão, "o espírito é o olho com que o universo perscruta a si mesmo e reconhece-se divino"[63]. Com razão, o filho de Smuts definiu essa obra como uma ponte entre a física e a metafísica, "a link between physical and metaphysical"[64].

É necessário distinguir um holismo em sentido estrito, que é aquele de um grupo de cientistas historicamente identificado, de um holismo em sentido amplo, que vai de vagas aspirações ecléticas a formas de *scientia pauperum* de feiras interioranas.

O holismo em sentido estrito abrange algumas teorias científicas enunciadas entre o final do século XIX e o início do século XX, que tentam superar os limites do mecanicismo e do vitalismo formulando amplas teorias biológicas[65].

---

62. As passagens citadas estão à p. XI da edição alemã: Jan C. Smuts, *Die Holistische Welt*, Metzner, Berlin, 1938, XXXIX-384 pp.; essa edição contém uma premissa do autor e um prefácio de Adolf Mayer (Hamburgo) de que se pode extrair "uma imagem em largos traços do ser e do vir a ser do holismo moderno" (p. XXXIX). A edição original da obra é: Jan C. Smuts, *Holism and Evolution*, MacMillan, London, 1927, 368 pp. (segunda edição); a primeira edição é de 1926, a terceira, de 1936.

63. Smuts, *Holism and Evolution*, cit., p. 337 s. A edição alemã traduz "mind" como "Geist", "to control" como "beaufsichtigen", e "control" como "Aufsicht", ou seja, vigilância. Atualmente prefere-se traduzir "control" como "Lenkung", guia: cf. *supra*, cap. I, 2.

64. Jan Christian Smuts Jr., *Jan Christian Smuts*, Cassel, London, 1952, p. 286.

65. Pode-se inscrever no holismo científico o fisiologista inglês John Scott Haldane (1860-1936), o filósofo Adolf Meyer-Abich (1893-1971) e o mé-

"Diferentemente do vitalismo – afirma Meyer-Abich –, cremos na existência de um vínculo dedutivo entre leis e princípios biológicos e físicos; diferentemente do mecanicismo, estamos convencidos de não sermos capazes de deduzir as leis e os princípios da biologia, que são mais complexos, das leis e dos princípios da física, que são mais simples. Resta-nos, então, como terceira possibilidade, a esperança de poder deduzir os princípios e as leis da física dos da biologia. Se isso fosse possível, teríamos unificado o conteúdo positivo da ideia, tanto mecanicista como vitalista, em uma síntese de nível superior a essas duas antíteses."[66]

Segundo essa visão, porém, o elemento orgânico resulta supraordenado ao elemento inorgânico. Uma interpretação filosófica global dessa visão holística aparece em uma obra tardia de Nikolai Hartmann, isto é, na *Filosofia da natureza*, publicada no ano de sua morte, em 1950. Nela é traçado um grandioso plano estratigráfico de toda a natureza, do elemento inorgânico ao orgânico e ao espiritual (tanto *seelisch* quanto *geistig*). Desse ponto de vista, a filosofia da natureza de Hartmann pode ser vista como uma ramificação, talvez a última, do holismo científico.

O holismo em sentido amplo, ao contrário, além de penetrar de várias maneiras nas ciências sociais, insistiu no lado irracional ou místico inato ao holismo originário e remontou também à alquimia, aos mitos, à magia. Encontrou seu maior representante em Rudolf Steiner (1861-1925), cuja antroposofia visava à união harmônica do homem com a natureza. Por fim, o holismo e o espiritualismo, a visão sistemática e estratigráfica da natureza, as crenças mágicas mais antigas e as teorias científicas mais modernas confluíram na nebulosa New Age, aglutinando-se em um benevo-

---

dico Viktor von Weiszäcker (1886-1957): cf. Karen Gloy, *Das Verständnis der Natur*, vol. 2: *Die Geschichte des ganzheitlichen Denkens*, Beck, München, 1996, p. 156. A obra dessa estudiosa suíça deve ser indicada aos que pretendem se aprofundar nesses temas, da Renascença aos dias de hoje.

66. Adolf Meyer-Abich, *Ideen und Ideale der biologischen Erkentnis. Beiträge zur Theorie und Geschichte der biologischen Ideologien*, Barth, Leipzig, 1934, p. 35.

lente *pastiche* que talvez possa aplacar algumas ansiedades da vida moderna, mas que certamente não contribui para desanuviar a mente. É um sedativo, não uma filosofia.

À visão agora mística da totalidade, própria do holismo de Smuts e de seus seguidores, os intelectuais alemães preferiram, ao contrário, a visão mais atenuada e pragmática, presente também em Bertalanffy. Em 1937, ele escreveu que queria reconduzir o estudo do conceito de "totalidade", de "Ganzheit" – "que hoje se tornou ponto central para toda a vida intelectual" –, aos métodos das ciências naturais, em contraposição à "formação arbitrária de teorias", às "Spekulationen", à "Metaphysik" que naqueles dias se apresentavam "sob o rótulo da biologia 'teórica' ou 'totalitarista'", ou seja, holística[67].

In nuce ele antecipava o projeto de uma teoria geral dos sistemas: "Para conhecer a vida não basta, portanto, nem verificar cada um dos elementos e processos, nem reduzir sua ordem a uma estrutura maquinal, nem tampouco recorrer a uma enteléquia metafísica como critério de classificação. Nossa tarefa deve consistir em estudar os seres vivos como sistemas especiais compostos de elementos ligados uns aos outros por uma dinâmica influência recíproca, e em descobrir as *leis do sistema* que regem a ordem recíproca de todas as partes e de todos os eventos. Portanto, são necessários *tanto* a investigação sobre as partes e os eventos, *quanto* o estudo das relações que os ligam entre si e com o todo. A descoberta dessas leis sistemáticas constitui, para a concepção do organismo, a tarefa fundamental da biologia moderna."[68]

Diante da complexidade do ser vivo, Bertalanffy considera "muito pouco provável" que "bastasse a simples apli-

---

67. Bertalanffy, *Das Gefüge des Lebens*, Teubner, Leipzig – Berlin, 1937, VI--197 pp. A citação está a pp. IV.
68. Bertalanffy, *Das Gefüge des Lebens*, cit., p. 12. O itálico do texto corresponde aos espaçamentos do autor. Note-se que o autor emprega a expressão "organismische Auffassung" para distinguir a teoria por ele proposta daquelas tradicionalmente organicistas: por isso, em meu texto, usei o neologismo "concepção organísmica".

cação das categorias elementares da física e da químico-física". Essa dificuldade não o levou, todavia, a buscar refúgio no irracional: os instrumentos para descobrir as leis dos sistemas vivos, a seu ver, devem ser buscados na interdisciplinaridade: "apenas a estreita colaboração entre o biólogo, o físico teórico, o matemático e o lógico poderá fazer avançar para sua solução o problema da matematicização da biologia"[69].

Também a fisiologia e a neurologia eram dominadas, no século XIX, pela visão dos sistemas em equilíbrio. Apenas no século XX, à dominante psicologia associativa se une uma visão totalitarista, cujo principal representante foi Wolfgang Köhler (1887-1967) que, como já foi dito, Bertalanffy enumera entre seus precursores. A *Gestaltpsychologie* ainda está atrelada à noção de sistema fechado, que visa ao equilíbrio final. No entanto, seu apelo à capacidade do pensamento de organizar as percepções de novas maneiras, e não de recebê-las passivamente, abre caminho ao que, com Maturana e Varela, receberá o nome de "construtivismo radical".

A evolução da psicologia e da neurologia levou também, por volta de 1950, à formação da "cognitive science", destinada a ter um peso relevante na segunda cibernética com a chamada inteligência artificial. Deixando para trás o método puramente introspectivo, próprio do início do século XX, os behavioristas tentaram levar o estudo dos processos cognitivos para o campo experimental, reduzindo a aprendizagem ao modelo estímulo-resposta. Todavia, por volta do final dos anos 1940, percebeu-se que esse método não poderia explicar comportamentos mais complexos, da fala à operação com símbolos. A busca por novas soluções fundiu as descobertas da neurologia com os últimos desenvolvimentos da psicologia, graças também a uma condição ambiental bastante peculiar: a das exigências militares que os cientistas eram chamados a satisfazer durante a Segunda Guerra Mundial.

---

69. Bertalanffy, *Das Gefüge des Lebens*, cit., p. 18.

Foi nesse contexto que a cibernética deu os primeiros passos. Em 1943, Warren S. McCulloch e Walter H. Pitts representaram, através de circuitos lógicos, o funcionamento das células nervosas, criando as premissas para uma passagem de operações lógicas do homem à máquina[70]. À já citada obra *Cibernética* de Norbert Wiener, de 1948, associou-se, no ano seguinte, a teoria da comunicação de Shannon (nascido em 1916), que colocou a informação como a terceira grandeza, ao lado da matéria e da energia[71]: a partir desse momento, a informação tornou-se independente de sua representação material.

As bases das teorias da auto-organização foram lançadas, particularmente, nos anuários "Conferences on Cybernetics" que a Josiah P. Macy Foundation organizou a partir de 1944. Naqueles anos de grande fecundidade interdisciplinar, desenvolveram-se a eletrônica, a informática, as ciências cognitivas, a modelização dos processos, sua programação e também as teorias dos sistemas auto-organizados. As enormes potencialidades e consequências práticas da informática levaram, porém, a concentrar a atenção sobretudo no computador. Surgido como uma reprodução, por meios físicos, do cérebro humano e de seu funcionamento, ele tornou-se a "máquina" a partir da qual era possível plasmar os conhecimentos do cérebro humano e suas atividades cognitivas. Prevaleceu, portanto, até os anos 1950, o estudo da representação simbólica e de sua elaboração que, associada ao computador, apresentava ótimos resultados.

Já o pensamento reticular associado aos modelos neurais de McCulloch e Pitts não teve tanta sorte. Essa autolimitação (em relação ao pensamento reticular) e esse aprofundamento (em relação ao computador) fundaram o mé-

---

70. Warren S. McCulloch – Walter H. Pitts, *A Logic Calculus of the Ideas Immanent in Nervous Activity*, "Bulletin of Mathematical Biophysics", V, 1943, pp. 115-33.

71. Claude E. Shannon – Warren Weaver, *The Mathematical Theory of Communication*, University of Illinois Press, Urbana (Ill.), 1949, VII-117 pp.; a obra foi reimpressa em 1963.

todo cognitivo como ciência. O menor interesse momentâneo pelos modelos neurais "era o preço a ser pago a fim de que, das névoas de uma fase de exploração, pudesse cristalizar-se um paradigma"[72]. É por isso que Varela insiste num retorno às concepções de McCulloch e no desenvolvimento de um construtivismo radical. Essa volta aos modelos neurais começou nos anos 1970, paralelamente à retomada do interesse pela auto-organização na física e pela matemática não linear[73]. Nesse contexto nascem os estudos e as aplicações da chamada inteligência artificial, em particular a programação de sistemas especialistas.

5. As teorias modernas da auto-organização

Os desenvolvimentos científicos examinados até aqui criaram as premissas para que, entre 1960 e 1980, se afirmassem, nas ciências físico-naturais, várias pesquisas baseadas no princípio da auto-organização. Elas tiveram ressonância também nas ciências sociais e, em particular, no direito. Convém agora tirar as conclusões dessa história sintética da auto-organização, examinando, antes de mais nada – de maneira ainda mais sintética –, as principais correntes

---

72. Francisco J. Varela, *Kognitionswissenschaft – Kognitionstechnik. Eine Skizze aktueller Perspektiven*, Suhrkamp, Frankfurt a. M., 1990, 121 pp. (aqui citado a pp. 31). A obra oferece uma síntese de trinta anos de evolução das novas ciências e de seus problemas no final dos anos 1980. A edição original deveria ser intitulada *Cognitive Science. A Cartoghaphy of Current Ideas*, 1988, mas não consegui encontrá-la. O mesmo título em inglês, porém, além de ser indicado no *copyright* da edição alemã, é indicado no da tradução francesa: *Connaître*, Seuil, Paris, 1989, 122 pp. Uma introdução em primeira mão é-nos oferecida pela publicação de várias conferências organizadas pela Carl Friedrich von Siemens-Stiftung de Munique: *Einführung in den Konstruktivismus*, Piper, München – Zürich, 1997, 187 pp. (primeira edição de Oldelbourg, München, 1985). Nesse volume Heinz von Foerster trata da biofísica; Ernst von Glaserfeld, da cibernética; Peter M. Hejl, das ciências sociais; Siegfried J. Schmidt, da literatura, e Paul Watzlawick, da psicoterapia. Uma bibliografia comentada por Hejl e Schmidt está a pp. 167-80.

73. Varela, *Kognitionswissenschaft – Kognitionstechnik*, cit., p. 55.

que se afirmaram atualmente no pensamento científico e concluindo este item com uma descrição do "paradigmatic shift" provocado pelas ciências da auto-organização.

Ao chegarmos assim ao limiar do paradigma auto-organizativo nas ciências sociais, convém lembrar como os desenvolvimentos mencionados até aqui ocorreram, muitas vezes, de maneira simultânea ou entrelaçada, ao passo que cada tópico deve descrevê-los seguindo um desenvolvimento linear. Ao longo de cada exposição, algumas menções têm por objetivo justamente relembrar as influências e confluências recíprocas do quadro de conjunto. De fato, o estruturalismo foi interpretado como um início (europeu) de uma teoria geral dos sistemas (americana). O sistema cibernético inspirou inúmeras teorias sociais e jurídicas e, através da informática, está retroagindo sobre o próprio direito; foi, além disso, o trampolim inicial da teoria autopoiética do direito. A autopoiese e a autorreferência constituem o fundamento do pensamento de Niklas Luhmann e, por fim, os ciclos autocatalíticos estão na base de um desenvolvimento da teoria luhmanniana proposto por Gunther Teubner: neles existe a confluência de mais de uma linha evolutiva das que foram até aqui evidenciadas.

Em todas essas teorias jurídicas propõem-se de novo as mesmas interrogações: até que ponto a noção de sistema extraída dos últimos desenvolvimentos das ciências físico-naturais é compatível com a noção clássica de sistema em que se inspira ainda hoje o direito positivo? Dos novos paradigmas, a ciência do direito extraiu algum método novo ou apenas novas metáforas? No direito, a visão sistêmica é realmente algo intrinsecamente novo se comparada à visão sistemática? E a nova visão organísmica é intrinsecamente diferente das velhas teorias organicistas?

Ao examinar as teorias que se consolidaram entre 1960 e 1980, Paslak identifica sete temas principais: "principais" no sentido de que eles assumiram relevância particular na elaboração das teorias da auto-organização. Portanto, as sete teorias para as quais ele aponta os holofotes não pretendem ser as "principais" teorias examinadas nesses vinte anos, assim como – no interior de cada teoria – a tese ou o cientista examinados não são necessariamente seus "principais" representantes. Em suma, não são conceitos principais absolutos; são apenas "sete conceitos basilares para os estudos da auto-organização"[74].

As sete teorias mencionadas por Paslak são aqui retomadas de maneira extremamente sintética, acrescentando a cada uma delas algumas referências bibliográficas mínimas para quem quiser aprofundar o assunto. Para um aprofundamento bibliográfico sobre os anos de 1940 a 1990, é útil consultar a bibliografia sistemática publicada por Paslak em outra obra[75].

1. A teoria das *estruturas dissipativas* nasce da extensão dos princípios da termodinâmica irreversível aos sistemas que não estão em equilíbrio, realizada pelo químico russo-belga Ilya Prigogine (1917-2003, prêmio Nobel de Química em 1977). Mínimas flutuações internas ou externas ao sistema podem gerar um novo estado do sistema. A instabilidade torna-se, assim, o elemento que provoca a evolução do sistema. Já que essas mudanças dependem dos estados precedentes do sistema, elas acabam sendo imprevisíveis. Sua teoria afirmou-se entre 1955 e 1970[76].

---

74. Paslak, *Urgeschichte der Selbstorganisacion*, cit., p. 12.
75. Rainer Paslak – Peter Knost, *Zur Geschichte der Selbstorganisationsforschung. Ideengeschichtliche Einführung und Bibliographie (1940-1990)*, Kleine, Bielefeld, 1990, 227 pp.
76. Ilya Prigogine, *Introduction to Thermodynamics of Irreversible Processes*, Thomas, Springfield (Ill.), 1955, 115 pp.; com Peter Glansdorff, *Thermodynamics Theory of Structure. Stability and Fluctuations*, Wiley Intersciences, London – New York – Sydney – Toronto, 1971, XXIII-306 pp.
Prigogine é contra as transferências culturais: as filosofias da natureza pós-kantianas "tiveram um efeito desastroso", de maneira que os cientistas de hoje consideram-nas "uma especulação absurda e arrogante", ao passo que os filósofos julgam "perigoso ocupar-se da natureza" (Prigogine – Stengers, *Dialog mit der Natur*, cit., p. 96).

2. A teoria da *sinergia* está ligada à descoberta do *laser* feita pelo físico alemão Hermann Haken (nascido em 1927), que a partir da luz normal (descrita como um conjunto caótico de ondas luminosas de várias fases e frequências) conseguiu criar uma luz monocromática de alta coerência. O centro teórico do experimento foi o fortalecimento artificial de uma série de ondas. Esta última é capaz de autofortalecer-se e de obrigar os outros elétrons a coordenar-se com ela. Nesse processo, a onda fortalecida torna-se "ordenadora" dos outros elétrons, cujas oscilações, por sua vez, criam a onda ordenadora. A sinergia consiste, portanto, nesse recíproco condicionamento. A teoria da sinergia, generalizada pelo próprio Haken, aplica-se hoje também a fenômenos sociais[77].

3. A teoria dos *hiperciclos catalíticos* é uma ampliação para a química da teoria darwinista de seleção. O bioquímico Manfred Eigen (nascido em 1927, prêmio Nobel de Química em 1967) começou suas pesquisas estudando de que modo os sistemas biológicos elaboravam as informações. Seu primeiro escrito sobre a auto-organização molecular é de 1971[78]. Partindo da concepção de que a vida surge de processos de seleção molecular, a ideia de Darwin sobre a evolução das estruturas foi aplicada a níveis muito inferiores aos do organismo. Organismos complexos não podem formar-se por acaso, devido à sua própria complexidade: já em nível molecular devem estar presentes informações que

---

77. Hermann Haken – H[einz?] Sauermann, *Nonlinear Interaction of Laser Modes*, "Zeitschrift für Physik", 1963, pp. 261-75; Hermann Haken, *Synergetics – Towards a New Discipline*, em Hermann Haken – Max Wagner (eds.), *Cooperative Phenomena*, Springer, Berlin – Heidelberg – New York, 1973, pp. 363-72; Hermann Haken, *Synergetics. An Introduction*, Springer, Berlin – Heidelberg – New York, 1977, XII-325 pp.; *id.*, *Entwicklungslinien der Synergetik I*, "Die Naturwissenschaften", 1988, pp. 163 ss.

78. Manfred Eigen, *Self-Organization of Matter and the Evolution of Biological Macromolecules*, "Die Naturwissenschaften", 1971, pp. 465-523; Manfred Eigen, *Molecular Self-Organization and the Early Stages of Evolution*, "Quarterly Review of Biophysics", 1971, pp. 149 ss.

o sistema auto-organizador tende a conservar e a transmitir. Ao fazer isso, "seleciona" as informações mais adequadas. A evolução, segundo Eigen, passa por três fases: uma química, em que se formam os elementos que constituirão as macromoléculas biológicas; uma de passagem de não vivo para vivo (alvo da atenção de Eigen); e, finalmente, uma fase de evolução da espécie, que costuma atrair a atenção da tradicional teoria da evolução. Ao examinar a segunda fase, Eigen estuda a auto-organização da matéria, que se comporta como um "sistema" que absorve energia do ambiente para manter em atividade determinadas reações e, portanto, evoluir constantemente. Formam-se assim "hiperciclos" que se regulam de maneira "autocatalítica", com a finalidade de conservar e transmitir as informações contidas na matéria. Gunther Teubner aplicou ao direito essa teoria, junto com sua terminologia (cf. *infra*, cap. IV, 11).

4. As teorias do *caos* – presentes também em Haken, Prigogine e outros – encontram um particular desenvolvimento nas observações meteorológicas de Edward N. Lorenz. Seu modelo matemático global do tempo revela modelos básicos que, mesmo sendo constantes, nunca são exatamente iguais. Portanto, dois sistemas podem apresentar condições iniciais muito semelhantes (mas não idênticas) e pouco depois apresentar-se em condições totalmente diferentes. Sendo um sistema não periódico, o tempo não permite previsões exatas, porque – partindo de condições iniciais ligeiramente diferentes – variações mínimas podem levar a consequências máximas: é o "efeito borboleta", muito citado porque pitoresco, mas em geral pouco compreendido (cf. *supra*, nota 20). Ele pode ser formulado mais ou menos assim: o batimento das asas de uma borboleta em Madagascar, hoje, poderia provocar um furacão na Flórida dentro de três semanas. Isso significa que dois sistemas da atmosfera terrestre, um com o batimento das asas e o outro sem, podem evoluir no tempo de maneira radicalmente diferente. Visto que é materialmente impossível co-

nhecer com precisão os dados iniciais e os subsequentes, resulta disso a consequência prática de que não é aconselhável fazer previsões do tempo superiores a algumas semanas. De qualquer forma, a borboleta real é apenas uma metáfora para indicar mudanças mínimas: se realmente as borboletas causassem furacões, todos nós andaríamos por aí com frascos de inseticida na mão.

Um exame posterior revelou que mesmo os sistemas deterministas podem assumir comportamentos caóticos como consequência de suas condições iniciais: por exemplo, uma roda d'água pode mudar o sentido de sua rotação. A essas teorias de "desordem ordenada", de "estabilidade caótica" também se associa a geometria fractal do matemático Benoit Mandelbrot, um dos mais apaixonantes acontecimentos da ciência atual, que infelizmente não pode ser abordada aqui[79], mesmo já tendo a oportunidade de citá-la (cf. *supra*, cap. I, 9 e nota 224).

Na aplicação das teorias do caos às ciências sócio-humanistas, o primeiro obstáculo surge com a ambiguidade do termo: em matemática, "caos" significa, *grosso modo*, "forte dependência das condições iniciais" (as asas da borboleta!), ao passo que nas ciências sócio-humanistas é sinônimo de "desordem", com todas as conotações emotivas que esse termo comporta nas disciplinas pouco formalizadas[80].

Por fim, um dos problemas não resolvidos dessas teorias é a passagem de sua formulação matemática à sua apli-

---

79. Edward N. Lorenz, *Irregularity: A Fundamental Property of Atmosphere*, "Tellus", 1984, pp. 98-110; os primeiros artigos de Lorenz remontam, porém, a 1962. Benoit Mandelbrot, *Les objects fractals. Forme, hasard et dimension*, Flammarion, Paris, 1975, 195 pp.; e também: *The Fractal Geometry of Nature*, Freeman, New York, 1983, 468 pp. (3.ª ed. ampliada). Cf. ainda John W. Thompson, *Meteorological Models in the Social Sciences: Complex Processes in Meteorology and Sociology*, "General Systems", VII, 1962, pp. 283-91; VIII, 1963, pp. 153-82.

80. Um exemplo da confusão entre os dois significados de "caos" encontra-se em Jean Baudrillard, *Le strategie fatali*, Feltrinelli, Milano, 1984, pp. 134-6; o original é de 1983.

cação à física, à biologia ou às ciências sociais. Essas dificuldades de aplicação devem nos tornar prudentes ao tentar aplicações em campo social ou jurídico. "Algumas supostas aplicações da teoria do caos – por exemplo à gestão de empresas ou à crítica literária – beiram o absurdo. E, para piorar a situação, a teoria do caos, bem desenvolvida do ponto de vista matemático, é frequentemente confundida com as teorias, ainda embrionárias, da complexidade ou da auto-organização."[81]

5. Entre os numerosos estudiosos da *cibernética*, o físico austríaco Heinz von Foerster (1911-2002), emigrado aos Estados Unidos em 1949, demonstrou que a ordem de um sistema podia derivar não apenas da importação da ordem do mundo exterior, mas também do uso interno ao sistema das perturbações externas ricas de energia (*order from noise*)[82]. O sistema é, portanto, capaz não só de receber, mas também de selecionar as perturbações externas, transformando-as em materiais que serão inseridos na estrutura preexistente. Essa transformação autônoma da energia-perturbação em estrutura é a característica mais evidente dos sistemas auto-organizadores.

Às teorias de Foerster une-se também Magoroh Maruyama, o fundador da *segunda cibernética*[83], que concentra sua atenção nos "sistemas abertos", isto é, aqueles que se modificam por causa de influências externas. Os exemplos escolhidos por Maruyama para ilustrar seu modelo matemático também são pinçados do âmbito social e identificam sis-

---

81. Sokal – Bricmont, *Imposture intellettuali,* cit., p. 139.

82. Da ampla produção desse físico (que escreveu sobre muitos outros assuntos) é suficiente lembrar aqui um de seus primeiros ensaios: Heinz von Foerster – Gordon Pask, *A Predictive Model of a Self Organizing System*, "Cybernetica", III, 1960, pp. 258-300; IV, 1961, pp. 20-55.

83. Cf. cap. I, item 10: Magoroh Maruyama, *The Second Cybernetics: Deviations-Amplifying Mutual Causal Processes*, "American Scientist", LI, 1963, pp. 164-79; agora em Walter F. Buckley, *Modern System Research for the Behavioural Scientist: A Sourcebook*, Aldine Publications, Chicago, 1969, XX-525 pp. (o ensaio de Maruyama está a pp. 304 ss.).

temas complexos caracterizados pela "no hierarchical causal priority". Dessa visão da cibernética derivam também os estudos sobre a inteligência artificial (ou sobre os sistemas abertos): "a machine which invents" é seu objetivo teórico.

Fala-se hoje também de uma *terceira cibernética*, fundamento do mundo virtual. O quadro completo das três cibernéticas já foi visto no cap. I, 10. É importante relembrar que da primeira cibernética nasceram os modelos sociais, a que foi dedicado todo o capítulo I e que, reportando-se a esses mesmos modelos, desenvolveu-se a teoria do primeiro Luhmann, que pode ser vista, diacronicamente, como a passagem de uma teoria sistêmico-cibernética a uma teoria de autopoiese (cf. cap. IV).

6. A interpretação dos sistemas vivos como *sistemas autopoiéticos e autorreferenciais* deve-se às pesquisas dos neurobiólogos chilenos Humberto R. Maturana (nascido em 1928) e Francisco J. Varela (nascido em 1945). A autopoiese e a autorreferencialidade são típicas dos processos vivos, capazes de produzir por si mesmos, ciclicamente, os elementos de que são constituídos; já para uma máquina isso não é possível, visto que foi construída para determinada finalidade. Os sistemas vivos são, portanto, fechados do ponto de vista operacional (autorreferencialidade), mas abertos em relação ao ambiente. Dele podem importar perturbações ao próprio equilíbrio; e o controle dessas perturbações produz a evolução do organismo. Dessas premissas deriva o fundamento epistemológico do "construtivismo radical": para o sistema vivo, o mundo exterior existe não como um todo independente, mas apenas como uma forma de autorrepresentação do ser vivo, que é, portanto, um sistema cognitivo fechado[84].

---

84. Siegfried J. Schmidt (Hrsg.), *Der Diskurs des Radikalen Konstruktivismus*, Suhrkamp, Frankfurt a. M., 1987, 476 pp. Dada a ampla produção de Maturana e Varela, limito-me a indicar um de seus primeiros escritos: Francisco J. Varela – Humberto R. Maturana – Ricardo B. [?] Uribe, *Autopoiesis: The Organization of Living Systems, its Characterization and a Model*, "Biosystems", V, 1974, pp. 187-96.

7. A noção de *ecossistema elástico* distingue, dentro de um sistema natural, a "stability" da "resilience": diante de uma perturbação, o sistema pode recuperar o próprio equilíbrio ou – se a perturbação for excessiva – pode adaptar-se a ela modificando sua própria estrutura: estamos então na presença de um verdadeiro salto (*jump*: é desta imagem que deriva o título do presente capítulo, invertendo o dito de Leibniz *Natura non facit saltus*). A elasticidade de um ecossistema depende dos elementos que o compõem; logo, sua capacidade de adaptação e de sobrevivência está relacionada à coevolução de seus componentes, que se encontram em estado de constante desequilíbrio. A essa teoria reporta-se diretamente a "Hipótese Gaia", formulada a partir de 1972 pelo climatologista Jim E. Lovelock e pela microbiologista Lynn Margulis[85]. Essa hipótese – cientificamente argumentada, mas que, mesmo sem sua culpa, passou a fazer parte das ferramentas teóricas da New Age[86] – recebe o nome da divindade grega Gea, personificação da terra-mãe dos seres humanos e dos deuses: o nome "Gaia" é a forma épica de "ghè", terra. De acordo com essa "ecologia otimista", a biosfera e a atmosfera constituem um sistema em contínua evolução, ou seja, em perpétua instabilidade. Nesse sistema, a vida não encontrou já prontas e imutáveis as condições necessárias ao sustento (como supunha o dar-

---

85. Jim E. Lovelock – Lynn Margulis, *Gaia as Seen Through the Atmosphere*, "Atmospheric Environment" 1972, pp. 579 ss.; dos mesmos autores, *The Gaia Hypothesis*, "Co-evolution Quartely", Summer 1975, pp. 30-40. Uma exposição de divulgação dessa teoria está em James Lovelock, *Unsere Erde wird überleben. Gaia – eine optimistische Ökologie*, Piper, München – Zürich, 1982, 222 pp. Note-se que a edição alemã traz um primeiro nome diferente do da edição americana.

86. Karen Gloy, *Das Verständnis der Natur*, vol. 2: *Die Geschichte des ganzheitlichen Denkens*, Beck, München, 1996, p. 162; além de mencionar essa apropriação por parte do "New Age", a autora lembra as conexões entre a ecologia e a hipótese Gaia, que sintetiza assim: "A terra é quase um ser vivo que, como um sistema cibernético de retroação, está relacionado com uma unidade complexa e concluída, que compreende a biosfera terrestre, a atmosfera, os oceanos, o solo e também o homem com suas características naturais e culturais."

winismo clássico), mas as foi criando aos poucos. Esse jogo de ação e reação permite imaginar o universo como um único sistema auto-organizador e autopoiético.

No geral, a história dos sistemas auto-organizadores pode ser lida, negativamente, como a afirmação progressiva de uma nova metodologia totalitarista (holística) em contraposição às tradicionais concepções reducionistas; ou então, positivamente, como a soma progressiva de descobertas parciais que, em determinado momento, foram capazes de dar um salto de qualidade e de afirmar um novo paradigma nas ciências. Essa mudança radical de perspectivas pode ser sintetizada por uma série de contraposições, como a passagem da reversibilidade à irreversibilidade; da linearidade à não linearidade; dos processos periódicos aos recursivos; dos desenvolvimentos extrapoláveis e contínuos aos processos bifurcados ou ramificados; das cadeias causais sucessivas às retas retroativas; do equilíbrio estável ao equilíbrio instável; do sistema fechado ao sistema aberto; da previsibilidade à imprevisibilidade; da busca por leis universais à reavaliação do peculiar; da redução da complexidade a elementos simples ao reconhecimento das complexidades também nos elementos simples; do método reducionista à concepção holística dos sistemas autônomos[87].

O texto de Paslak documenta a inversão de perspectiva com que são estudados os sistemas hoje em dia; porém nele, como em quase toda a literatura sobre o assunto, o conceito de sistema a que se faz referência é sempre o das ciências físico-naturais. A noção clássica de sistema em uso nas ciências sociais retorna brevemente nos estudos que aplicam a essas ciências as novas metodologias, mas ela é logo abandonada e o termo "sistema" é utilizado no sentido que o termo tem nos modelos físico-naturais em que se

---

87. Essa síntese encontra-se em Paslak, *Urgeschichte der Selbstorganisation*, cit., p. 89; além disso, a pp. 178 há uma tabela que compara os conceitos clássicos com os da auto-organização.

inspiram esses cientistas sociais. Consequentemente, na passagem das concepções tradicionais às modernas nas ciências sociais, a aparente continuidade da terminologia esconde uma ruptura, uma mudança radical de pontos de referência científicos, que pode facilmente provocar mal--entendidos parciais ou incompreensões totais.

6. A difusão das modernas teorias da auto-organização nas ciências sociais

Assim como existiu uma pré-história físico-naturalista da auto-organização em geral, também deveria existir uma pré-história da auto-organização nas ciências sociais. Na verdade, as suas pistas são muito frágeis e é difícil não ter a impressão de que, nas obras do passado, o pesquisador persegue mais a própria imagem refletida na sua superfície que os conceitos contidos na sua profundidade. A única exceção é a adoção dos modelos cibernéticos, descrita extensamente no capítulo I.

Assim, em Darwin, em Spencer, em Marx, em Engels – aliás, em todos os autores do evolucionismo, do darwinismo social, do marxismo ortodoxo e heterodoxo – podem-se ler análises da sociedade ou de fenômenos sociais específicos que, de alguma forma, descrevem a sociedade como sistema capaz de se auto-organizar. As teorias de Émile Durkheim (1858-1917) sobre a divisão do trabalho social descrevem processos coletivos de transformação social, ao término dos quais a sociedade gerou os indivíduos e seu modo de agir e de pensar; mas "naturalmente com isso ainda não adquirira nenhum conhecimento dos processos coletivos de auto-organização que estavam na sua base"[88]. Na

---

88. Paslak, *Urgeschichte der Selbstorganisation*, cit., p. 80, com referência à nona edição da obra de 1893 de Émile Durkheim, *De la division du travail social. Étude sur l'organisation des sociétés supérieures*, Presses Universitaires de France, Paris, 1973, XLIV-416 pp.

primeira metade do século XX, os estudos norte-americanos sobre psicologia e sociologia de grupo serviam-se de categorias também encontradas nas teorias de auto-organização – como "abertura ao ambiente, generatividade sistêmica e coevolução" –, mas não com esses termos[89]. Em resumo, estávamos diante de vagas semelhanças estruturais ou de assonâncias, sobretudo verbais.

Os paralelismos entre ciências físico-naturais e ciências sociais são frequentemente sedutores. Uma ciência que tenha por objeto a "mudança social" ocupa-se também da instabilidade; aceita, aliás, uma noção de sistema social como sistema instável. Essa ciência social compartilha a postura geral das ciências clássicas: mira ao equilíbrio (à "paz social") e reage à desordem com o "controle social". Ela, portanto, avalia negativamente o rumor ou a perturbação do sistema provocado pelos "desvios": um termo carregado de valor negativo. Mas, hoje, assim como as ciências físico-naturais reavaliam os fenômenos marginais (a *order from noise* da cibernética), também os cientistas sociais são cada vez menos unânimes sobre a negatividade de certos desvios, e os juristas estão cada vez mais divididos sobre a necessidade de puni-los. Mas será suficiente essa assonância para afirmar uma convergência entre metodologias de origens tão diferentes?

Além disso, as visões tradicionais, tão propensas à repreensão e à condenação, isto é, tão carregadas de valores, extraíam a inspiração de alguma filosofia da história – quer se chamasse *manifest destiny* ou realização da Ideia –, segundo a qual a sociedade seguia um caminho próprio que conduzia a um fim último. A sociedade tentava, portanto, redirecionar-se (homeostaticamente) a esse fim quando os acontecimentos externos interferiam em seu caminho. Ou então, nas visões que rejeitavam os valores, a transcendên-

---

89. Paslak, *Urgeschichte der Selbstorganisation*, cit., p. 81; com referência à obra do sociólogo George Caspar Homans, *Theorie der sozialen Gruppen*, Westdeutscher Verlag, Opladen – Köln, 1976, 451 pp. (mas o original é de 1950: *The Human Group*, Harcourt Brace, New York, 1950, XXVI-484 pp.).

cia, a metafísica, permaneciam nos modelos, em última análise, darwinistas.

Não raro essas teorias passadas voltam, cobertas com o léxico científico do futuro, mas tem-se a impressão de estar na presença de consonâncias muitas vezes casuais e, de qualquer forma, superficiais, e não de uma verdadeira transferência de técnicas metodológicas de uma disciplina para outra. Mesmo um defensor da auto-organização como Paslak só dedica pouco mais de cinco páginas (das 184) às ciências sociais, e conclui: "Chega-se a forjar conceitos que lembram a terminologia das teorias da auto-organização, mas apesar disso o nível de elaboração teórica permaneceu singularmente baixo."[90] São palavras que lembram a desconfiança dos linguistas estruturalistas em relação aos não linguistas que gostariam de ser estruturalistas e que antecipam as exortações dos cognitivistas para não usar seu conceito de autopoiese na sociologia luhmanniana. Por parte dos cientistas, a acolhida da noção de auto-organização nas ciências sociais foi considerada um caso "extremo" de "cientificismo", sendo que este último termo significa "a ilusão de que métodos simplistas, mas supostamente 'objetivos' ou 'científicos', possam resolver problemas muito complexos"[91]. Por outro lado, essa migração de termos – ainda que não de métodos – surgida da primeira e da segunda cibernéticas envolveu tais e tantos estudiosos que não pode ser rejeitada como fenômeno marginal ou, no máximo, como moda efêmera.

Os pressupostos para a adoção da teoria da auto-organização nas ciências sociais só foram lançados no início dos anos 1950 pelo sociólogo estadunidense Talcott Parsons (1902-79)[92], que no início de seus estudos abordara

---

90. Paslak, *Urgeschichte der Selbstorganisation*, cit., p. 83.
91. Sokal – Bricmont, *Imposture Intellettuali*, cit., p. 197.
92. Talcott Parsons, *The Structure of Social Action. A Study in Social Theory with Special Reference to a Group of Recent European Writers*, McGraw-Hill, New York – London, 1949, XII-817 pp.; Talcott Parsons – Edward A. Shils (eds.), *Toward a General Theory of Action*, Harvard University Press, Cambridge (Mass.), 1951, XI-506 pp.

a sociologia de grupos e da família. Através dele o sistema social e seus subsistemas começam a ter vida própria, sem mais depender da ação dos indivíduos: tal assunto será tratado amplamente no próximo capítulo, sobretudo nos itens 4 e 5.

O início de visão sistêmica da sociedade presente em Parsons foi adotado e radicalmente reelaborado por Niklas Luhmann. A partir daquele momento, a auto-organização tornou-se o método com que um número crescente de estudiosos realizou a investigação do sistema social. É por isso que o extenso capítulo que conclui esta pesquisa sobre o sistema do direito é dedicado à teoria de Luhmann.

7. A revanche das ciências exatas: desconstruir os desconstrutores!

O debate sobre a transferência das noções científicas de autopoiese e de hiperciclos catalíticos para as teorias sociais e jurídicas é apenas o aspecto setorial de uma polêmica acerca de "duas culturas" que, mais uma vez, está envolvendo todo o mundo cultural. Os epicentros desse debate são a França, pátria dos pós-modernos mais em voga, e os Estados Unidos, onde estão presentes oásis circunscritos, mas exuberantes, de relativismo cognitivo. E frequentemente os estadunidenses remetem-se, com diferentes intensidades, aos mestres franceses. O pós-modernismo, de que já falamos ao abordar o estruturalismo (cf. *supra*, cap. II, 11), é uma postura intelectual que prefere as elaborações teóricas em si, ou seja, sem submetê-las à verificação empírica, e que, portanto, rejeita o racionalismo de origem iluminista; nessa perspectiva, a ciência moderna torna-se uma construção social – uma narração, um mito –, podendo ser tratada com uma *nonchalance* que as disciplinas experimentais não permitem a seus estudiosos. Portanto, o filósofo ou o crítico de arte pode, sem aflição, basear uma teoria em um conceito científico mal digerido e exposto de qualquer jeito porque, no fundo, esta também é uma das possíveis "narrações" científicas.

Os cientistas nunca foram entusiastas dessas assimilações nas ciências humanas e sociais, tanto que em 1996 Alan Sokal, um jovem físico de Boston, nascido em 1955, reuniu e elogiou várias asserções cientificamente insustentáveis, extraídas dos escritos de alguns ícones do pós-modernismo, juntou-as em um artigo com ligações lógicas muito desarticuladas, coroou tudo com um título espantoso – *Transgredir as fronteiras: rumo a uma hermenêutica transformadora da verdade quântica* – e entregou-o a "Social Text", uma revista americana *very trendy* entre os pós-modernos[93]. Uma vez publicado o artigo, Sokal enviou à revista uma nota erudita em que explicava como ele não passava de uma simples brincadeira, mas esta foi rejeitada porque não correspondia aos padrões culturais da própria revista[94]. Seguiu-se uma polêmica efervescente (até em jornais como o *New York Times* e o *Le Monde*), que convenceu o autor a aprofundar o tema em um livro que reúne novo material e reformula com precisão as críticas originais: o título *Imposturas intelectuais*[95] certamente não era o mais adequado

---

93. Alan Sokal, *Transgressing the Boundaries: Towards a Transformative Hermeneutics of Quantum Gravity*, "Social Text", 1996, n. 46-47, pp. 217-52; traduzido para o italiano em Alan Sokal – Jean Bricmont, *Imposture intellettuali. Quale deve essere il rapporto tra filosofia e scienza?* Garzanti, Milano, 1999, pp. 217-61.

94. Alan Sokal, *Transgressing the Boundaries: An Afterwords*, "Dissent", 1996, pp. 93-9; traduzido para o italiano em Sokal – Bricmont, *Imposture intellettuali*, cit., pp. 270-81. Os autores franceses que passaram pelo crivo são Gilles Deleuze, Jacques Derrida, Félix Guattari, Luce Irigaray, Jacques Lacan, Bruno Latour, Jean-François Lyotard, Michel Serres e Paul Virilio.

95. Sokal – Bricmont, *Imposture intellettuali*, cit., 395 pp.; ed. original: *Impostures intellectuelles*, Odile Jacob, Paris, 1997, 276 pp. No livro, aos autores citados na nota anterior, acrescentam-se Jean Baudrillard e Julia Kristeva. Os títulos da tradução americana (*Fashionable Nonsense. Postmodern Intellectual's Abuse of Science*, Picador, New York, 1998, XIV-300 pp.) e da tradução alemã (*Eleganter Unsinn. Wie die Denker der Postmoderne die Wissenschaften mißbrauchen*, Beck, München, 1999, 350 pp.; ou seja, *Elegante insensatez. Como os pensadores pós-modernos abusam das ciências*) refletem melhor a concepção da obra, que é uma crítica documentada de segmentos cientificamente infundados em algumas teorias sócio-humanistas. Ao contrário, falando de "imposturas", o título

para aplacar a discussão. Mas não é disso que queremos falar, e sim do espírito construtivo crítico que moveu Sokal e Bricmont.

Em primeiro lugar, eles se propõem "mostrar de que maneira intelectuais famosos, como Lacan, Kristeva, Irigaray, Baudrillard e Deleuze, abusaram repetidas vezes dos conceitos e da terminologia próprios das ciências exatas: utilizando ideias científicas fora de seu contexto, sem dar a mínima justificação", ou então utilizando "termos científicos sem o menor respeito por sua relevância e significado". Em segundo lugar, Sokal e Bricmont dirigem uma crítica ao relativismo cognitivo, que recriminam "pela apropriação indébita de ideias provenientes da filosofia da ciência". A crítica de Sokal e Bricmont, mesmo impetuosa, flui entre duas margens sólidas: eles "não [são] contra a exportação de conceitos" de uma disciplina a outra, mas "apenas contra as extrapolações não argumentadas"; além disso, por serem cientistas, limitam-se a destacar a inexatidão de determinados conceitos científicos usados em textos sócio-humanistas, mas não pretendem "com isso invalidar o resto do trabalho daqueles autores, sobre os quais [suspendem] o julgamento". Em outros termos, um ensaio filosófico baseado no uso equivocado de uma noção científica não seria um mau ensaio filosófico apenas por isso: de fato, a qualidade das noções filosóficas deve ser avaliada pelos filósofos, assim como a qualidade das noções científicas deve ser avaliada pelos cientistas[96].

Na base das críticas está o abuso de termos científicos, que pode consistir no uso de uma terminologia científica sem se ter clara noção de seu significado na ciência origi-

---

italiano e o título francês propõem uma chave de leitura agressiva, que não corresponde ao raciocínio pacato dos dois autores.

96. Sokal – Bricmont, *Imposture intellettuali*, cit., pp. 9 s.; cf. também p. 25: "Não pretendemos julgar a psicologia de Lacan, a filosofia de Deleuze ou os trabalhos concretos de Latour na sociologia. Limitamo-nos às afirmações que dizem respeito às ciências matemáticas e físicas ou a problemas elementares de filosofia da ciência."

nal; na transferência de noções das ciências naturais às sócio-humanistas sem explicar o motivo (por exemplo, que fundamento tem Baudrillard para afirmar que as guerras modernas se realizam em um espaço não euclidiano?); no uso de termos técnicos quando estes são supérfluos em relação ao contexto (arte em que se destaca, por exemplo, Paul Virilio); por fim, na "manipulação de locuções e palavras, de fato, desprovidas de sentido"[97]. Todos esses abusos terminológicos – e o último em particular – dificultam a compreensão dos textos em que eles aparecem: a respeito do problema da obscuridade da escrita, voltaremos extensamente no início da exposição sobre Luhmann (cf. *infra*, cap. IV, 1, a).

Os dois cientistas, limitando-se ao exame da terminologia científica que surge em determinados textos, perguntam-se: um texto é obscuro por ser difícil ou porque é incompreensível? A resposta é rápida: "Queremos 'desconstruir' a reputação de alguns textos que parecem difíceis porque as ideias neles contidas são profundas. Em muitos casos podemos demonstrar que, se os textos parecem incompreensíveis, é pelo excelente motivo de não quererem dizer nada"[98]. Porém, os textos "que não querem dizer nada" não dizem nada de maneira diferente, dependendo de quem os lê, se um cientista ou um humanista. Ao cientista não dizem nada do ponto de vista de sua ciência, porque expõem conceitos técnicos superficiais ou errados. Ao humanista, ao contrário, não dizem nada porque se exprimem através de noções científicas que ele desconhece, principalmente porque chegam embrulhadas em emaranhados estilísticos difíceis de desembaraçar.

Dessa diversidade de enfoque deriva também a dificuldade na leitura dos textos dos cientistas de boa vontade, que pretendem corrigir determinadas deformações dos humanistas. De fato, o humanista está tão desarmado diante do

---

97. Sokal – Bricmont, *Imposture intellettuali*, cit., p. 19.
98. Sokal – Bricmont, *Imposture intellettuali*, cit., *ibid*.

abuso da topologia em Lacan, quanto o está diante da desmistificação daquele abuso que lhe é dada pelo topologista profissional; o problema do humanista consiste no fato de que, por definição, a topologia (assim como as demais ciências exatas) é para ele um livro fechado com sete lacres.

Sokal e Bricmont têm noção dessa dificuldade e procuram explicar os fundamentos científicos de sua crítica aos abusos humanistas; mas o mais importante, para eles, é não apenas descobrir os *erros* nos textos sócio-humanistas, mas demonstrar a *irrelevância* da terminologia científica usada em relação ao tema tratado. Quando a primeira Julia Kristeva assevera que a linguagem poética é um "sistema formal" que pode ser construído com a teoria matemática dos conjuntos, não explica por que existe uma relação entre a linguagem poética e a teoria dos conjuntos, assim como Lacan não explica por que a topologia tem correlação com "a estrutura do neurótico". Acreditar nessas correlações é um ato de fé no Mestre: Sokal e Bricmont chamam-no "misticismo leigo", precisamente porque toda a construção baseia-se em uma postura emotiva e não em uma demonstração ou em um experimento.

Os esforços esclarecedores como os de Sokal e Bricmont servem, porém, ao menos como convite à máxima prudência quando se usam nos próprios textos ou se encontram nos dos outros algumas noções científicas: o leitor sócio-humanista e neófito das ciências deve se perguntar se somente a ele falta a formação básica para compreender tais noções a fundo ou se essa formação básica falta também ao autor matematizante, de modo que suas palavras não são difíceis, mas simplesmente incompreensíveis, porque "não querem dizer nada".

Não voltarei a me aprofundar nas incompreensões entre essas duas culturas, já que não é essa a finalidade aqui. Nas páginas sobre a cibernética, sobre o estruturalismo e sobre a autopoiese, a palavra é dada sobretudo aos defensores dessas teorias. Todavia, seria desejável que as dúvidas até aqui expostas permanecessem na mente do leitor e servissem para contrabalançar os entusiasmos, compreensíveis mas muitas vezes excessivos, dos que tentam a aplicação dos métodos científicos às ciências sócio-humanistas. Não esqueçamos que, ao se confrontar com a obscuridade de certos escritos, o filósofo inglês Michael Dummet chega à polêmica conclusão de que "um certo tipo de sociologia é indistinguível da própria paródia"[99].

---

99. Michael Dummet, *Il filosofo che gioca a tarocchi*, [Entrevista publicada em] "La Repubblica", 13 de setembro de 2001, p. 41.

Capítulo IV
O sistema autopoiético do direito

Pontos de intersecção e desenvolvimentos do discurso. A superteoria de Luhmann, que compreende todos os aspectos da sociedade em seu máximo nível possível de abstração, é aqui examinada apenas para demonstrar sua relação com as teorias do sistema descritas até aqui. Ou seja, este capítulo pretende apenas documentar em que medida e de que maneira Luhmann se insere na história do sistema jurídico. Uma das primeiras dificuldades a serem superadas é a obscuridade da linguagem (item 1, a), que acaba colocando essa teoria fora do alcance de muitos juristas práticos, mesmo cultos.

Primeiramente, Luhmann tem formação de jurista e, depois, volta-se para a sociologia. Com ele, o sistema do direito pode ser visto em uma perspectiva geral, bem diferente da do jurista: "O sistema jurídico [é visto] como sistema da realidade social, como subsistema da sociedade"; nele, a ciência jurídica passa "de sistemas de conceitos a sistemas de ações" (Luhmann, *Sistema jurídico e dogmática jurídica*). Retorna assim, também em nível de superteoria, a transição do sistema para dizer ao sistema para fazer, que, no volume II, fora indicada como a característica da ciência jurídica do século XX. Assim como nas ciências físico-naturais e, depois, nas ciências sociais, o sistema social (e portanto também o subsistema jurídico) tem vida própria: "Social systems do something" (Easton, *The Analysis of Political Structure*). A história do sistema, nesta fase final, lembra a do aprendiz de feiticeiro: o intelectual criou o sistema, mas agora este move-se e age por conta própria. Essa noção de sistema alinha-se com a reconstrução histórica proposta neste volume e, sobretudo, com a noção de sistema biológico, mas se afasta radicalmente da noção de sistema examinada nos volumes anteriores e, em particular, daquela mais comumente utilizada pelos juristas. Uma particular atenção é dada ao pequeno volume em que Luhmann compara sua teoria, antes da guinada autopoiética, com as noções tradicionais do sistema jurídico examinadas nesses volumes (item 7).

Enquanto para os juristas o direito constitui a totalidade de sua análise, para Luhmann o direito é um subconjunto do todo social. Aqui não se quer construir uma teoria do direito como sistema autorreferencial, mas apenas examinar de que maneira essa teoria brota das fontes de Luhmann e como está relacionada à sua formação cultural. Primeiramente, Luhmann é um jurista e dedica seus estudos iniciais à automação da administração pública; portanto, ele está incluído, para todos os efeitos, entre os teóricos da cibernética do direito (item 3). A permanência nos Estados Unidos e o encontro com Parsons levaram-no a aproximar-se das teorias dos sistemas sociais, e foi com essa bagagem que voltou à Europa em 1962 (itens 4, 5). A teoria parsoniana é, porém, apenas o seu ponto de partida: a sua aspiração é a de construir uma teoria que seja cada vez mais abstrata e abrangente. Por isso, depois de 1980, anunciará a "troca de paradigma" que caracterizará a sua teoria: a passagem para a concepção autopoiética do sistema, na esteira dos neurobiólogos Varela e Maturana.

Como único exemplo de ulterior revisão e extensão da teoria jurídica luhmanniana, citamos a dos ciclos autocatalíticos de Teubner (item 11), juntamente com uma sumária descrição da gênese do conceito químico que esse autor aplica ao direito. Não é possível relacionar aqui as concordâncias e as críticas à teoria de Luhmann. Uma avaliação global de sua obra, mesmo que limitada unicamente ao direito, parece-nos prematura: ao menos por enquanto, penso que as dúvidas e as obscuridades ainda prevaleçam sobre os aspectos inovadores dessa ciclópica reconstrução sistêmica da sociedade.

1. *O retorno às teorias universais e a obra de Luhmann*

No século XX, a filosofia do direito não é mais parte integrante de um sistema filosófico geral, mas constitui a premissa teórica sobre a qual o jurista funda – nem sempre conscientemente – as suas concepções: a filosofia do direito deixara de ser uma filosofia do direito dos filósofos para especializar-se em uma filosofia do direito dos juristas. Tendo como referência a noção de sistema no direito, tinha-se passado da filosofia do direito de Hegel à dos pandectistas, para chegar, depois, na segunda metade do século XX, às teorias da jurisprudência dos valores.

Nas últimas décadas do século XX, as teorias de Habermas e de Luhmann parecem ter marcado um retorno às teorias universais, apresentadas – mas talvez não passe de uma questão de rótulo – não mais como filosofias, mas como sociologias. E, no seu interior, encontrou seu lugar uma teoria do direito, mas mesmo a velha designação de filosofia do direito poderia ser adequada.

Com a teoria de Luhmann, a noção de sistema fez sua *glorieuse rentrée* após décadas transcorridas cada vez mais à margem das estruturas doutrinárias[1]. Luhmann traçou as linhas mestras de uma teoria da sociedade inteiramente fundamentada na noção de sistema, mas nele essa noção absorveu as incessantes evoluções científicas das últimas décadas e é hoje profundamente diferente daquela compreendida entre os dois polos do mundo clássico e da pandectística do século XX. Hoje, a ciência referencial não é mais nem a geometria, nem a mecânica, nem a matemática, nem a biologia – não a biologia do século XIX de Darwin, mas aquela contemporânea dos construtivistas radicais, como Maturana e Varela. O pensamento de Luhmann constitui, portanto, um *haut lieu* do sistema no panorama das atuais ciências sociais.

Na tentativa de pôr ordem na complexidade do mundo humano, as ciências sociais seguem uma progressão que até agora não foi totalmente realizada: os teóricos da sociedade devem, em primeiro lugar, construir sistemas didáti-

---

1. Refiro-me ao Movimento do direito livre (cf. vol. 2, cap. IV), ao "sistema móvel" de Walter Wilburg e ao "sistema aberto" de Claus-Wilhelm Canaris (cf. vol. 2, caps. VII e VIII).

cos, das taxonomias, que podem depois ser representados também em diagramas ou em outras formas gráficas; destas pode-se depois tentar passar para representações simbólicas e, finalmente, matemáticas. Na realidade, porém, as várias teorias da sociedade seguiram só até certo ponto esse caminho em direção à formalização, mas depois contentaram-se com avaliações qualitativas. Por outro lado, o uso de técnicas quantitativas, mais que levar indutivamente a novas explicações teóricas, muitas vezes resultaram em um dilúvio de números sobre um deserto de ideias. "Basta pegar um manual de matemática – ironizava um sociólogo obviamente não quantitativo –, copiar as partes menos complicadas, acrescentar alguma referência à literatura de um ou dois ramos dos estudos sociais, sem muitas preocupações com as fórmulas, se têm ou não relação com as ações humanas reais, e dar, finalmente, ao produto um nome de efeito, capaz de dar a impressão de se ter descoberto uma chave para uma ciência exata do comportamento coletivo"[2].

Luhmann rejeita a abordagem quantitativa e aplica à sociologia a teoria mais abstrata e abrangente oferecida pela ciência moderna: a teoria geral dos sistemas. Ele a aplica da maneira mais drástica e explosiva, porque redefine globalmente os conceitos usados por toda a sociologia para descrever o universo-mundo, o que equivale à criação de uma nova linguagem. Essa linguagem nasce de um desejo de clareza científica, mas é constantemente acusada de ser obscura; e a incompreensibilidade da linguagem tornaria inacessível a teoria. Mas ela é realmente uma linguagem obscura ou é apenas difícil? De onde surge essa suposta obscuridade?

---

2. Stanislav Andreski, *Le scienze sociali come stregonerie*, Armando, Roma, 1977, p. 128; edição original: *Social Sciences as Sorcery*, Deutsch, London, 1972, 238 pp.

a) Luhmann obscuro?

A obscuridade de um texto é uma constatação puramente subjetiva: até mesmo escreveu-se um livro (obscuro) para explicar que Lacan é claro; ou melhor, que Lacan julga-se claro, o que é mais plausível: "Lacan é, como ele mesmo diz, um autor cristalino."[3] Luhmann, ao contrário, está ciente das dificuldades que seus textos podem criar para o leitor e honestamente tenta, repetidas vezes, explicar a origem dessa sua obscuridade.

Para Luhmann, a linguagem científica é "recursiva", no sentido de que cada nova definição baseia-se em definições precedentes; em outras palavras, a linguagem científica se autoalimenta, afastando-se da linguagem natural. Quando fala de comunicação científica, Luhmann descreve um sistema externo ou didático, como já o encontramos na teoria clássica de sistema: "Se queremos falar de algo, devemos usar palavras. Se isso deve apresentar-se como uma teoria científica, é necessário referir-se a conceitos. Portanto, toda investigação científica deve começar com o esclarecimento de seus conceitos se quiser tornar claro o seu objeto. Qualquer obscuridade – mas também qualquer abandono não intencional da linguagem corrente – leva rapidamente a não perceber que se está discutindo a respeito de diferentes objetos"[4]. Essa estreita relação entre palavras e conceitos leva à construção da linguagem científica, o que Kant chamava de "linguagem de escola", como veremos adiante. Um sistema externo de palavras técnicas descreve, portanto, os conceitos que são objeto do discurso científico: poder-se-ia falar de uma descrição sistemática da teoria sistêmica.

---

3. Jean-Claude Milner, *L'oeuvre claire. Lacan, la science, la philosophie*, Seuil, Paris, 1995, p. 7.
4. Niklas Luhmann, *Gesellschaftstheorie und Normentheorie*, em Urs Fazis – Jachen C. Nett, *Gesellschaftstheorie und Normentheorie. Symposium zum Gedenken an Theodor Geiger*, Social Strategies Publishers, Basel, 1993, p. 15.

O verdadeiro problema é a definição desses conceitos, que nos discursos científicos complexos são "sempre componentes de uma rede recursiva", ou seja, de uma rede que se refere a outros conceitos científicos. Luhmann pergunta-se "se desde o começo deve-se procurar o consenso sobre a escolha dos conceitos", mas considera que seja difícil alcançar esse consenso, principalmente se os conceitos são complexos. Portanto, não é preciso buscar um consenso *preliminar*, mas, "sobretudo nas pesquisas teóricas, é necessário dar-se por satisfeito em apresentar os conceitos no início. Aos que têm dúvidas, roga-se paciência; ou seja, pede-se que esperem para ver o que surgirá do uso desses conceitos". Mais que paciência, parece que se deva ter fé; mas, segundo Luhmann, esse comportamento fideísta é indispensável na elaboração de teorias sociais e normativas, porque cada um está envolvido na sociedade e no ordenamento jurídico e tem, portanto, uma ideia intuitiva daquilo de que se fala na teoria, ao passo que "a análise científica deve recorrer a situações contraintuitivas precisamente porque ela se atém à recursividade que lhe é peculiar"[5].

Os "conceitos" desempenham aqui a função que os "axiomas" desempenham no clássico sistema externo ou didático. O discurso de Luhmann resulta difícil não porque desestruturado, elíptico ou aforístico, mas porque o objeto do seu sistema didático é um conjunto de conceitos em que um remete ao outro, contribuindo reciprocamente para definir-se e separando-se, assim, da linguagem natural própria do leitor. Essa contraposição já parece clara algumas linhas depois, quando Luhmann define a sociedade como "o sistema global de todas as comunicações reciprocamente conectadas" – definição esta escolhida por Luhmann –, muito diferente daquela "unidade nacional, regional ou cultural" que se esperaria com base no uso comum. O leitor não concorda com o fato de a sociedade ser um conjun-

---

5. Luhmann, *Gesellschaftstheorie und Normentheorie*, cit., *ibid*.; traduzi "unplausible Evidenzen" como "situações contraintuitivas".

to de comunicações? Talvez não: de qualquer modo, tenha paciência, diz Luhmann, e espere para ver o que propõe uma teoria que parte desse axioma. O leitor começa então a amontoar definições intrassistemáticas, ou seja, nascidas da recursividade dos conceitos; suas dificuldades nascem do fato de que os termos, de maneira geral, são os da linguagem natural, ao passo que suas definições não mais correspondem àquelas de uso corrente.

O efeito produzido por esse modo de construir uma teoria é comparável ao de um geógrafo que deslocou e redefiniu os meridianos e os paralelos: os continentes estão sempre no mesmo lugar, mas os outros geógrafos já não os encontram em seus mapas. A desorientação causada nos leitores pela terminologia de Luhmann é comprovada pela existência de glossários luhmannianos que ajudam a traduzir Luhmann do alemão para o alemão e que procuram também oferecer o fio de Ariadne para orientar-se em uma linguagem sabidamente labiríntica e nobremente obscura[6]. A teoria que pretende construir sua linguagem técnica específica será forçosamente pouco clara a quem se aproxima dela com os instrumentos da linguagem comum ou da linguagem técnica de outras teorias[7].

Essa obscuridade tornada legendária insere-se em uma tradição alemã que, sobretudo a partir de Hegel, caracteri-

---

6. Claudio Baraldi – Giancarlo Corsi – Elena Esposito (a cura di), *Luhmann in glossario. I concetti fondamentali della teoria dei sistemi sociali*, Franco Angeli, Milano, ²1997, 272 pp. A obra também foi traduzida para o alemão: *GLU, Glossar zu Niklas Luhmanns Theorie sozialer Systeme*, Suhrkamp, Frankfurt a. M., 1997, 248 pp. A primeira versão dessa obra é: *GLU. Glossario dei termini della teoria dei sistemi di Niklas Luhmann*. Prefazione di Niklas Luhmann, Urbino, 1989, 203 pp. Dos mesmos autores, *Semantica e comunicazione. L'evoluzione delle idee nella prospettiva sociologica di Niklas Luhmann*, Clueb, Bologna, 1987, 175 pp. Cf. também Detlef Krause, *Luhmann-Lexikon. Eine Einführung in das Gesamtwerk von Niklas Luhmann mit über 500 Stichworten*, Lucius and Lucius, Stuttgart, 2001, VI-293 pp.; a edição anterior compreendia 400 verbetes: Enke, Stuttgart, 1996, VII-231 pp.

7. Niklas Luhmann, *Unverständliche Wissenschaft: Probleme einer theorieeigenen Sprache*, em Luhmann, *Soziologische Aufklärung*, Westdeutscher Verlag, Opladen, 1981, pp. 170-7.

zou pensadores dotados também de grande profundidade. Exemplar é o caso do modesto filósofo hegeliano Karl Christian Friedrich Krause (1781-1832), quase esquecido na Alemanha e, ao contrário, raiz e linfa de um vitalíssimo "krausismo" ibero-americano[8]. Sua difusão na Espanha e na América do Sul superou amplamente a de Hegel e deveu-se ao fato nada desprezível de ter sido imediatamente traduzido para o francês. De fato, seu pensamento difundiu-se não no obscuro original alemão – repleto de neologismos e de sufixos inventados pelo próprio Krause –, mas através da tradução-interpretação francesa.

Entre os séculos XVIII e XIX, a acusação de obscuridade também acompanhara os escritos dos dois irmãos Schlegel: "O que não se entende – diziam na Prússia – foi escrito por um dos Schlegel." Efetivamente, Novalis e Schleiermacher sustentavam que os escritos dos Schlegel eram parcialmente incompreensíveis. O próprio Wilhelm Schlegel tinha dificuldades para compreender alguns dos *Fragmentos* do irmão Friedrich. Sua revista comum "Athenäum" era muitas vezes acusada de incompreensível, de maneira que – quando a revista teve de fechar as portas – Friedrich Schlegel achou por bem publicar no último número um ensaio intitulado *Sobre a incompreensibilidade*[9]. O fato de ser compreendido mesmo parcialmente era, para ele, um dom dos Céus que dependia de dotes não intelectuais, mas afetivos: entende-se aquilo que se ama. Além disso, "a mais pura e extensa incompreensibilidade nos vem precisamente da

---

8. Sobre o krausismo existem bibliotecas inteiras; para uma orientação inicial, limito-me a remeter à obra de Elías Díaz, *La filosofía social del krausismo español*, Debate, Madrid, 1989, 247 pp.; Peter Landau, *Zu den Wurzeln des "Krausismo" im deutschen Naturrecht*, em Lothar Philipps – Roland Wittmann (Hrsg.), *Rechtsentstehung und Rechtskultur. Heinrich Scholler zum 60. Geburtstag*, Decker & Müller, Heidelberg, 1991, pp. 127-36.

9. Friedrich Schlegel, *Über die Unverständlichkeit*, em *Charakteristiken und Kritiken I (1796-1801)*. Herausgegeben und eingeleitet von Hans Eichner, Schöningh – Thomas, München – Zürich, 1967, pp. 363-72. Cf. também, na *Einleitung* de Eichner, o comentário a *Über die Unverständlichkeit*, pp. XCVII-C.

ciência e da arte que nascem do compreender e do fazer compreender, ou seja, da filosofia e da filologia"[10].

Mas aproximar-se de seus textos difíceis exigia, além dessa comunhão no sentir, um olfato treinado para desencavar as ironias escondidas. E a ironia aparece frequentemente também nos escritos de Luhmann e nos dos pósmodernos, talvez porque existam afinidades ocultas entre escritores obscuros. Schlegel oferece "um panorama de todo o sistema da ironia", no qual organiza as ironias grosseira, delicada, extrafina, honesta, dramática e dupla, até chegar à "ironia da ironia", aquela "da qual não se consegue sair, como me parece estar acontecendo neste ensaio sobre a incompreensibilidade"[11].

Schlegel, aqui observador que se observa, entre o irônico e o sério, lança dardos de sabedoria quase pós-moderna. Decerto Luhmann teria assinado esse seu aforismo: "Nunca se deve compreender até o fim um texto clássico: quem é culto e quem se cultiva deve querer nele aprender cada vez mais."[12] Aliás, essa asserção tão clara a respeito da obscuridade pode servir de resposta à questão de Wittgenstein: "Muitas vezes, não é precisamente a imagem fora de foco aquilo de que mais temos necessidade?"[13]. Portanto, a incompreensibilidade não é o maior dos males: sobre ela repousa a salvação "dos Estados e dos sistemas, as mais artificiais das obras humanas, quase sempre tão artificiais, que nelas deve-se admirar a sabedoria do Criador"[14]. A felicidade humana depende de um "ponto que deve permanecer obscuro, mas que ampara e sustenta o todo e que perderia completamente a sua força no momento em que fosse dissolvido na compreensão"[15]. Depois, passando do

---

10. Schlegel, *Über die Unverständlichkeit*, cit., p. 364.
11. Schlegel, *Über die Unverständlichkeit*, cit., p. 369.
12. Schlegel, *Über die Unverständlichkeit*, cit., p. 371.
13. Ludwig Wittgenstein, *Ricerche filosofiche*, Einaudi, Torino, 1974, p. 49.
14. Schlegel, *Über die Unverständlichkeit*, cit., p. 370.
15. Schlegel, *Über die Unverständlichkeit*, cit., p. 370. Como não pensar na teoria pura do direito, em que a norma fundamental "ampara e sustenta tudo",

ser humano para o universo, Schlegel conclui, dirigindo-se aos seus críticos: "Na verdade, seríeis atingidos pelo desânimo se o universo inteiro se tornasse, de fato, totalmente compreensível, como andais pedindo: de resto, esse mesmo infinito universo não se formou pela compreensão surgida da incompreensão ou do caos?"[16].

A ironia de Schlegel é exercida sobre sua própria época, "que mereceu o nome modesto, mas expressivo, de época crítica": a referência irônica é a Kant, "que descobriu as Tábuas das categorias e trouxe, assim, a luz ao espírito humano"[17]. Entretanto, também Kant, na *Metafísica dos costumes*, dedica páginas a defender-se da acusação de obscuridade (*Vorwurf der Dunkelheit*), aceitando o convite de Garve para tender à "Popularität"[18], que para Kant equivale à "linguagem corrente" (*Volkssprache*). Todavia, para Kant, a linguagem popular deve ser buscada dentro dos limites em que "a natureza da ciência o permita"[19], e aqui realmente parece voltar as linhas de Luhmann citadas há pouco. De fato, uma exceção a essa busca de "Popularität" deve ser constituída pela crítica da razão, que serve "para distinguir o sensível do suprassensível", e o suprassensível

---

mas permanece "obscura"? Porém, relacionar essa afirmação às modernas teorias do caos significaria mais uma vez confundir o caos da linguagem corrente (entendido como desordem) com o caos no sentido científico atual (entendido como forte dependência das condições iniciais: cf. *supra*, cap. III, item 5, nr. 4).

16. Schlegel, *Über die Unverständlichkeit*, cit., p. 370.
17. Schlegel, *Über die Unverständlichkeit*, cit., p. 364.
18. O filósofo moral e tradutor Christian Garve (1742-1798) também é lembrado pelo obscuro Schlegel (o qual – numa espécie de irônico contrapasso – pretenderia descrever "quanto me parece incompreensível, por exemplo, Garve": Schlegel, *Über die Unverständlichkeit*, cit., p. 364). Já Kant reputa-o "um filósofo no verdadeiro sentido do termo" (*Metafisica dei costumi*, cit., p. IV) e extrai o discurso sobre a "Popularität" de Garve, *Vermischte Aufsätze*, Korn, Breslau, 1796, vol. 1, pp. 352 ss. Cf. também Albert Stern, *Über die Beziehungen Christian Garve's zu Kant. Nebst mehreren bisher ungedruckten Briefen Kant's, Feder's und Garve's*, Denicke, Leipzig, 1884, VII-98 pp.
19. Immanuel Kant, *Metaphysik der Sitten*. Erster Theil: *Metaphysische Anfangsgründe der Rechtslehre*, bey Friedrich Nicolovius, Königsberg, 1798 (2.ª ed.), pp. III-X (Vorrede).

"não pode tornar-se *populär*, assim como não o pode qualquer metafísica formal, mesmo que os resultados possam ser completamente evidentes a uma sã razão: aquela de um metafísico que não sabe sê-lo". Aqui é necessário usar um esclarecimento escolástico (*scholastische Pünktlichkeit*), que pode resvalar em pedantismo (*Peinlichkeit*), mas que é inevitável em uma linguagem de escola (*Schulsprache*), entendida no sentido de linguagem especialista, e não de linguagem sectária. O pedantismo, ao contrário, é o defeito de quem usa arbitrariamente a linguagem de escola, mas neste caso "pode-se apenas rir da pessoa, nunca da ciência". Apenas o rigor da linguagem leva a razão muito velozmente (*voreilige Vernunft*) a compreender as próprias concepções dogmáticas.

A essas páginas de Kant remete-se também outro adepto do discurso obscuro, Jacques Derrida, que se pergunta o que é um filósofo "popular" e conclui que "o metafísico do direito, o homem do sistema, não pode 'sensibilizar', popularizar, ensinar ao povo os próprios princípios que não são sensíveis. Mas pode e deve expor os resultados concretos desse sistema, em uma língua clara, escolar e *non forcément imaginée*, visto que o povo dispõe de 'bom senso'"[20]. Portanto, o povo, "metafísico sem saber que o é", é conduzido à filosofia através da exposição dos resultados de um raciocínio desenvolvido em outro lugar. Esses resultados referem-se aos princípios do direito e da moral, que cada pessoa deve trazer dentro de si, "mesmo que muitas vezes apenas de modo obscuro". Aquilo que Kant delineia é, portanto, para Derrida, "uma cenografia sociopedagógica", ou melhor, um "sistema educativo"[21]. Na consciência obscura presente em cada um de nós coloca-se "o próprio centro

---

20. Jacques Derrida, *Avant-Propos* (intitulado *Popularités. Du droit à la philosophie du droit*), p. 16, no livro coletivo *Les sauvages dans la cité. Auto-émancipation du peuple et instruction des prolétaires au XIXe siècle*, Champ Vallon, Seyssel, 1985, 229 pp.

21. Derrida, *Popularités*, cit., respectivamente p. 16 e p. 19.

dessa pedagogia e da relação obscura com o povo que nela deve estar fundada"[22], e no limiar dessa "relação obscura" convém concluir este *excursus* sobre a obscuridade ou incompreensibilidade.

Sem dúvida Luhmann pertence ao filão dos autores obscuros, mesmo que não se possa negar o fato de ele encontrar-se em boa companhia. Talvez ele não chegue a se tornar um clássico[23], talvez se torne um quando sua "língua de escola" fizer parte da terminologia técnica das ciências humanas e sociais; no fundo, para Kant foram necessários quase duzentos anos. Mas o fato de ter se tornado um clássico não fez com que Kant se tornasse mais *populär*, e o mesmo acontecerá com Luhmann: a linguagem do sistema está destinada a permanecer tecnicamente obscura se não for oportunamente elucidada para o "metafísico que não sabe que o é".

A dificuldade de abordar textos tecnicamente obscuros gera dois perigos: a rejeição ou o mal-entendido. Já que dos mal-entendidos não escapam nem mesmo os pensadores claros, limitemo-nos ao perigo da rejeição. Diante do estilo de Luhmann (e à maneira de Luhmann), as reações de impaciência não são raras nem mesmo entre os incumbidos dos trabalhos. Vale para todos a rigorosíssima resenha do filósofo do direito Klaus Adomeit ao livro de Teubner[24], partidário de Luhmann e campeão de obscuridade. Claramente frustrado pela impenetrabilidade do texto, para explicar o que "pode esperar, ou melhor, temer, o leitor", o crítico limita-se a copiar oito linhas verdadeiramente crípticas, extraídas da orelha da capa, e a concluir com um "Tudo claro, não é?"[25], uma das mais concisas e desoladas resenhas que eu conheça.

---

22. Derrida, *Popularités*, cit., p. 17.
23. Essa dúvida é formulada por Alberto Febbrajo, *Funzionalismo strutturale e sociologia del diritto nell'opera di Niklas Luhmann*, Giuffrè, Milano, 1975, p. III.
24. Gunther Teubner, *Recht als autopoietisches System*, Suhrkamp, Frankfurt, 1989, 227 pp. [trad. it.: *Il diritto come sistema autopoietico*. A cura di Alberto Febbrajo e Carlo Pennisi, Giuffrè, Milano, 1996, XXVI- 228 pp.].
25. "Alles klar!": "Rechtstheorie", XX, 1989, p. 551.

Em Luhmann, então, à dificuldade da linguagem soma-se também a complexidade da trama conceitual, derivada da teoria geral dos sistemas. A redação linear, própria da escrita de qualquer livro, já não lhe basta e a leitura torna-se labiríntica: "A sucessão dos capítulos não é, obviamente, a única possível; e isso vale também para a escolha dos conceitos apresentados como tema de vários capítulos"; e também: "Não se busca de modo algum harmonizar a forma da teoria com a forma de sua representação. Portanto, o livro deve ser lido seguindo a sucessão de seus capítulos apenas porque está escrito assim. Mas essa mesma teoria também poderia ser apresentada numa ordem diferente. Pede-se então ao leitor paciência, fantasia, habilidade e curiosidade tais que consiga imaginar o que aconteceria se a teoria tivesse sido escrita diferentemente"[26]. Uma leitura pouco *populär*, portanto.

O problema é que, por trás da obscuridade, pode se esconder não apenas o toque do gênio, mas também o vazio ou a obviedade. Fique claro que eu tendo a colocar os escritos de Luhmann na área dos escritos provavelmente geniais, mesmo que este meu julgamento esteja ainda em formação. Infelizmente, porém, diante da obscuridade, o leitor pode tirar suas conclusões somente depois de ter investido suas energias na decodificação do texto. Por isso, um estilo obscuro imediatamente o põe em alerta: o leitor está disposto a fatigar-se por Hegel, mas não por Krause. No caso, portanto, da remissão luhmanniana a teorias científico-naturalistas, o risco de o leitor exausto abandonar o texto pode ser reforçado pela suspeita de deparar com a reformulação, em termos ultramodernos, de uma visão oitocentista da evolução da sociedade. Mesmo não sendo este o caso, a obscuridade do texto não joga a favor do autor, porque aumenta as suspeitas em vez de diminuí-las.

---

26. Niklas Luhmann, *Sistemi sociali. Fondamenti di una teoria generale*. Traduzione di Alberto Febbrajo, Il Mulino, Bologna, 1990, p. 64.

Mas, depois de ter chamado a atenção sobre os perigos inerentes à obscuridade luhmanniana, por ora basta reter uma constatação, aliás, um aviso: Luhmann e sua escola impõem a leitura de textos pouco cativantes. O próprio Luhmann tem consciência disso e considera que o nível de abstração de sua teoria seja "um desafio ao leitor"[27], um desafio irrenunciável, pois corresponde a uma exigência epistemológica da teoria geral dos sistemas.

b) *Luhmann conservador?*

Uma teoria formal levada ao extremo como a de Luhmann apresenta também um valor político, que não podia deixar de provocar fortes contrastes ideológicos, também pelo fato de ter tomado forma por volta de 1968. Basta aqui uma referência à polêmica entre Luhmann e Habermas, que apresenta a dupla vantagem de oferecer um debate de tom cientificamente elevado e de ter sido reunida em um único livro.

No início dos anos 1970, a teoria sistêmica de Luhmann alcançara uma notável completude e solidez intrínseca, ao passo que muitas publicações consolidaram sua fama entre os sociólogos e os cientistas sociais. Nessa época Luhmann já era um dos mais conhecidos cientistas sociais da Alemanha, fato que tornava inevitável o confronto de suas teorias com as de outro conhecido intelectual: Jürgen Habermas.

O confronto se deu na conturbada época de 1968, no decorrer da qual Habermas alinhou-se criticamente com o movimento estudantil. Portanto, o confronto entre as duas teorias tornou-se também um confronto entre duas posições políticas: a do conservador Luhmann e a do progressista Habermas[28]. Os dois autores confrontaram o próprio

---

27. "Eine Zumutung für den Leser": *Soziale Systeme. Grundriß einer allgemeinen Theorie,* Suhrkamp, Frankfurt a. M., 1984, p. 13; trad. it. p. 63.

28. Sobre a posição ideológica de Luhmann, cf. por exemplo Reiner Grundmann, *Luhmann Conservative, Luhmann Progressive,* European Univer-

pensamento em uma obra conjunta de 1971, que fornece uma síntese autêntica tanto da visão que cada um tinha da própria teoria, quanto das críticas dirigidas ao outro[29]. Luhmann inicia o livro com uma exposição de sua concepção sistêmica e com um ensaio sobre o "sentido", entendido como conceito fundamental da sociologia, e o conclui com uma resposta a Habermas. Habermas ocupa a parte central do livro com uma verdadeira e própria monografia crítica contra Luhmann[30].

Para Habermas, a teoria sistêmica é "a forma mais elevada de uma consciência tecnocrática", é a forma pela qual qualquer problema prático é transformado em uma questão técnica e subtraído à discussão pública. Seria insuficiente, todavia, limitar-se a criticar a função conservadora da teoria sistêmica; Habermas propõe-se demonstrar também "o erro objetivo sobre o qual se fundamenta a teoria, que se revela adequada a cumprir a função de legitimar o poder"[31]. Essa crítica a Luhmann mais uma vez relaciona a teoria sistêmica à cibernética, porque Habermas, antes de enfrentar Luhmann, criticara os perigos inerentes à tecnocracia: em

---

sity Institute, Florence, 1990, 40 pp. (EUI Working Paper Law, No. 90/7); Jörg Münstermann, *Zur Rechtstheorie Niklas Luhmanns*, "Kritische Justiz", 1959, pp. 325-38; Joachim Nocke, *Autopoiesis. Rechtssoziologie in seltsamen Schleifen*, "Kritische Justiz", 1986, pp. 363-89; Danilo Zolo, *Autopoiesis: critica di un paradigma conservatore*, "Micromega", 1986, pp. 129-73. Renato Treves põe Luhmann entre os conservadores; o juízo formulado em uma carta a Norberto Bobbio, e as observações deste último, encontram-se em Mario G. Losano, *Renato Treves, sociologo tra il Vecchio e il Nuovo Mondo*, Unicopli, Milano, 1998, pp. 31-3. Cf. também Renato Treves, *Sociologia del diritto*, Einaudi, Torino, 1988, pp. 308-12.

29. Jürgen Habermas – Niklas Luhmann, *Theorie der Gesellschaft oder Sozialtechnologie. Was leistet die Systemforschung?*, Suhrkamp, Frankfurt a. M., 1971, 405 pp. A posição de Luhmann está contida nos ensaios *Moderne Systemtheorien als Form gesamtgesellschaftlicher Analyse*, pp. 7-24; *Sinn als Grundbegriff der Soziologie*, pp. 25-100; e, enfim, *Systemtheoretische Argumentationen. Eine Entgegnung auf Jürgen Habermas*, pp. 291-405.

30. Jürgen Habermas, *Theorie del Gesellschaft oder Sozialtechnologie? Eine Auseinandersetzung mit Niklas Luhmann*, em Habermas – Luhmann, *Theorie der Gesellschaft oder Sozialtechnologie*, cit., pp. 142-290.

31. Habermas, *Theorie del Gesellschaft oder Sozialtechnologie?*, cit. p. 145.

1963 a tecnologia de ponta era a da informática e, portanto, com a terminologia de então, Habermas criticara a "cibernética social"[32]. "Considero a teoria de Luhmann – afirmava em 1971 – uma realização extremamente refinada daquela minha antecipação"[33].

Determinar a posição política de Luhmann é, de qualquer forma, difícil e, neste momento, desnecessário. É difícil, porque Luhmann propõe uma teoria tão vasta que engloba também a do adversário, e a fugacidade do Mestre de Bielefeld é bem conhecida dos que participaram com ele de algum debate. É desnecessário, porque aqui interessa focalizar a noção de sistema de Luhmann, e não a função política que ele quer exercer, ou que exerce mesmo sem o querer.

Deve-se, de qualquer forma, sublinhar que a oposição entre textos difíceis e textos incompreensíveis muitas vezes acaba se transformando em uma contraposição ideológica, independentemente do conteúdo dos próprios textos. O texto difícil induz a raciocinar para compreender, portanto é iluminista porque estimula o espírito crítico: é "de esquerda". O texto obscuro induz a confiar na *auctoritas* de outrem ou na própria intuição, portanto a acomodar-se na passividade: é "de direita". Mas mesmo aqui os limites entre direita e esquerda são tênues. As críticas que Sokal e Bricmont fazem aos textos sócio-humanistas pós-modernos que recebem, de modo distorcido, alguns conceitos das ciências exatas estão repletas de autodefesas contra uma possível interpretação de direita ou de esquer-

---

32. Jürgen Habermas, *Dogmatismus, Vernunft und Entscheidung, Zur Theorie und Praxis in der verwissenschaftlichten Zivilisation*, em Habermas, *Theorie und Praxis*, Luchterhand, Neuwied, 1963, pp. 231-57, em particular pp. 249 ss. Na edição Suhrkamp, Frankfurt a. M., 1972, ao ensaio ora citado (pp. 307-35) foi acrescentado *Praktische Folgen des wissenschaftlich-technischen Fortschritts*, pp. 336-58. Em 1968 retornou em geral sobre aqueles temas com *Technik und Wissenschaft als "Ideologie"*, Suhrkamp, Frankfurt a. M., 1968, 169 pp., em particular pp. 88 ss.

33. Habermas – Luhmann, *Theorie der Gesellschaft oder Sozialtechnologie*, cit., p. 145, nota 7.

da de suas críticas[34]. Portanto, mesmo a dificuldade intrínseca dos textos de Luhmann pode ser vista como um dos elementos que contribuem para classificá-lo entre os conservadores.

Antes de seguir adiante, é oportuno indicar os limites dessa investigação, que de outra forma correria o risco de revelar-se ilimitada, inclusive pela vastidão da produção literária de e sobre Luhmann[35]. Uma vez que este capítulo propõe-se completar o quadro da noção de "sistema" no direito, das duas figuras centrais da atual teoria social alemã será examinado apenas Luhmann, sem que isso implique, obviamente, uma depreciação do pensamento de Habermas. Além disso, dentro da teoria luhmanniana da sociedade, a atenção será concentrada sobre a noção de sistema aplicada ao direito, sem no entanto pretender oferecer uma reconstrução de toda a teoria jurídica de Luhmann.

---

34. O tema político insinua-se das primeiras às últimas páginas: "Não gostaríamos que o nosso livro fosse visto como um ulterior tiro disparado contra o interior da triste 'guerra das [duas] culturas' e menos ainda como um tiro disparado pela direita"; e além disso: "A guerra das ciências é frequentemente vista como um conflito político entre progressistas e conservadores. Naturalmente, existe também uma antiga tradição antirracionalista em alguns movimentos de direita, mas aquilo que é novo e curioso, no caso do pós-modernismo, é que nos encontramos diante de uma forma de pensamento antirracionalista que seduziu uma parte da esquerda": Alan Sokal – Jean Bricmont, *Imposture Intellettuali. Quale deve essere il rapporto tra filosofia e scienza?*, Garzanti, Milano, 1999, p. 12 e p. 203.

35. Para a ampla bibliografia das obras de Luhmann, ver *Niklas Luhmann – Schriftenverzeichnis*, "Soziale Systeme. Zeitschrift für soziologische Theorie", 1998, n. 1, pp. 233-63; compreende 72 monografias e 465 artigos; depois do original alemão, são indicadas fora de numeração também as traduções. Mais incontrolável ainda é a literatura secundária: limitando o exame apenas aos livros da Bayerische Staatsbibliothek, cujo título ou cujo assunto refere-se explicitamente a Luhmann, de 1981 a maio de 1997 encontravam-se catalogados 61 títulos; em fevereiro de 1999 estes já haviam se tornado 75, e em novembro de 2001 tinham aumentado para 89. Note-se que essa biblioteca cataloga apenas os livros, não os ensaios incluídos em revistas ou em miscelâneas. Entre os guias ao pensamento de Luhmann, cf. Gábor Kiss, *Grundzüge und Entwicklung der Luhmannschen Systemtheorie*, Zweite, neu bearbeitete Auflage, Enke, Stuttgart, 1990, 131 pp.; Walter Reese-Schäfer, *Luhmann zur Einführung*, Junius, Hamburg, 1996, 204 pp.

A respeito dessa delimitação do campo investigativo, talvez valha a pena escrever mais algumas palavras.

Mesmo que as obras de Luhmann dedicadas ao direito constituam apenas uma parte de seus escritos, um exame delas ocuparia não apenas um capítulo, mas um livro inteiro. Por conseguinte, essa pesquisa sobre o sistema e sobre a estrutura do direito tem por objetivo não fornecer um quadro do pensamento luhmanniano (mesmo circunscrito ao direito), mas apenas limitar-se a ilustrar a sua ligação com as doutrinas sistemáticas preexistentes. Essa vertente de pesquisa também determina o peso específico atribuído a cada uma das obras e, dentro delas, a cada um dos aspectos do pensamento de Luhmann. É por essa razão que, nas páginas seguintes, terão maior relevância não as obras que decretaram o sucesso de Luhmann como sociólogo, mas aquelas em que aparecem mais claramente as conexões com o sistema cibernético e com a informática, e aquelas que melhor representam a continuidade de pensamento entre Weber, Parsons e Luhmann. No interior dessas seleções, além disso, procurei sublinhar as afinidades e as conexões com outros intelectuais que de algum modo associam Luhmann aos temas examinados nos capítulos anteriores.

Desse delineamento nasce uma atenção especial às primeiras obras de um Luhmann ainda ligado, por motivos contingentes, ao estudo da administração pública (item 6) e ao escrito em que ele se ocupa da noção tradicional de sistema jurídico (item 7), cruzando, desta forma, o tema da presente pesquisa. Pela mesma razão são examinadas com certa extensão a influência de Parsons sobre Luhmann (item 4) e a relação de Luhmann com os construtivistas Varela e Maturana (itens 8 e 9), ao passo que a análise de outras grandes obras, como *Sociologia do direito* e *O direito da sociedade*, limitar-se-á a algumas menções. De fato, estas páginas – tomo a liberdade de repetir – pretendem apenas situar o pensamento sistêmico de Luhmann no contexto histórico do pensamento sistemático no direito. Como se costuma dizer nesses casos, estas páginas terão alcançado o seu objetivo se, de alguma forma, servirem para esclarecer o contexto em que nasce o pensamento sistemático de Luhmann e algumas das grandes linhas que o caracterizam.

2. *Luhmann: de jurista a sociólogo*

Niklas Luhmann (1927-98) foi e continua sendo um dos maiores sociólogos alemães contemporâneos. Um resumo panorâmico da vida de Luhmann ajuda a compreender a evolução de seu pensamento e a orientação de seus interesses científicos. Antes de mais nada, sua formação foi a de jurista: de 1946 a 1949 frequentou a Universidade de Friburgo de Brisgóvia, onde se formou em Direito e superou o exame de *Referendar*. Nos primeiros anos de sua carreira, seus interesses e sua atividade levaram-no para a ciência da administração e o direito administrativo. Tratava-se de um interesse não apenas acadêmico, mas também profissional, já que a partir de 1954 Luhmann trabalhou na administração pública da Baixa Saxônia.

Todavia, para a sua formação intelectual foi decisiva, em 1960-61, sua permanência nos Estados Unidos: na Universidade de Harvard conheceu Talcott Parsons (1902-79), cujas teorias iriam influenciá-lo profundamente. Voltando para a Alemanha, de 1962 a 1965 lecionou em Speyer, sede de uma prestigiosa escola superior para a ciência da administração. Nesse meio tempo, em 1964, conseguira o doutorado com um trabalho sobre a automação na administração pública, sobre o qual falaremos adiante. Sua carreira acadêmica como sociólogo delineou-se nitidamente após o retorno dos Estados Unidos, quando, de 1966 a 1968, dirigiu o centro para a pesquisa social de Dortmund. Em 1968 tornou-se professor titular de sociologia na Universidade de Bielefeld, onde permaneceu até o fim de seus dias.

As pesquisas sobre administração pública são, portanto, os primeiros passos de um intelectual que ainda buscava o seu caminho, destinado a afastá-lo completamente do direito positivo para dirigir-se às ciências sociais, numa tentativa de organizá-las em um sistema cognoscitivo inspirado na teoria geral dos sistemas. Nessa evolução, podem-se distinguir três fases.

Antes de mais nada, a partir do final de seus estudos universitários e nos primeiros anos de atividade na administração pública, até cerca de 1960, Luhmann seguiu a concepção tradicional que vê o sistema como um conjunto composto de partes que se interconectam, de modo a constituir um todo.

Mais tarde, com a estadia em Harvard em 1960-61 e através de seu contato pessoal com Talcott Parsons, sua atenção deslocou-se da dicotomia entre as partes e o todo para aquela entre o sistema e o ambiente. A noção de sistema, que lhe pareceu então mais fecunda para as ciências sociais, foi aquela usada pela primeira cibernética.

Contudo, no final dos anos 1970, Luhmann procurou elementos para construir uma teoria abrangente da sociedade não na tradição sociológica, mas em outras disciplinas: são os anos da guinada autopoiética, em que sua atenção se dirige à segunda cibernética, à teoria da informação e à neurofisiologia. Essa mudança de paradigma foi enunciada em um artigo programático de 1984 (cf. *infra*, 8).

Essa evolução teórica foi acompanhada por um grande número de publicações: Luhmann foi, de fato, um dos escritores mais fecundos de sua geração. Sua bibliografia compreende 72 monografias e 465 artigos, aos quais somam-se as traduções em várias línguas. Além disso, existem, em Bielefeld, textos inéditos, enquanto outros estão em processo de publicação[36]. Suas obras não são apenas numerosas, de vasta proporção e de difícil leitura; são também dedica-

---

36. Para a bibliografia dos escritos de Luhmann, cf. nota anterior. Para os textos até 1992, ver também Klaus Dammann – Dieter Grunow – Klaus P. Jopp, *Die Verwaltung des politischen Systems. Neuere systemtheoretische Zugriffe aus ein altes Thema*. Mit einem Gesamtverzeichnis der Veröffentlichungen Niklas Luhmann 1958-1992, Westdeutscher Verlag, Opladen, 1994, 412 pp.

das aos mais variados aspectos da vida, do amor à economia, da arte à pedagogia, da religião ao direito. Sobretudo na fase posterior a 1980 – época da "mudança de paradigma" – seu objeto é múltiplo, mas seu método, unitário.

A riqueza das obras de Luhmann impõe certa cautela metodológica. Já que sua teoria sofreu uma evolução contínua, deve-se ter a perspicácia de examinar seus textos segundo critérios históricos e não puramente analíticos; pondo-os um ao lado do outro como se fossem sincrônicos, corre-se o risco de intercambiar cada uma das fases da evolução por contradições internas de uma teoria unitária que, em vez disso, como unidade sincrônica, não existe.

Na escolha dos temas luhmannianos que merecem uma análise específica, seguirei o caminho que começa na história da noção de sistema do direito, assim como foi se delineando até aqui. Antes de mais nada, da vasta produção de Luhmann serão selecionadas apenas algumas partes que se referem ao direito e, em particular, ao sistema do direito (onde aquele "do" pode ser um genitivo quer objetivo, quer subjetivo, podendo indicar tanto o sistema que o direito é, como o sistema que o direito tem: esse problema, por ora, permanece em aberto). Mesmo que o "verdadeiro" Luhmann – ou seja, aquele que suscitou discussões no mundo intelectual – seja o sociólogo da autopoiese de 1980 em diante, para a atual pesquisa sobre a noção de sistema é importante relacioná-lo tanto à tradição dos modelos cibernéticos do direito (a que se refere desde os anos 1960) quanto à tradicional dogmática jurídica (objeto de um escrito específico de 1974). Esses dois temas são objeto dos itens 6 e 7 e constituem, por assim dizer, a pré-história do sistema autopoiético luhmanniano, cuja formação pode ser datada por volta de 1980 (cf. *infra*, 8). O Luhmann clássico, portanto, é aquele que surge depois de 1980; mas é exatamente aquele que permanece na sombra nestas páginas.

À formação de sua teoria são dedicados os itens sobre sua concepção de sistema, sobre a comparação entre o sistema de Parsons e o de Luhmann, sobre as concordâncias e discordâncias entre Luhmann e os neurofisiologistas construtivistas, que lhe forneceram a noção de autopoiese. É claro que aqui não está Luhmann por inteiro, mas uma parte de Luhmann – aliás, uma parte da parte – necessária a este texto para completar o quadro global da evolução da noção de sistema no direito.

3. Luhmann e os teóricos do direito cibernético

Na primeira fase de sua vida acadêmica, Luhmann pertenceu ao exíguo grupo dos inovadores estudiosos da cibernética. Esses seus primeiros estudos são, hoje, negligenciados, porque foram submersos pelas numerosas obras de sua fase de maior sucesso, ou seja, aquela em que ele aplica a teoria geral dos sistemas a todas as ciências humanas e sociais. No entanto, é importante examinar essas primeiras obras porque, em uma história da noção de sistema do direito, elas representam exemplarmente o momento de transição do sistema cibernético (a que foi dedicado todo o capítulo I deste volume) à teoria geral dos sistemas. Desse modo, a teoria luhmanniana recebe uma posição bem definida na história do pensamento sistemático.

Luhmann começou a ocupar-se da informática na administração pública no início dos anos 1960, nos tempos ainda heroicos da chamada cibernética jurídica. Mas já em seus primeiros escritos Luhmann distingue dois aspectos daquela nova disciplina, usando o termo "cibernética" para indicar o seu aspecto teórico, e o termo "automação" para indicar o seu aspecto aplicativo, seguindo a indicação de Stafford Beer. Em 1964, sob a orientação de Helmut Schelsky e de Dieter Claessens, Luhmann obtivera em Münster a habilitação para a docência com uma pesquisa sobre a automação da administração pública, transformada depois em um dos primeiros e raros livros sobre o assunto[37].

---

37. Niklas Luhmann, *Recht und Automation in der öffentlichen Verwaltung. Eine verwaltungswissenschaftliche Untersuchung*, Duncker & Humblot, Berlin, 1966, 166 pp.

Seu interesse por novas soluções levava-o, inevitavelmente, para a informática, que se chamava então cibernética, porque não estava ainda definida a atual separação entre o campo teórico e o campo aplicativo. Uma bibliografia importante daqueles anos lista sete títulos de Luhmann dedicados a temas que, hoje, catalogaríamos na seção "informática e direito"[38]. Já neles, todavia, a ênfase recaía mais sobre a teoria que sobre a aplicação, mais sobre a ideia de organização que sobre as técnicas de automação; precisamente por isso seu livro sobre a automação da administração pública continua sendo ainda hoje uma das análises mais originais e uma das mais agudas propostas de reforma sobre o tema.

Logo, porém, seu interesse deslocou-se da primeira cibernética operacional para a segunda cibernética cognitiva. Mas sobre esse assunto voltaremos em seguida; neste item examinaremos brevemente as relações de Luhmann com o mundo da primeira cibernética e, no seguinte, analisaremos sua obra sobre a automação da administração pública, que já contém, *in nuce*, sua visão sistêmica do direito.

Os autores que tentaram construir um modelo cibernético do direito consideraram Luhmann um companheiro nessa aventura intelectual. Um dos pioneiros da informática jurídica na Alemanha, Steinmüller, destacava em 1970 que, com o advento da informática em sentido amplo, era necessário abandonar as avaliações (*Wertvorstellungen*) que se subtraem de uma exposição racional para passar, ao contrário, às ciências que se ocupam dos nexos estruturais do nosso mundo, como a lógica, a matemática, a cibernética e a informática. Entre os pioneiros desse novo curso ele incluía Luhmann: "Na Alemanha Federal, nesses campos, distinguiram-se sobretudo Ulrich Klug (que partiu dos problemas da lógica), Spiros Simitis (problemas gerais e docu-

---

38. Wilhelm Steinmüller – Wolfram Schubert, *JUDAC. Jurisprudence, Data Processing Cybernetics. Internationale Bibliographie*, Beck, München, 1971, p. 158.

mentação), Niklas Luhmann (ciência da administração), Herbert Fiedler (aspectos técnico-matemáticos; uso da informática na justiça) e Adalbert Podlech (lógica, cibernética e 'cibernética jurídica')."[39] A Luhmann cabe um lugar de honra também na bibliografia do que se tornaria o primeiro manual de informática jurídica da Alemanha[40] e, na dissertação de Kilian de 1974, o autor mais citado na bibliografia é Luhmann, com onze títulos[41].

Todavia, ao lado dos defensores da tecnologia, nos anos 1960, eram muitos também aqueles que a temiam. Mesmo entre os juristas, por isso, Steinmüller distinguia essas duas posições diante da automação. Alguns – entre os quais Wieacker[42] – consideravam que, apesar do advento da informática, fosse necessário apenas continuar interpretando o direito vigente como sempre fora feito. Para outros, ao contrário, a informática punha o jurista diante de uma situação completamente nova, que deveria ser enfrentada com espírito inovador. Entre os inovadores, Steinmüller enumerava a si mesmo e também a Luhmann, que explicitamente tomara posição na polêmica (surgida em 1959) sobre se uma norma jurídica poderia ser dirigida a uma máquina e se à máquina poderia ser delegada a aplicação (ou seja, a interpretação) de uma norma jurídica. São problemas apresentados inadequadamente, afirmava Luhmann, "a respeito de um problema completamente novo, nunca

---

39. Wilhelm Steinmüller et al., *EDV und Recht. Einführung in die Rechtsinformatik*, Schweitzer, Berlin, 1970, p. 2.

40. Em Steinmüller et al., *EDV und Recht*, cit., p. 124, são citadas como pertinentes à pesquisa juscibernética as seguintes obras de Luhmann: *Funktionen und Folgen formaler Organisation*, Berlin, 1964; *Grundrechte als Institution*, Berlin, 1965; *Öffentlich-rechtliche Entschädigung rechtspolitisch betrachtet*, Berlin, 1965; *Recht und Automation in der öffentlichen Verwaltung*, Berlin, 1966; *Theorie der Verwaltungswissenschaft*, Berlin, 1966.

41. Wolfgang Kilian, *Juristische Entscheidung und elektronische Datenverarbeitung. Methodenorientierte Vorstudie*, Athenäum, Frankfurt a. M., 1974, p. 312.

42. Franz Wieacker, *Recht und Automation*, em Karl August Bettermann – Albrecht Zeuner (Hrsg.), *Festschrift für Eduard Bötticher*, Duncker & Humblot, Berlin, 1969, pp. 383-403; em particular, p. 389.

antes regulado nem pelo direito positivo, nem pelo costume, e que, de qualquer forma, poderia, em qualquer momento, ser decidido legislativamente, bastando saber apenas como"[43].

Mesmo em 1983, quando Luhmann já tinha abandonado a automação para passar à sociologia baseada na teoria geral dos sistemas, as publicações especializadas lembravam-no como um pioneiro da informática jurídica[44].

Por fim, em seu *opus magnum* de 1993 sobre a informática aplicada, Steinmüller lembra Luhmann, não mais como um adepto do método "cibernético", mas como um renomado teórico dos sistemas. O texto de Steinmüller relaciona, porém, o último Luhmann com o Luhmann da informática dos primeiros tempos: "Nem sempre distinguiu-se a teoria dos sistemas em técnica, geral e sociológica e, por essa razão, é muito genérica a suspeita ideológica frequentemente recorrente de que a 'estabilização do sistema' seja conservadora. A teoria geral dos sistemas (como a de Klaus, diferentemente daquela de Luhmann) pode esclarecer as condições da desestabilização positiva ou negativa de um sistema através do crescimento, por exemplo. Da mesma forma, os argumentos contra as conhecidas teorias sistêmicas sociológicas de Parsons e de Luhmann são usados também contra a teoria geral dos sistemas, talvez porque induza ao erro o empenho originário de Luhmann em favor da automação. Luhmann separa aquilo que, para a informática aplicada, deve estar unido, ou seja, o sistema psíquico e o sistema social, e é, portanto, apenas em parte utilizável nela. [...] Essa separação em Luhmann é completamente incompatível com a práxis da automação e com o debate sobre suas consequências, porque neles os dois aspectos

---

43. Luhmann, *Recht und Automation in der öffentlichen Verwaltung*, cit., Berlin, 1966, p. 31.
44. Hansjürgen Garstka, *Regelkreismodelle des Rechts. Untersuchung zur Übertragung kybernetischer Vorstellungen auf das Recht*, Schweitzer, München, 1983, pp. 47-51.

não se apresentam divididos e, portanto, não podem ser repartidos entre duas disciplinas heterogêneas, tais como a psicologia e a sociologia"[45]. Apesar dessas divergências, Luhmann faz-se presente por meio de uma vintena de títulos também na bibliografia da última obra de Steinmüller.

4. O sistema: de Parsons a Luhmann

A concepção de sistema em Luhmann parte de uma elaboração da concepção de sistema em Talcott Parsons: dali inicia sua parábola, mesmo que depois se afaste progressivamente dela. Um exame da gênese dessa noção em Parsons pode, portanto, ajudar a compreender melhor a noção de Luhmann e sobretudo contribuir para distinguir a noção tradicional de sistema no direito da noção mais recente, usada na sociologia. Essa reconstrução pode contar com uma fonte autêntica: de fato, em 1970 Parsons traçou sua sintética biografia intelectual[46], indicando, acuradamente, tanto a evolução e a sucessão de temas que chamaram sua atenção, quanto – assunto estritamente pertinente a esta pesquisa – as fontes de sua noção de sistema. É precisamente essa noção que, do ponto de vista teórico, permitiu-lhe manter "some serious continuity" ao mudar os temas, objeto de suas obras[47].

---

45. Wilhelm Steinmüller, *Informationstechnologie und Gesellschaft. Einführung in die angewandte Informatik,* Wissenschaftliche Buchgesellschaft, Darmstadt, 1993, p. 164.

46. Talcott Parsons, *On Building Social System Theory: A Personal History,* "Daedalus. Journal of the American Academy of Arts and Science", 1970, pp. 826-81; cf. também Parsons, *Die Entstehung der Theorie des sozialen Systems: Ein Bericht zur Person,* pp. 1-68, em Talcott Parsons – Edward Shils – Paul F. Lazarsfeld, *Soziologie – autobiographisch. Drei kritische Berichte zur Entwicklung einer Wissenschaft.* Geleiwort von Heinz Hartmann, Enke, Stuttgart, 1975, X-232 pp. Sobre as relações da teoria de Parsons com a de Durkheim (pp. 53-86) e com o nacional-socialismo (pp. 87-164), cf. Bernard Barber – Uta Gerhardt (eds.), *Agenda for Sociology. Classic Sources and Current Uses of Talcott Parson's Work,* Nomos, Baden-Baden, 1999, 251 pp.

47. Parsons, *On Building Social System Theory,* cit., p. 869.

O início no Amherst College apresenta-nos um jovem Parsons que, seguindo as pegadas do irmão mais velho, médico, queria empreender os estudos de biologia, disciplina em que esse *college* era particularmente qualificado. Quando, no terceiro ano de estudos, Parsons decidiu dedicar-se às ciências sociais e, em particular, à sociologia[48], levava em sua bagagem cultural uma sólida preparação em biologia e um curso sobre a *Crítica da razão pura* de Kant.

A importância desse primeiro contato com Kant não deve ser subestimada. Parsons sentia a exigência, típica dos primeiros anos do século XX, de construir teoricamente a matéria empírica, ou seja, queria não apenas "desenvolver uma concepção sobre a natureza e sobre as condições do conhecimento empírico", mas também dar-se conta "da natureza e da função da teoria nesse tipo de conhecimento"[49]. A biologia fornecia-lhe as bases empíricas, enquanto a filosofia – a filosofia alemã, note-se – fornecia-lhe os instrumentos teóricos. O encontro com Kant renovou-se em Heidelberg em 1926, quando Parsons frequentou um seminário e passou num exame com Karl Jaspers sobre a *Crítica da razão pura*. Para Parsons, aquela obra de Kant tornou-se, portanto, um modelo no qual basear a própria obra científica e, ao mesmo tempo, um parâmetro para avaliar as obras de outrem[50].

O que ele mesmo chama de um percurso de estudos não ortodoxo e uma carreira não "meticulosamente plane-

---

48. Também o pai teve forte influência nessa decisão: professor e pároco congregacionalista, participou do movimento *Social Gospel* que, comenta Parsons, "favoreceu a difusão da sociologia neste país": Parsons, *On Building Social System Theory*, cit., p. 887, nota 23.

49. Parsons, *On Building Social System Theory*, cit., p. 829.

50. "A importância [de Kant] reside no fato de que mergulhei no estudo aprofundado e repetido de um grande livro e do produto de uma grande mente, até me encontrar capaz de apreciar a natureza de sua contribuição e sentir-me insatisfeito com os milhares de comentários bastante superficiais. Essa experiência também me ajudou a enfrentar meus autores e a chegar àquele que me pareceu uma compreensão aprofundada de seu pensamento, comparada com muitas interpretações distorcidas – mesmo que comumente aceitas – presentes na literatura secundária": Parsons, *On Building Social System Theory*, cit., p. 876, nota 10.

jada" levou-o inicialmente à London School of Economics, onde encontrou o antropólogo Bronislaw Malinowski, considerado por Parsons o intelectual de maior relevância em seus anos de formação. De Londres passou, meio por acaso, por Heidelberg, onde ainda era muito forte a influência de Max Weber, porque transcorrera apenas cinco anos de sua morte. Parsons nunca ouvira falar dele, mas deixou-se impressionar por sua obra *A ética protestante e o espírito do capitalismo*, que mais tarde traduziria para o inglês. Decidiu, portanto, obter em Heidelberg o título de doutor em filosofia, com um texto sobre o conceito de capitalismo em Weber e Sombart[51]. Nesse primeiro trabalho identificou dois temas que marcaram sua vida intelectual: o estudo de Weber e "a essência do capitalismo como sistema socioeconômico"[52]. Cinquenta anos mais tarde, de volta a Heidelberg, foi a Weber que dedicou uma conferência na Aula Magna daquela Universidade[53].

Se a chegada a Heidelberg foi mais ou menos casual, o vínculo que resultou disso foi duradouro. Cinquenta anos depois de ter-lhe conferido o doutorado, a Universidade de Heidelberg "renovou-lhe" o título (em uma cerimônia da qual participou também o seu aluno Luhmann), relembrando entre seus méritos, inclusive, "a recepção e o desenvolvimento sistemático da sociologia europeia na área anglófona"[54].

---

51. As desventuras dessa tese (capítulos perdidos, título trocado etc.) são reconstruídas no discurso de abertura para um colóquio científico em honra de Parsons: Wolfgang Schluchter, *Statt einer Einleitung. Ansprache zur Eröffnung des wissenschaftlichen Kolloquiums zu Ehren von Talcott Parsons*, em Schluchter (Hrsg.), *Verhalten, Handeln und System. Talcott Parsons' Beitrag zur Entwicklung der Sozialwissenschaften*, Suhrkamp, Frankfurt a. M., 1980, pp. 13-5, nota 1.

52. Parsons, *On Building Social System Theory*, cit., p. 827.

53. Parsons, *On the Relation of the Theory of Action to Max Weber's "Verstehende Soziologie"*, em Schluchter (Hrsg.), *Verhalten, Handeln und System*, cit., pp. 150-63. O ensaio de Parsons também contém inúmeras referências à história da própria formação cultural.

54. O diploma está reproduzido em Schluchter (Hrsg.), *Verhalten, Handeln und System*, cit., p. 166. O livro também contém o ensaio de Luhmann, *Temporalstrukturen des Handlungssystem – Zum Zusammenhang von Handlungs-*

Por volta do final dos anos 1920, ao retornar para a América, seu interesse deslocou-se da economia à sociologia, que lhe pareciam brotar do mesmo terreno. Após uma década de pesquisa, tomou forma *The Structure of Social Action*, expressão do seu "realismo analítico".

Em estreita conexão com essas suas pesquisas estava a sua concepção de sistema "que se cristalizou, sobretudo, sob a influência de Pareto e de Henderson", mesmo que uma sólida base para esse desenvolvimento lhe viesse de Schumpeter e de Whitehead[55]. A figura de Lawrence J. Henderson (1878-1942) é pouco conhecida na Europa, mas foi por sua mediação que Parsons aproximou-se de Pareto. De fato, Henderson via no sistema de Pareto um modelo derivado da mecânica e, a seu juízo, um grande mérito dele estava no fato de ter elaborado a noção de "sistema social": "uma afirmação – escreve Parsons – que levei tão a sério a ponto de usá-la alguns anos mais tarde como título de um de meus livros"[56]. Esse título afortunado estava destinado a reaparecer também em uma obra de Luhmann e na revista fundada, em 1995, por Luhmann e sua escola[57]. O que mais fascinava Henderson no modelo de Pareto era, porém, a sua semelhança com o sistema físico-químico e com o sistema biológico[58]. Em uma discussão durante os encontros

---

und Systemtheorie, pp. 32-67. Três dias após a cerimônia em Heidelberg, Parsons morreu em Munique, na noite entre 7 e 8 de maio de 1979.

55. Parsons, *On Building Social System Theory*, cit., p. 830; cf. também Parsons, *On the Relation of the Theory of Action to Max Weber's "Verstehende Soziologie"*, em Schluchter (Hrsg.), *Verhalten, Handeln und System*, cit., pp. 156 s., em que Parsons também relembra os autores que o influenciaram.

56. Parsons, *On Building Social System Theory*, cit., p. 830; Parsons refere-se ao seu livro *The Social System*, Collier – Macmillan, London, 1951 [ou Free Press, Glencoe (Ill.) 1951], 575 pp.

57. O livro de Luhmann é *Soziale Systeme. Grundriß einer allgemeinen Theorie*, Suhrkamp, Frankfurt a. M., 1984, 675 pp.; a revista é "Soziale Systeme. Zeitschrift für soziologische Theorie".

58. Lawrence J. Henderson, *Pareto's General Sociology: A Physiologist's Interpretation*, Harvard University Press, Cambridge (Mass.), 1935, VII-119 pp.; uma coletânea de seus escritos sociológicos com uma boa introdução encontra-se em Lawrence J. Henderson, *On the Social System. Selected Writings*. Edi-

de Bellagio surgiram dúvidas sobre a fundamentação científica dessas referências biológicas, que nesse meio tempo passaram de Henderson para a obra de Parsons; neste ponto, um dos participantes referiu-se à alta qualidade do ensino de biologia no Amherst College, destacando que, em outro *college*, Parsons teria sido menos influenciado pela biologia[59].

O próprio Parsons reconhece essas ascendências culturais quando afirma: "Já naqueles primeiros anos foram lançadas as bases para a transição do conceito de sistema mecânico e de sistema físico-químico (assim como o entendia Henderson) para o especial de 'sistema vivo'", e quando confirma que essa influência "foi essencial para uma fase posterior de meu pensamento, designada habitualmente como teoria 'estrutural-funcionalista' , que culminou em meu livro *The Social System*"[60]. Além disso, de 1952 a 1957 Parsons frequentou vários encontros periódicos sobre a teoria dos sistemas organizados por Roy Grinker em Chicago, onde conheceu "o biólogo e entomossociólogo Alfred Emerson" (nascido em 1896)[61], cujas contribuições e textos reforçaram em Parsons a convicção sobre o modelo homeostático que lhe fora transmitido por Cannon (1871-1945). Esse intelectual abriu para Parsons as portas da pesquisa cibernética, então em seus primórdios, apon-

---

ted and with an Introduction by Bernard Barber, University of Chicago Press, Chicago, 1970, IX-261 pp.

59. Outros escritos que influenciaram a concepção biológica do sistema em Parsons foram a clássica obra publicada em 1865 pelo médico francês Claude Bernard (1813-1878): *An Introduction to the Study of Experimental Medicine*, MacMillan, New York, 1927, XIX-226 pp. (esta tradução em inglês contém um prefácio de Henderson: aí se fala de um "ambiente interno" que encontra a sua estabilidade em um "centro"; Parsons cita da nova edição: Dover, New York, 1957); e a obra de Walter B. Cannon: *The Wisdom of Body*, Norton, New York, 1932, XV-312 pp. (que descreve a estabilidade homeostática nos processos fisiológicos). Esta última obra é a fonte da noção de homeostase no jovem Luhmann (cf. *infra*, 6, e).

60. Parsons, *On Building Social System Theory*, cit., p. 831.

61. Bertha Morris Parker – Alfred E. Emerson, *Insect Societies*, Row, Peterson & Co., Evanston (Ill.), 1941, 34 pp.

tando-lhe as possibilidades de guia dos sistemas vivos e não vivos, "um tema que mais tarde se tornaria dominante na minha forma de pensar"[62]. Parsons reconduz sempre a Emerson a sua convicção de paralelismo entre sistemas vivos do mundo orgânico e sistemas do mundo social, que Emerson expressava como equivalência entre a noção de "gene" e a de "símbolo", vislumbrando uma continuidade entre a estrutura genética das espécies e dos organismos e a herança cultural do sistema social. "Nos últimos anos – escrevia Parsons em 1970 –, essa perspectiva adquiriu para mim uma importância teórica fundamental."[63]

Depois do sucesso da fase "estrutural-funcionalista", o interesse de Parsons voltou-se cada vez mais aos problemas da regulação dos fenômenos sociais, recorrendo também aqui a modelos biológicos; por exemplo, o dinheiro desempenha uma função reguladora na sociedade, que pode ser comparada à dos hormônios em um organismo (essa interpretação do dinheiro aparece também em Luhmann). É a ideia do sistema biológico como sistema aberto em contínuo intercâmbio com o ambiente. O problema da guia ou regulação (*control*) dos fenômenos "ganhou enorme relevância graças a um desenvolvimento científico que – constata Parsons – se manifestou em um momento estrategicamente importante para mim: o desenvolvimento da cibernética em sua estreita conexão com a teoria da informação"[64]. Efetivamente, com o advento da cibernética "podia-se plausivelmente sustentar que, nos sistemas de ação, as funções não tinham necessariamente 'nascido livres e iguais', mas [...] apresentavam uma diferente posição hierárquica sobre o eixo de controle"[65].

Com a cibernética, Parsons podia voltar, de forma mais proveitosa, à analogia de Emerson entre gene e símbolo,

---

62. Parsons, *On Building Social System Theory*, cit., p. 831.
63. Parsons, *On Building Social System Theory*, cit., p. 831.
64. Parsons, *On Building Social System Theory*, cit., p. 850.
65. Parsons, *On Building Social System Theory*, cit., p. 850.

descobrindo paralelismos mais profundos entre a teoria cibernética e a própria teoria da ação como elemento para a conservação do sistema. Mas principalmente o problema da estabilidade e da mudança em um sistema de ações recebia novo impulso da teoria cibernética. Ao tratar da socialização, Parsons distinguira nitidamente os processos que servem para a manutenção do sistema dos que permitem a mudança da estrutura do sistema. Com a cibernética, conclui Parsons, descobriam-se paralelismos entre aquela teoria – que recebia, assim, uma posterior confirmação – e a distinção, fundamental na biologia, entre processos fisiológicos, que modificam ou preservam o organismo individual, e processos evolutivos, que modificam a estrutura genética da espécie.

Parsons sintetiza o seu percurso no mundo sistêmico como uma investigação sobre o equilíbrio, inicialmente "na versão de Pareto e Henderson, reforçada pelo uso que Schumpeter faz dessa noção na economia. Essa versão utilizava o conceito de sistema no sentido da mecânica, tomando como modelo os sistemas físico-químicos. A ênfase era colocada nas condições de estabilidade, embora Henderson tivesse o cuidado de sublinhar que a concepção de equilíbrio em Pareto não era, de modo algum, necessariamente estática. Logo, porém, fui influenciado por uma concepção mais fisiológica de equilíbrio, sobretudo na formulação de Cannon a respeito da homeostase"[66].

Em linhas gerais, essa foi a versão de sistema que Parsons transmitiu a Luhmann e que este foi depois desenvolvendo e modificando no curso da sua obra. É claramente uma noção menos rigorosa do que aquela europeia continental já apresentada na contraposição entre sistema externo e sistema interno. Parsons está ciente disso e, precisamente em relação ao direito, ele mesmo traça as linhas fundamentais de uma comparação entre a própria noção de sistema e a noção europeia.

---

66. Parsons, *On Building Social System Theory*, cit., p. 849.

Parsons ministrara com o filósofo do direito Lon L. Fuller (1902-78) dois seminários sobre direito e sociologia na Harvard Law School. "Do ponto de vista dos sistemáticos da Europa continental – cujo exemplo mais eminente é Hans Kelsen – o Common Law é, do ponto de vista intelectual, um escândalo. Não parece outra coisa senão um agregado de casos individuais, desprovido de princípios."[67] Mas Fuller convenceu Parsons de que o Common Law tinha uma sistemática sua, mesmo que diferente daquela europeia continental[68].

O sistema que Parsons vislumbra no Common Law é, porém, muito diferente do europeu continental. Os tribunais devem não apenas decidir cada caso apresentado de forma processualmente adequada, mas também justificar essa decisão, caso contrário sua sentença é anulada em uma apelação e criticada pela doutrina. Para Parsons, o sistema jurídico nasce do fato de que "a justificação assim entendida implica a subsunção daquele a determinada decisão não apenas nos antecedentes específicos, mas também em princípios jurídicos mais gerais". Nessa reconstrução da sistemática do Common Law fica aberto o problema de como são organizados os "princípios jurídicos mais gerais"; mas, para o sociólogo Parsons, essa organização do direito parece suficiente e, no fundo, correspondente à ordem que ele tenta introduzir na realidade social com o seu método sociológico. Também o ensino do direito nas universidades americanas, especialmente em níveis mais avançados, contribui para essa *forma mentis* do jurista, porque o docente não ministra um *cours magistral* de sorbonniana memória, mas responde às perguntas que os estudantes lhe formulam durante as aulas, nos seminários ou nos trabalhos escritos: "dentro de certos limites, os problemas são apresen-

---

67. Parsons, *On Building Social System Theory*, cit., p. 867.
68. Parsons faz referência a Lon L. Fuller, *The Anatomy of the Law*, Praeger, New York, 1968, V-122 pp. Em particular, a pp. 94-6 Fuller detém-se sobre a noção de sistema no Common Law e no Civil Law.

tados pelos estudantes, e não pelo docente" e, por conseguinte, se o docente "se dirige aos estudantes com competência e honestidade, deve constantemente remetê-los à estrutura teórica geral das matérias em questão"[69].

Essa construção sistemática de Parsons não parecia suficientemente científica para seu colega de Harvard, George Homans (nascido em 1910). Pode ser interessante percorrer as reflexões de Homans, para ver como se configura a ideia de sistema em um contexto que não é o jurídico e em um mundo dominado pelo pragmatismo, mais do que pelo idealismo. O método de trabalho de Homans consiste na busca de "proposições empíricas e na tentativa de formulá-las em um único conjunto de conceitos"[70]. Seu pragmatismo é claro: "Deem-me a descoberta concreta de uma pessoa – dizia Homans – e eu não me preocupo com a teoria em que a inseri". Esse pragmatismo é fortalecido precisamente como uma referência ao Common Law através da frase de Holmes: "Os sistemas dos homens são esquecidos, o que é lembrado são os seus *aperçus*."[71]

"O inevitável passo seguinte – continua Homans – consiste em perguntar-se por que as proposições empíricas tomaram precisamente aquela forma, e isso significa ir em busca de explicações." Esse segundo passo leva o sociólogo americano a construir algo semelhante ao sistema externo tradicional: a resposta é dada apenas por "um conjunto de

---

69. A frase "he must continually refer them to the generalized theoretical structure of the relevant bodies of knowledge" (Parsons, *On Building Social System Theory*, cit., p. 880, nota 67) ajuda a compreender que o sistema de Parsons não culmina em um único conceito: existe uma pluralidade de "bodies of knowledge", cada um com seus princípios inspiradores, e cada vez o docente refere-se àquele mais oportuno.

70. George Caspar Homans, *Social Behavior. Its Elementary Forms*. Under the general editorship of Robert K. Merton, Harcourt, Brace & World, New York, 1961, VIII-404 pp.; a pp. 9, aqui citada, Homans fala de "single set of terms".

71. Homans, *Social Behavior*, cit., p. 9; a frase de Holmes é extraída de Mark A. DeWolfe Howe (ed.), *Holmes-Laski Letters. The Correspondence of Mr. Justice Holmes and Harold J. Laski 1916-1935*, Harvard University Press, Cambridge (Mass.), 1953, p. 277.

proposições ainda mais gerais, sempre com a mesma forma das proposições empíricas, das quais (dentro de determinadas condições) se podem deduzir logicamente essas últimas. Conseguir deduzi-las é explicá-las"[72]. O fato de serem inseridas em um processo dedutivo distingue essas proposições mais gerais das puras invenções. "Chamo de *indução*, mesmo que o termo possa não coincidir com o dos filósofos, esse processo de tomar emprestado ou de inventar as proposições mais gerais; chamo de *explicação* o processo de deduzir (*deriving*) as proposições empíricas daquelas mais gerais, e esta é a explicação dos filósofos."[73] Essa passagem do geral para o particular é regida pelas regras da lógica e a teoria de Homans quer "chegar por via indutiva às explicações dedutivas"[74]. Em suma, a explicação científica deve seguir as regras da lógica, como no sistema externo.

Uma teoria consta, portanto, de três elementos: um esquema conceitual; um conjunto de proposições que estabelecem relações entre os conceitos do esquema conceitual, formando um sistema dedutivo; e, por fim, algumas proposições que devem ser "contingentes", ou seja, verificáveis empiricamente. Em um texto dedicado à noção de teoria[75], Homans utiliza como exemplo paradigmático a teoria de Durkheim sobre a baixa porcentagem de suicídios na Espanha, para depois passar a descrever uma teoria – ou seja, um sistema externo – mais ampla: "Geralmente falamos de teoria somente se ela se ocupa de uma classe de fenômenos, por exemplo, de todas as variações nas taxas de suicídio. Nessa acepção, a teoria consiste em um agrupamento (*cluster*) de sistemas dedutivos, naturalmente diferentes nas

---

72. Homans, *Social Behavior*, cit., p. 9 s.
73. Homans, *Social Behavior*, cit., p. 10.
74. Homans, *Social Behavior*, cit., p. 10.
75. George Caspar Homans, *Contemporary Theory in Sociology*, pp. 951-77, em Robert E. L. Faris (ed.), *Handbook of Modern Sociology*, Rand McNail, Chicago, 1966, VIII-1088 pp.; cf. ainda a aula de 1965 na University of Washington: George Caspar Homans, *The Nature of Social Science*, Harcourt, Brace & World, New York, 1967, 100 pp.

proposições de nível inferior que devem ser explicadas, mas contendo uma ou mais proposições de nível superior. Quando dizemos que uma teoria é "potente", queremos dizer que uma grande variedade de proposições empíricas podem ser deduzidas de poucas proposições de nível superior"[76].

Concebendo desse modo a teoria, Homans podia, com razão, concluir que muitas elaborações sociológicas lhe pareciam "possuir todas as virtudes, menos a de explicar algo"[77] e que "alguns sociólogos parecem não saber o que é uma teoria"[78]. Como protótipo desses sociólogos indica Parsons, cuja definição de sistema – "um sistema teórico é um conjunto generalizado de conceitos logicamente interconectados e empiricamente relevados"[79] – é submetida a uma crítica minuciosa, estendida depois às teorias normativas e não normativas, às teorias estruturais e às funcionais e psicológicas.

Ao trabalho de muitos sociólogos falta, portanto, o rigor lógico, porque eles constroem "sistemas de categorias semelhantes a pombais, em que o teórico encaixa os diversos aspectos do comportamento social. Ora, nenhuma ciência pode proceder sem um sistema de categorias ou um esquema conceitual seu, mas este último não basta, por si só, para atribuir-lhe uma força explicativa"[80]. Já os sociólogos param nesse esquema conceitual; e aqui, anota Homans, "penso particularmente em meu amigo e colega Talcott Parsons"[81]. Além disso, a observação empírica fornece uma série de "anatomical descriptions", que muitas vezes "descrevem de novo o fenômeno sem nada acrescentar,

---

76. Homans, *Contemporary Theory in Sociology*, cit., p. 952.
77. Homans, *Social Behavior*, cit., p. 10.
78. Homans, *Contemporary Theory in Sociology*, cit., p. 957.
79. Parsons, *Essays in Sociological Theory Pure and Applied*, Free Press, Glincoe (Ill.), 1949, p. 17; cit. por Homans, *Contemporary Theory in Sociology*, cit., p. 957.
80. Homans, *Social Behavior*, cit., p. 10.
81. Homans, *Social Behavior*, cit., p. 10, nota 7.

traduzindo para uma linguagem insólita o que se pode dizer em uma linguagem familiar"[82]. Uma teoria deve ir além dos esquemas conceituais e além das descrições anatômicas: Homans quer demonstrar "que um certo número de proposições não gerais que os estudiosos verificaram empiricamente podem (sob certas condições) ser deduzidas a partir das gerais: deduzi-las significa explicá-las"[83].

Parsons resume com eficácia as críticas feitas por Homans à sua concepção sistemática, considerada insuficientemente rigorosa. Segundo Homans, relata, "o único uso legítimo do termo 'teoria' é o que designa um sistema lógico dedutivo, com premissas axiomáticas fixadas com precisão e de maneira formal, bem como (em harmonia com algumas apropriadas premissas menores) um conjunto de deduções que delas derivam e que coincidem com juízos de fato empiricamente verificáveis"[84]. Essa é exatamente a descrição de sistema externo, própria das teorias da Europa continental, mas insólita no mundo anglo-americano. Segundo aquela concepção, concluía Parsons, "tudo o que produzi seriam esquemas conceituais, mas não teorias"; crítica obviamente rejeitada, porque "eu nunca limitei o uso do termo 'teoria' a uma acepção tão restrita; considero esta última um objetivo legítimo para um curso sobre o desenvolvimento das teorias, mas dizer que não é teoria tudo o que não alcança esse objetivo é outra coisa"[85].

Dessa visão pragmática da maneira de organizar teoricamente as observações científicas Parsons extrai duas considerações que esclarecem a sua concepção de sistema e, em particular, a estrutura sistemática de suas obras. "Em primeiro lugar, o que se pode achar hoje nos meus escritos mais abstratos não é um sistema teórico amadurecido, assim como o entende Homans"[86]; portanto, Parsons não re-

---

82. Homans, *Social Behavior*, cit., p. 11.
83. Homans, *Social Behavior*, cit., p. 12.
84. Parsons, *On Building Social System Theory*, cit., p. 868.
85. Parsons, *On Building Social System Theory*, cit., p. 868.
86. Parsons, *On Building Social System Theory*, cit., *ibid*.

jeita a noção mais rigorosa de sistema, mas considera – diferentemente das concepções clássicas europeias continentais sobre o sistema – que possa ser científica uma obra mesmo não completamente sistemática. Em outras palavras, para Parsons a sistematicidade não coincide com a cientificidade, como, ao contrário, sustentam os clássicos defensores europeus do sistema externo.

"Em segundo lugar, o processo pelo qual eu cheguei lá [isto é, a formular as minhas teorias] não consistiu em enunciar, enfaticamente, e em formular os princípios axiomáticos fundamentais, deduzindo, depois, as suas implicações lógicas e comparando-as com os fatos conhecidos."[87] Parsons explica que construiu um sistema indutivo, não um dedutivo, daí o paralelismo com o "sistema" do Common Law[88], um sistema, portanto, que os europeus continentais não veem e que os anglo-americanos, ao contrário, veem. Em sua análise, Parsons parte de um sistema teórico ("teórico no meu sentido", faz questão de esclarecer) que funciona como ponto de referência para explorar uma série de "highways and byways of empirical-theoretical problems". Com essa atitude mental flexível, Parsons enfrentou, depois, com curiosidade vários estímulos externos: "serendipitous encounters" com personalidades interessantes, pedidos para escrever sobre temas novos e assim por diante.

Ao adaptar aquele esquema mental aos casos da vida, Parsons retorna à comparação com o Common Law: "Espero ter reagido mais ou menos como um bom juiz de apelação no Common Law, ou seja, pus o caso examinado em relação com o esquema teórico, que apresentava suficiente clareza, coerência e continuidade (mesmo que as suas premissas não estivessem definidas com absoluta precisão e, portanto, aceitas como dadas em sua globalidade, em um sentido totalmente lógico)." Em cada análise, às vezes pre-

---

87. Parsons, *On Building Social System Theory*, cit., *ibid*.
88. "It has been, on the contrary, a process much more like that of many developments within the Common Law": Parsons, *On Building Social System Theory*, cit., p. 868.

valecia a preocupação teórica, outras vezes o interesse empírico: "em suma – conclui Parsons –, isso é substancialmente o que eu queria dizer com a frase 'building social system theory', usada no título deste ensaio"[89].

O encontro intelectual e pessoal com Parsons representou para Luhmann o momento de passagem das teorias sociológicas tradicionais para uma nova teoria. Parsons utiliza amplamente a noção de sistema no sentido tradicional, mas às vezes emprega aquele termo também para designar um objeto real. Luhmann percebe essa ambiguidade e redefine a noção de sistema[90].

A teoria de Parsons influiu menos na terminologia que no estilo de Luhmann. Sua linguagem é pouco flexível, "por assim dizer, engessada", o que lhe confere "certa rigidez e repetição" estilística. "Ele orientou-se, antes de mais nada, pelo modelo linguístico que tanto o encantara em Talcott Parsons durante sua estadia em Harvard. Nesse meio-tempo, foi evoluindo da terminologia das máquinas cibernéticas à linguagem da atual biologia cognitivista de Humberto Maturana e Francisco Varela."[91] Essa evolução de estilo reflete também a evolução dos modelos de Luhmann e, em particular, sua guinada autopoiética.

A concepção sistêmica de Luhmann e a de Parsons são duas visões sistêmicas centrais na história da sociologia do século XX, mas profundamente diferentes entre si. Por isso, uma monografia especificamente dedicada a esse assunto trata delas uma ao lado da outra, sem tentar uma síntese entre as duas[92]. Entre as duas concepções existe, porém,

---

89. Parsons, *On Building Social System Theory*, cit., p. 868.
90. Niklas Luhmann, *Soziale Systeme. Grundriß einer allgemeinen Theorie*, Suhrkamp, Frankfufrt a. M., 1984, p. 599 nota; aqui Luhmann remete a Talcott Parsons, *Zur Theorie sozialer Systeme*. Hrsg. von Stefan Jensen, Westdeutscher Verlag, Opladen, 1976, 318 pp.
91. Walter Reese-Schäfer, *Luhmann zur Einführung*, Junius, Hamburg, 1996, p. 11. A respeito da última guinada, cf. *infra*, 8, 9.
92. Andreas Klimpel – Georg De Carnée, *Systemtheoretische Weltbilder. Zur Gesellschaftstheorie bei Parsons und Luhmann* [Institut für Soziologie der Technischen Universität Berlin], Berlin, 1983, X-210 pp. A justaposição de dois tex-

uma ligação de fundo, que vai além das recepções específicas e das influências mostradas até aqui: Luhmann acredita que, depois de Parsons, os sociólogos não tenham mais tentado formular "uma teoria universal de sua matéria"; mas, ao mesmo tempo, julga chegado o momento de transpor "esse limiar" formulando uma teoria própria, baseada na diferença entre sistema e ambiente[93], que se apresente como teoria universal ou superteoria.

5. Parsons, Luhmann e o sistema cibernético

Através de Parsons, portanto, Luhmann se aproxima da noção cibernética de sistema, de maneira que é considerado um dos pioneiros na aplicação da nova matéria ao direito. Porém, em seus primórdios, o sistema de Luhmann é diferente do da cibernética, tanto que os estudiosos desta última tendem a vê-lo como a "construção de uma teoria jurídica" (ou, mais propriamente, de uma teoria sociológica do direito), "a qual parece perseguir uma finalidade cognoscitiva parecida, se não igual, à da cibernética: uma teoria sistêmica do direito"[94].

---

tos afins, escritos separadamente por dois autores, é uma característica editorial da coleção "Soziologische Forschung", em que está publicado esse livro. Ele reúne sob o único título dois ensaios diferentes: Andreas Klimpel, *Der Systembegriff der strukturellfunktionalen Theorie und das Problem seiner operationalen Verwendung*, pp. 1-96; Georg De Carnée, *Zentrale Begriffe und Probleme der Soziologie von Niklas Luhmann – Ein eigenwilliger Versuch einer Systematisierung*, pp. 97-210.

93. Niklas Luhmann, *Rechtssoziologie*, Westdeutscher Verlag, Opladen, 1987, p. 10; cf. *infra*, item 8. O termo "superteoria" é preferível porque é usado em sentido técnico para indicar as teorias abrangentes (Benjamin Marius – Oliver Jahraus, *Systemtheorie und Dekonstruktion. Die Superheorien Niklas Luhmanns und Jacques Derridas im Vergleich*, Lumis, Siegen, 1997, 84 pp.); já "teoria universal" é utilizada em acepções muito diversas: pode também designar, por exemplo, as teorias de Gaddafi enunciadas em seu *Livro verde* (cf. *Contribution to the Economic Basis of the Third Universal Theory*, Brisbane, 1981, 217 pp.).

94. Hansjürgen Garstka, *Regelkreismodelle des Rechts. Untersuchung zur Übertragung kybernetischer Vorstellungen auf das Recht*, Schweitzer, München, 1983, p. 47.

Na complexa concepção de Parsons, a cibernética constitui um dos instrumentos para o controle social, através do qual uma sociedade com alto conteúdo de informação mas com escassa energia exerce um controle sobre uma sociedade que, ao contrário, tem muita energia, mas escasso conteúdo informativo. Como exemplo dessas sequências programáticas de controle, Parsons apresenta, curiosamente, a máquina de lavar, em que o botão regulador do ciclo requer menos energia que o funcionamento da própria máquina. O outro exemplo nos remete, ao contrário, às fontes de Parsons na biologia, e é o controle exercido pelo gene sobre o metabolismo da célula[95].

Mas o termo "sistema" designa coisas diferentes na biologia e na sociologia. Para Bertalanffy, o sistema biológico delimita certas porções de realidade em relação ao ambiente circunstante; por exemplo, ele circunscreve os organismos em relação ao ambiente. Já nas ciências sociais, ao contrário, a situação é diferente, como resulta com clareza do debate entre Luhmann e Habermas (cf. *supra*, 1, b): a vida do organismo é radicalmente diferente da existência de uma estrutura social.

A concepção de sistema em Parsons é mutável, para não dizer intencionalmente ambígua. Como *teórico* de uma disciplina empírica, Parsons tem presente um "sistema teórico", entendido como totalidade de conceitos gerais logicamente interconectados e com uma referência empírica: é o sistema na sua noção clássica, caracterizado por uma "completude lógica" que permite realizar operações lógicas sobre as proposições individuais que compõem o sistema[96].

---

95. Talcott Parsons, *Societies. Evolutionary and Comparative Perspectives*, Prentice Hall, Englewoods Cliffs (N.J.), 1966, VIII-120 pp.; traduzo a partir de Parsons, *Gesellschaften. Evolutionäre und komparative Perspektiven*, Suhrkamp, Frankfurt a. M., 1975, p. 20.
96. Talcott Parsons, *Systematische Theorie in der Soziologie*, em Parsons, *Beiträge zur soziologischen Theorie*. Herausgegeben und eingeleiter von Dietrich Rüschemayer, Luchterhand, 1964, p. 31: cito traduzindo dessa edição alemã. O original é Parsons, *The Present Position and Prospects of Systematic Theory*, em Georges Gurvitch – Wilbert E. Moore (ed.), *Twentieth Century Sociology*, The Philosophical Library, New York, 1945, 754 pp.

Como teórico de uma disciplina *empírica*, porém, ao sistema teórico composto de proposições Parsons contrapõe o "sistema empírico", entendido como o conjunto dos fenômenos objeto de uma pesquisa teórica. As proposições do sistema teórico seriam, de fato, desprovidas de sentido se não fosse esclarecido o objeto a que se referem, ou seja, "os fenômenos reciprocamente conectados, que constituem o objeto da descrição e da análise de uma pesquisa científica". A esse último conjunto Parsons dá exatamente o nome de "sistema empírico"[97].

Os dois sistemas de que fala Parsons não são, portanto, homogêneos entre si. Além disso, essa dupla noção parsoniana de sistema afasta-se também daquela própria da cibernética clássica, que é uma noção formal: os dados empíricos podem ser descritos em um sistema cibernético apenas se já tiverem sido, em certa medida, organizados. Além disso, o sistema cibernético é aberto, ao passo que Parsons dirige o seu sistema a um contexto bem definido: o da ação direta a um determinado fim. O fundamento da ação é o organismo, de maneira que também "all gratification or deprivation" derivantes da ação "have an organic significance"[98]. Para ele, a relação que inscreve o sistema social na "situação da ação" (ou seja, no contexto ou ambiente da ação) é análoga àquela que, em biologia, insere o organismo no ambiente"[99].

Temos, portanto, indivíduos que agem constituindo um sistema: o nexo que une as partes do sistema (que é composto por indivíduos) são as "expectativas"; a expectativa do comportamento alheio – como resposta ao meu comportamento – gera o que Parsons chama de "estrutura", termo que se torna, assim, um sinônimo de relação ou nexo. Mais uma vez, "estrutura" é utilizado em um sentido dife-

---

97. Parsons, *Systematische Theorie in der Soziologie*, cit., p. 33.
98. Talcott Parsons, *The Social System*, The Free Press – Collier-Macmillan, New York – London, 1964, p. 5. Essa é a edição em *paperback*; primeira edição: Collier – Macmillan, London, 1951, ou Free Press, Glencoe (Ill.), 1951, 575 pp.
99. Parsons, *Systematische Theorie in der Soziologie*, cit., p. 52.

rente daquele técnico empregado pelos linguistas estruturalistas[100]. A estrutura social é, portanto, um entrelaçamento de expectativas, "um sistema de modelos de expectativa, que definem o comportamento correto das pessoas que ocupam determinadas funções"[101]. Em suma, as ações estão ligadas ao sistema e aos seus elementos por "expectativas", que, em Luhmann, serão potencializadas também em "expectativas das expectativas"[102].

O sistema de Parsons é um conjunto de propostas terminológicas referentes ao mundo empírico; portanto, não é calculável, diferentemente do sistema cibernético[103]. O distanciamento do sistema cibernético é ainda mais evidente em Luhmann, mas aqui teremos de limitar a comparação entre os dois tipos de sistema a poucas alusões.

Luhmann, reportando-se ao sistema de Parsons[104], vê o sistema do direito como um conjunto de ações individuais que tendem a um fim[105]. O sistema do direito é um subsistema social ao lado de tantos outros, sobre os quais exerce uma influência parcial. Todavia, como veremos melhor em seguida, o direito de Luhmann não é sistema, mas estrutura, ou seja, é um entrelaçamento de expectativas que são próprias não de cada subsistema, mas de todo o sistema social[106]. A investigação de Luhmann não aponta para a fi-

---

100. Para Luhmann, a estrutura de um sistema é aquilo que permanece em relação ao fluxo das informações e que o guia: Luhmann, *Recht und Automation*, cit., p. 61.
101. Parsons, *Systematische Theorie in der Soziologie*, cit., p. 56.
102. Luhmann, *Rechtssoziologie*, cit., pp. 33 s.
103. Garstka, *Regelkreismodelle des Rechts*, cit., p. 49.
104. Niklas Luhmann, *Systemtheoretische Beiträge zur Rechtstheorie*, em Hans Albert et al. (ed.), *Rechtstheorie als Grundlagewissenschaft der Rechtswissenschaft. Jahrbuch für Rechtssoziologie und Rechtstheorie*, Nr. 2, Bertelsmann, Düsseldorf, 1972, 582 pp. (reprint: Schmidt Periodicals, Bad Feilnbach, 1996).
105. Falar de finalidade nas sociedades e nas ações humanas sempre é uma metáfora: não certamente inaceitável, mas certamente não verificável. A respeito do sentido do "Sinn" de uma ação, cf. Luhmann, *Sinn als Grundbegriff der Soziologie*, em Habermas – Luhmann, *Theorie der Gesellschaft oder Sozialtechnologie*, cit., pp. 25-100.
106. Luhmann, *Rechtssoziologie*, cit., p. 105 e pp. 132 ss.

nalidade do direito, que seria um modo de reconduzir, antes de tudo, cada ação ao subsistema jurídico, e depois aquele subsistema ao sistema social; mas ela aponta para determinar quais são as características da expectativa especificamente jurídica. Desse modo, a investigação transforma-se de sistemática em procedimental, porque as estruturas gerais de expectativa estão fundadas no procedimento. A essa altura pode-se tentar sintetizar a diferença entre os vários tipos de sistema. O tradicional sistema externo corresponde ao sistema teórico de Parsons, que, porém, o entrelaça com o "sistema empírico": o sistema de Parsons, e portanto o de Luhmann, é um sistema interno às coisas, ou seja, ontológico. A noção de sistema que Luhmann recebe das ciências biológicas é concreta: para ele, o sistema existe na realidade. Com essa noção de sistema fica esclarecida e radicalizada uma concepção que, de um lado, é profundamente diferente daquela epistemológica (para a qual o sistema é uma construção intelectual), e, de outro, é mais rigorosa que a que ele recebia de Talcott Parsons. Deve-se, portanto, registrar um grande distanciamento do sistema de Luhmann em relação ao de Parsons, e de ambos em relação ao sistema cibernético.

Parsons pretende criar uma moldura categorial na qual colocar cada um dos fenômenos sociais, obtendo assim uma imagem ordenada da sociedade. Partindo de vários planos de abstração (como o organismo, o sistema pessoal, o sistema social, a cultura), procura aí estruturas constantes. Uma vez identificadas, passa a um segundo nível de abstração e relaciona as estruturas à sociedade. O nexo entre as estruturas e a sociedade é dado pela "função" que cada subsistema desempenha para a conservação da sociedade[107]. Portanto, a teoria de Parsons parte das estruturas e investiga as suas funções: é um estrutural-funcionalismo.

---

107. Parsons, *Systematische Theorie in der Soziologie*, cit., p. 38. Mais detalhadamente, Luhmann, *Funktionale Methode und Systemtheorie* (1964), em Luhmann, *Soziologische Aufklärung. Aufsätze zur Theorie sozialer Systeme*, Westdeutscher Verlag, Köln – Oplanden, 1970, vol. 1, pp. 31-53.

Luhmann inverte a ordem da investigação: são as funções que geram as estruturas, porque estas últimas devem ser capazes de adaptar-se às mudanças de função. Portanto, para a mesma função podem-se identificar várias estruturas funcionalmente equivalentes: a tarefa da sociologia é descobrir essas equivalências. Por isso, para definir sua teoria, Luhmann fala de funcional-estruturalismo, contrapondo-o ao estrutural-funcionalismo de Parsons[108].

Após ter traçado sinteticamente as linhas principais da noção de sistema em Parsons e em Luhmann, pode-se concluir sua comparação com o sistema cibernético, que permanece sempre – apesar das diferenças – uma fonte inicial das suas concepções. Efetivamente, a cibernética trata da estabilidade de cada elemento do sistema; seu intrínseco "valor no contexto social não tem nenhuma relevância", ao passo que, ao contrário, "sua averiguação está relacionada a verificações estruturais precisas. O interesse [da cibernética] dirige-se, portanto, a analisar, da forma mais profunda possível, o ciclo regulador do sistema. Esse interesse fundamental pela cibernética está quase ausente nas investigações sistêmicas de Luhmann"[109]. Para a informática, os processos pelos quais circula a informação são de capital importância. Os modelos que dela derivam visam controlar todos os processos de regulação: todos são, de fato, igualmente importantes para os fins de uma futura aplicação da informática. Já Luhmann passa sua atenção da estrutura para as expectativas, ou seja, das informações para as motivações do agir, e propõe uma explicação de toda a sociedade também com tendências na ontologia, como demonstra a importância que ele atribui ao conceito de evolução[110].

---

108. Luhmann, *Soziologie als Theorie Sozialer Systeme* (1962), em Luhmann, *Soziologische Aufklärung*, cit., 1970, vol. 1, pp. 113 s. (113-36).
109. Garstka, *Regelkreismodelle des Rechts*, cit., p. 50.
110. Luhmann, *Rechtssoziologie*, cit., p. 12 e pp. 132 ss.

6. Administração pública e teoria cibernética em Luhmann

Os primeiros livros de Luhmann foram publicados depois de seu encontro com Parsons nos Estados Unidos e nasceram de sua atividade na Escola Superior de Ciências Administrativas de Speyer, uma instituição de nível universitário especializada em estudos administrativos[111].

Em um primeiro trabalho de 1963 sobre os erros da administração pública – livro ainda de estrutura tradicional, ligado ao direito administrativo e à análise sociológica da atividade administrativa[112] – Luhmann refere-se *en passant* à crescente "mecanização das atividades decisórias", à "inserção, no processo decisório, de máquinas para a elaboração dos dados relativamente autônomos", à incontrolabilidade de cada documento produzido por elas, porque com o controle "perder-se-iam as vantagens da racionalização"[113]. Essa mistura de atividade humana e aplicação da informática poderia ser fonte de novos erros administrativos (e aqui Luhmann referia-se a um estudo de Zeidler, um autor que depois seria radicalmente criticado por ele). Luhmann propõe introduzir critérios de tolerância para os inevitáveis erros, evitando assim a utopia da administração sem erros: essa "escolha unilateral" de perfeccionismo imporia tais vínculos, a ponto de resultar "muito cedo antieconômica e, por fim, insensata"[114]. Tendo acabado de regressar de Harvard, seu ponto de referência é principalmente Herbert A. Simon (nascido em 1916), um teórico americano da organização e do *management*, que em 1978 conse-

---

111. A "Hochschule für Verwaltungswissenschaften", fundada em 1947 na Zona de Ocupação Francesa, tinha como modelo as "Grandes Écoles" em que se formava a administração francesa.
112. Franz Becker – Niklas Luhmann, *Verwaltungsfehler und Vertrauensschutz. Möglichkeiten gesetzlicher Regelung der Rücknehmbarkeit von Verwaltungsakten*, Duncker & Humblot, Berlin, 1963, 149 pp. Publicado como vol. 16 na coleção da Escola Superior de Speyer. Becker é autor do segundo capítulo, todos os demais são de Luhmann.
113. Becker – Luhmann, *Verwaltungsfehler und Vertrauensschutz*, cit., p. 11.
114. Becker – Luhmann, *Verwaltungsfehler und Vertrauensschutz*, cit., p. 13.

guiu o prêmio Nobel de Economia, autor que retornará com peso cada vez maior também em suas obras posteriores.

Em 1965 Luhmann publicou uma pesquisa sobre o ressarcimento de dano[115], tema diretamente ligado ao do livro anterior sobre o erro administrativo. Como em 1964 estava em andamento a aprovação de uma lei sobre o procedimento administrativo, o assunto era objeto de um acirrado debate político e legislativo, tão acirrado que o prefaciador do livro distanciou-se da opinião de Luhmann, que era favorável a incluir naquela lei a obrigatoriedade da indenização. Nessa obra começa a expandir-se o espaço reservado às considerações teóricas, que – com o título de *Fundamentos* – ocupam a primeira das três partes. O problema do ressarcimento do dano administrativo é examinado, antes de tudo, do ponto de vista dos "problemas gerais da conservação do sistema", com direta referência à obra de Karl Deutsch, *The Nerves of Government* (cf. *supra*, cap. I, 5, a). Os resultados, porém, são ambíguos porque, segundo Luhmann, "o sentido dessa análise consiste em folhear alternativas"[116]. Tais resultados tornam-se mais consistentes se ganham o suporte de uma análise sociológica do direito, que deve ser formulada "de maneira sociologicamente não específica": aqui Luhmann refere-se às ideias expressas por Parsons em um seminário de 1956[117].

Naqueles anos a sociologia do direito dava seus primeiros passos, e Luhmann destacava as carências de seu método: "Hoje encontra-se uma fratura entre os métodos das ciências sociais e os tradicionais instrumentos conceituais da ciência jurídica, criados no decorrer de um isola-

---

115. Niklas Luhmann, *Öffentlich-rechtliche Entschädigung – rechtspolitisch betrachtet*, Duncker & Humblot, Berlin, 1965, 263 pp. (vol. 24). Essa obra e a de 1963 (cf. nota 112) podem ser consideradas as precursoras do livro analisado neste parágrafo, publicado na mesma coleção como volume 29.

116. Luhmann, *Öffentlich-rechtliche Entschädigung*, cit., p. 12.

117. Talcott Parsons, *The Law and Social Control*, in William M. Evan, *Law and Sociology. Exploratory Essays*, Free Press of Glencoe, New York, 1962, pp. 56-72.

mento que dura séculos, ao passo que durante muito tempo perderam-se os contatos com as ciências sociais. Não se pode eliminar tal carência de um dia para o outro. No fundo, a política do direito deve ser sociologia do direito."[118] Por isso, em seu livro, depois da parte sobre os *Fundamentos*, segue-se aquela sobre os problemas da política do direito, em que o direito positivo é examinado não dogmaticamente, mas em função de sua modificabilidade.

Nos *Fundamentos*, Luhmann fala da "função" da indenização, do "sistema" dos deveres juspublicísticos de indenização, da "programação" das decisões segundo "programas condicionais" e "programas causais"; sobre a noção de programa, derivada de Simon, Luhmann retornará difusamente (e nós com ele) em uma obra posterior sobre a automação da administração pública. Entre os autores mais citados, reencontramos Simon, Easton e sobretudo Parsons, além de vários americanos ligados às ciências sociais empíricas. A respeito do primeiro volume aqui examinado, sua presença na economia da obra aumentou sobremaneira, porém, não aparecem na bibliografia, ainda predominantemente vinculada às disciplinas administrativas.

Por volta da metade dos anos 1960, a Escola Superior de Speyer foi incumbida de estudar os aspectos econômicos do uso dos computadores na administração pública. Com efeito, existia certo ceticismo a respeito do fato de que – no nível alcançado pela técnica da informática daquele tempo – a automação da administração pública realmente comportasse vantagens econômicas. Naqueles anos, o *Oberregierungsrat* Niklas Luhmann lecionava na escola de Speyer e acabou envolvido no projeto, mesmo porque, em trabalhos anteriores, fizera repetidas vezes referência ao uso

---

118. Luhmann, *Öffentlich-rechtliche Entschädigung*, cit., pp. 12 s. Também indica uma genealogia da nascente sociologia do direito: "Para esse fim, excluindo-se as referências programáticas de Eugen Ehrlich, Max Weber, Theodor Geiger ou Georges Gurvitch e os trabalhos preliminares dos americanos sobre as profissões jurídicas, faltam quase completamente fundamentos dignos desse nome" (p. 13).

dos computadores e aos modelos cibernéticos. Daí nasceu uma obra que merece ser examinada detalhadamente[119].

Na realidade, a mente especulativa de Luhmann não era talhada para pesquisas preponderantemente aplicadas, próprias da Escola Superior de Speyer. Sua paixão pela teoria, e por uma teoria cada vez mais geral, começou a expressar-se plenamente nessa investigação sobre a automação administrativa, na qual Luhmann "muito cedo abandonou o ponto de partida"[120], pelo menos assim imaginaram os seus comitentes. De fato, o discurso de Luhmann versa não sobre *como* os computadores podem ser aplicados ao direito e *quanto* custa aplicá-los, mas sobre *o porquê* é possível (operacional e juridicamente) aplicá-los ao direito e, em particular, ao direito que rege a administração pública. Essa abordagem permite que Luhmann explique sua concepção sistêmica do direito, que no final é compatível com a automação, porque partiu de alguns princípios teóricos dela, em particular, como veremos, da programação.

Dito de outra forma, o tema que lhe foi confiado é pontual e concreto (a economicidade da automação), mas Luhmann enfrenta-o seguindo seu interesse predominante pelo geral; para explicar como se coloca o computador na administração pública, começa descrevendo como se coloca o subsistema da administração pública no sistema da sociedade e definindo quais são as relações entre o subsistema da administração pública e o do direito. Nasce um afresco sistêmico das relações entre os subsistemas da administração pública e do direito (e mais outros) com o sistema social que os contém. Uma vez estabelecida a pesquisa a partir dessas linhas diretoras, do escrito de Luhmann não

---

[119]. Niklas Luhmann, *Recht und Automation in der öffentlichen Verwaltung. Eine verwaltungswissenschaftliche Untersuchung*, Duncker & Humblot, Berlin, 1966, 166 pp.

[120]. Assim o administrativista Karl Hermann Ule, no prefácio a Luhmann, *Recht und Automation*, cit., p. 5. Esse jurista discordava também da solução proposta por Luhmann (na obra citada anteriormente à nota 115) sobre a indenização por erro da administração pública.

se extrai nem um programa para o computador nem um plano para a automação de um segmento da administração pública – como esperava a Escola Superior –, mas um programa de política legislativa para a reforma da administração pública. E aqui o termo "programa" indica dois resultados da pesquisa bem diferenciados.

De fato, já o subtítulo adverte que naquele livro devemos esperar encontrar uma exposição da informática administrativa do ponto de vista da "ciência da administração pública", e não de sua prática. O livro também contém referências à reforma da administração pública e aos problemas da economicidade de sua automação, mas sempre enquadrados na teoria da sociedade que Luhmann ia elaborando. É oportuno concentrar a atenção na concepção luhmanniana do direito, formulada aqui em termos particularmente sintéticos, e na sua avaliação da informática jurídica: a primeira enuncia o núcleo de inovação teórica que ele estava elaborando, a segunda remete essa inovação à cultura tecnológica em cujo contexto aquela teoria começara a tomar forma e da qual mais tarde se afastaria progressivamente.

Naqueles anos, era constante a referência ao problema da incomunicabilidade entre juristas e profissionais da informática (cf. *supra*, cap. I, 3, c). Os juristas[121] sentem-se vinculados apenas ao direito, enquanto, ao contrário, os profissionais da informática fazem referência a uma pluralidade de ciências[122]. Apresentavam-se, portanto, duas possibilidades para lançar uma ponte entre as duas disciplinas: ou acostumar-se a passar de uma linguagem a outra cada vez que isso fosse necessário, ou encontrar uma metalinguagem que os dois grupos reconhecessem como vinculante.

---

121. Com esse termo, Luhmann refere-se a todos os que "lidam com a aplicação do direito": Luhmann, *Recht und Automation*, cit., p. 10, nota 1; são os juristas práticos, cf. vol. I, cap. XI, 1, 2.
122. São elas: "ciência da organização, teoria matemática da informação, cibernética" e assim por diante: Luhmann, *Recht und Automation*, cit., p. 11.

A primeira solução era perseguida pela maior parte dos juristas da informática; a segunda, ao contrário, era a escolhida por Luhmann. Seu livro, portanto, usa uma linguagem que não é nem a do jurista, nem a do profissional da informática, mesmo que – ao final do percurso – possa ser compreendida por ambos. Mas talvez Luhmann subestimasse o risco da obscuridade: de fato, aquela metalinguagem poderia tornar-se incompreensível tanto para o jurista, como para o profissional da informática.

a) A crítica ao juricentrismo

Luhmann critica, antes de mais nada, os juristas que não aceitavam a automação da administração pública e, em particular, Karl Zeidler, que julgava juridicamente não admissível a transferência de funções administrativas do homem para a máquina[123]. Zeidler, ao questionar se o direito vigente poderia permitir a automação de funções administrativas, partia de uma visão legalista do mundo: para ele, sintetiza Luhmann, "o direito é a base sólida, enquanto a automação é o objeto problemático sobre o qual nos questionamos"[124]. Ao contrário, inverte essa ordem aquele que, como Luhmann, se propõe aplicar a informática aos procedimentos administrativos e parte da convicção de que seja possível resolver tecnicamente os problemas, um dos quais é constituído pelo direito: de fato, as normas formuladas com imprecisão (voluntária ou não) impedem a programação do computador e deveriam ser substituídas por normas compatíveis com a automação (cf. *supra*, cap. I, 8, no final).

---

123. Karl Zeidler, *Über die Technisierung der Verwaltung. Eine Einführung in die juristische Beurteilung der modernen Verwaltung*, Müller, Karlsruhe, 1959, III-50 pp. Essa sua posição é reafirmada em *Zur "Technisierung der Verwaltung". Eine Entgegnung*, "Deutsches Verwaltungsblatt", 1961, pp. 493-4.

124. Luhmann, *Recht und Automation*, cit., p. 12. À crítica de Zeidler é dedicado o quarto capítulo inteiro: *Zur juristischen Diskussion der Automation*, pp. 30-4.

Ao não adotar uma metalinguagem comum, o jurista da informática e o profissional da informática que colabora com o jurista devem transitar entre essas duas visões unilaterais, procurando conciliá-las e utilizá-las uma ao lado da outra. Do ponto de vista teórico, esse vaivém conceitual obriga o jurista e o profissional da informática a uma contínua troca das premissas da qual parte o seu discurso. O único consolo, conclui Luhmann, é "que pelo menos os inevitáveis antolhos são móveis"[125]. Mas deve-se ir além: se essa passagem de uma linguagem a outra é possível, também deve ser possível achar o fundamento teórico comum a ambos que a torne possível e na qual se baseia a complementaridade das visões jurídica e cibernética.

A polêmica com Zeidler é mordaz. Para Luhmann, questionar se é juridicamente admissível usar a informática na administração pública é "impróprio" (*unangemessen*), porque os problemas apresentados pela informática são de um tipo completamente novo; além disso, é "desprovido de interesse", pois o que não é juridicamente admissível hoje pode vir a sê-lo amanhã. Mesmo que hoje a lei não permita a transferência dos deveres administrativos do indivíduo para a máquina (como sustentava Zeidler), o futuro legislador poderá sempre autorizar o uso da informática na administração pública. *En passant*, um assunto como este demonstra como, apesar da preparação jurídica, a mente de Luhmann opera através de esquemas opostos aos do jurista tradicional, que deve conceber como imutável o direito positivo vigente: o advogado que propusesse ao cliente esperar pela modificação da lei que o desfavorece acabaria falido. Para Luhmann, ao contrário, o direito é uma das ciências sociais, portanto convém que o jurista "não se feche em uma casa sem janelas, ligada ao mundo exterior apenas pela caixa do correio para receber diários oficiais e artigos de doutrina"[126].

---

125. Luhmann, *Recht und Automation*, cit., p. 12.
126. Luhmann, *Recht und Automation*, cit., p. 12.

b) A informática e a reconsideração dos procedimentos decisórios

Luhmann identifica o alcance revolucionário da informática nos resultados teóricos, e não nos resultados práticos, que também são surpreendentes. A mudança de perspectiva de quem deve usar a informática é simplesmente revolucionária[127]. De fato, para programar um procedimento administrativo, o jurista deve reconsiderar desde a raiz o próprio processo decisório e deve responder a questões radicalmente novas: "Ele decide de maneira menos meditada, menos acurada, menos racional que a máquina? Se ele seguir os mesmos princípios, poderá confiar à máquina o todo ou uma parte de cada passo de sua própria reflexão? Ou existem dois tipos de racionalidade, uma do jurista e outra da máquina? Os dois princípios têm a mesma função em um sistema administrativo, de maneira que – deixando de lado os problemas de conveniência econômica – sejam reciprocamente substituíveis? Ou então suas funções, ou seja, suas contribuições na decisão, são diferentes? E, se assim for, suas funções serão complementares ou serão tão diferentes que o jurista deverá desconfiar da máquina?"[128].

Essas perguntas podem receber uma resposta apenas no plano de uma *teoria geral da administração pública*, tão geral a ponto de compreender tanto o aspecto normativo quanto o factual, ou seja, tanto o direito quanto a informática. Na doutrina administrativista daquela época existiam apenas fragmentos dessa teoria; mas Luhmann quer unificá-los em uma única teoria geral, e para tanto propõe uma definição sistêmica de administração (sistêmica mais no

---

127. Também na conclusão do livro Luhmann volta a sublinhar que, na informática, o importante não é a máquina: "O efeito revolucionário da automação administrativa derivará dos seus pressupostos e das suas implicações especulativas (de pensamento)": Luhmann, *Recht und Automation*, cit., p. 141.

128. Luhmann, *Recht und Automation*, cit., p. 13; a referência à conveniência econômica deve-se ao tema geral da pesquisa que fora confiado à escola de Speyer.

sentido de Parsons que no de Maturana): "entendo por administração um sistema organizado de comportamentos decisórios factuais"[129]. A administração pública é um sistema social que produz decisões aplicáveis a toda a sociedade, enquanto a administração privada produz decisões válidas apenas no âmbito do próprio subsistema. Mesmo que a automação da administração privada possa servir de modelo para a pública, não é possível uma transferência direta de modelos da informática da primeira para a segunda, porque a administração pública "produz decisões vinculantes, que em cada caso particular operam imediatamente de fora: portanto, não podem ser nem melhoradas nem pioradas pela máquina"[130].

Assim foi apresentado o tema crucial de toda a teoria luhmanniana: a visão sistêmica dos fenômenos sociais e mais especificamente, na obra examinada, a visão sistêmica da administração pública. É oportuno debruçar-se agora sobre os conceitos de sistema, de decisão e de administração, que são as pedras angulares da construção de Luhmann.

c) A visão sistêmica do aparelho estatal: definições

No Estado moderno, a burocracia permeou os três poderes, que, para Luhmann, são, portanto, "administração" no sentido já indicado, ou seja, são um "sistema organizado de comportamentos decisórios factuais". Pode-se dizer que a influência política é legítima no Poder Legislativo, dúbia no Executivo e ilegal no Judiciário; porém, negá-la seria fechar os olhos diante da realidade. A teoria dos sistemas, portanto, permite analisar conjuntamente todos os ramos da administração e as várias formas de sua automação. Todavia – quase marginalmente em relação à pesquisa de

---

129. Luhmann, *Recht und Automation*, cit., p. 13: "wir [...] begreifen Verwaltung als ein organisiertes System faktischen Entscheidungsverhaltens".
130. Luhmann, *Recht und Automation*, cit., p. 20.

uma teoria administrativa – Luhmann esclarece a noção de sistema que pretende utilizar.

Direito e automação encontram nos conceitos de "sistema" e de "decisão" um denominador comum, mas sempre com referência ao mundo empírico.

A "decisão" do direito deve ser entendida como ação comunicativa, ou seja, como transmissão de uma informação. Se, ao contrário, víssemos o direito como um conjunto estruturado de hipóteses entre as quais escolher aquela a ser aplicada, "deslizaríamos, involuntariamente, na perspectiva da automação"[131], porque teríamos organizado o direito de maneira a poder também informatizá-lo. Voltaremos a esse tema neste mesmo item, nas letras *d, e, f*.

Mesmo o termo "sistema" nas ciências sociais deve ser entendido como um sistema que tenha "um sentido referente à ação concreta"[132]. Está metodologicamente errado elevá-lo a um nível superior de abstração, transformando-o em um "modelo científico-racional" e designando-o "com os termos de 'system engineering', ou melhor, 'system analysis', que surgiram nos Estados Unidos com a consolidação da automação"[133].

Luhmann contesta as afirmações dos intelectuais americanos que, com o conceito de sistema, acreditam ter resolvido o conflito entre as teorias que fornecem explicações empíricas e os modelos científico-racionais[134]. A noção de sistema utilizada pelos americanos baseiam-se em conceitos de "todo" e de "partes"; isso leva a dirigir a atenção ao interior do sistema, para estudar as interações entre partes

---

131. Luhmann, *Recht und Automation*, cit., p. 22.
132. Luhmann, *Recht und Automation*, cit., p. 21.
133. Luhmann, *Recht und Automation*, cit., p. 21.
134. Luhmann refere-se a Richard A. Johnson – Fremont E. Cast – James E. Rosenzweig, *The Theory and Management of Systems*, McGraw Hill, New York, 1963, 350 pp.; Richard A. Johnson – Fremont E. Cast – James E. Rosenzweig, *Systems Theory and Management*, "Management Science", 1964, vol. 10, pp. 367-84. Já em 1958 Johnson defendera na Washington University uma tese sobre a automação na empresa: *An Application of Electronic Data Processing in Manufacturing Control*, Seattle, 1958, 175 pp. (datilografado).

e todo. Luhmann tende, ao contrário, a uma concepção funcional do sistema, "a um conceito de sistema que tende a manter a identidade em um mundo mutável"[135], ou seja, a um sistema aberto.

Luhmann remete-se a uma concepção do sistema sustentada também por Etzioni a respeito das organizações complexas: a administração – que, para Luhmann, convém lembrar, compreende os três poderes – é um sistema cujo "ambiente" é constituído pelo público, pela política e pelos funcionários públicos, estes últimos entendidos, porém, como pessoas. De fato, as funções devem ser mantidas distintas das pessoas: as funções dos funcionários públicos fazem parte do sistema administrativo (ou seja, estão dentro do sistema); já as pessoas dos funcionários fazem parte do ambiente do sistema administrativo (ou seja, estão fora do sistema). Devido ao ambiente e à própria estrutura, o sistema administrativo deve continuamente enfrentar situações complexas e imprevisíveis. Pode fazê-lo de duas maneiras "funcionalmente equivalentes"[136]: ou adaptando-se ao mundo exterior, ou reorganizando-se no próprio interior. O sistema "administração" pode reduzir a complexidade do ambiente criando instituições que tornem suas normas aceitas pelo ambiente e, ao mesmo tempo, que tornem o ambiente previsível para o sistema administrativo: é a *solução externa ou adaptativa*. Ou pode reduzir a complexidade externa aumentando a complexidade interna com uma organização, por exemplo, baseada numa divisão mais minuciosa do trabalho ou ainda numa hierarquia mais articulada: é a *solução interna ou autônoma*.

O direito moderno[137] caracteriza-se pela passagem gradual da solução externa para a interna, acompanhada por

---

135. "Auf Identität in einer veränderlichen Umwelt abstellenden Systembegriff": Luhmann, *Recht und Automation*, cit., p. 22, nota 2. A cibernética e a sociologia estavam se movendo nessa direção: Niklas Luhmann, *Funktionale Methode und Systemtheorie*, "Soziale Welt", 1964, pp. 1-15.

136. Luhmann, *Recht und Automation*, cit., p. 23.

137. "Neuere Rechtsentwicklung": Luhmann, *Recht und Automation*, cit., p. 23.

uma organização cada vez mais complexa do processo decisório no interior do sistema. Antes de mais nada, "a burocracia estatal tomou para si não apenas a determinação dos objetivos (*Zwecksetzung*), mas também o estabelecimento do direito (*Rechtssetzung*). Libertou-se, assim, de qualquer vínculo com instituições preexistentes no sistema e no ambiente, ou seja, do direito natural[138]. Essa passagem resume, talvez de maneira muito elíptica, a visão de Luhmann, que poderia ser explicitada assim: os preceitos do direito natural são provenientes do subsistema de valores (ou seja, do subsistema da ética, da religião ou da política) e são, portanto, externos ao subsistema administrativo; mas a administração moderna, ou seja, a burocracia atual, controla os três poderes e, portanto, pode estabelecer uma política legislativa e traduzi-la em normas jurídicas positivas, sem que por isso deva sair do próprio sistema.

O sistema administrativo, tornado assim autônomo, deve nesse ponto reduzir a complexidade do ambiente com a promulgação de normas e com a atividade decisória interna. Levado para o interior, "o direito encontra-se exposto a tensões intrassistemáticas bem definidas, que servirão para plasmá-lo"[139]. Este estabelecimento positivo do direito se dá, segundo Luhmann, através de um procedimento que pode ser dividido em quatro segmentos: *a)* antes de mais nada, o direito é separado da determinação da sua finalidade (*Zielsetzung*); *b)* dá-se-lhe depois a forma de um programa condicional (logo adiante veremos do que se trata); *c)* além disso, o direito deve identificar casos concretos, porque as normas, "da massa dos eventos, escolhem as informações que a administração considera relevantes"[140]; ou seja, o direito deve ser "plasmado de maneira bastante diferenciada (específica)"; *d)* enfim, os enunciados do direito

---

138. "Damit hat sie sich von der Bindung an vorgegebenen Institutionen in System und Umwelt, also namentlich vom Naturrecht befreit": Luhmann, *Recht und Automation*, cit., p. 23.
139. Luhmann, *Recht und Automation*, cit., p. 23.
140. Luhmann, *Recht und Automation*, cit., respectivamente p. 26 e p. 23.

devem ser formulados em termos gerais, ou seja, "estruturados de maneira indeterminada"[141]. Transformado assim em um subsistema autônomo, o direito positivo desempenha uma função precisa: elabora, no interior do próprio subsistema, a complexidade do ambiente[142], isto é, fornece prescrições com o caráter de generalidade – que é também adaptabilidade, incerteza, ambiguidade –, condição, por sua vez, para a sobrevivência do sistema.

Em síntese, o sistema administrativo é um subsistema do sistema social e está em relação com outros subsistemas, que lhe dirigem solicitações e dele esperam respostas. Ao lado do subsistema administrativo encontra-se o sistema do direito (que é, portanto, um subsistema diferente), através do qual o subsistema administrativo entra em contato com outros subsistemas sociais. O fato de o impulso do subsistema administrativo ser mediado pelo subsistema jurídico faz pressupor ao subsistema destinatário que o subsistema administrativo opera para o bem comum: é um pressuposto tácito, porque cada subsistema ao qual a administração se dirige não é capaz de verificar o direito.

Portanto, o direito desempenha duas funções: *a)* para com os outros subsistemas (ou seja, para o exterior), "cobre a retaguarda da administração", no sentido de que faz pressupor que ela atue para o bem comum[143]; *b)* para com o próprio sistema administrativo (ou seja, para o interior), "a função do direito consiste em transformar as exigências externas do ambiente e suas condições de existência [...] em premissas internas para a decisão"[144]. Dada a complexidade do ambiente e das solicitações, bem como a diversidade dos tempos, essa transformação não é automática nem casual,

---

141. "Unbestimmt strukturiert": Luhmann, *Recht und Automation*, cit., p. 23; há uma referência a Max Weber, segundo o qual as normas devem ser "formal und material rationalisiert" (Luhmann, *Recht und Automation*, cit., p. 24).

142. A positividade do direito é "eine systeminterne Verarbeitung der Umweltkomplexität": Luhmann, *Recht und Automation*, cit., p. 53.

143. Luhmann, *Recht und Automation*, cit., p. 24.

144. Luhmann, *Recht und Automation*, cit., p. 24 s.

mas pressupõe certa autonomia do sistema. A norma jurídica *nasce*, portanto, "como decisão interna ao sistema, através de processos decisórios de nível superior"[145], e *serve* como "generalização coordenadora em relação a uma pluralidade de ambientes"[146].

Fica assim invertida a visão dos juristas tradicionais: a norma não é uma "condição *a priori* da decisão", como se costuma afirmar, mas, ao contrário, é o produto de uma decisão: "As normas são elaboradas pelo próprio sistema que por elas é estruturado."[147]

Esse esquema sistêmico descreve o funcionamento empírico do direito, e dele Luhmann extrai uma série de constatações: não pode haver *déni de justice*[148]; as normas nascem da prática decisória do juiz; existe apenas em parte uma divisão entre estabelecimento e aplicação. Mas então é necessário também constatar que "a mais recente teoria do direito" ainda não percebeu "quanto já deslizou para o reino da cibernética e para a teoria dos sistemas"[149].

Seguindo uma indicação de Simon, Luhmann vê os dados do ambiente como "premissas para a decisão"[150]: "ao defini-los como premissas para a decisão, os dados do ambiente são traduzidos para uma língua que a administração

---

145. "Als Eigenleistung im System selbst durch Entscheidungsprozesse auf höhere Ebene": Luhmann, *Recht und Automation*, cit., p. 25.
146. "Koordinierende Generalisierung in Bezug auf eine Mehrheit von Umwelten": Luhmann, *Recht und Automation*, cit., p. 25.
147. "Sie [as normas] werden im selben System erarbeitet, *daß* sich durch sie strukturiert": Luhmann, *Recht und Automation*, cit., p. 25; há um erro de imprensão: "*daß*" deveria ser "das").
148. Luhmann fala da "inevitabilidade da criatividade do juiz" (Unvermeidlichkeit richterlicher Rechtsschöpfung) e faz referências a Josef Esser, *Grundsatz und Norm in der richterlichen Fortbildung des Privatrechts. Rechtsvergleichende Beiträge zur Rechtsquellen-und Interpretationslehre*, Mohr, Tübingen, 1956, XX-394 pp. Esse autor nos remete ao tema dos valores, fio condutor de todo o pós-guerra (cf. *supra*, cap. VI), e à passagem do clássico "sistema para dizer" ao moderno "sistema para fazer", como primeiro degrau em direção ao sistema da cibernética e, em seguida, de Luhmann.
149. Luhmann, *Recht und Automation*, cit., p. 25.
150. Luhmann, *Recht und Automation*, cit., p. 26, nota 9.

pode compreender e elaborar"[151]. Essas premissas transformam-se em normas positivas, ou seja, em sólidos pontos de referência (*Fixierpunkte*) que substituem o ambiente mutável. Concluindo, assim como já foi visto, as normas "definem o esquema intelectivo (*Auffassungsschema*) da administração e, da massa dos eventos, escolhem as informações que a administração considera relevantes[152].

Assim, dos sistemas gerais, Luhmann voltou-se ao do interior da administração pública e, neste ponto, examina sua relação com o direito.

Ao diferenciar política, público e esfera pessoal como mundos comunicativamente separados da administração, a norma jurídica torna-se "a categoria estruturalmente central no sistema administrativo"[153]. As democracias liberais são "constitucionalmente [*aqui no sentido de* estruturalmente] Estados de Direito"; "o direito não é um preceito de avaliação imposto de fora para o Estado administrativo, mas sua própria lei estrutural[154]. Um exemplo *ex negativo* é oferecido pelos países em desenvolvimento[155]: tecnicamente, sabem fazer leis, mas a diferenciação social ainda não chegou a separar a política da administração, e dessa mistura nasce a corrupção. De fato, "o Estado administrativo constitui-se em Estado de Direito quando diferencia o seu ambiente nesse tríplice sentido"[156].

Na controvérsia sobre o fato de a atividade da administração ser ou não uma aplicação do direito, Luhmann considera "coerente" que a teoria pura do direito "relacione sem solução de continuidade o estabelecimento com a aplicação de normas, descrevendo o ordenamento jurídico como uma hierarquia em que as normas, para cada degrau

---

151. Luhmann, *Recht und Automation*, cit., p. 26.
152. Luhmann, *Recht und Automation*, cit., p. 26.
153. A norma é "zentrale Strukturkategorie": Luhmann, *Recht und Automation*, cit., p. 27.
154. "Strukturgesetz": Luhmann, *Recht und Automation*, cit., p. 27.
155. Luhmann, *Recht und Automation*, cit., p. 27, nota 12.
156. Luhmann, *Recht und Automation*, cit., p. 28 e nota 13.

descendente, são concretizadas por uma nova estatuição"[157]. E, como se sabe, cada aplicação do direito ou ato "executivo" implica sempre "uma quantidade de vários processos decisórios". E aqui retorna a informática: essa criatividade deve ser aceita "nem que seja apenas pelo fato de que a isso nos obriga a invenção da máquina lógica (*Logikmaschine*), que ficaria simplesmente parada se a alimentássemos com problemas jurídicos não precisamente preparados"[158], ou seja, não estruturados e programados segundo normas técnicas precisas.

d) O direito no modelo de input-output *da administração*

Estabelecida assim, em grandes linhas, a correlação entre os vários subsistemas do sistema social e a função do direito como intermediário entre o subsistema administrativo e todos os demais, é necessário "localizar com maior precisão os elementos especificamente jurídicos do procedimento decisório da administração a respeito da sua relação com a automação"[159].

O direito é um conjunto de premissas às decisões administrativas, das quais funda a vinculatividade: mesmo não sendo o único fundamento da administração pública no ambiente, "o direito lhe oferece uma base operacional dificilmente atacável na prática"[160]. Ele garante, portanto, a relativa autonomia da administração pública em relação ao ambiente.

---

157. Luhmann, *Recht und Automation*, cit., p. 28, nota 14; a referência é a Adolf Merkl, *Allgemeines Verwaltungsrecht*, Springer, Wien – Berlin, 1927, XVI-400 pp.; reimpresso em 1999: Verlag Österreich, Wien, 1999, XXI-400 pp. De Kelsen, Luhmann cita aqui apenas a segunda edição do livro *Das Problem der Souveränität und die Theorie des Völkerrechts. Beitrag zu einer Reinen Rechtslehre*, Mohr (Siebeck), Tübingen, 1928, XII-320 pp.
158. Luhmann, *Recht und Automation*, cit., p. 28.
159. Cf. todo o capítulo V em Luhmann, *Recht und Automation,* cit., p. 35.
160. Luhmann, *Recht und Automation*, cit., p. 35.

Os sistemas administrativos elaboram as informações que chegam do exterior segundo programas decisórios próprios, que, portanto – diferentemente das normas e das finalidades, originadas no interior da administração –, estão ligados ao fluxo de informações entre sistema e ambiente, ou seja, operam da maneira que é própria de cada sistema aberto. Uma vez que o sistema administrativo tem uma relação com o ambiente para alcançar um fim predeterminado, são dois os modelos de correlação dos programas com os dados do ambiente: o modelo causal (ou condicional) e o modelo finalizado.

No *modelo causal*, a informação de entrada resulta em apenas uma decisão: se o sistema recebe o impulso A, *então* o sistema toma sempre a decisão B; se o impulso não é A, então o sistema não toma decisões. Portanto, o modelo causal aproxima-se de sua finalidade através de *alternativas* e por isso, por analogia com a linguagem da informática, é chamado por Luhmann também de "modelo *condicional*"[161]; falaremos deste último termo adiante. Ao contrário, no *modelo finalizado*, é possível uma pluralidade de decisões que devem ter em comum apenas a realização da finalidade do sistema: o sistema, ao receber o impulso A, pode decidir atingir a própria finalidade com a decisão *b1* ou com a decisão *b2* e assim por diante. O modelo finalizado aproxima-se de sua finalidade através do esquema *regra/exceção*[162].

Luhmann também chama de *condicionais* os programas causais porque, na informática, o programador pode encontrar-se diante de uma alternativa em virtude da qual deve escolher uma solução. Por exemplo, supondo programar um procedimento administrativo, em certo ponto este

---

161. Luhmann, *Recht und Automation*, cit., p. 38. As noções de "causal" (ou "condicional") e de "finalizado" reaparecem também na descrição dos programas; cf. *infra*, neste item, letra e.

162. Luhmann, *Recht und Automation*, cit., p. 38. Talvez possa ser comparado ao "management by exceptions".

prevê a apresentação de um requerimento dentro de um prazo peremptório. O programa encontra-se, então, diante de uma alternativa (que é indicada com determinado símbolo na diagramação em blocos): se o requerimento for apresentado dentro do prazo, será examinado pelo setor X; se, ao contrário, estiver fora do prazo, a rejeição ao requerimento será informada ao cidadão. A alternativa tem, portanto, duas saídas, ou seja, leva a duas decisões possíveis, apenas duas, mas não se pode saber com antecedência qual decisão será concretamente tomada, porque ela depende das características do caso examinado, ou seja, do impulso que virá do ambiente externo. Fala-se, na informática, de *salto condicional* (ou *condicionado*), que opera segundo o esquema: verificou-se a condição A? Se sim, a consequência é X. Se não, a consequência é Y. A condicionalidade exprime-se, portanto, com o "se", "if" em inglês; e é precisamente essa capacidade de "escolha" que faz do computador uma máquina lógica, qualitativamente diferente das máquinas de calcular: não um calculador, mas um computador, um *ordinateur,* um *computer*. Para profissionais da informática, o salto condicionado tem um valor simbólico e evocativo tão elevado que a sociedade IBM deu o nome de "If" à sua revista de maior divulgação.

O programa condicional (se-então) deixa-se traduzir em normas jurídicas mais facilmente que o programa finalístico: este último é, de fato, juridicamente mais inapreensível, porque não permite indicar qual meio será escolhido para se alcançar a finalidade[163]. Visto que os programas finalísticos são traduzíveis em normas jurídicas apenas parcial e indiretamente, é através deles que Luhmann recupera alguns conceitos tradicionais no direito administrativo,

---

163. Simon e outros já tinham tentado (em 1958!) programações finalísticas com programas condicionais: se o intento tivesse sido alcançado, o pensar em termos de fim e meio teria se tornado "juridificável". Teria sido "um programa geral, aplicável e capaz de resolver os problemas, e com capacidade de aprendizado": é a descrição *ante litteram* de um sistema especialista (Luhmann, *Recht und Automation,* cit., p. 44, nota 32).

como a discricionariedade e os "conceitos jurídicos indeterminados"[164].

Na programação do computador, as duas saídas estão rigidamente predeterminadas; ao contrário, no modelo luhmanniano de *input-output*, a administração dispõe de uma discricionariedade de decisão que nem sempre é automatizável. Por isso, Luhmann sublinha que apenas na máquina o objetivo é programado de maneira "inteiramente condicional". Já na administração a situação é diferente e por isso as concepções modernas tendem a abandonar a máquina como modelo da sociedade[165].

O modelo que Luhmann aplica à administração pública é de origem informática: "Programas condicionais e programas finalísticos são as duas formas fundamentais para a programação das decisões administrativas concebíveis segundo um modelo de *input-output* da administração."[166] Os dois tipos de programa não se excluem, porém, reciprocamente; ao contrário, na administração pública, eles são co-presentes e conciliáveis[167]. Todavia, para assegurar a certeza do direito, o Estado moderno tende a fazer prevalecer o programa condicional, que garante a certeza da relação entre causa e efeito[168].

No processo decisório, o direito assim estruturado serve como filtro ou tela entre a administração pública e o

---

164. "Unbestimmte Rechtsbegriffe": Luhmann, *Recht und Automation*, cit., p. 38.
165. Este abandono da visão mecanicista, nota Luhmann, está baseado mais na emoção que na razão (Luhmann, *Recht und Automation*, cit., p. 37: "mehr Empörung als Verständnis"), porque a automação mudou também o modelo de máquina; de qualquer forma, a tradicional concepção mecanicista da sociedade revela-se inadequada a uma sociedade complexa. A referência é a Rudolf Smend, *Verfassung und Verfassungsrecht*, de 1928, em Smend, *Staatsrechtliche Abhandlungen und andere Aufsätze*, Duncker & Humblot, Berlin, 1955, pp. 119-276.
166. Luhmann, *Recht und Automation*, cit., p. 36.
167. Luhmann, *Recht und Automation*, cit., p. 38.
168. "Para o direito público do Estado de Direito, a forma adequada não é o programa finalístico, mas o programa condicional, ou seja, o sólido estabelecimento de consequências jurídicas certas, coerentes a determinados casos concretos": Luhmann, *Recht und Automation*, cit., p. 42.

ambiente. A decisão-*output* não é mais a reação do administrador como pessoa a determinado pedido-*input*, mas é a resposta impessoal do subsistema administrativo à expectativa proveniente de outro subsistema. O direito dá uma "forma" à decisão e esta forma serve "para neutralizar a personalidade de quem decide como fator que contribui para a decisão"[169]. Essa divisão de funções traça o limite entre a administração e o público e fundamenta a autonomia sistêmica da administração: "a forma condicional é, portanto, a forma do programa decisório da burocracia estatal"[170].

O discurso sobre o programa condicional evoca à mente do jurista a concepção de Kelsen sobre a norma como juízo hipotético. E, de fato, Luhmann interpreta a teoria de Kelsen como uma "teoria estritamente condicional da norma"[171]. Mas, na superteoria onívora de Luhmann, o debate sobre norma primária e secundária – isto é, se a norma está dirigida ao cidadão ou ao juiz – resolve-se no sentido de que a norma, devido às diferenciações até aqui expostas, mostra uma face ao juiz e uma face diferente ao cidadão. A norma implica diferentes expectativas de comportamento na burocracia e no público e assume, portanto, formulações diferentes.

A noção de programação condicional é parte integrante da teoria de Luhmann, porque a tradução do direito em programas decisórios serve para transformá-lo em direito positivo. Essa noção reaparecerá, portanto, nas décadas seguintes, por exemplo na *Sociologia do direito*. Na obra examinada, ela permite a Luhmann passar da administração pública à informática: "assim como o direito – diz em um certo ponto –, também a automação faz uso de programas condicionais"[172]. Luhmann estende o conceito de programa

---

169. Luhmann, *Recht und Automation*, cit., p. 43.
170. Luhmann, *Recht und Automation*, cit., p. 43.
171. "Strikt konditionale Normentheorie": Luhmann, *Recht und Automation*, cit., p. 43, nota 27.
172. Luhmann, *Recht und Automation*, cit., p. 44.

também aos programas finalizados, porque isso lhe permite estender também à programação decisória o modelo de *input-output* próprio da teoria sistêmica.

e) *As fontes de Luhmann para a noção de programa*

Luhmann deduz a noção de programa da informática através da mediação dos sociólogos da organização, em particular de Herbert Simon, nascido em 1916 e, entre outras coisas, autor, na Rand Corporation, de uma série de pesquisas sobre a aplicação da informática na gestão de empresa. A noção de programa aplicada à organização industrial já tinha sido objeto das pesquisas de Simon em 1956-57 e fora concluída com uma obra em que os resultados obtidos eram estendidos à ciência administrativa e à burocracia[173]. Naquele tempo, a tecnologia que os autores conheciam era mais a mecanográfica que a informática, portanto a noção de programa transferida à administração parece hoje muito distante daquela intuitivamente conhecida por todos. Para a informática, o programa subordina-se a muitos vínculos, porque é um "algoritmo destinado a determinada máquina e escrito em uma linguagem [de programação] por ela reconhecida"; o algoritmo, por sua vez, é "a descrição do esquema de realização de um evento através de uma série finita de ações elementares determinadas, realizáveis *a priori* e com duração limitada no tempo"[174]. Nas ciências sociais, ao contrário, a noção de programa era recebida em um sentido mais genérico.

Originariamente, no processo decisório da administração industrial, o conceito de "programa" era equiparado ao

---

173. James G. March – Herbert A. Simon, *Organizations*, Wiley, New York – London, 1958, 262 pp.; aqui é citada a terceira edição: Wiley, New York – London, 1965, XI-262 pp.; bibliografia pp. 212-48; cf. em particular as pp. 141-50.

174. Atenho-me às definições de divulgação extraídas de Pierre Morvan (org.), *Dictionnaire de l'informatique*, Larousse, Paris, 1981, s.v. *Algorithme*, p. 7; *Programme*, p. 244.

de "estratégia": ambos indicavam uma série de passos determinados mais ou menos rigidamente para alcançar certa finalidade[175]. Essa terminologia origina-se da automação empresarial, mas apresenta contornos mais indefinidos – o programa é uma estratégia de comportamento[176]. Visto que tais estratégias de comportamento são memorizadas pela mente da pessoa que executa determinada tarefa empresarial, a pesquisa de Simon é endereçada não tanto ao programador, mas mais ao analista: a observação de quem trabalha, a entrevista com quem trabalha, o exame do documento que formaliza o procedimento (*routine*) de quem trabalha permitem "extrair boa parte do programa que governa o comportamento rotineiro"[177].

Em Luhmann, uma das primeiras aplicações da noção informática de programa à administração encontra-se em um artigo de 1964: *Louvor à rotina*[178]. Título bivalente, porque o termo "rotina" pode ser entendido em sentido corrente ou em sentido técnico-informático. As duas acepções do termo têm em comum a referência à repetitividade de uma ação, porém a acepção corrente associa à repetitividade o fastio do tédio, enquanto a acepção informática é neutra, porque a máquina não tem emoções. Em Luhmann, o termo está a meio caminho entre as duas acepções: é um termo técnico da teoria luhmanniana, porque o seu "conceito de programa é mais geral que aquele do programa para o computador"[179]. O sentido amplo em que Luhmann usa

---

175. "Organizational decision-making is organized in 'programs' or 'strategies'": March – Simon, *Organizations*, cit., p. 137.
176. March – Simon, *Organizations*, cit., p. 142: "The term 'program' is not intended to connote complete rigidity. The content of the program may be adaptative to a large number of characteristics of the stimulus that initiates it. [...] It is then more properly called a *performance strategy*".
177. "To extract a large part of the program that governs routine behavior": March – Simon, *Organizations*, cit., p. 143. De fato, "most programs are stored in the minds of the employees who carry them out", p. 142.
178. Niklas Luhmann, Lob der Routine, "Verwaltungsarchiv", 1964, pp. 1-33; também em *Politische Planung*, Westdeutscher Verlag, Opladen, 1971, pp. 113-42.
179. Luhmann, *Rechtssoziologie*, cit., p. 227, nota 40. À "programação condicional" são dedicadas as pp. 227-34.

"programa" é ainda mais claro em um de seus livros contemporâneos ao artigo: "Os sistemas complexos – lê-se – não podem funcionar com programas rituais de ação, que prescrevem quais palavras e quais movimentos do corpo são adequados em determinadas ocasiões. Os preceitos rituais têm, antes de tudo, funções integrativas, ou seja, servem à ordem interna de um sistema social e não à adaptação racional a um ambiente mutável". Para enfrentar este último, "os sistemas sociais devem escolher programas decisórios mais flexíveis"[180], ou seja, optar entre programas finalísticos e programas condicionais, que abordaremos mais adiante, mas desde já fica claro que "programa" não é usado aqui no sentido técnico próprio da informática; e o mesmo vale para "rotina".

A "rotina" da informática é, realmente, um segmento de programa que se repete várias vezes no curso geral do programa; por exemplo, um controle de plausibilidade sobre a sequência dia-mês-ano nas datas introduzidas pelo usuário. Na diagramação em blocos – já usada nos anos em que Luhmann escrevia aquele artigo – a rotina era representada com um símbolo próprio, na forma de um hexágono. O diagramador desenvolvia todos os passos da rotina quando a encontrava pela primeira vez, depois assinalava cada presença sucessiva dela com o símbolo hexagonal. Esse hexágono indicava ao programador que, naquele ponto do programa, devia repetir a série de comandos que já tinha desenvolvido anteriormente. Em seu artigo, Luhmann nunca alude a essa acepção informática de "rotina"; ao contrário, usa em sentido metafórico também os outros termos da informática, como "programa" e "sistema". Apesar disso, as ideias de origem informática são uma presença discreta que paira sobre todo o texto, cuja finalidade não é, portanto, a automação da administração pública, mas sua descrição com termos sistêmicos largamente aparentados com os da informática.

---

180. Niklas Luhmann, *Funktionen und Folgen formaler Organisation*, Duncker & Humblot, Berlin, 1964, pp. 282 s.; cf. também pp. 98 s. e pp. 230 ss.

Também a noção de rotina administrativa deriva dos estudos de Simon e tem, portanto, origem na automação, mas não é a rotina informática recém-descrita. Em uma organização, diz Simon, um estímulo repetido frequentemente provoca uma resposta "highly routinized", no sentido de que evoca, entre outros, um repertório de programas de resposta e um programa que seleciona o programa de resposta mais adequado ao caso concreto. Quando o estímulo evoca um conjunto altamente organizado de respostas, Simon fala de "performance program, or simply a program"[181]. O "programa" é, portanto, um termo que se aplica sobretudo às pessoas que se encontram em uma "routine position"[182]. Simon considera rotineira também a atividade em que "a busca [da resposta] foi eliminada, mas a escolha permanece sob a forma de uma *computing routine* claramente definida e sistemática". Ao contrário, sai-se da rotina nos casos em que as respostas aos estímulos "devem ser precedidas por atividades para o desenvolvimento de um programa, atividades que devem ser dirigidas à solução de um problema"[183]. Em 1960, Simon volta, de maneira ainda mais articulada, ao conceito de rotina e de programa[184].

Para Luhmann, ao contrário, a rotina industrial e administrativa "é o ponto em que a racionalidade torna-se tediosa"[185]. O artigo de Luhmann reage à "avaliação pejorativa da rotina"[186] administrativa, entendida no sentido tradicional do termo. Dessa última concepção parte a tentati-

---

181. March – Simon, *Organizations*, cit., p. 141.
182. March – Simon, *Organizations*, cit., p. 142; um conjunto de atividades é rotineiro na medida em que a escolha foi simplificada, predispondo uma resposta fixa a determinados estímulos.
183. "Program-developing activities of problem-solving kind": March – Simon, *Organizations*, cit., p. 142.
184. Herbert A. Simon, *The New Science of Management Decision*, Harper, New York, 1960, 50 pp. (primeira edição); aqui citado da terceira edição revista: Prentice Hall, Englewood Cliffs (N.J.), 1977, IX-175 pp. A edição de 1965 tem um título diferente: *The Shape of Automation for Men and Management*.
185. Luhmann, *Lob der Routine*, cit. p. 2.
186. Luhmann, *Lob der Routine*, cit. p. 31.

va de Luhmann de colocar a rotina "em uma ciência da administração que estuda as condições para a existência da administração entendida como um sistema de atividades decisórias"[187]. A rotina da indústria é uma repetição de gestos, ao passo que a rotina da administração é uma repetição de decisões, e cada decisão é comunicação. A essa altura Luhmann introduz o conceito de "programas decisórios" que caracteriza a administração, e define a rotina como "um tipo especial de programa decisório"[188].

A administração é um sistema social[189], portanto um sistema aberto aos estímulos do ambiente; nem a todos, porém, porque assim o sistema administrativo precipitaria no caos, mas apenas àqueles a que o sistema pode reagir, adaptando-se. Essa concepção é reconduzível a precisas fontes americanas: "O conceito de programa decisório que Simon deduziu da automação e transferiu para a ciência da administração – esclarece Luhmann – revela-se um auxílio indispensável para conceber a administração como sistema social de limites estáveis, conceito que provém da teoria sociológica de Talcott Parsons[190]."

Já que a administração move-se em um mundo preponderantemente verbal, ela "busca as informações no âmbito das possibilidades de comunicação, e suas comunicações no âmbito das suas possibilidades de informação"[191]. A esta seleção das informações que chegam do mundo exterior e que a ele são enviadas Luhmann associa a noção de programa: a determinada informação pode sempre corresponder determinada comunicação, ou seja, determinada

---

187. Luhmann, *Lob der Routine*, cit., p. 2.
188. Luhmann, *Lob der Routine*, cit., p. 5. Recordando-se o modelo causal (ou condicional) e o modelo finalizado de administração vistos *supra*, neste item, letra d.
189. "Todos os sistemas sociais são sistemas abertos: extraem a sua identidade do fato de elaborar informações que provêm do ambiente": Luhmann, *Lob der Routine*, cit., p. 6, nota 8.
190. A administração é um "grenzerhaltendes soziales System": Luhmann, *Lob der Routine*, cit., p. 6.
191. Luhmann, *Lob der Routine*, cit., p. 6.

decisão, e este é o caso da rotina; ou então a administração pode estabelecer quais são as decisões a serem tomadas e buscar as informações que lhe servem de referência; neste caso, ela segue um procedimento finalizado. Essa noção de programa extrai, portanto, sua origem da automação (cf. *supra*, cap. I, 2), mas Luhmann a utiliza em um sentido que está a meio caminho entre a rigorosa definição informática e o vago sentido corrente. Essa observação pode ser estendida a todos os termos da informática usados por Luhmann: eles têm um significado específico na sua teoria, mas apenas uma assonância com o termo técnico da disciplina de origem.

A essas duas formas de comunicação correspondem dois tipos diferentes de programa. O *programa finalizado* deve alcançar determinadas finalidades em um tempo predeterminado, ao passo que, ao contrário, o *programa causal* (aquele rotineiro) está livre do vínculo temporal, no sentido de que o sistema toma determinada decisão quando chega determinada informação: verificando-se A, a resposta é B. O programa rotineiro está, portanto, ligado ao ambiente, já que do ambiente chega a causa que põe em movimento o sistema, mas é ao mesmo tempo fixo, porque age segundo regras predeterminadas que, porém, podem ser ativadas de maneira não previsível. Quando Luhmann diz: "o sistema transforma a irregularidade em regularidade"[192] quer dizer exatamente que o impulso proveniente do ambiente é imprevisível (esta é a irregularidade), mas que a reação a tal impulso é sempre a mesma (e esta é a regularidade). Além disso, na vida cotidiana da administração, a rotina substitui a ordem direta dada pela autoridade hierárquica: a autoridade é deduzida, por assim dizer, da informação recebida[193].

Os programas rotineiros são típicos do mundo jurídico, pois a ocorrência de um caso concreto provoca determi-

---

192. Luhmann, *Lob der Routine*, cit., p. 9.
193. Luhmann, *Lob der Routine*, cit., p. 25.

nada decisão. Portanto, "o direito positivo e a ética devem ser separados, para que os programas rotineiros possam ser mantidos distintos dos programas finalizados"[194]. Trata-se, porém, de mantê-los distintos apenas no plano conceitual; na realidade, é possível que em um setor da atividade administrativa estejam presentes os dois tipos de programa.

A diferença entre a noção de sistema em Luhmann e a noção tradicional está na referência ao ambiente: "Nos sistemas abertos ao ambiente e dependentes dele o interesse pelas constantes (embora problemáticas) é a característica evidente da mais recente teoria dos sistemas, em contraposição às velhas teorias ontológicas dos sistemas, que definiam o conceito de sistema recorrendo aos conceitos de todo, de parte e de relação, sem nenhuma referência ao ambiente."[195]

No início dos anos 1960, a discussão sobre a estabilidade dos sistemas em relação ao ambiente tinha como ponto de referência principalmente a biologia e a cibernética. Como, todavia, esta última nascia exatamente da interdisciplinaridade, os conceitos próprios de cada uma das disciplinas tendiam a ser utilizados também em disciplinas diferentes. Luhmann dedica, ao contrário, um tópico para distinguir o sistema homeostático do sistema cibernético, mesmo que para os estudiosos da cibernética a homeostase seja um conceito fundamental da própria disciplina. Para Luhmann, a divisão deriva do uso de duas fontes distintas: a noção de homeostase vem de Cannon[196] e a noção de cibernética, diretamente de Wiener. Mas existe uma razão na qual Luhmann baseia essa separação dos métodos que servem para dar estabilidade aos sistemas: "Se aplicamos [os modelos homeostático e cibernético] ao âmbito da nossa teoria da administração, entendida como sistema para a

---

194. Luhmann, *Lob der Routine*, cit., p. 12.
195. Luhmann, *Lob der Routine*, cit., p. 16.
196. Cannon, *The Wisdom of the Body*, cit.: esta obra já foi lembrada pela influência exercida sobre Parsons; cf. *supra*, 4, nota 59.

elaboração da informação, defrontamo-nos com uma constatação interessante: as estratégias homeostáticas servem para controlar o limite do sistema em relação às informações de entrada; ao contrário, as estratégias cibernéticas estabilizam o outro limite do sistema, garantindo a homogeneidade do trabalho resultante do sistema"[197].

Na biologia, a homeostase visa conservar constante o estado do sistema aberto às influências externas; por exemplo, a temperatura do corpo é mantida constante mesmo que a do ambiente mude. Transferida da biologia para a administração, a noção de homeostase serve para designar as instituições e as estratégias que permitem selecionar os *input* e que evitam eludir as condições previstas para a promulgação de determinados atos; por exemplo, a estrutura hierárquica ou o controle conjunto das decisões. "À mesma função serve a estrutura receptiva do programa de rotina"[198], ou seja, o programa rotineiro deve ser construído de maneira a impedir, por exemplo, que determinada decisão seja tomada após o ingresso no sistema de uma informação que não seja a apropriada.

Quando, porém, a decisão é tomada e sai do sistema administrativo, os controles homeostáticos exaurem sua tarefa e são substituídos pelos cibernéticos. "O sistema cibernético – escreve Luhmann – foi deduzido da técnica das máquinas, entendida no sentido mais amplo, e foi depois ampliado até tornar-se uma estratégia geral sistêmica."[199] De um mundo externo imprevisível chegam impulsos ao sistema, alguns dos quais devem produzir determinado efeito: o controle cibernético visa exatamente à constante saída do sistema das decisões associadas a determinadas informações de entrada. Das diferentes características dos controles homeostáticos e cibernéticos originam-se outras analogias com a atividade da administração: "a homeosta-

---

197. Luhmann, *Lob der Routine*, cit., p. 17.
198. Luhmann, *Lob der Routine*, cit., p. 17.
199. Luhmann, *Lob der Routine*, cit., p. 18.

se torna supérfluo o ideal da insensibilidade absoluta, assim como a cibernética torna supérfluo o ideal do poder absoluto"[200].

O sistema aberto está em fase de perene adaptação às variações do mundo externo. Essa adaptação acontece também porque as decisões provenientes do sistema geram respostas no ambiente; essas respostas retornam ao sistema, que pode tomar sucessivas decisões corretivas quando as respostas não são as desejadas. Transferindo para a administração tal concepção cibernética, deixa-se o campo da decisão normativa (em que o jurista opera) e entra-se no da eficácia da decisão, ou seja, da análise dos efeitos da decisão (em que o sociólogo do direito opera). Aqui Luhmann distancia-se expressamente de Lucien Mehl, que descreve *toda* a administração como um sistema cibernético (cf. *supra*, cap. I, 7, b). Para Luhmann, apenas uma parte da administração pode ser descrita como sistema cibernético, e, mais precisamente, apenas a parte que diz respeito aos efeitos extrassistêmicos das decisões sistêmicas.

Em uma forma que a generalização luhmanniana de 1964 torna nebulosa, a aplicação da teoria cibernética à administração parece ser o prelúdio de formas de descentralização modernas, tornadas possíveis no final do milênio pelo desenvolvimento da informática e das redes. De fato, o sistema administrativo pode controlar de fora do sistema os efeitos das próprias decisões e, portanto, também poderia controlar a continuidade dos efeitos de decisões não próprias. Sem enfrentar a questão sobre essa descentralização informática ser na realidade uma nova forma de centralização informática, basta relembrar aqui que, para Luhmann, "a cibernética insere-se na lei estrutural da rotina e, portanto, não constitui uma novidade: é um caso típico de programação condicional, caracterizado pela peculiaridade de ter sido o próprio sistema que contribuiu para gerar as informações, que mais tarde voltam a ele como novidades.

---

200. Luhmann, *Lob der Routine*, cit., p. 18.

Sobre essa autofecundação aparentemente paradoxal, fundamenta-se uma das invenções estratégicas mais significativas: a extensão do controle rotineiro também a procedimentos não inerentes ao sistema, que assim são mantidos constantes sem um poder central sobre todas as causas concomitantes". Mas as consequências da extensão de tal controle, segundo Luhmann, "ainda não são previsíveis"[201].

Seguindo o exemplo de Parsons, do exame de cada sistema correspondente a um segmento da administração, pode-se passar à referência contemporânea de vários sistemas. Neste ponto surgem problemas de coordenação, porque a rotina simples é concebida em função de um só sistema e, portanto, suas funções específicas podem revelar-se disfuncionais em relação a outros sistemas. Mas uma teoria funcional deve levar em consideração também as disfuncionalidades que nascem quando de um só sistema passa-se à coordenação de vários sistemas.

Para ilustrar a sua teoria da administração pública, Luhmann considerara sistema, por exemplo, um só departamento diretor, ao passo que tratara como ambiente as outras direções, as divisões, as seções, os setores supraordenados e subordinados etc. Na realidade, todos esses departamentos interagem; e sua interação pode ser descrita como um modelo cibernético. Essa coordenação administrativa flexível corresponde, no mundo industrial, a uma rígida linha de montagem: não assume sua forma externa, mas apropria-se do "princípio de orientação rotineira geral, em que não é necessário determinar a finalidade nem dar instruções"[202].

À pluralidade de sistemas interagentes é necessário acrescentar outro fator de complexidade: "as condições ambientais podem mudar profundamente, a ponto de torna-

---

201. Luhmann, *Lob der Routine*, cit., p. 19; note-se o uso do conceito "programação condicional", que Luhmann explicará a fundo em um texto posterior: cf. *infra*, nota 204.
202. Luhmann, *Lob der Routine*, cit., p. 22.

rem inadequado o programa", porque as reações homeostáticas e cibernéticas permitem ajustes apenas dentro de certos limites[203]. Diante de uma profunda mudança do ambiente, a solução proposta por Luhmann consiste em "institucionalizar" o problema, ou seja, em confiar a um setor do sistema administrativo existente a tarefa de reformular o programa, levando em consideração que no sistema as decisões *sobre* o programa são sempre distintas das decisões tomadas tendo *por base o* programa. Na realidade, com essa situação crítica chega-se ao limite extremo da teoria sistêmica, e Luhmann prefere deixar sem resposta a pergunta sobre as técnicas para reconstruir um sistema que já não está em consonância com o ambiente.

A consideração de que parte Luhmann já é parte da sua teoria geral da sociedade: o Estado gera decisões vinculantes, portanto sua ação é causa de determinados efeitos. Mas as causas de suas ações podem ser infinitas, assim como podem ser infinitos seus efeitos. Para simplificar essa situação, são necessárias regras que Luhmann, "com referência a uma terminologia extraída da automação, quer indicar como *programas decisórios*"[204]. Esses programas são reconduzíveis apenas a dois esquemas, que já vimos repetidas vezes. O primeiro tipo é o *programa finalístico*, que identifica determinado efeito como objetivo da ação, ao passo que os outros efeitos são irrelevantes. O *programa causal ou condicional* identifica, ao contrário, determinada causa, a cuja manifestação o sujeito deve sempre reagir de maneira predeterminada. Luhmann destaca que os programas condicionais são a verdadeira novidade, que "a programação condicional foi descoberta há pouco", e indica também a fonte a que ele mesmo se refere: é um estudo de sociologia

---

203. Luhmann, *Lob der Routine*, cit., p. 25.
204. Niklas Luhmann, *Öffentlich-rechtliche Entschädigung – rechtspolitisch betrachtet*, Duncker & Humblot, Berlin 1965, p. 30; note-se que Luhmann destaca a semelhança, e não a coincidência, das duas acepções de "programa"; além disso, "automação" traduz, aqui, "automatische Datenverarbeitung", que indica o lado aplicativo da informática.

da organização[205], cujos autores "limitam, porém, o conceito de "programa" ao caso da programação condicional, impedindo assim a possibilidade de elaborar a oposição entre programas finalísticos e programas condicionais"[206].

Para Luhmann, os dois tipos de programa são compatíveis, a ponto de poderem ser combinados: "Por exemplo – continua –, podem-se incluir programas finalísticos em programas condicionais, quando, por exemplo, se prescreve o que deve acontecer quando se manifesta um sinal sem ação específica preestabelecida, mas limitando-se a indicar uma finalidade a ser alcançada"[207]. Essa redução da complexidade do mundo externo facilita o trabalho da administração, mas pode levar a um conflito entre os interesses do cidadão e os da administração. A aplicação dos programas admite "determinada inócua falta de escrúpulos no planejamento estatal"[208] ou até mesmo uma imprevista violação dos direitos subjetivos por parte da administração. É precisamente nisso que consiste o "efeito de desresponsabilização do programa condicional"[209]: se a administração se atém às prescrições do programa, não é responsável pelos efeitos colaterais imprevistos e, portanto, não é responsável pelo dano. Para um bom governo, esses casos excepcionais não devem ser regulados no programa (que assumiria uma complexidade excessiva), mas devem ser evitados ao máximo com um bom sistema de comunicação entre níveis executivos e níveis dirigentes da burocracia.

Essas considerações abstratas são, depois, aplicadas à ação do Estado e à indenização: desse modo, o texto de Luhmann adquire uma solidez que não será mais encontrada em seus textos maduros, voltados para uma abstração

---

205. March – Simon, *Organizations*, cit., em particular a pp. 141 ss.
206. Luhmann, *Öffentlich-rechtliche Entschädigung*, cit., p. 30 s., nota 2. À *Programação das decisões* estão dedicadas as pp. 29-37.
207. Luhmann, *Öffentlich-rechtliche Entschädigung*, cit., p. 32.
208. Luhmann, *Öffentlich-rechtliche Entschädigung*, cit., p. 31.
209. "Die Entlastungswirkung des Konditionalprogramms": Luhmann, *Öffentlich-rechtliche Entschädigung*, cit., p. 148.

cada vez maior. Aqui, ao contrário, as considerações sobre a indenização conduzem a uma visão geral do Estado. A indenização pode, de fato, ser relacionada com um programa finalizado ou condicional, e "aqui está o âmbito de discricionariedade dos diversos 'sistemas' do direito da indenização. Quais dessas possibilidades serão, depois, preferidas em um ordenamento [...] é uma questão em aberto, que pode ter diversas respostas. A solução depende também da medida em que um Estado prefere, como programas primários, os programas finalísticos ou os programas condicionais e em que medida traduz em direito os seus programas decisórios"[210]. O Estado de Direito deve unir cada programa a todos os demais, "para que possa participar da vinculatividade do agir estatal"[211]: é uma formulação que lembra de perto o sistema tradicional e, em particular, o sistema kelseniano. Assim, as democracias ocidentais tendem ao programa condicional, enquanto os Estados comunistas tendem ao programa finalístico[212]. No flexível contexto ocidental, o jurista não aplica mecanicamente os programas, mas dispõe de um âmbito criativo: "A dogmática jurídica e a retórica, junto com suas instituições, desempenham um papel decisório relativamente autônomo"[213]; em outras palavras, não há estabelecimento de direito que não seja vinculado ao direito preexistente, nem decisão jurídica concreta que, por sua vez, não seja criação de direito. Dessas considerações acerca de programas e sistemas deriva a conclusão jurídica, para a qual "a função de emanar direito positivo está subdividida entre os poderes Legislativo, Executivo e Judiciário"[214]; portanto, o direito nasce em todo o aparato burocrático, sua ciência não é dogmática, mas retórica ou tópica; portanto, os autores de referência, para Luhmann, são Theodor Viehweg e Josef Esser.

---

210. Luhmann, *Öffentlich-rechtliche Entschädigung*, cit., p. 34.
211. Luhmann, *Öffentlich-rechtliche Entschädigung*, cit., p. 34.
212. Luhmann, *Öffentlich-rechtliche Entschädigung*, cit., p. 35.
213. Luhmann, *Öffentlich-rechtliche Entschädigung*, cit., p. 35.
214. Luhmann, *Öffentlich-rechtliche Entschädigung*, cit., p. 36.

f) O programa da informática e o programa de Luhmann: paralelismos e divergências

A longa viagem através da noção de sistema e de programa no primeiro Luhmann não deve, porém, fazer-nos esquecer de que, nessa sua obra, ele pretende demonstrar a aplicabilidade da informática ao direito e, em particular, justificar a automação da administração pública. É por isso que Luhmann, ao retornar à sua tarefa original, propõe-se ilustrar duas teses: uma teórico-política, e outra prática.

No plano *teórico-político*, o Estado de Direito evolui do programa finalizado, que dá amplo espaço à discricionariedade da administração, para um programa condicional, que dá maior certeza de direito. Porém, o computador e o jurista decidem de acordo com programas que não são iguais, mas apenas semelhantes. Luhmann faz um uso ambíguo do termo "programa", porque a mesma palavra designa dois objetos bem distintos: uma coisa é o programa na teoria de Luhmann, outra é o programa na informática. Mais uma vez, ao passar de uma disciplina a outra, o conceito técnico transforma-se em uma metáfora. De fato, o programa do computador é determinado segundo o esquema do programa condicionado já visto (se-então, *wenn-dann*). O jurista, ao contrário, baseia a sua atividade na imprecisão e na ambiguidade das normas: sua função no sistema administrativo é reduzir as incertezas e as imprecisões para a conservação do próprio sistema[215]. Portanto, entre a decisão da máquina e a do jurista, há apenas uma *semelhança de princípio* ou uma *assonância terminológica*, porque a decisão jurídica não pode ser equiparada ao procedimento decisório automatizável[216]: trata-se de duas maneiras funcionalmente diferentes de realizar os programas condicionais aos quais tende o Estado de Direito. Já Luhmann utiliza o termo "programa" de maneira indiferenciada e, baseado nes-

---

215. Luhmann, *Recht und Automation*, cit., p. 49.
216. Luhmann, *Recht und Automation*, cit., p. 45.

sa extensão do conceito técnico de programa, pode concluir que a automação não está em contraste com o Estado de Direito, porque – fundamentalmente – tanto um quanto outro usam o mesmo tipo de programa.

Mas a automação da administração pública é justificável também no plano *prático*. Nessa argumentação, Luhmann parte da lógica do computador: "A lógica própria da máquina não é nem a lógica clássica da dedução correta nem um sistema logístico moderno, mas um ordenamento pragmático de passos decisórios; é, portanto, uma 'lógica' apenas no sentido de ser calculável."[217] Em determinados casos – portanto não em todos – é possível transformar o raciocínio tradicional do jurista naquele "ordenamento pragmático" que pode ser traduzido em um programa para o computador. Nestes casos – e apenas nestes –, o processo decisório do jurista pode ser traduzido em um programa condicional e transferido para a máquina. Nos programas condicionais – e apenas nestes – "o 'equipamento' usado para executar os programas – ou seja, a máquina ou o cérebro humano – é irrelevante para a 'lógica' e para a exatidão da conclusão, porque a premissa e a conclusão estão ligadas por uma relação imutável"[218]. É nessa constatação que Luhmann baseia a transferibilidade de determinadas decisões do homem para a máquina.

Portanto, no que se refere aos programas, o direito e a automação convergem, mesmo que não coincidam. Mas o programa decisório tem, para o jurista, um significado diferente do que tem para a máquina. Assim, o jurista e a máquina fornecem contribuições diferentes à decisão da administração pública. A máquina deve respeitar uma sequência rigorosa, que é também uma "sequência cronológica estritamente regulada"[219]; o jurista não, porque sua

---

217. "Kalkülisiert": Luhmann, *Recht und Automation*, cit., p. 45.
218. Luhmann, *Recht und Automation*, cit., p. 46.
219. O programa da informática é uma "streng geregelte Zeitfolge": Luhmann, *Recht und Automation*, cit., p. 49.

função é aplicar o direito positivo. Ora, a norma positiva apresenta um caráter de generalidade que também é incerteza e ambiguidade. Essas características, por sua vez, são condições para a sobrevivência do sistema, porque a norma jurídica é "uma elaboração interna ao sistema da complexidade do ambiente"[220].

Ao afirmar que o Estado opera segundo programas universais (ou seja, independentes das características do indivíduo), Luhmann aceita uma dupla de *patterns variables* que a sociologia americana denomina *universalism-particularism* e que lhe foram legadas por Parsons[221]. O universalismo parsoniano (ou, em Luhmann, a função desempenhada pela ambiguidade da norma geral) é a versão (na sociologia geral ou na teoria dos sistemas, respectivamente) de um conhecido conceito jurídico: a igualdade perante a lei estabelecida pelos direitos fundamentais constitucionalmente garantidos.

Se o jurista opera no mundo da ambiguidade devido ao caráter geral da norma jurídica, então sua função não é automatizável porque consiste "na absorção da incerteza" presente no sistema[222]: "O direito é racional não no sentido de que pode ser representado como a aplicação de um sistema lógico e no sentido de que, por princípio, pode ser transferido também para o computador; sua racionalidade consiste, antes, na solução dos problemas sistêmicos que não podem ser resolvidos através de meios puramente lógicos e que, portanto, não podem ser confiados à máquina." O computador, ao contrário, tem uma capacidade li-

---

220. "Eine systeminterne Verarbeitung der Umweltkomplexität": Luhmann, *Recht und Automation*, cit., p. 53.
221. Talcott Parsons – Edward A. Shils (ed.), *Toward a General Theory of Action*, Harvard University Press, Cambridge (Mass.), 1951, p. 81 s.; esses dois conceitos são aplicados também ao direito da sociedade industrial: Talcott Parsons, *Some Principal Characteristics of Industrial Societies*, em Parsons, *Structure and Process in Modern Societies*, Free Press, Glencoe (Ill.), 1960, pp. 143 s.
222. "Unsicherheitsabsorption": Luhmann, *Recht und Automation*, cit., p. 59.

mitada de resolver as indeterminações e, portanto, de assumir responsabilidades. Fica assim delineada a divisão do trabalho entre o jurista e a máquina, no sentido de que nem todas as funções do jurista podem ser delegadas à máquina. Nem tudo, mas alguma coisa sim.

Podemos agora tirar as conclusões da subdivisão das tarefas entre a máquina e a pessoa, isto é, a administração pública. A teoria geral da administração, objeto dos trabalhos de Luhmann, é "uma teoria geral dos sistemas decisórios"[223]. O modelo de sistema a que se refere é o cibernético. Os sistemas cibernéticos de tipo superior têm uma elevada indeterminação estrutural e são capazes de reduzir essa indeterminação através do uso das informações que recebem, alcançando, assim, as finalidades preestabelecidas. Dessa forma, podem enfrentar algumas irregularidades provenientes do ambiente: podem "criar ordem a partir da desordem"[224]. Essa é uma função externa ao sistema: no nosso caso, uma função social. No interior do sistema, essa função manifesta-se como a absorção da incerteza, como "redução contínua da indeterminação do sistema". Nessa função, o jurista e a automação (como também outros atores) dividem as tarefas[225].

g) Três problemas administrativos e a teoria dos sistemas

Até este momento, Luhmann expôs sua teoria geral da administração pública, com a qual, entre outras coisas, justifica o uso do computador para algumas tarefas administrativas específicas. Com funções próprias, o jurista e o

---

223. A "Verwaltungstheorie" a que visa Luhmann é uma "allgemeine Theorie der Entscheidungssysteme": Luhmann, *Recht und Automation*, cit., p. 61.
224. Luhmann, *Recht und Automation*, cit., p. 62: retoma, aqui, uma formulação própria das teorias do caos, relembradas brevemente *supra*, cap. III, item 5, nr. 4.
225. A essa divisão de tarefas Luhmann dedica um amplo exame (Luhmann, *Recht und Automation*, cit., pp. 62-74) que aqui não é possível analisar.

computador cooperam "em um sistema administrativo que prepara decisões vinculantes"[226]. A segunda metade do livro aplica a abordagem sistêmica até aqui examinada a três problemas jurídicos: os erros nos atos administrativos parcialmente automatizados (tema que pode ser situado no limite entre a administração e o público e que retoma o assunto de um livro já lembrado no início deste item); a responsabilidade do sistema administrativo em relação aos erros de seus funcionários (ou seja, em relação aos atos dos funcionários como titulares de uma função, e não como indivíduos); enfim, a economicidade da automação, que diz respeito à guia da administração e recai, portanto, na política. Esses três setores – público, político, funcionalismo – correspondem às três fronteiras que delimitam o subsistema da administração.

Examinemos resumidamente esses problemas. O sistema administrativo deve agir para atingir determinada decisão[227]. O erro é um colapso das fronteiras entre os subsistemas: o funcionário que erra abandona a sua função e opera não mais como parte do sistema, mas como parte do ambiente. Todavia, uma quantidade mínima de erros é fisiológica e deve ser, portanto, aceita. Trata-se então de ver como reparar tais erros. Se "a burocracia estatal é um sistema social para produzir decisões vinculantes", existe um limite entre esse sistema e o ambiente. A esta altura, Luhmann traduz para formas sistêmicas (mais próximas da realidade, para ele) o modelo ideal-típico da burocracia proposto por Max Weber: a divisão de funções que se manifesta na impessoalidade, na objetividade e na neutralidade emotiva (*Gefühlsneutralität*) do comportamento burocrático.

Partindo dessa perspectiva, Luhmann critica a regulamentação do tratamento do erro administrativo na legislação alemã daquele tempo. As normas para o recurso contra

---

226. Luhmann, *Recht und Automation*, cit., p. 75.
227. Luhmann, *Recht und Automation*, cit., p. 85 e p. 51. Talvez possa ser comparado a "management by results".

o erro e a reparação parecem-lhe complexas e desorgânicas, porque apresentam pelo menos três aspectos (*Denkfiguren*): a culpa do funcionário; o balanço dos interesses; a possibilidade de retificação. Na visão sistêmica de Luhmann, porém, a culpa do funcionário diz respeito ao limite do funcionário, e não ao do público. O erro deve, portanto, ser tratado de duas maneiras distintas e, para isso, prospectam-se várias soluções funcionalmente equivalentes: "No limite com o público, o Estado pode ser absolvido através de controles judiciários articulados dos atos administrativos. No limite com o funcionário, a finalidade motivacional da responsabilidade por culpa (*Verschuldenhaftung*) pode ser perseguida através da requalificação, com o rodízio do pessoal ou com sistemas de retribuição e de controle bem articulados."[228]

Nesses exemplos práticos, Luhmann evidencia várias incongruências da legislação alemã então vigente – que ele conhecia também por experiência direta – e propõe uma série de inovações normativas e organizacionais extremamente agudas. A ideia inicial é que, "em ordenamentos sociais fortemente diferenciados, a reparação dos erros apresenta crescentes dificuldades". Os erros que extrapolam os limites sistêmicos produzem efeitos muito complexos e rápidos para poderem ser tempestivamente identificados e ressarcidos. Na impossibilidade de enfrentá-los eficazmente, o risco é o congelamento do erro e de suas consequências; esta solução apresenta algumas vantagens para o sistema administrativo, mas contradiz o princípio da igualdade, que é a estrela polar de toda administração pública séria. Assim afastamo-nos do âmbito da decidibilidade da automação: Luhmann propõe "um direito geral de reparação dos erros [...] em que não é necessário prever um direito específico para os atos administrativos parcialmente automatizados"[229]. De fato (mesmo na época do li-

---

228. Luhmann, *Recht und Automation*, cit., p. 87.
229. Luhmann, *Recht und Automation*, cit., p. 99.

vro que examinamos, ou seja, em 1966), não eram razoavelmente previsíveis erros seriais devidos à informática. Antes de aplicar um procedimento automatizado, era realizado um número suficiente de testes dos programas e das máquinas. Além disso, não era previsível um aumento significativo de erros na inserção dos dados: essa fonte frequente de erros, extremamente temida nos tempos da perfuração de fichas, hoje está quase totalmente eliminada graças à evolução das modernas técnicas de *data entry*. Portanto, sendo os erros da informática marginais e imprevisíveis, Luhmann considerava inútil a criação de um direito específico para saná-los[230].

Afastando-nos por um instante de Luhmann e voltando à noção geral de sistema e estrutura, tornam-se aqui evidentes as diversas consequências a que conduz o julgamento de que a estrutura esteja dentro das coisas e não na mente do observador, ou seja, a escolha entre o sistema interno e o sistema externo ou – como já foi dito – entre o sistema ontológico e o sistema epistemológico. Se, como Luhmann, acredita-se no sistema interno ou ontológico, o fato de se ter chegado a conhecê-lo permite intervir nele; no caso da administração pública, é possível propor uma adequação da legislação. O conhecimento sistêmico permite intervir na realidade através de reforma legislativa. Já o sistema externo ou epistemológico explica o que foi, é ou será; porém a estrutura está na mente do observador e não nas coisas. Assim Eco, defensor do sistema externo, pode, com a mesma segurança, chegar à conclusão oposta: já que Piaget explica como são percebidos os objetos, um pintor pode escolher pintar à la Piaget? Não, responde Eco, porque todos os pintores, mesmo Rafael, já pintam à la Piaget: "Nunca se deve fazer de uma explicação teórica um modelo de operações práticas"[231], que, ao contrário, é precisa-

---

230. Luhmann, *Recht und Automation*, cit., p. 101.
231. Umberto Eco, *La struttura assente. Introduzione alla ricerca semiologica*, Bompiani, Milano, 1968, p. 265.

mente o que faz Luhmann. Mas o faz igualmente coberto de razão, porque parte de um pressuposto diferente.

h) A racionalidade segundo Luhmann: tantas razões quantas funções

Concluindo a sua proposta de automação da administração pública, Luhmann convida a manter separada a reforma da administração pública do direito, para não deformar este último com tarefas que não lhe são próprias: de fato, toda a sua argumentação quer demonstrar que se trata de dois subsistemas distintos e que cada subsistema social tem sua específica racionalidade, que não coincide com a dos outros subsistemas. Antigamente, entendia-se por racionalidade a capacidade humana de perceber a verdade[232]. Depois de Weber, nas ciências sociais entende-se por racionalidade a *especificação funcional* ou, dito de outra maneira, o direito é racional não por ser lógico, mas porque desempenha uma função específica na solução de problemas sociais[233].

Se a norma tem uma racionalidade sua, o procedimento legislativo deve levar isso em conta. É preciso "abater os componentes tradicionais da legitimação jurídica e organizar um procedimento flexível e funcional para o estabelecimento e a modificação do direito. A automação deverá aliar-se ao legislador contra o juiz"[234]. O direito não coincide com

---

232. Luhmann, *Recht und Automation*, cit., p. 196.
233. Luhmann apela a Max Weber, *Wirtschaft und Gesellschaft. Grundriss einer verstehenden Soziologie*, Mohr, Tübingen, 1956, pp. 387 ss. (direito "racional": pp. 395 ss.): o direito deu uma contribuição essencial à racionalização da moderna sociedade industrial: previsibilidade de determinadas ações; amortizadores sociais para controlar interesses contrários etc. As crescentes diferenciações sociais criam novas interdependências, das quais deriva a necessidade de uma contínua formalização ou de uma de-formalização do direito.
234. Luhmann, *Recht und Automation*, cit., p. 134; este *slogan* enigmático refere-se provavelmente à "legislação compatível com a informática" (cf. *supra*, cap. I, 8, no final), no sentido de que as normas "automatizáveis" reduzem os âmbitos de discricionariedade do juiz na aplicação da norma.

a racionalidade lógica, nem todo comportamento racional é jurídico; por exemplo, direito e racionalidade econômica muitas vezes são divergentes. Para Luhmann, o problema aparece porque experimenta uma tensão entre a racionalização administrativa imposta pela automação e as exigências do Estado de Direito.

Mas então a racionalidade se estilhaça, porque torna-se racional toda ação capaz de resolver problemas específicos. Com a automação, Luhmann chegara à conclusão de que "o racional, no direito, não é mais equiparável ao racional no objetivo e ambos não o são mais com o racional da lógica"[235]. A cada diferenciação da racionalidade corresponde uma diferenciação das funções.

Essa fragmentação constitui uma vantagem para a sociedade: a racionalidade de um subsistema não pode estender-se mais a outros subsistemas ou a toda a sociedade; os distúrbios são isolados, as mudanças, localizadas. Como contraprova, Luhmann apresenta o que acontecia no socialismo real, em que a centralização da racionalidade era total: um distúrbio em qualquer ponto do sistema poderia ter consequências em qualquer outro ponto.

O direito cumpre assim a função específica de consolidar as expectativas de comportamento, de sustentar a ação do ator e de subtraí-la de todo juízo moral. O fato de tudo o que não é proibido ser permitido (e vice-versa) dá certeza: sabe-se o que é melhor fazer e não fazer. "São assim constituídos contemporaneamente a segurança do ambiente e o âmbito de ação de que sistemas de ação diferentes têm necessidade para racionalizar-se segundo critérios próprios, específicos e extrajurídicos"[236]. É a lógica binária do *entweder-oder*, do *aut-aut*: ou legal, ou ilegal.

Mesmo a ética subordinava-se a essa lógica binária, tornada, porém, impossível pela formação de uma sociedade diferenciada. Assim, a ética foi obrigada a aceitar várias

---

235. Luhmann, *Recht und Automation*, cit., p. 135.
236. Luhmann, *Recht und Automation*, cit., p. 137.

nuances e "subtraiu-se ao controle da lógica"[237]. Diante dessa evolução, o direito teve de separar-se da ética, porque ele – como técnica para a solução de conflitos – não pode renunciar à sua premissa dicotômica: ou legal, ou ilegal[238]. Separado do ambiente, o direito já não pode ser avaliado com base na verdade, mas sim com base no processo que o transforma em direito positivo. A "positivação" acontece através de uma decisão que seleciona a norma jurídica e declara sua validade; mais tarde, esse direito positivo é transformado em programas decisórios para a burocracia, que garante sua execução.

Chega-se a tal resultado "unilateralizando"[239] o direito, ou seja, reduzindo suas funções. O direito não se ocupa mais nem da verdade nem da finalidade da ação, ou seja, não contribui nem para o conhecimento nem para a motivação, não está mais ligado nem à *ratio* nem à ética[240].

Como as ações finalizadas operam através de alternativas (e não segundo o princípio regra-exceção), o direito não pode justificar um comportamento: pode apenas permiti-lo. Na busca pela otimização (por exemplo, na administração pública), o direito pode servir de freio porque opera segundo uma lógica distinta; de fato, a administração pública tem sua racionalidade, enquanto o direito tem uma racionalidade diferente e, portanto, pode impor vínculos que não otimizam a administração.

---

237. Luhmann, *Recht und Automation*, cit., p. 137.

238. A separação entre direito e ética e sua ancoragem à realidade social já fora enunciada por Santi Romano, *L'ordinamento giuridico. Studi sul concetto, le fonti e i caratteri del diritto*. Primeira parte, Mariotti, Pisa, 1917, 202 pp. (também: Sansoni, Firenze, 1977, VIII-234 pp.), que Luhmann considera "a tentativa mais significativa nessa direção, mais tarde superada pela teoria sociológica, mas à qual foi concedida uma atenção muito inferior à que mereceria": Luhmann, *Recht und Automation*, cit., p. 141.

239. Luhmann, *Recht und Automation*, cit., p. 138.

240. "A racionalização da verdade nas ciências modernas e nas suas teorias filosóficas especializou-se na coordenação da percepção e do conceito. Com esse desenvolvimento, o direito perdeu sua capacidade de verdade: a norma jurídica não diz nada sobre algo que é; não existe mais nenhum direito natural": Luhmann, *Recht und Automation*, cit., p. 138.

A unidade da *ratio*, historicamente existente no passado[241], acabou; e é inútil lamentar os tempos idos: "Somente aceitando e analisando o ordenamento social que se desenvolve diferenciando-se, seus problemas, funções e estruturas, encontraremos a medida das nossas possibilidades."[242] Assim fazendo encontramos o conceito de "redução da indeterminação do sistema", que é o conceito teórico posto na base de todo o pensamento de Luhmann e, em particular, de sua pesquisa sobre a administração e a automação. É o princípio de que partiu a pesquisa de Luhmann sobre a automação e a administração pública, mas, por sua vez, é o fruto de premissas ainda mais gerais.

"A redução da indeterminação do sistema é uma maneira de determinar o indeterminável. Na linguagem da filosofia tradicional, o determinável é a matéria, a determinação, a forma."[243] Retorna-se, assim, a Kant[244] e à dicotomia entre matéria e forma. Mas à dicotomia entre matéria e forma, que se refere ao ser, Luhmann substitui aquela entre estrutura e processo, que se refere à função[245].

Para adaptar-se ao novo mundo da técnica, "o direito deveria desfazer-se da sua ligação com a ética, tão rica de lembranças, e ser compreendido como componente estrutural do ordenamento social diferenciado". Tente-se verificar essa concepção na administração, convida Luhmann, e veremos se funciona. Essa separação dos valores impede de pôr em discussão o ordenamento social existente e faz, portanto, de Luhmann um conservador (cf. *supra*, 1, b). Mas uma teoria que explica a conservação do equilíbrio de um sistema também é uma teoria politicamente conservadora? Luhmann não se interessa por essa avaliação políti-

---

241. Unidade entre ser e verdade; entre *richtiges Denken e rechtes Handeln*: Luhmann, *Recht und Automation*, cit., p. 138.
242. Luhmann, *Recht und Automation*, cit., pp. 138 s.
243. Luhmann, *Recht und Automation*, cit., p. 139.
244. Immanuel Kant, *Kritik der reinen Vernunft*, Apêndice: *Von der Amphibolie der Reflexionberiffe*, (B 316 ss.), citado em Luhmann, *Recht und Automation*, cit., p. 139, nota 10.
245. Luhmann, *Recht und Automation*, cit., p. 140.

ca, mas trabalha para construir uma teoria cada vez mais geral e, portanto, cada vez mais abstrata, ou seja, indiferente aos conteúdos. Pode-se objetar que a indiferença quanto aos conteúdos é uma escolha política; mas, como aconteceu anteriormente, devemos nos contentar aqui em levantar, sem debater, o problema dessa avaliação política da teoria de Luhmann.

Nessa primeira fase de seu pensamento, Luhmann oferece os instrumentos para a construção de uma "teoria geral da administração" (que, porém, alcança a amplitude de uma doutrina geral do Estado): "Como propostas nessa direção valem os conceitos-guia da investigação aqui apresentada: sistema de ações e estrutura sistêmica normalizada abstratamente, diferenciação do ambiente, preparação de decisões e redução da complexidade indistinta."[246] São, resumidamente, alguns dos elementos que retornarão na concepção sistêmica definitiva do Luhmann clássico.

7. *O sistema jurídico e a dogmática jurídica antes da guinada autopoiética de Luhmann*

As obras do período "administrativista" revelam a progressiva separação de Luhmann do mundo do direito, em que ocorrera a sua formação universitária, e sua passagem para a teoria sociológica. Nesse campo, Luhmann está constantemente em busca de uma teoria cada vez mais vasta e mais abrangente: essa busca terminará com a construção de uma "superteoria", tão abrangente a ponto de compreender também as teorias dos adversários. A conquista da superteoria acontece em etapas, que estas páginas tentarão sintetizar em duas fases: antes e depois da guinada autopoiética. De fato, a passagem para a teoria geral dos sistemas assinala uma guinada na produção científica de Luhmann. Uma guinada, porém, e não uma ruptura: de

---

246. Luhmann, *Recht und Automation*, cit., p. 143.

fato, a sua pesquisa tende a formular uma teoria sociológica o mais geral possível e a teoria geral dos sistemas oferece o instrumento mais adequado para alcançar tal finalidade. Ele mesmo percebe essa passagem como uma "mudança de paradigma": como data de passagem da primeira à segunda fase podemos, portanto, indicar o ano de 1984, quando publica os *Soziale Systeme*, que se iniciam com um ensaio intitulado justamente *Mudança de paradigma na teoria dos sistemas*: aqui está a continuidade (Luhmann ocupa-se sempre da teoria dos sistemas) e aqui está a guinada (Luhmann ocupa-se de teoria geral dos sistemas como foi elaborada pela segunda cibernética).

Para concluir, com referência ao direito, o exame de sua noção de sistema antes da guinada autopoiética, este item abordará brevemente um importante texto publicado em 1981[247], no qual a gênese do direito é tratada segundo a teoria sistêmica, ou seja, como diferenciação do sistema social. Será depois examinado detalhadamente um texto de 1974, em que Luhmann compara a dogmática jurídica tradicional com sua noção de sistema[248]. As datas não devem nos enganar: a obra de 1981 reúne vários ensaios, entre os quais aquele sobre a *Diferenciação do sistema jurídico*, que é o que mais nos interessa aqui e que dá o título a toda a coletânea: trata-se da reelaboração de uma conferência de 1976 e, portanto, reflete uma fase de pensamento próxima ao da obra sobre sistema e dogmática.

O exame sucinto apresentado a seguir documentará um ponto particularmente importante para o jurista: os temas técnico-jurídicos que constituem o pão de cada dia do

---

247. Niklas Luhmann, *Ausdifferenzierung des Rechts. Beiträge zur Rechtssoziologie und zur Rechtstheorie*, Suhrkamp, Frankfurt a. M., 1981, 456 pp. [trad. it.: *La differenziazione del diritto. Contributi alla sociologia e alla teoria del diritto*. A cura di Raffaele De Giorgi, Il Mulino, Bologna, 1990, 397 pp.].

248. Niklas Luhmann, *Rechtssystem und Rechtsdogmatik*, Kohlhammer, Stuttgart, 1974, 99 pp.; Alberto Febbrajo, *Introduzione all'edizione italiana*, em Niklas Luhmann, *Sistema giuridico e dogmatica giuridica*, Il Mulino, Bologna, 1974, pp. 7-23. Obviamente, a expressão "mudança de paradigma" aparece frequentemente nos escritos de Luhmann a partir dos anos 1980.

jurista *não* são objeto da sociologia sistêmica de Luhmann. Também ele, como Kelsen, concebe a própria obra, antes de tudo, como uma *actio finium regundorum*, ou seja, como uma precisa delimitação dos limites da própria investigação. O limite traçado por Kelsen exclui da ciência do direito tudo o que é sociologia, ao passo que o limite traçado por Luhmann exclui da sociologia tudo o que é direito. Entre as críticas endereçadas à teoria de Luhmann, porém, uma certamente seria infundada: a de não ter avisado ao jurista que não procurasse em seus escritos aquilo que ele declara explicitamente não querer levar em consideração.

Com a *Diferenciação do sistema jurídico*, Luhmann propõe-se "apresentar uma teoria sociológica que inclua a possibilidade de analisar a teoria do direito"[249], *não*, portanto, de unificar a sociologia e a teoria do direito em uma única teoria sociológica do direito. Ou seja, Luhmann visa criar uma teoria sociológica muito abrangente, deixando, porém, fora dela uma série de importantes problemas especificamente jurídicos. A construção da sua teoria sociológica, antecipa Luhmann, leva a "questões abertas, que devem ser interpretadas e cuja elaboração deve esperar pela teoria do direito", ou seja, por um nível intermediário de abstração, delimitado pela dogmática jurídica para baixo e pela sociologia sistêmica para cima. Ficam assim excluídos pela teoria luhmanniana os principais problemas do direito, como "a exposição da contingência e da modificabilidade do direito, a interpretação do critério jurídico da justiça e, além disso, a recondução do direito à natureza e às 'fontes do direito'". Outros temas jurídicos são ainda mais estranhos à sociologia sistêmica: esses, de fato, "pertencem em parte à teoria do direito, em parte já à dogmática jurídica", embora se refiram a situações subjetivas de grande relevância, "como as concessões de liberdade que se exprimem no respeito das decisões tomadas segundo a consciência e no

---

249. Luhmann, *La differenziazione del diritto*, cit., p. 31.

preparo dos direitos subjetivos". Tudo isso deve ser excluído da sociologia sistêmica e "deve ser verificado no interior da própria teoria do direito", porque "a sociologia não pode prevê-lo nem estabelecê-lo: ela deve deixá-lo para a evolução do direito e a teoria do direito"[250].

A essa restrição para com o direito positivo-institucional acompanha-se uma ampliação em relação àquilo que, de algum modo, é juridicamente relevante na sociedade. Luhmann delimita, assim, um âmbito do direito que não é aquele em que age o jurista; além disso, considera esse âmbito um sistema, que é estudado do ponto de vista de sua função e da comunicação: "O sistema jurídico de uma sociedade é constituído por todas as comunicações sociais que são formuladas com referência ao direito."[251] Um sistema comunicativo desse tipo existe em qualquer sociedade, das antigas às modernas, das atrasadas às industrializadas. A pesquisa *sociológica* de Luhmann quer verificar como nasce a estrutura especializada em negócios jurídicos em uma determinada sociedade; quer descrever em termos mais gerais possíveis essa diferenciação entre a estrutura jurídica e as outras estruturas sociais; ou seja, quer explicar como "se chega a uma maior diferenciação, funcionalmente específica, de um contexto de comunicação juridicamente orientado"[252].

Por meio de várias atividades sistêmicas, o sistema do direito se diferencia do ambiente *interno* da sociedade. Os demais subsistemas sociais podem, assim, recorrer ao subsistema jurídico podendo prever as consequências desse recurso. A maneira como o subsistema jurídico se relaciona com o ambiente, sua permanência após ter se diferenciado do ambiente etc. são fenômenos explicados em termos sistêmicos e ilustrados por vastas referências históricas que não é aqui o caso de examinar. É suficiente estabelecer que

---

250. Luhmann, *La differenziazione del diritto*, cit., p. 33.
251. Luhmann, *La differenziazione del diritto*, cit., p. 61.
252. Luhmann, *La differenziazione del diritto*, cit., p. 63.

o sistema social é constituído por comunicações (e não por indivíduos) e que o subsistema jurídico se diferencia do ambiente social segundo um procedimento complexo, mas estranho ao conteúdo e à aplicação das normas jurídicas positivas. Esses últimos temas são reservados à dogmática jurídica e à disciplina que a estuda, ou seja, à teoria jurídica, disciplinas que, porém, para Luhmann, apresentam um nível de abstração inferior ao da sociologia sistêmica e que, portanto, ele exclui da própria pesquisa.

Abrindo um parêntese na linguagem de Luhmann, deve-se notar que o conceito de diferenciação – fundamental para toda a teoria de Luhmann – já era usado na sociologia alemã desde o final do século XIX, quando Simmel publicou um livro exatamente sobre aquele tema[253]. Luhmann, porém, não pretende dar continuidade à tradição sociológica da Alemanha do século XIX, mas acolhe as contribuições da mais recente sociologia norte-americana.

Sistema jurídico e dogmática jurídica é uma obra especificamente dedicada à evolução da noção de sistema no direito, na qual o uso clássico do termo "sistema" é comparado ao uso proposto pelo próprio Luhmann, que, naturalmente, está ciente de que o uso do termo "sistema" em sentido técnico (ou, em suas palavras, "conceitual") remonta a 1600. Chegando, enfim, à teoria geral dos sistemas, Luhmann vira-se para trás e, em um breve *excursus* histórico, refere-se à literatura jurídica e teológica sobre a noção de sistema desde os primórdios até aqueles dias. A evolução da noção de sistema é apresentada como subdividida em três fases, produzidas por duas cesuras, ou seja, por duas "mudanças de paradigma", que nos conduzem do ano de 1600 às últimas teorias sistêmicas.

A noção clássica de sistema – a que é dedicado o primeiro volume desta minha pesquisa – é representada pela

---

253. Georg Simmel, *Über soziale Differenzierung. Soziologische und psychologische Untersuchungen*, Duncker & Humblot, Leipzig, 1890, VII-148 pp. Seria interessante uma comparação aprofundada entre as duas acepções do termo "Differenzierung" em Simmel e Luhmann.

contraposição entre as partes e o todo, nas quais o todo é, porém, algo mais que a mera soma das partes. Essa concepção não consegue explicar como o todo seja composto por partes e, ao mesmo tempo, seja uma unidade feita de partes e de um *surplus*. No século XVIII tentou-se explicar essa totalidade recorrendo-se ao quanto de geral há no ser humano, à forma, ao *a priori*. Para avançar era necessário superar o paradigma do sistema como sendo composto de parte e todo.

A primeira mudança de paradigma deu-se com a substituição do conceito de todo e partes pelo de sistema e ambiente: aqui Luhmann indica em Bertalanffy o "prominenter Autor" dessa transformação e se refere, portanto, às teorias que o capítulo III tentou descrever com certa amplitude. Se na acepção clássica o sistema era fechado, com essa mudança de paradigma associa-se à noção de sistema fechado aquela de sistema aberto, ou seja, aberto à influência do ambiente. Mas essa mudança não implica a rejeição das noções antigas: "Aquilo que se queria dizer com a diferença todo/parte é reformulado como teoria da diferenciação sistêmica e inserido mais tarde no novo paradigma."[254] De fato, o sistema diferencia-se do ambiente e, no seu próprio interior, diferencia-se dos subsistemas que o constituem (ou seja, das partes), repetindo o mesmo procedimento: todo o sistema apresenta-se como ambiente em relação aos subsistemas que o compõem. O sistema não é mais composto de um todo e de várias partes, mas "de um número mais ou menos grande de diferenças sistema/ambiente operacionalmente utilizáveis que, segundo diferentes linhas de cesuras, reconstroem o sistema global como unidade de subsistemas e ambiente"[255].

A segunda mudança de paradigma propunha substituir o paradigma do sistema aberto pelo paradigma do sis-

---

254. Luhmann, *Sistemi sociali*, cit., p. 71; orig. alemão, p. 22.
255. Luhmann, *Sistemi sociali*, cit., *ibid.*; essa teoria sistêmica encontrou aplicação direta na sociologia, sobretudo na sociologia da organização.

tema autorreferencial. Essa proposta "de arrebatadora radicalidade" fora formulada por volta de 1960, e sobre ela o debate ainda estava aberto no momento em que Luhmann escrevia os seus *Soziale Systeme*. Inicialmente foi discutido o problema, sobretudo biológico, de um sistema que se modifica com os próprios meios; depois, essas reflexões foram estendidas a qualquer forma de sistema. Um sistema pode diferenciar-se apenas com referência a si mesmo. Para fazer isso, "os sistemas devem produzir e utilizar uma descrição deles próprios; eles devem ser capazes de servir-se, no interior do sistema, como orientação e como princípio para a produção de informações, [pelo menos] da diferença entre sistema e ambiente"[256]. Apresentam-se então questões como: o fechamento autorreferencial não é uma forma moderna de solipsismo? De que maneira o fechamento autorreferencial pode tornar-se compatível com a abertura do sistema? O fechamento autorreferencial, responde-se, é possível apenas em relação a um ambiente, e com esse argumento a teoria sistêmica de Luhmann tenta evitar a acusação de solipsismo.

Na primeira mudança de paradigma, a noção de sistema enriquecera-se com a distinção entre sistemas abertos e fechados; na segunda, com a noção de autorreferencialidade e, portanto, com a noção de observador. Em 1974, enfrentando as relações entre a dogmática jurídica e o sistema jurídico, Luhmann movia-se ainda no âmbito da primeira mudança de paradigma e traçava, portanto, a linha de demarcação entre as teorias sistêmicas clássicas e uma nova teoria sistêmica do direito. A origem daquele texto foi ocasional: uma conferência em Karlsruhe, numa discussão com Josef Esser (expoente da jurisprudência dos valores já comentado no vol. II, cap. VI, 5). O objeto da controvérsia era o fato de que cada decisão do jurista parecer orientada a um fim, mas – segundo Luhmann – "o jurista não seria

---

256. Luhmann, *Sistemi sociali*, cit., p. 73; "pelo menos" está no orig. alemão, p. 25.

capaz de resolver com instrumentos puramente jurídicos o problema da determinação das consequências da sua decisão"[257]. Em outras palavras, a dogmática jurídica clássica parece ter alcançado seu limite e pode-se questionar qual tarefa ainda possa cumprir na sociedade atual.

Antes de mais nada, é preciso determinar em que consistem as mudadas condições sociais nas quais opera a dogmática jurídica. Também segundo Luhmann, é com Jhering que se realiza uma guinada paradigmática na ciência jurídica. Antes dele, o sistema era apenas externo, ou seja, tinha apenas um valor classificatório ou didático. Mas Jhering, influenciado pelas ciências naturais, tentara evidenciar a estrutura do direito introduzindo a noção de "interesse": com essa noção passa-se do sistema externo ao sistema interno. É o que Luhmann chamaria de mudança de paradigma: "o sistema jurídico [é visto] como sistema da realidade social, como subsistema da sociedade. A palavra 'interesse' marca essa guinada"; por conseguinte, a ciência jurídica passa "de sistemas de conceitos a sistemas de ações"[258].

Mas introduzir o conceito de interesse vincula o jurista ao legislador: o jurista deve, de fato, pressupor que o interesse fora avaliado pelo legislador que formulou a norma. Ao elaborar conceitualmente essas normas do direito positivo, além disso, o jurista está vinculado a elas e não alcança o nível de independência necessário para desenvolver uma livre análise científica. O saber jurídico deve, portanto, ser organizado sobre dois níveis de abstração. No primeiro nível, em direto contato com as normas, operam as abstrações da dogmática; esta última pressupõe, portanto, que as

---

257. Luhmann, *Sistema giuridico e dogmatica giuridica*, cit., p. 28.
258. Luhmann, *Sistema giuridico e dogmatica giuridica*, cit., p. 37; Helmut Coing, *Der juristische Systembegriff bei Rudolf von Jhering*, em Jürgen Blühdorn (Hrsg.), *Philosophie und Rechtswissenschaft. Zum Problem ihrer Beziehungen im 19. Jahrhundert*, Klostermann, Frankfurt a. M., pp. 149-71. De Jhering ocupou-se também o "Doktorvater" de Luhmann: Helmut Schelsky, *Das Jhering-Modell des sozialen Wandels durch Recht – Ein wissenschaftsgeschichtlicher Beitrag*, "Jahrbuch für Rechtssoziologie und Rechtstheorie", 1972, pp. 47-86.

normas positivas tenham alcançado determinado grau de complexidade e devam ser, de alguma maneira, reordenadas[259]. No segundo nível, em direto contato com os modelos teóricos, operam as abstrações da teoria do direito: ela formula, portanto, abstrações (próprias) sobre as abstrações (da dogmática). O nível da dogmática é caracterizado pela obrigatoriedade; o nível da teoria jurídica, pela "não obrigatoriedade". O primeiro nível gera o sistema jurídico, o segundo, o sistema científico. Em suma, é "errado já considerar esses instrumentos classificatórios [ou seja, a dogmática e a teoria do direito] como se fossem o sistema do direito"[260].

A teoria de Luhmann coloca-se assim na corrente que, de Weber a Kelsen, divide em duas partes o mundo jurídico: o estudo da validade do direito cabe à ciência jurídica, enquanto o da sua eficácia cabe à sociologia. Portanto, para Kelsen é inaceitável o sincretismo da jurisprudência sociológica, que procura explicar causalmente a realidade jurídica: esta última é uma realidade normativa que segue regras diferentes das da realidade natural. Por razões diversas, Luhmann chega à mesma conclusão e separa o estudo prático do direito do seu estudo científico. Mas neste ponto sua teoria separa-se também daqueles que são os problemas da ciência jurídica tradicional: Luhmann quer realmente estudar, "em conexão com a pesquisa científica e sob pontos de vista não dogmáticos, qual é a *função* da dogmática jurídica para a sistemática jurídica e para a sociedade, e qual é o seu futuro"[261]. É o ponto de vista de uma sociologia funcional, que se deixa fora do seu objeto de estu-

---

259. Luhmann, *Sistema giuridico e dogmatica giuridica*, cit., p. 49. Essas considerações valem tanto para o Civil Law como para o Common Law, porque, para Luhmann, "a casuística e a dogmática não se excluem na realidade do sistema jurídico": "Na medida em que razões de analogia entre casos são reflexos e são tornados critérios para estabelecer relações, surge uma dogmática": p. 49 e nota 13.
260. Luhmann, *Sistema giuridico e dogmatica giuridica*, cit., p. 67.
261. Luhmann, *Sistema giuridico e dogmatica giuridica*, cit., p. 39.

do. Aquilo que acontece no interior do sistema jurídico efetivamente não diz respeito ao sociólogo Luhmann: em outras palavras, interessam-lhe as possíveis funções da dogmática no sistema social, mas não as funções da dogmática no sistema jurídico. As conclusões a que chega dizem respeito, por isso, ao sociólogo ou, no máximo, ao sociólogo do direito, mas – como veremos – driblam o jurista positivo.

Em termos sistêmicos, a divisão entre a dogmática e a teoria do direito é expressa pela afirmação de que a dogmática jurídica é orientada para o *input* do sistema jurídico (ou seja, para o passado: por exemplo, para os comportamentos mantidos pelos consociados e para as normas que o legislador introduz aqui), ao passo que a sociologia do direito é orientada para o *output* (ou seja, para o futuro: para as consequências das decisões jurídicas)[262]. Presente e futuro são, porém, o fruto da autonomia do sistema jurídico, cujo horizonte temporal não mais coincide com o do seu ambiente.

Um sistema jurídico pode tender mais a uma das duas áreas, mas sem nunca concentrar-se exclusivamente em uma ou em outra. Se se concentra mais na área do *input*, do ponto de vista de todo o sistema social, teremos um sistema jurídico concentrado nas informações que recebe e pouco interessado nas consequências produzidas pelas suas decisões. Se, ao contrário, se concentra mais na área do *output*, teremos um sistema jurídico concentrado nos resultados a serem obtidos. O primeiro seleciona os resultados com base nas informações recebidas; o segundo, ao contrário, seleciona as informações com base nos resultados a serem perseguidos. Para Luhmann, a essas duas atitudes correspondem dois diferentes tipos de programação (cf. *supra*, 6, e, f). Para o jurista, a atenção ao *input* corresponde ao sistema jurídico formalístico, ou seja, ao sistema regido pelo

---

262. No seu importante prefácio, Febbrajo discorda dessa radical oposição: Luhmann, *Sistema giuridico e dogmatica giuridica*, cit., pp. 18-20. Aqui Luhmann remete-se ao seu artigo *Lob der Routine* (cf. *supra*, 6, e) e a Parsons.

rigoroso positivismo jurídico: lei é lei. A atenção para o *output*, ao contrário, corresponde ao uso moderno do direito como instrumento promocional, àquilo que Jhering já chamava de "direito premial": as normas de incentivo, por exemplo, "têm a liberdade de escolher os meios para alcançar o objetivo perseguido, por exemplo, utilizando o instrumento do dinheiro"[263].

Os movimentos antiformalistas – "a jurisprudência dos interesses, a jurisprudência sociológica, o método teleológico de interpretação, a abordagem do *social engineering*, o pensamento realístico, as preocupações com a efetividade do direito e, mais recentemente, a exigência de um empenho sociopolítico por parte dos juristas"[264] – nasceram sucessivamente à pandectística, ou seja, à mais rigorosa dogmática jurídica, e expressam uma tendência que Luhmann explica "como uma tentativa de deslocar a orientação preponderante do limite do *input* para o limite do *output*"[265]. Em filigrana, atrás dessas formulações sistêmicas entreveem-se as polêmicas de 1968, ainda vivas no momento em que Luhmann formulava essas ideias.

A tendência moderna consiste, portanto, em substituir a orientação à norma pela orientação às suas consequências, em desviar o olhar do passado para dirigi-lo ao futuro, em considerar o sistema jurídico mais para o limite do *output* que para o do *input*. Nos anos em que se propunha

---

263. Luhmann, *Sistema giuridico e dogmatica giuridica*, cit., p. 62, que não contém os exemplos práticos citados no texto. Sobre as normas de incentivo, um enquadramento histórico-filosófico está em Alessandra Facchi, *Diritto e ricompensa. Ricostruzione storica di un'idea*, Giappichelli, Torino, 1994, XIV-198 pp. Cf., além disso, dois estudos específicos: Andrea Tenneriello, *La legislazione per la scienza e la tecnologia nel Giappone moderno*. Prefazione di Mario G. Losano, Unicopli, Milano, 2001, XXI-281 pp.; o meu ensaio *L'intervento statale nella promozione della ricerca* (em Antonio Ruberti [a cura di], *Europa a confronto. Innovazione, tecnologia, società*, Laterza – Seat, Roma – Bari, 1990, pp. 339-87) está agora incluído em Paola Barba, *La legislazione per la scienza e la tecnologia nella Repubblica Popolare Cinese*. Con un saggio introduttivo di Mario G. Losano, Unicopli, Milano, 2001, LX-152 pp.
264. Luhmann, *Sistema giuridico e dogmatica giuridica*, cit., p. 68.
265. Luhmann, *Sistema giuridico e dogmatica giuridica*, cit., p. 69.

um uso alternativo do direito e uma maciça introdução das ciências sociais no direito, Luhmann sustentava que não bastava corrigir a dogmática tradicional e que a nova tendência exigia uma instrumentação conceitual que não poderia ser fornecida pela dogmática tradicional. Para ele, "a orientação às consequências torna fragmentárias as orientações classificatórias"[266], porque os conceitos gerais da dogmática se estilhaçam se se pretendem preestabelecer as consequências de cada decisão. O modelo metodológico de Luhmann, ou seja, a teoria dos sistemas, indica que as exigências de integração entre os limites do *input* e do *output* seriam possíveis apenas em um nível de abstração superior tanto ao da dogmática quanto ao da teoria jurídica.

A questão ao redor da qual gravita todo o texto é a seguinte: "O sistema jurídico da sociedade atual pode manter e desenvolver uma dogmática jurídica utilizando as consequências como critério da decisão jurídica?"[267]. A argumentada resposta de Luhmann é negativa no plano cognoscitivo, porque a dogmática e a teoria do direito operam em dois níveis diferentes de abstração. Todavia, sua resposta negativa não é clara, porque Luhmann apresenta uma série de perguntas sobre o futuro da dogmática jurídica[268]

---

266. Luhmann, *Sistema giuridico e dogmatica giuridica*, cit., p. 70. "Em vista de resultados inaceitáveis da aplicação do direito, buscam-se resultados diferentes, equivalentes do ponto de vista jurídico" (p. 70, nota 19): Luhmann menciona aqui os exemplos contidos no livro de Jean Patarin, *Le problème de l'équivalence juridique des résultats*, Dalloz, Paris, 1954, 280 pp.; outros exemplos podem ser encontrados nas páginas sobre o direito livre: cf. vol. II, cap. IV, 6.

267. Luhmann, *Sistema giuridico e dogmatica giuridica*, cit., p. 73.

268. Aquelas que Luhmann elimina da sua pesquisa são questões essenciais para a evolução do direito e, mesmo que formuladas em uma linguagem insólita para o jurista, é importante citá-las por inteiro: "Sob condições sociais fortemente mudadas, o atual nível de generalização e de indiferença em relação aos efeitos pode e deve ser mantido e desenvolvido como nível de reflexão do direito? Ou isso está excluído pelo número das conexões que já ligam o direito a um sistema da sociedade em rápido desenvolvimento? Nas atuais circunstâncias, a integração social do direito pode ser garantida apenas pelo nível mais concreto da produção e da manutenção de programas jurídicos? E a aumentada e acelerada produção de proposições jurídicas exclui, ape-

sem, contudo, respondê-las, remetendo tudo à concreta atividade dos juristas: "Para um sociólogo não é possível responder a questões de tão amplo alcance com uma previsão – sobretudo porque a resposta a essas questões depende essencialmente daquilo que os juristas farão quando alguém, de modo explícito, fizer a eles tais perguntas"[269].

Forçando um pouco o pensamento de Luhmann, pode-se concluir que, para a sua teoria sociológica, o direito é uma "caixa-preta" de que se estuda o quanto ela recebe do ambiente social e o quanto ela lhe transmite, mas cujo conteúdo é desconhecido ou intencionalmente ignorado. O jurista toca assim com a mão o alto grau de abstração de uma superteoria e, portanto, também aqueles que, para ele, são seus limites. Uma teoria universal deve conter tudo e, portanto, não pode descer aos conteúdos, mas deve deter-se às formas, tanto melhores quanto mais abstratas e gerais.

Uma superteoria desse tipo também põe-se, porém, fora do horizonte da maioria dos juristas: quando *Sistema jurídico e dogmática jurídica* foi analisado e discutido em um de meus cursos, a conclusão acima citada – aquela com que Luhmann remete os problemas jurídicos à atividade dos juristas – foi acolhida pelos estudantes com manifestações de desolado desapontamento.

---

nas pela sua rapidez, o desenvolvimento ulterior de uma dogmática jurídica que seja conexa a um material normativo tão fortemente flutuante? Ou, precisamente pelo seu potencial de abstração, a dogmática é capaz de desenvolver uma flexibilidade que antecipa e compreende também rápidas mudanças do direito? E, enfim, a produção de proposições jurídicas, mesmo que se exclua o desenvolvimento paralelo por extensão e rapidez de uma dogmática adequada, não poderia conseguir compensar esses defeitos? Ou o preço da positividade do direito deveria ser pago com um processo de de-diferenciação entre política e direito a ponto de fazer repousar a autonomia do sistema jurídico apenas sobre a inércia, a imobilidade e a imperscrutabilidade da massa das normas, e não mais sobre a conclusividade e sobre a elegância da argumentação dogmática?" (Luhmann, *Sistema giuridico e dogmatica giuridica*, cit., p. 123).

269. Luhmann, *Sistema giuridico e dogmatica giuridica*, cit., p. 124.

8. O sistema jurídico e a guinada autopoiética de Luhmann

A teoria sistêmica de Luhmann assume sua forma clássica por volta dos anos 1980, quando recebe a teoria geral dos sistemas na formulação mais radical fornecida pelos cognitivistas, como Maturana e Varela. Como exemplos de textos dessa transição podem ser indicados um ensaio "sobre a mudança de paradigma", de 1984, e algumas páginas acrescentadas em 1980 à *Sociologia do direito*. O primeiro ensaio permite identificar, em grandes linhas, as fontes e a arquitetura da noção de sistema em Luhmann; o segundo desce do nível da superteoria ao da teoria sistêmica do direito, entendida sempre como sociologia sistêmica. Vislumbram-se assim três planos de análise: *a*) a sociologia sistêmica ocupa-se de toda a sociedade e estuda seus componentes, um dos quais é o subsistema jurídico; *b*) a sociologia sistêmica do direito fornece os instrumentos conceituais para analisar o funcionamento do direito, mas não considera sua tarefa descer à análise dos seus problemas práticos; *c*) a sociologia sistêmica do direito move-se, de fato, em um nível superior ao das disciplinas teóricas propriamente jurídicas, como a teoria do direito ou a dogmática jurídica. Luhmann declara, programaticamente, querer manter-se fora desse terceiro nível: a teoria jurídica ou a dogmática são, para ele, "teorias práticas", porque dizem respeito ao interior do sistema jurídico, ao passo que sua sociologia detém-se no exterior do sistema.

A dogmática jurídica tradicional ocupou-se do problema da sistematicidade ou da unidade do direito, enquanto a sociologia jurídica – dando como certa essa unitariedade – ocupou-se das relações entre o direito e várias situações extrajurídicas. A crítica que Luhmann dirige à sociologia tradicional é a de não ser suficientemente teórica: crítica sob certo aspecto paradoxal, porque endereçada a uma disciplina que, no âmbito das ciências sociais, é considerada empírica.

Na busca de uma teoria adequada à sociologia moderna, Luhmann experimenta vários métodos: o sistema tradicional, o sistema de Parsons e – após a "mudança de paradigma" – a teoria geral dos sistemas. Os *Soziale Systeme* de 1984 nascem como tentativa de aplicar essa última teoria à sociologia. A essa disciplina Luhmann dirige, de fato, uma censura que poderia valer também para a jurisprudência: "A sociologia não contribuiu para essas pesquisas; aliás, nesse contexto interdisciplinar demonstrou-se incapaz de aprender."[270] Essa censura já estava contida na conclusão da terceira edição da *Sociologia do direito*: "Até hoje a sociologia do direito está desprovida [...] de uma própria teoria sociológica da unidade do sistema jurídico."[271]

A tarefa a que Luhmann se propõe é, portanto, a de construir uma teoria unitária para toda a sociologia, um "Musterbeispiel"[272], um "Paradigma". A referência aos clássicos, a construção de teorias setoriais e sua combinação tornou complexa e obscura a discussão teórica. Uma teoria que pretende apresentar-se como paradigmática deve começar com a distinção entre complexidade transparente e não transparente: "A renúncia a construir uma teoria disciplinar unitária não permite escapar desse problema, mas permite simplesmente deixá-lo de lado. Exatamente aqui pode começar o trabalho de uma teoria nova, que considere a relação com seu objeto como uma relação entre complexidade transparente e complexidade opaca. Ela não pretende, de modo algum, *refletir* toda a realidade do objeto, *exaurir* todas as possibilidades de conhecimento do objeto e, portanto, *excluir* as pretensões de verdade de outras em-

---

270. Niklas Luhmann, *Soziale Systeme. Grundriß einer allgemeinen Theorie*, Suhrkamp, Frankfurt a. M., 1984, p. 27 (reimpresso também em 1999, 675 pp.).

271. Niklas Luhmann, *Rechtssoziologie*. 3. Auflage, Westdeutscher Verlag, Opladen, 1987, 385 pp. O texto está inalterado em relação às edições anteriores em dois volumes: Rohwolt, Reinbeck bei Hamburg, 1972, 2 vols. para um total de 382 pp.; Westdeutscher Verlag, Opladen, 1983. A partir da segunda edição em um único volume foi acrescentado (em substituição ao anterior *Fragen an die Rechtstheorie*) um novo *Schluss*, importante para os juristas: *Rechtssystem und Rechtstheorie*, pp. 354-63. Desse, a pp. 354, é extraída a citação acima mencionada.

272. Luhmann, *Soziale Systeme*, cit., p. 7.

presas teóricas concorrentes, *mas* pretende ter uma fundamentação *universal* no sentido de que a teoria sociológica leva em consideração *todo* o social e não apenas fragmentos dele."[273]

A teoria universal (ou superteoria, ou "global theory") tem por objeto a si mesma, ou seja, é autorreferencial, pois apreende do seu objeto algo sobre si mesma. A teoria que Luhmann propõe diferencia-se da de Parsons porque substitui a distinção tradicional entre todo e parte pela distinção inovadora entre sistema e ambiente. Diferencia-se das teorias tradicionais porque não pressupõe critérios cognoscitivos externos à própria teoria, porque encontra em si mesma o procedimento cognoscitivo e os critérios para aceitar ou rejeitar o que se verifica no âmbito da sua investigação: como moderna teoria "circular" distingue-se, portanto, das tradicionais teorias "assimétricas". Diferencia-se, enfim, das tradicionais teorias sociológicas por sua complexidade: de fato, pretende dotar de novas bases toda a disciplina e, portanto, deve ser muito mais complexa do que acreditaram os clássicos e "o próprio Parsons". Essa complexidade é, pelo menos em parte, uma resposta à acusação de *decisionismo*: de fato, objetam os críticos, como a teoria luhmanniana faz para escolher os elementos a serem incluídos no sistema? Poderia ser puro arbítrio, mas na realidade a complexidade do sistema limita a possibilidade de escolha; aliás, quanto mais complexo o sistema, mais limitada é a escolha; se o sistema for muito complexo, como em Luhmann, a escolha será muito limitada.

Para levar em consideração essas diferenças, é preciso construir uma nova teoria, de que a sociologia não oferece exemplos: "temos, portanto, de nos referir a bem-sucedidos desenvolvimentos teóricos, de outras disciplinas ou interdisciplinares, e escolher, se for necessário, as contribuições para uma teoria dos sistemas autorreferenciais ou 'autopoiéticos'"[274].

---

273. Luhmann, *Sistemi sociali*, cit., p. 59.
274. Luhmann, *Sistemi sociali*, cit., p. 61.

Ao descrever os conceitos que serão relacionados entre si, Luhmann oferece uma síntese, pelo menos em nível terminológico, de toda a teoria; também nesse nível mínimo percebe-se que a complexidade do raciocínio luhmanniano não pode ser dominada com teorias tradicionais, como o estruturalismo ou a teoria da ação. Para a sua nova teoria, Luhmann adota "a marca de fábrica 'teoria sistêmica' (*Systemtheorie*), porque as principais contribuições ao tipo de teoria que procuramos encontram-se no âmbito da teoria geral dos sistemas"[275].

Indicado o modelo de teoria do qual deduzir os instrumentos de trabalho, Luhmann descreve o trabalho que o teórico desenvolve com essas ferramentas. Todos os conceitos próprios da sua teoria (acima listados) são relacionados não apenas entre si, mas também com os das teorias tradicionais, e "qualquer definição conceitual deve ser vista como delimitação das possibilidades de ulteriores definições de conceitos"[276]. Também assim, as combinações seriam muitas. O teórico escolhe então algumas combinações preferenciais entre esses conceitos: "a teoria escreve-se por si só seguindo essas faixas preferenciais, mas isso não exclui, definitivamente, outras possibilidades combinatórias"[277]. Em outros termos, a teoria luhmanniana persegue a redução da complexidade não excluindo a complexidade (como acontece nas doutrinas tradicionais), mas apenas deixando-a de lado.

Expressar essas combinações exige uma "insólita capacidade de abstração", em um voo da mente que inspira em Luhmann algumas linhas literariamente envolventes[278]. Expressar a complexidade de forma abstrata é também um desafio para quem escreve e para quem lê: ressurge aqui – mesmo que não expresso – o problema da obscuridade do

---

275. Luhmann, *Sistemi sociali*, cit., p. 62.
276. Luhmann, *Sistemi sociali*, cit., p. 62.
277. Luhmann, *Sistemi sociali*, cit., p. 62.
278. Luhmann, *Sistemi sociali*, cit., p. 63.

estilo muitas vezes censurado em Luhmann (cf. *supra*, 1, a). As dificuldades para o leitor surgem não apenas das redefinições dos termos, mas também das múltiplas possibilidades de relacioná-los. O livro impõe uma escritura sequencial, ao passo que o ideal para Luhmann seria quebrar a grade da sequencialidade e permitir várias leituras alternativas àquela imposta pela ordem fixa dos capítulos. Ele gostaria – mesmo que não utilize esses termos – que o seu livro assumisse a forma do "scrambled book" da instrução programada ou do hipertexto, abrindo infinitas possibilidades combinatórias ao leitor. "A teoria – conclui – assemelha-se, em suma, mais a um labirinto que a uma rodovia em direção a uma saída preestabelecida."[279] Precisamente essa explosão do texto – que pode ser percorrido em várias direções e recomposto de várias maneiras – é uma das causas da obscuridade de Luhmann.

Como nas páginas sobre a dogmática, Luhmann parte da definição geral do termo "sistema": "De sistema em geral pode-se falar se se tem presentes características cuja falta é suficiente para pôr em questão o caráter de sistema de determinado objeto, e às vezes pode-se chamar de sistema também o conjunto de todas essas características."[280]

Aqui, porém, acontece logo uma guinada para a moderna teoria geral dos sistemas. A noção de sistema constitui um primeiro nível, que serve de modelo para um segundo nível, o das máquinas, dos organismos, dos sistemas sociais e dos sistemas psíquicos. Luhmann aplica a teoria geral dos sistemas aos sistemas sociais e chega, assim, a especificar um terceiro nível: o das interações, dos organismos e das sociedades. Os níveis e os tipos de sistema são determinados intuitivamente e, portanto, podem ser corrigidos

---

279. Luhmann, *Sistemi sociali*, cit., p. 64; mais que de "saída preestabelecida", Luhmann fala de "final feliz": a rodovia da teoria universal não garante necessariamente um *happy end*.

280. Luhmann, *Sistemi sociali*, cit., pp. 65 s.: note-se que a definição do sistema oscila, assim, de Luhmann para o leitor, o único que "tem presentes" os elementos do sistema de que se ocupa.

com base nos resultados da pesquisa. Além disso, são admissíveis comparações apenas entre elementos situados no mesmo nível; por exemplo, não é admissível o uso do conceito de máquina – baseado no sucesso do computador – no nível da teoria geral dos sistemas. Luhmann esclarece que as suas pesquisas ater-se-ão exclusivamente ao nível dos sistemas sociais.

Luhmann pretende determinar de que maneira uma "mudança de paradigma" no nível da teoria geral dos sistemas influi no nível da teoria geral dos sistemas sociais. De fato, sua recepção da teoria geral dos sistemas deveu-se ao fato de que, por volta dos anos 1970, aquela teoria fizera progressos que "tendem a aproximar-se dos interesses teóricos da sociologia muito mais do que geralmente se acredita"[281].

Mesmo que o termo "paradigma" tenha entrado para o uso corrente através da obra de Kuhn[282], Luhmann declara afastar-se do significado que "paradigma" pode ter naquele autor, concentrando-se, ao contrário, na distinção entre superteoria e diferença-guia (*Leitdifferenz*), para a qual "não encontrei nem apoio nem paralelismos na literatura de uma ciência da ciência"[283].

Luhmann já havia se ocupado, alguns anos antes[284], das superteorias; com esse termo designa as teorias univer-

---

281. Luhmann, *Sistemi sociali*, cit., p. 65.
282. Thomas S. Kuhn, *The Structure of the Scientific Revolutions*, University of Chicago Press, Chicago, 1962, XV-172 pp. (*La struttura delle rivoluzioni scientifiche*, Einaudi, Torino, 1969, 208 pp.); é curioso que Luhmann, nesse texto, não defina o conceito de "paradigma", mas limita-se a definir como "desesperadas" as tentativas de determinar aquilo que Kuhn entende com aquele termo.
283. Luhmann, *Sistemi sociali*, cit., p. 77, nota 5; eu não saberia dizer o que Luhmann entende aqui por "ciência da ciência" ("wissenschaftswissenschaftliche Literatur": Luhmann, *Soziale Systeme*, cit., p. 19, nota 5). Talvez fosse uma referência aos temas discutidos por David N. Mermin (*Science of Science. A Physicist Reads Barnes, Bloor and Henry*, "Social Studies of Science", 1998, pp. 603-23)? Mas *Soziale Systeme* é de 1984. Ou a Larry Laudan (*The Pseudoscience of Science?*, "Philosophy of the Social Sciences", 1981, pp. 173-98)?
284. Niklas Luhmann, *Soziologie der Moral*, em Niklas Luhmann – Stephan H. Pfürtner O.P. (Hrsg.), *Theorietechnik und Moral*, Suhrkamp, Frankfurt, 1978, pp. 8-116 (em particular, pp. 9 ss.).

sais, ou *global theories*, a que pertence também a própria, e que incluem "as suas mesmas e os seus adversários". As diferenças-guia – ou seja, aqueles que poderíamos chamar de conceitos portantes de uma teoria – "são distinções que guiam as capacidades da teoria de elaborar informações" e que podem causar uma mudança de paradigma; ou, do ponto de vista da superteoria, quando "uma superteoria atinge uma elevada centralização da diferença, pode-se também ter uma mudança de paradigma"[285].

Para chegar à sua forma atual, no período de aproximadamente um século a teoria dos sistemas sofreu duas mudanças[286], tornando-se assim mais adequada às ciências sociais. Não se trata de cesuras que rejeitam o passado, mas de uma evolução que engloba, seletivamente, o passado na nova e mais ampla teoria. A história dessa evolução e das duas mudanças de paradigma já foi traçada anteriormente e bastará aqui mencioná-la brevemente. O primeiro paradigma é aquele típico da doutrina clássica do sistema, baseada na relação entre partes e todo[287]. Ele foi substituído por um segundo paradigma, aquele entre sistema e ambiente. Uma terceira mudança de paradigma é aquela entre identidade e diferença, produzida pelos sistemas autorreferenciais.

Luhmann propõe a construção de uma teoria sociológica do direito como parte de uma teoria sociológica geral mais ampla, recorrendo aos resultados alcançados pela teoria geral dos sistemas e pelas suas aplicações mais consagradas, como a cibernética e a teoria dos sistemas vivos. Com a introdução dessas novidades metodológicas na teoria sociológica, o pensamento luhmanniano adota a con-

---

285. Luhmann, *Sistemi sociali*, cit., pp. 68 s.
286. Luhmann, *Sistemi sociali*, cit., p. 69. No original alemão, p. 20, "Umdispositionem" sublinha que a evolução da teoria dos sistemas não rejeitou o passado, mas o "dispôs de outro modo" e completou-o. Neste sentido recorre também muitas vezes o termo hegeliano "aufheben", que designa um superar incluindo.
287. Luhmann, *Sistemi sociali*, cit., pp. 69-71; essa evolução do sistema clássico já foi abordada com referência à relação entre a teoria de Luhmann e a dogmática jurídica: cf. *supra*, 7.

cepção de "autopoiese", que a partir do início dos anos 1980 tornar-se-á seu elemento característico. Um de seus breves textos, de 1983, relaciona essa teoria sistêmica com a teoria do direito[288]. Como, ao que parece, esse texto ainda não foi traduzido para o italiano, traduzo aqui em seguida alguns de seus trechos mais significativos.

Antes de mais nada, deve-se lembrar que, enquanto Luhmann viveu, sua teoria esteve em contínua evolução, assim como está ainda hoje a teoria geral dos sistemas. O fato, porém, de que a sua *Sociologia do direito* esteja fundamentada do ponto de vista histórico ("evolutivo", diz Luhmann) poderia levar a pensar que a sociologia do direito não possa ser objeto de uma teoria sociológica, mas que ela tenha de permanecer confinada ao âmbito da ciência jurídica[289]. A fundamentação histórica poderia ser adequada dez anos antes, mas, nesse meio-tempo, aconteceu uma "mudança de paradigma" na teoria dos sistemas, com a qual a abertura ao ambiente foi substituída pela autorreferência e a oposição entre fechamento e abertura de um sistema foi substituída pela sua combinação. Em particular, o sistema do direito é um sistema aberto do ponto de vista epistemológico e fechado do ponto de vista normativo, o que "modifica também a caracterização sociológica da ciência jurídica e da teoria do direito"[290].

---

288. O texto em questão é o já citado *Schluss*, intitulado *Rechtssystem und Rechttheorie*, incluído a pp. 354-63 da segunda edição da sua *Rechtssoziologie* (Westdeutscher Verlag, Opladen, 1987, 385 pp.). Esse texto não está incluído, portanto, na tradução italiana de Alberto Frebbajo, realizada com base na primeira edição alemã: Luhmann, *Sociologia del diritto*, Laterza, Bari, 1977, XLVI--363 pp.
289. Mais uma vez aparece a oposição entre os termos "sistemático" e "sistêmico". Quando Luhmann afirma que "não existe ainda hoje nenhuma teoria sistemática da sociologia do direito", entende na realidade "teoria sistêmica"; quando, logo depois, escreve que "o pensamento sistemático sobre o direito" parece reservado à ciência jurídica, parece entender "pensamento sistemático" precisamente, no sentido tradicional: *Vorwort zur 2. Auflage*, em *Rechtssoziologie*, cit., p. não numerada.
290. Luhmann, *Vorwort zur 2. Auflage*, em *Rechtssoziologie*, cit., p. não numerada.

"As novidades mais importantes – escreve Luhmann referindo-se aos últimos desenvolvimentos da teoria dos sistemas – estão ligadas à recepção e à inclusão do conceito de autorreferencialidade na teoria dos sistemas. Com esses termos hoje não se faz mais referência apenas à autoprogramação dos computadores ou aos problemas da auto-organização, a que – no âmbito do direito – corresponderia a positivação do próprio direito. Em outras palavras, com o conceito de autorreferencialidade não nos movemos apenas no plano das estruturas do sistema, mas referimo-nos a sistemas autorreferenciais que produzem por si mesmos o tipo de unidade de que têm necessidade e de que se utilizam: também a unidade do próprio sistema e a unidade dos elementos de que consta o sistema (por exemplo, as ações). Seguindo uma proposta de Humberto Maturana, esses sistemas são chamados de "sistemas autopoiéticos". Eles são caracterizados pelo fato de que a unidade operacional dos seus elementos (para o setor que nos interessa, portanto, os eventos e as decisões juridicamente relevantes) é produzida e delimitada pelas operações de seus próprios elementos, e é precisamente esse processo autopoiético que confere ao sistema a sua unidade"[291].

A focalização dos conceitos de sistema aberto e sistema fechado conclui-se com a proposta de superação dessa dicotomia. Porém, Luhmann continua utilizando a noção de sistema aberto e fechado, o que pode suscitar alguma legítima perplexidade no leitor. Antes de mais nada, um sistema autopoiético é um sistema fechado e recursivo, porque "aquilo que nele exerce a função de unidade não pode ser recebido de fora"[292]; um princípio que sem dúvida seria endossado também por Kelsen. Mas o sistema autopoiético e autorreferencial não é apenas fechado: é *também* aberto. De fato, os elementos que se autodefinem no interior do sistema têm a função de selecionar os elementos do am-

---

291. Luhmann, *Schluss*, em *Rechtssoziologie*, cit., pp. 354 s.
292. Luhmann, *Schluss*, em *Rechtssoziologie*, cit., p. 355.

biente a serem importados para o próprio sistema, ou seja, desempenham a função de reduzir a complexidade do ambiente.

Essa concepção de um sistema que é contemporaneamente aberto e fechado exprime a superação da dicotomia de sistema aberto e sistema fechado: "A diferença entre fechamento e abertura não indica uma oposição, mas uma relação de superação. A abertura pressupõe a autorreprodução fechada, e a questão que surge então é a seguinte: em uma relação semelhante, quais são as condições com base nas quais pode ser aumentado o acesso à complexidade? Nesse sentido, os sistemas autorreferenciais revelam-se capazes de uma conservação evolutiva graças à combinação de fechamento e abertura"[293].

Todavia, após ter declarado a superação da contraposição, Luhmann explica que "a sociedade é um sistema operacionalmente fechado" (ou seja, pode "comunicar *sobre* seu ambiente, mas não com seu ambiente"), mas também "um sistema aberto com base em um fechamento recursivo da comunicação"[294]. A combinação de fechamento e abertura, como foi dito, garante a conservação evolutiva do sistema. Essa concepção sistêmica geral pode ser aplicada a qualquer objeto, mesmo que, a meu juízo, essa sua formulação abstrata seja obscura.

Até aqui tratamos dos sistemas em geral. O próprio Luhmann dá dois passos sucessivos em direção ao real para tornar mais explícita sua teoria. Antes de mais nada, ele traça as linhas gerais de uma teoria sociológica (aplicável *também* ao direito); depois, da teoria sociológica passa ao sistema jurídico.

O que foi dito até o momento "não vale em igual medida para todas as partes da sociedade, portanto nem para o sistema do direito: elas, de fato, podem ser diferenciadas apenas no interior de um ambiente já socialmente estrutu-

---

293. Luhmann, *Schluss*, em *Rechtssoziologie*, cit., pp. 355 s.
294. Luhmann, *Schluss*, em *Rechtssoziologie*, cit., p. 356.

rado. Também em seu ambiente interno à sociedade ocorrem comunicações, tornando assim possível conectar as comunicações internas ao sistema com as do ambiente: uma sentença, por exemplo, pode dar origem a um pagamento. Para cada subsistema é preciso, portanto, predispor um ponto de vista específico, que torne possível o fechamento autorreferencial do sistema juntamente com sua contemporânea abertura. A escolha desses pontos de vista determina o princípio de diferenciação social. Nas sociedades tradicionais, este era um princípio hierárquico garantido pelo direito natural. Nas sociedades modernas funcionalmente diferenciadas, essa é a função do subsistema, ou seja, a sua contribuição para a solução de um problema específico da sociedade"[295].

Passando da teoria sociológica ao sistema jurídico, Luhmann retorna à contraposição entre sistema aberto e sistema fechado e define o direito como um sistema "normativamente fechado e cognoscitivamente aberto"[296]. Um evento do mundo externo recebe do sistema juridício um "*status* particular" que é relevante apenas para esse mesmo sistema. Mas, ao mesmo tempo, o sistema jurídico está aberto ao ambiente. Por exemplo, atribui normativamente a capacidade jurídica como consequência do nascimento; verifica cognitivamente se o nascimento ocorreu, o que não se pode resolver com um simples "juízo baseado no dever-ser" (*Soll-Urteil*). Ao jurista é natural perguntar-se *como* o sistema jurídico atribui aquele *status* particular, mas precisamente essa pergunta é irrelevante para a teoria de Luhmann, que se situa no exterior do sistema jurídico.

A aplicação dessa "proposta teórica – diz Luhmann – tem também várias consequências para problemas há muito tempo discutidos na teoria do direito"[297]. Note-se que

---

295. Luhmann, *Schluss*, em *Rechtssoziologie*, cit., p. 356.
296. Luhmann, *Schluss*, em *Rechtssoziologie*, cit., p. 357. A distinção entre sistema normativamente fechado e cognitivamente aberto está descrita a pp. 356 s.
297. Luhmann, *Schluss*, em *Rechtssoziologie*, cit., p. 357.

Luhmann não diz que as soluções por ele propostas sejam novas: a nova teoria limita-se a explicar o sistema jurídico empregando os termos que lhe são próprios, colocando-os, assim, em um contexto epistemológico universal.

Em particular, ao dizer que a unidade do sistema jurídico "se realiza como sua reprodução autopoiética", torna-se inevitável a referência à teoria de Kelsen. Luhmann, explicitamente, distancia-se desse paralelismo: a unidade do sistema jurídico "não é garantida pelo exterior. Ela não se deve nem a um criador nem a um observador. Não é tampouco reconduzível a uma *Grundnorm* que prescreve que deve existir direito, nem a uma hipótese gnosiológica como a entende Kelsen, e nem sequer a um puro fato da consciência no sentido kantiano da Crítica da Razão Prática. Essa unidade nada mais é que o fechamento da reprodução autorreferencial do sistema jurídico"[298]. Assim, a teoria luhmanniana explica não apenas a unidade, mas também várias outras características do sistema jurídico em termos de teoria geral dos sistemas.

É importante destacar, no pensamento de Luhmann, a diferença entre essa teoria sistêmica e "a teoria do direito, a dogmática jurídica e todos os tipos de exposição 'científica' do direito que se referem a elas"[299]. O que Luhmann propõe é uma teoria sociológica do *sistema* jurídico, não uma teoria sociológica do direito[300]. A terminologia de Luhmann não é constante, porque contrapõe a teoria do direito à sociologia do direito (definida porém acima, ou seja, como sociologia do *sistema* jurídico). A teoria do direito não é, para Luhmann, uma teoria geral do direito, mas, antes, uma "teoria prática" do direito, porque tem por objetivo "a utilizabilidade dogmática e a aplicabilidade ao caso concre-

---

298. Luhmann, *Schluss*, em *Rechtssoziologie*, cit., p. 358.
299. Luhmann, *Schluss*, em *Rechtssoziologie*, cit., p. 360.
300. Sobre a distinção entre sociologia do direito e jurisprudência sociológica, cf. Renato Treves, *Sociologia del diritto*, Einaudi, Torino, 1988, p. 133 e p. 139.

to"[301]. Portanto, do ponto de vista da superteoria luhmanniana, a teoria do direito é um evento interno ao subsistema, uma autodescrição do sistema jurídico, ou seja, uma das formas de autorreferencialidade do sistema. Ao contrário, a teoria sociológica do direito "observa e descreve o sistema do exterior" e, portanto, não aceita descer a especificações diretamente aplicáveis ao direito. "Admira" os juristas, mas mantém-se à distância[302]. Sua sociologia do sistema jurídico situa-se, portanto, em um nível de abstração superior ao da teoria do direito: "Uma teoria sociológica do direito não é, portanto, por si só, uma teoria do direito que possa ser aceita e recebida pela dogmática jurídica. A sociologia – que deve dar conta de toda a sociedade, aliás, de tudo aquilo que é social – deve manter uma fria distância do mundo específico do direito. Para ela, a *unidade* do direito é apenas uma *diferença*, e precisamente a diferença do sistema jurídico em relação ao seu ambiente. Ela fornece uma descrição de fora, não uma autodescrição do sistema jurídico. Trabalha com comparações ousadas e mais abstratas, coisa que é percebida pelos juristas como desconhecimento de sua própria tarefa social. Não contribui para a autopoiese do direito, e exatamente por isso pode utilizar esse conceito para descrever a atividade dos juristas e para analisá-la como caso particular de um problema muito mais geral, próprio dos sistemas autorreferenciais."[303]

As teses expostas por Luhmann sobre a unidade e o fechamento recursivo, sobre a abertura, sobre a simetria e a assimetria, sobre os programas condicionais, sobre a esquematização binária entre lícito e ilícito podem constituir a base para a construção de uma teoria sistêmica do direito, para a qual Luhmann fornece também algumas diretrizes. Mas esta é uma tarefa diferente do estudo da posição

---

301. Luhmann, *Schluss*, em *Rechtssoziologie*, cit., p. 361.
302. Luhmann, *Schluss*, em *Rechtssoziologie*, cit., pp. 360 s.
303. Luhmann, *Schluss*, em *Rechtssoziologie*, cit., p. 361.

que a teoria de Luhmann ocupa na história do pensamento sistemático do direito; e, além disso, é uma reconstrução que já foi empreendida[304].

9. A guinada da autopoiese em Luhmann e a excomunhão dos construtivistas

O próprio Luhmann, por volta de 1980, marcou sua passagem ao construtivismo radical com um ensaio que anuncia uma mudança de paradigma na teoria dos sistemas[305]. Sobre esse momento crucial no percurso científico de Luhmann basta, aqui, formular uma única questão, inevitável depois do exame das teorias científico-naturalistas examinadas no capítulo anterior: até que ponto é cientificamente fecunda essa transferência metodológica da ciência da natureza para a ciência da sociedade?

Mais do que tentar fornecer, eu mesmo, uma resposta, limitar-me-ei a reportar um debate que, precisamen-

---

304. As reconstruções não puderam levar em consideração a última evolução do pensamento de Luhmann: Raffaele De Giorgi, *Scienza del diritto e legittimazione. Critica dell'epistemologia tedesca da Kelsen a Luhmann*, De Donato, Bari, 1979, 254 pp. O subtítulo da edição alemã é mais explícito: *Uma contribuição para a refundação da teoria do direito* (*Wahrheit und Legitimation im Recht. Ein Beitrag zur Neubegründung der Rechtstheorie*, Duncker & Humblot, Berlin, 1980, 252 pp.). Cf. também Raffaele De Giorgi, *Azione e imputazione. Semantica e critica di un principio nel diritto penale*, Milella, Lecce, 1984, 267 pp.; Alberto Febbrajo, *Funzionalismo strutturale e sociologia del diritto nell'opera di Niklas Luhmann*, Giuffrè, Milano, 1975, IV-226 pp. Uma descrição mais atual da sociologia do direito de Luhmann está concentrada em um capítulo do manual de Klaus F. Röhl, *Rechtssoziologie. Ein Lehrbuch*, Heymanns, Köln, 1987, pp. 389-420, e está inserida em um panorama sociojurídico mais amplo por Vincenzo Ferrari, *Lineamenti di sociologia del diritto. Azione giuridica e sistema normativo*, Laterza, Bari – Roma, 1997, pp. 221-5.

305. Luhmann, *Paradigmawechsel in der Systemtheorie*, em *Soziale Systeme. Grundriß einer allgemeinen Theorie*, Suhrkamp, Frankfurt a. M., 1984, pp. 15-29. No texto, indiquei com uma data aproximada esse ensaio, porque ele foi publicado em 1983 em italiano ("Sistemi urbani", 1983, pp. 333-47) e em búlgaro. No ano seguinte, foi incluído no livro *Soziale Systeme* como introdução. Portanto, o original alemão foi publicado em 1984, mas o texto já existia havia mais de um ano.

te sobre essa questão, envolveu os protagonistas dessas teorias.

Na primavera de 1986, alguns psicoterapeutas organizaram um congresso em Heidelberg para tentar esclarecer os fundamentos das teorias que estavam na base de suas exposições sistêmicas. Conscientes de que o tema superava os limites de suas disciplinas, eles convidaram os maiores representantes do pensamento sistêmico: o físico Heinz von Foerster, o sociólogo Niklas Luhmann e o neurobiólogo Francisco Varela. O livro das atas publicou, além das contribuições desses autores, também o relatório de um curioso interrogatório cruzado, em que se pedia a cada um dos três cientistas que respondesse em nome de outro. Assim, perguntou-se a Varela: "A seu juízo, o que diria Niklas Luhmann se lhe perguntassem o que pensa do construtivismo radical de Heinz von Foerster?", enquanto a pergunta feita a Luhmann foi: "O que diria Heinz von Foerster se o interrogassem sobre a ética, sobre o conceito de ética, de Varela e Maturana?". Enfim, a Heinz von Foerster foi perguntado: "O que diria Francisco Varela se o interrogassem sobre a recepção do conceito de autopoiese por parte de Luhmann?". É exatamente esta última questão que nos interessa. A resposta de Heinz von Foerster foi surpreendente sob vários pontos de vista.

Diante de tal pergunta, Foerster começa a responder: "Francisco Varela diria naturalmente assim..."; mas, aqui, Foerster interrompe-se e corrige-se: "Aliás não, repetir-se-ia uma cena que já vi uma vez, quando Humberto Maturana pediu a Erich Jantsch[306] que não utilizasse o concei-

---

306. O astrofísico austro-americano Erich Jantsch (1929-1980) foi uma das figuras centrais na aplicação da ideia da auto-organização também nas ciências sociais. Seu livro mais afortunado, *Die Selbstorganisation des Universums. Vom Urknall zum menschlichen Geist* (DTV, München, 1988, 462 pp.; primeira edição: 1979), é dedicado a Ilya Prigogine, "der Katalysator des Paradigmas der Selbstorganisation". Seu interesse pelas ciências sociais manifestou-se não apenas na ativa participação no Clube de Roma, mas também em outras obras suas, como *Technological Planning and Social Futures*, Prentice Hall,

to de 'autopoiese' para interpretar fenômenos sociais. A exortação dirigida por Maturana a Jantsch foi muito dramática. Aconteceu durante um jantar, enquanto todos estavam sentados juntos e falavam das possibilidades da autopoiese. Jantsch tinha a tendência de aplicar a autopoiese a qualquer fenômeno em que aparecesse algo de recursivo, ainda que apenas perceptível. Maturana disse: 'Por favor, caro Erich Jantsch, não faça isso!'. E Jantsch respondeu: 'Querido Humberto Maturana, o senhor não entende o que é a autopoiese; eu sei isso melhor!'. Então Maturana ajoelhouse diante de Jantsch dizendo: 'Suplico-lhe, por amor a mim, não utilize esse conceito.' Aplicando essa afirmação à interpretação que Varela daria de Luhmann, creio que Varela provavelmente dirigiria a Luhmann este pedido: 'Não use o conceito de autopoiese neste contexto, porque nas nossas ideias originárias ele se refere a um âmbito completamente diferente. Eis o que Varela diria."[307]

Era necessário reproduzir por extenso esse apólogo porque ele circula em duas versões distorcidas. Por um lado, poder-se-ia negar qualquer valor a essa declaração de inaplicabilidade da autopoiese às ciências sociais, apresentando-a como uma ficção mais lúdico-retórica que científica, pois naquele interrogatório cruzado cada cientista foi convidado a pôr-se no lugar de outro. Mas não foi exatamente assim, pois Foerster cita um episódio a que ele realmente assistiu. Por outro lado, essa declaração da inaplicabilidade da autopoiese às ciências sociais muitas vezes foi apresentada como a desaprovação de Maturana em relação às teorias de Luhmann. Mas não é exatamente assim, porque o episódio real a que se refere Foerster tem como protagonistas Maturana e Jantsch[308], e não Luhmann.

London, 1974, XIV-256 pp.; *Design for Evolution. Self-organization and Planning in the Life of Human Systems*, Braziller, New York, 1975, XXVI-322 pp.; *Evolution and Consciousness. Human Systems in Transition*, Addison-Wesley, Reading (Mass.), 1976, XII-259 pp.

307. Fritz B. Simon (Hrsg.), *Lebende Systeme. Wirklichkeitskonstruktionen in der systemischen Therapie*, Springer, Berlin u. a., 1988, pp. 97 s.

308. Jantsch, *Die Selbstorganisation des Universums*, cit., p. 22.

Já que, todavia, tanto Jantsch como Luhmann empregam a autopoiese nas ciências sociais, a exortação de Maturana sobre a inaplicabilidade da autopoiese acaba envolvendo também as teorias de Luhmann. Os dois sujeitos – Jantsch e Luhmann – são diferentes, mas o objeto do apólogo é o mesmo: a autopoiese. E também a exortação vale para ambos: *não* aplicar a autopoiese às ciências sociais. Portanto, uma interpretação realista do apólogo coloca-se a meio caminho entre as duas "vulgatae" acima lembradas; ao contrário, a sua mensagem científica mantém, de qualquer modo, o seu pleno valor para as ciências sociais.

Em junho de 1979, escrevendo o prefácio de um de seus livros, Jantsch parece referir-se à vivaz mudança de opiniões ou, pelo menos, ao contraste que ela expressava. Jantsch nutria, de fato, alguma incerteza sobre o modo como Ilya Prigogine teria acolhido sua interpretação da auto-organização; "ao contrário, eu sei bem – continuava naquele prefácio – que os meus amigos chilenos Humberto Maturana e Francisco Varela não ficam felizes quando seu conceito de 'autopoiese' é colocado no mais amplo contexto da auto-organização dissipadora. Querem vê-lo aplicado apenas às células e aos organismos biológicos. Com muito prazer prometilhes informar aos meus leitores desse meu abuso; feito isso, brindamos seu conceito que alçara voo, mesmo tendo sido até aquele momento tão acuradamente protegido".

10. *Luhmann e o direito após a guinada autopoiética*

A formulação mais madura das concepções de Luhmann sobre o direito encontra-se em uma das suas últimas grandes obras: *O direito da sociedade*, de 1993[309]. As advertências anteriores de Luhmann já deveriam ter colocado em alerta o jurista: o que se lhe apresenta é um livro de teo-

---

309. Niklas Luhmann, *Das Recht der Gesellschaft*, Suhrkamp, Frankfurt a. M., 1993, 598 pp.

ria sociológica, não de teoria jurídica. Ao contrário, Luhmann pode "tranquilamente deixar em aberto a questão do nome a ser dado à sua investigação, seja o de sociologia ou o de sociologia do direito: "o que importa, principalmente, é proceder em graus sucessivos de abstração que, na própria sociologia, hoje são pouco incentivados"[310]. Naturalmente, existem também outras abstrações, mas Luhmann as considera manifestações setoriais, não unificáveis entre si em uma teoria de nível superior. De fato, a teoria geral do direito visa à abstração, mas para ela "é irrenunciável o conceito de norma como *conceito fundamental*"[311]; também a comparação entre ordenamentos jurídicos diferentes, que leva à "formação de uma cultura jurídica mundial"[312], gera abstrações e teorias. Todas essas teorias não têm, porém, um fundamento comum e, portanto, não conseguem dialogar.

Essa incomunicabilidade apresenta-se também nas relações entre a ciência jurídica e a sociologia. Para Luhmann, "a ciência jurídica ocupa-se de um ordenamento normativo, ao passo que a sociologia (segundo as suas várias correntes teóricas) ocupa-se do comportamento social, das instituições, dos sistemas sociais". Em particular, ao descrever o objeto da teoria geral do direito, Luhmann percorre novamente o itinerário de um tratado de filosofia do direito (que, em certa medida, é também o seguido no presente livro sobre o sistema no direito): "A teoria geral do direito, ou o que foi ensinado nos cursos de introdução ao direito, deve limitar-se a descrever tudo o que existe: o realismo jurídico americano com a sua variante escandinava, a teoria analítica do direito, a jurisprudência sociológica e a sociologia do direito, as correntes do direito racional e do positivismo jurídico com a sua variada e respectiva atenuação nas fases mais tardias, a análise econômica do direito e a teoria sistêmica. Em tudo isso é preciso renunciar a um mí-

---

310. Luhmann, *Das Recht der Gesellschaft*, cit., p. 37.
311. Luhmann, *Das Recht der Gesellschaft*, cit., 12; grifo no original.
312. Luhmann, *Das Recht der Gesellschaft*, cit., p. 13.

nimo denominador comum."[313] Talvez um ponto comum seja a determinação dos limites do direito, que pode provir do observador ou ser inerente ao próprio objeto. Porém, cada observador teria um ponto de vista seu considerado objetivo, portanto, qualquer colóquio interdisciplinar resultaria impossível. Por isso, Luhmann afirma que o limite do direito é determinado pelo próprio objeto, ou seja, pelo direito[314].

O raciocínio de Luhmann conclui-se com uma justaposição entre o jurista e o sociólogo, que culmina no esclarecimento da própria posição. Antes de mais nada, quando ele fala de um modo jurídico e de um modo sociológico de estudar o direito, pretende falar sempre do "direito como sistema que se auto-observa". "O sociólogo observa o direito de fora; o jurista o observa de dentro. O sociólogo segue apenas os vínculos do seu próprio sistema que, por exemplo, pode pedir-lhe que desenvolva pesquisas empíricas. Também o jurista obedece apenas aos vínculos do seu sistema, mas esse sistema é o próprio sistema jurídico. Uma teoria sociológica do direito acaba sendo, portanto, uma descrição alheia [isto é, de fora] ao sistema jurídico e seria uma teoria adequada ao seu objeto se descrevesse o sistema jurídico como um sistema que descreve a si mesmo (coisa que quase nunca foi tentada na atual sociologia do direito). Uma teoria jurídica do direito[315] desembocaria em uma autodescrição do sistema jurídico, a qual, porém, deveria levar em consideração que as auto-observações e as autodescrições podem compreender o próprio objeto apenas como diferença em relação a alguma outra coisa, ou seja, devem identificar o seu objeto (o que significa diferen-

---

313. Luhmann, *Das Recht der Gesellschaft*, cit., p. 14.
314. "O próprio direito determina quais são os limites do direito, ou seja, determina o que pertence ao direito e o que está fora dele": Luhmann, *Das Recht der Gesellschaft*, cit., p. 15.
315. Aqui Luhmann contrapõe uma teoria sociológica do direito (*soziologische Rechtstheorie*) a uma teoria jurídica do direito (*juristische Rechtstheorie*): denominação, esta última, que o jurista percebe como tautológica.

ciá-lo) para poder relacionar-se com ele. Aqui são cada vez mais oferecidas apenas fórmulas problemáticas, como 'direito e sociedade', que favorecem o erro de acreditar que o direito exista fora da sociedade. Por isso – esclarece Luhmann –, o título do nosso livro é, depois de bem refletir, *O direito da sociedade.*"[316]

Em conclusão, a sociologia sistêmica, na sua descrição do direito, "não é obrigada a respeitar as normas internas, os usos e as convenções tácitas. Pode – ou melhor, deve – trabalhar segundo perspectivas incongruentes"[317]. A perspectiva sistêmica é certamente "incongruente" para o jurista porque afirma que "o direito não tem nenhum poder vinculante, mas consiste apenas de comunicações"[318]. O defeito da teoria sistêmica, admite Luhmann, é a sua própria complexidade e consequente abstração. A sua interdisciplinaridade leva-a a operar com grandes disciplinas, como a física, a biologia e a psicologia, nas quais "nenhum jurista pode considerar-se adequadamente informado" e menos ainda atualizado[319]. Daqui deriva a fundamentação puramente abstrata que Luhmann pretende dar à sua pesquisa: "Portanto, renunciamos desde já à apresentação de uma teoria que sirva como guia à prática e descrevemos, ao contrário, o sistema jurídico como um sistema que se auto-observa e se autodescreve, isto é, que desenvolve teorias próprias e que, ao fazer isso, deve proceder 'de maneira construtivista', ou seja, *renunciando a qualquer tentativa de reproduzir o mundo externo no interior do sistema*"[320].

Intrinsecamente, essa teoria está longe das exigências do jurista, mesmo porque persegue – com instrumentos no limite do solipsismo – a finalidade de descrever não o sistema do direito, mas o sistema da sociedade: define o direi-

---

316. Luhmann, *Das Recht der Gesellschaft*, cit., p. 17.
317. Luhmann, *Das Recht der Gesellschaft*, cit., p. 18.
318. Luhmann, *Das Recht der Gesellschaft*, cit., p. 33.
319. Luhmann, *Das Recht der Gesellschaft*, cit., p. 24.
320. Luhmann, *Das Recht der Gesellschaft*, cit., p. 24 (o grifo é meu).

to em sentido diferente do jurídico; pergunta-se como pode nascer um direito em uma sociedade (mas seria mais correto dizer: *cada* direito em *cada* sociedade); pergunta-se, enfim, qual função exerce o direito na sociedade (mas, também aqui, seria mais correto dizer: *cada* direito em *cada* sociedade). "O sentido desse tipo de descrição teórico-sistêmica – conclui Luhmann – consiste sobretudo na produção de um vínculo entre a teoria do direito e a teoria da sociedade, ou seja, em uma reflexão do direito do ponto de vista de uma teoria da sociedade."[321]

Luhmann pode, assim, construir uma visão do direito baseada na diferenciação do direito sobre o fechamento operacional do sistema jurídico, sobre a programação, sobre a codificação[322], sobre a contingência, em suma, sobre toda a construção conceitual que já entrou na ciência jurídica com o nome de concepção autopoiética do direito: "O ambiente do sistema jurídico no interior da sociedade apresenta-se, portanto, como altamente complexo, com o resultado de que o sistema jurídico é remetido a si mesmo: à sua autonomia, aos limites autodeterminados, a um código próprio e a filtros muito seletivos, cuja ampliação poderia colocar em perigo o sistema ou até mesmo privá-lo da sua determinação estrutural."[323]

Neste ponto da exposição deveria estar bastante claro que, em relação às outras noções de sistema das quais nos ocupamos até aqui, o sistema jurídico proposto por Luhmann põe-se em uma perspectiva não só completamente diferente da do jurista, mas também, em larga medida, estranha a ele. Luhmann deixou uma vastíssima obra que tem o seu centro na aplicação de conceitos extremamente abstratos à análise da sociedade. Em centenas de artigos, ele aplica a teoria sistêmica a âmbitos sociais específicos. Enfim,

---

321. Luhmann, *Das Recht der Gesellschaft*, cit., p. 24.
322. Na teoria sistêmica, a codificação é a atribuição de um código, não a promulgação de um Código.
323. Luhmann, *Das Recht der Gesellschaft*, cit., p. 23.

apenas na última década de sua vida Luhmann concentrou, em algumas obras amplas, a aplicação da teoria sistêmica a grandes setores da vida social: primeiramente à economia e à ciência, depois ao direito no texto aqui examinado e, por fim, à própria sociedade[324]. A obra deixada por Luhmann é, no entanto, menos sistemática do que possa parecer: será sem dúvida interessante reconstruir sistematicamente (ou seja, com um sistema didático, externo, tradicional) a visão sistêmica do direito em Luhmann. Aliás, uma reconstrução sistemática da teoria sistêmica de Luhmann poderia desenvolver também uma obra de esclarecimento dessa teoria obscura, pronunciando um juízo documentado sobre a natureza dessa obscuridade, ou seja, se ela reside na dificuldade da matéria ou na incompreensibilidade do texto, tema com que foi aberta esta análise de Luhmann.

Mesmo que essa vasta tarefa não faça parte dos objetivos do presente livro, não se pode, todavia, concluir o discurso sobre Luhmann sem elevar o olhar da análise do direito na teoria luhmanniana ao conjunto dessa abstratíssima superteoria. Limito-me a enunciar algumas impressões de leitura, porque eu ainda não consegui formar uma ideia estável, mesmo que não definitiva, sobre a obra de Luhmann.

Deixando de lado a *querelle* sobre a obscuridade dos textos de Luhmann, a sua superteoria apresenta-se em termos tão abstratos que resulta estranha a qualquer disciplina específica. Um exemplo pode vir da afirmação com que Luhmann se defende da acusação de decisionismo (cf. *supra*, item 8): vimos que a escolha dos elementos do ambiente não é arbitrária, mas é limitada pela complexidade do próprio ambiente. Em um seminário sobre a situação nos Bálcãs em 2000-01 constatava-se, luhmannianamente,

---

324. Luhmann, *Die Wirtschaft der Gesellschaft*, Suhrkamp, Frankfurt a. M., 1988, 356 pp.; *Die Wissenschaft der Gesellschaft*, Suhrkamp, Frankfurt a. M., 1990, 732 pp.; *Die Gesellschaft der Gesellschaft*, Suhrkamp, Frankfurt a. M., 1997, 1224 pp., em dois volumes; a edição de 1998 consta de 1.164 pp.

que as respostas ao desafio balcânico seriam infinitas, mas que as possíveis respostas eram reduzidas a poucas opções pela contraposta complexidade do mundo balcânico. É, sem dúvida, uma explicação teoricamente elegante da intervenção militar. Todavia, em casos como este, a minha impressão é a de que não seja a complexidade da teoria que explica a realidade, mas, ao contrário, é a realidade que esclarece uma teoria muito complexa.

Se essa superteoria de toda a sociedade é aplicada ao direito, constata-se que ela manifesta a sua abrangência conseguindo descrever *também* o direito. Porém, essa descrição não parece oferecer nada de intrinsecamente novo em relação a uma teoria jurídica tradicional. Ou melhor, a remissão à dogmática e à teoria do direito (tão frustrante para o jurista, como foi visto) significa que a superteoria engloba as subteorias que a ciência jurídica foi elaborando por conta própria. A minha impressão é, portanto, de que o direito seja útil à superteoria; porém, eu não poderia afirmar que a superteoria seja útil ao direito. E talvez não o seja nem sequer à sociologia: "Se essa concepção apresenta contradições ou aporias – escreve um renomado sociólogo do direito –, e até que ponto ela é sociologicamente explicativa, são questões em aberto."[325]

Os sistemas autorreferenciais e autopoiéticos, para Luhmann, são diferentes dos sistemas lógicos tradicionais, que se dirigem a um objeto sobre o qual formulam um juízo de verdade ou falsidade. Dada essa referência a um único objeto, Luhmann designa essa lógica como "univalente" e "ontológica". A ela contrapõe os sistemas autorreferenciais, que procedem apenas por diferenças entre si e o ambiente: eles seriam, por isso, "binários" e a teoria que os descreve seria uma teoria "altamente abstrata e pós-ontológica[326]. Foi

---

325. Ferrari, *Lineamenti di sociologia del diritto*, cit., p. 223.
326. Luhmann usa os adjetivos "einwertig" e "ontologisch" a respeito da lógica clássica, ao passo que, para os sistemas autorreferenciais, fala de "hochabstrakte, postontologische Systemtheorie": Niklas Luhmann, *Die soziologische Beobachtung des Rechts*, Metzner, Frankfurt a. M., 1986, p. 12.

assim subvertido o uso corrente dos termos. A lógica alética, baseada no binômio verdadeiro/falso, é usualmente designada como uma lógica binária ou bivalente (não, portanto, "einwertig") e, como lógica binária, tem toda uma série de implicações para a informática[327]. Além disso, a lógica é, em geral, contraposta à ontologia, como foi visto no debate entre lógica formal e lógica dialética (cf. *supra*, cap. I, 7, c, texto à nota 200). A ontologia, enfim, não tem um antes ou um depois: o termo "pós-ontológico" é apenas uma invenção verbal para reafirmar que aquela teoria é "altamente abstrata".

Parece-me, porém, paradoxal que essa superteoria pós-ontológica, altamente abstrata, torne-se compreensível apenas quando recorre à ontologia, ao objeto, ou seja, quando se dá a ela um conteúdo, porque o conteúdo é precisamente o que a superteoria rejeita. Em conclusão, a teoria de Luhmann deixa uma impressão de grande criatividade, frequentemente também de genialidade, mas não convence: parece-me um genial arsenal de metáforas que explicam tudo sem dizer nada[328].

11. Do direito autopoiético ao direito autocatalítico

O pensamento sistêmico de Luhmann suscitou uma grande abundância de obras que aceitam, reveem, criticam ou rejeitam as ideias de seu fundador e que, no seu conjunto, constituem um dos fenômenos mais relevantes no panorama atual da sociologia do direito não apenas na Euro-

---

327. Sobre esse vastíssimo problema, limito-me a remeter ao capítulo *Dal linguaggio naturale al linguaggio logico* em Losano, *Informatica per le scienze sociali*, Einaudi, Torino, 1985, pp. 67-97.

328. Essa crítica tem um precedente ilustre, porque parece ter sido formulada por Salvemini contra o marxismo dogmático: o marxismo, dizia Salvemini, é uma doutrina maravilhosa para despertar as consciências e, depois, para adormecê-las de novo com uma série de formuletas que explicam tudo sem dizer nada.

pa, mas também nos Estados Unidos[329]. Como, do ponto de vista da noção de sistema, muitos estudiosos aceitam a concepção de Luhmann em suas grandes linhas, devemos nos limitar aqui a dar como exemplo dessa difusão apenas uma das teorias de origem luhmanniana.

Nessa escola, entre os autores mais conhecidos internacionalmente deve ser incluído o alemão Gunther Teubner (nascido em 1944), que se ocupara, antes de tudo, da teoria dos padrões (cf. vol. II, cap. IV, item 8). Depois, seguindo os passos de Luhmann, dedicara-se ao direito como sistema autopoiético[330]. Enfim, passou a desenvolver uma concepção sua que – analogamente ao que fizera Luhmann com a noção de autopoiese – deduz das ciências da natureza (para Teubner, em particular, da química) a noção central da sua construção teórica, ou seja, a noção de sistema autocatalítico.

Em primeiro lugar, portanto, é necessário ilustrar, mesmo em grandes linhas, o significado desse novo termo para a ciência jurídica. Um louvável trabalho de reconstrução histórica já havia sido realizado por Hans-Jürgen Krug, um dos editores da revista "Selbstorganisation"[331], que reconstruiu a gênese e o sucesso daquela noção na química sem,

---

329. Ensaios de vários autores norte-americanos estão contidos em Jirí Pribán – David Nelken (ed.), *Law's New Boundaries. The Consequences of Legal Autopoiesis*. Ashgate, Dartmouth, 2001, 314 pp.; note-se, porém, que Pribán leciona em Praga e Nelken em Macerata.

330. Gunther Teubner, *Recht als autopoietisches System*, Suhrkamp, Frankfurt a. M., 1989, 227 pp. (traduções: Teubner, *Law as an Autopoietic System*. Translated by Anne Bankowska and Ruth Adler. Edited by Zenon Bankowski, Blackwell, Oxford, 1993, 203 pp.; *Il diritto come sistema autopoietico*. A cura di Alberto Febbrajo e Carlo Pennisi, Giuffrè, Milano, 1996, XXVI-228 pp.). Depois, em ordem cronológica, *Autopoiese im Recht: zum Verhältnis von Evolution und Steuerung im Rechtssystem*. Istituto Universitario Europeo, San Domenico, 1986, 50 e 15 pp.; Teubner (ed.), *Autopoietic Law: A New Approach to Law and Society*, De Gruyter, Berlin, 1987, VIII-380 pp.; Teubner (ed.), *State, Law, and Economy as Autopoietic Systems: Regulation and Autonomy in a New Perspective*, Giuffrè, Milano, 1992, VI-655 pp. Para uma resenha crítica mais recente, cf. Peter Nahamowitz, *Autopoietische Rechtstheorie: mit dem baldigen Ableben zu rechnen*, "Zeitschrift für Rechtssoziologie", XI, 1990, n. 1, pp. 137-60.

331. Hans-Jürgen Krug, *Autokatalyse – Herkunft und Geschichte eines Begriffes*, "Selbstorganisation", 1992, pp. 129-54.

porém, fazer referência à sua recepção nas ciências humanas e sociais.

Desde a metade do século XIX, os químicos conheciam alguns casos em que os tempos das reações químicas afastavam-se da norma: neles, a um lento crescimento inicial (período de indução) sucede um rápido crescimento que alcança depressa os valores máximos, em torno dos quais a velocidade de reação ajusta-se até retornar lentamente ao valor zero. O processo desenha, em suma, uma curva para elas, o sigmoide. Esse fenômeno marginal, embora notório, despertou o interesse dos químicos apenas por volta do final do século XIX. No contexto do desenvolvimento científico geral daqueles anos, os químicos começaram a ocupar-se da progressiva aceleração de algumas reações, destacando a "indução química" ou a "aceleração inicial" que caracterizava essas reações, graficamente representáveis pelo sigmoide recém-mencionado.

Entre eles, Wilhelm Ostwald (1853-1932) ocupou-se da velocidade das reações químicas, escrevendo uma obra sobre a dinâmica química e criando as bases científicas para aquela que hoje se chama cinética química. Ostwald foi uma figura importante na vida cultural alemã[332]. Recebeu o prêmio Nobel em 1909 pelos seus estudos sobre a catálise, manteve uma intensa correspondência com os estudiosos da sua época (correspondência que alimenta os livros que continuam sendo publicados também em anos recentes), aprofundou a teoria das cores do ponto de vista científico e estético, ocupou-se da sistemática da química e das ciências e (através da teoria das cores) também da pintura[333].

---

332. Sobre a poliédrica atividade de Wilhelm Ostwald cf. a sua autobiografia: *Lebenslinien. Eine Selbstbiographie*, Klasing, Berlin, 1926-27, vol. 1: *Riga, Dorpat, Riga. 1853-1887*; vol. 2: *Leipzig. 1887-1905*; vol. 3: *Gross-Bothen und die Welt. 1905-1927* (aqui fala da catálise no vol. 2, p. 262). Uma bibliografia sua foi publicada pela filha Grete Ostwald: *Wilhelm Ostwald, mein Vater*, Berliner Union, Stuttgart, 1953, 290 pp.

333. Wilhelm Ostwald, *Die Pyramide der Wissenschaften. Eine Einführung in wissenschaftliches Denken und Arbeiten*, Cotta, Stuttgart – Berlin, 1929, 148

Seus interesses culturais levaram-no a publicar uma coleção de clássicos da ciência e a escrever biografias de cientistas. No campo filosófico, teorizou o "monismo energético", contrastando as concepções atomísticas. Ele foi um dos principais expoentes do monismo alemão juntamente com Mach, e fundou em 1906, com Haeckel, o "Deutscher Monistenbund".

O termo "autocatálise" foi criado em 1890 por Wilhelm Ostwald para indicar os fenômenos de autoaceleração das reações químicas. O conceito de catálise já indicava havia alguns anos o efeito das substâncias que, aparentemente com sua presença, melhoravam a reatividade de outras substâncias. "A catálise – escrevia Ostwald – é a aceleração, provocada pela presença de uma substância estranha, de um processo químico que se desenvolve lentamente."[334] Suas pesquisas e as de seus alunos levaram-no a demonstrar que a substância que provoca a aceleração nem sempre vem do exterior, mas que "em certos casos uma substância catalisa-se sozinha"[335]. O termo "autocatálise" deu o título a uma comunicação científica de 1890[336] e, desde então, serviu para designar "um tipo de reação em que o influxo catalítico sobre a velocidade origina-se da própria substância inicial, ou seja, em que [do exterior] não é transmitida uma crescente aceleração da reação. Apenas alguns anos depois, Ostwald dedicou-se a um fenômeno parecido, ou seja, às reações em que um produto intermediário ou final funciona como catalisador, conduzindo, assim, a uma autoaceleração da reação"[337].

---

pp.; *Die Welt der Formen. Entwicklung und Ordnund der gesetzlich-schönen Gebilde*, Unesma, Leipzig, 1922, quatro pastas com texto e gravuras.

334. Citado por Krug, *Autokatalyse*, cit., 137.

335. "Selbst katalysieren": citado por Krug, *Autokatalyse*, cit., p. 138; aqui se encontra também uma descrição dos experimentos e da literatura que a eles se refere.

336. Wilhelm Ostwald, *Über Autokatalyse*, em *Berichte der Königlichen Sächsischen Akademie der Wissenschaften*, Mathematisch-physische Klasse, 1890, pp. 189-91.

337. Krug, *Autokatalyse*, cit., p. 138; pode-se dizer que Wilhelm Ostwald elaborou o conceito de autocatálise entre a comunicação de 1890 e a de 1896,

Ostwald permaneceu na universidade de Leipzig até 1906. Naqueles anos, elaborou sua filosofia natural[338] e, através de contatos com vários de seus colegas de outras disciplinas, estendeu a aplicação do conceito de autocatálise também a fenômenos fisiológicos, como a febre, o costume ou a memória. Com o início do século XX, o uso do termo "autocatálise" foi, portanto, se afirmando não apenas na química[339]. Desses desenvolvimentos devia nascer, também, a noção de hiperciclo, usada para designar um modelo sistêmico em que um conjunto de substâncias (por precisão, cadeias de ácidos nucleicos) não apenas se autorreproduzem individualmente em um ciclo autocatalítico, mas se unem também uma com a outra em um ulterior ciclo, dito exatamente hiperciclo[340].

Teubner estendeu ao direito as noções de autocatálise e de hiperciclo, refinando posteriormente a construção proposta por Luhmann: "O direito é um sistema autopoiético de segunda ordem – escreve –, e isso porque, em relação à sociedade, vista como sistema autopoiético de primeira ordem, ele realiza um fechamento operacional independente, na medida em que constitui, autorreferencialmente, os seus componentes e os conecta entre si em um hiperciclo."[341]

---

ano da publicação da segunda edição do *Lehrbuch der allgemeinen Chemie*, Engelmann, Leipzig, 1896-1902, 2 vols. (em particular: vol. II, parte 2, com um capítulo inteiro sobre a autocatálise, pp. 262-69).

338. Wilhelm Ostwald, *Vorlesungen über Naturphilosophie. Gehalten im Sommer 1901 an der Universität Leipzig*, Veit, Leipzig, 1902, XIV-457 pp.; Victor Delbos, *Une théorie allemande de la culture: Wilhelm Ostwald et sa philosophie*, Paris, 1916, 31 pp.

339. Aqui não é possível seguir os desenvolvimentos dessa teoria na química, onde os estudos de Wilhelm Ostwald foram continuados pelo filho Wolfgang (1883-1943), que ampliou o conceito de autocatálise no de autocatacinese: cf. Krug, *Autokatalyse*, cit., pp. 146 ss.

340. Krug, *Autokatalyse*, cit., p. 151; para os hiperciclos Teubner inspira-se nos trabalhos de Manfred Eigen, nascido em 1927 e prêmio Nobel de Química em 1967: cf. Manfred Eigen – Peter Schuster, *The Hypercycle – A Principle of Natural Self-Organization*, Springer, Berlin, 1979, VIII-92 pp.

341. Gunther Teubner, *Il diritto come sistema autopoietico*. A cura di Alberto Febbrajo e Carlo Pennisi, Giuffrè, Milano, 1996, p. 39; além disso, Gunther Teubner, *Hyperzyklus in Recht und Organisation: Zum Verhältnis von Selbstbeo-*

Teubner pretende, portanto, aplicar ao direito o conceito de Manfred e Schuster, "de forma levemente modificada"[342]: também aqui, como foi destacado várias vezes, o conceito científico começa a transformar-se em metáfora. Nem a clareza ganha: já vimos a irritada reação de Adomeit a essa teoria dos ciclos hipercatalíticos (cf. *supra*, 1, a).

Se, para Luhmann, a sociedade é um sistema fechado de comunicações, Teubner vai ainda além: os subsistemas sociais não só podem observar-se reciprocamente, "mas podem unir-se comunicativamente": "pode-se, assim, obter a criação de uma comunicação que supera o fechamento luhmanniano porque resulta contemporaneamente interna a vários sistemas sem que seja necessário supor uma 'transferência' de informação"[343]. Surge aqui, inevitavelmente, a lembrança do *homunculus* de Jhering: porém, Jhering falava de união apenas quando ironizava a produtividade dos conceitos jurídicos, que, para os pandectistas, uniam-se e produziam novos conceitos. Em Teubner, ao contrário, a metáfora biológica da união é levada muito mais a sério: os subsistemas sociais, entre os quais o do direito, comunicam-se entre si "unindo-se mediante a interferência e comunicações através da organização"[344]. É para explicar essa comunicação não comunicação entre subsistemas que Teubner apresenta o conceito de hiperciclo, entendido como um circuito autorreprodutivo que emana (um pouco misteriosamente) autodescrições dos componentes do subsistema.

À luz dessa concepção podem ser descritas novamente amplas partes da dogmática jurídica. Aqui é importante

---

bachtung, Selbstkonstitution und Autopoiese, em Hans Haferkamp – Michael Schmid (Hrsg), *Sinn, Kommunikation und soziale Differenzierung. Beiträge zu Luhmanns Theorie sozialer Systeme*, Suhrkamp, Frankfurt a. M., 1987, pp. 89 ss.

342. Teubner, *Il diritto come sistema autopoietico*, cit., p. 42.

343. Alberto Febbrajo – Carlo Pennisi, *Introduzione*, em Gunther Teubner, *Il diritto come sistema autopoietico*, Giuffrè, Milano, 1996, p. XIV.

344. "Coupling through interference and communications via organization": Gunther Teubner, *Social Order from Legislative Noise? Autopoietic Closure as a Problem for Legal Regulation*, "European Yearbook in the Sociology of Law", Giuffrè, Milano, 1992, p. 622.

notar apenas que a concepção de Teubner é uma elaboração da concepção de Luhmann e que, portanto, apresenta as mesmas características e está exposta às mesmas críticas. Em particular, a noção de sistema permanece sempre aquela deduzida das ciências naturais, mesmo que de uma forma revista e enriquecida: enriquecida também com complicações, porque para Teubner valem todas as observações sobre a obscuridade da linguagem técnica com as quais se abriu este capítulo.

12. Um balanço provisório na infinita história do sistema

O leitor de Luhmann deve abrir caminho através da transposição do significado de vários termos que, por ele conhecidos em linguagem natural ou em linguagem especializada, são utilizados com um significado específico na teoria luhmanniana. O termo "sistema" é um deles.

A noção de sistema a que se refere a teoria madura de Luhmann é diferente da que circulava nos anos 1950, quando tomavam forma a cibernética, a teoria geral dos sistemas e as outras disciplinas modernas examinadas anteriormente. Naqueles tempos ainda não distantes, sustentava-se que "na realidade não existe nenhum sistema", porque "os sistemas são construções da nossa razão"; tudo o que podemos fazer é tomar os objetos existentes na realidade e "unir entre si quaisquer objetos, de modo a fazer deles um sistema"[345]. Mesmo que profundamente diferentes entre si, a noção clássica e a noção moderna de sistema tinham em comum, pelo menos, a evocação de uma unidade ou unitariedade que é, ao contrário, estranha à de Luhmann[346].

---

345. Stefan Jensen, *Systemtheorie*, Stuttgart, Kohlhammer, 1983, p. 9.
346. "O sistema leva consigo a sugestão da unitariedade, que não apenas induz o neófito a receber de maneira errada a doutrina de Luhmann, mas que induziu também a erro muitos ilustres críticos de Luhmann": Walter Reese-Schäfer, *Luhmann zur Einführung*, Junius, Hamburg, 1996, p. 9.

Entre o final dos anos 1970 e início dos anos 1980, Luhmann afasta-se da concepção estrutural-funcionalista de sistema e das teorias sistêmicas da primeira cibernética, que são preponderantemente abstratas, para dirigir-se à biologia mais moderna, onde acredita encontrar a linguagem e os instrumentos conceituais mais adequados para descrever a complexidade da sociedade moderna. Essa teoria dos sistemas autopoiéticos "não tem mais muito a ver com a tradicional teoria dos sistemas[347], ou seja, com os sistemas dos anos 1950; em relação aos sistemas clássicos que chegaram ao século XIX, portanto, não existem mais pontos de contato. Ou melhor, o uso do mesmo termo "sistema" é apenas fonte de confusão.

Quando Luhmann inaugura sua obra principal com a asserção: "As reflexões que se seguem partem do pressuposto de que existem sistemas"[348], pretende precisamente dizer que, para ele, os sistemas existem, ou seja, existem na realidade. Depois, já no final da obra, ele reafirma essa sua concepção: "O conceito de sistema – no uso linguístico próprio das nossas pesquisas – está sempre indicando uma situação real. Por 'sistema' nunca entendemos, portanto, um sistema puramente analítico, uma construção puramente conceitual, um simples modelo."[349]

No já lembrado interrogatório cruzado a que o submeteu Fritz B. Simon (cf. *supra*, item 9), à pergunta sobre como ele define o sistema, Luhmann responde: "Definiria como sistema um complexo de operações que tem a capacidade de delimitar-se em relação ao ambiente através da própria

---

347. Walter Reese-Schäfer, *Luhmann zur Einführung*, Junius, Hamburg, 1996, p. 10; esse autor compara os sistemas autopoiéticos (que inclui "entre as concepções mais excitantes da atual pesquisa biológica básica") aos sistemas gerais dos anos 1950 e conclui que os primeiros estão para os segundos assim como "um moderno programa de texto está para uma tradicional máquina de escrever. Apenas o teclado e alguma pretensão de *design* moderno revelam ainda uma afinidade entre si".

348. Niklas Luhmann, *Soziale Systeme. Grundrib einer allgemeinen Theorie*, Suhrkamp, Frankfurt a. M., 1984, p. 30.

349. Luhmann, *Soziale Systeme*, cit., p. 599.

reprodução. Ou seja, como uma operação que tem a capacidade de produzir uma diferença entre sistema e ambiente, segundo a sequência com que une outras operações a operações iniciais nascidas por acaso. Na biologia pode-se fazê-lo com representações espaciais, na sociologia e na psicologia, com o sentido." No mesmo trecho, ao sistema contrapõe-se a realidade, que Luhmann entende como algo unitário: como "uma unidade é sempre relativa ao sistema, que com suas operações pode sintetizar algo, formando, assim, uma unidade, a realidade é sempre o produto de um sistema [...]. Isso, porém, não significa que o sistema opere solipsisticamente e que ele exista sozinho no mundo, sem outras coisas. O emergir da realidade pressupõe sistemas que possam produzir unidade. Por sua vez, os sistemas são definidos como algo que se pode delimitar em relação a alguma outra coisa. É complicado, mas é necessário sermos complicados depois de uma longa tradição de pensamento filosófico"[350].

Concebido nesses termos, o sistema de Luhmann é completamente diferente do sistema com que, no passado, foi descrito ou pensado o direito, e ainda hoje continua sendo predominantemente descrito e pensado. Já em seu livro *Sistema jurídico e dogmática jurídica*, de 1974 (portanto, em uma época anterior à guinada autopoiética), Luhmann concebia o direito não como um todo composto de partes individuais (ou seja, como um ordenamento composto de normas), mas como um todo em relação com outro todo mais extenso, segundo o esquema sistema-ambiente. Ou seja, ele via o direito como um subsistema do sistema social. Luhmann não se propõe descrever a relação entre partes e todo, entre normas e ordenamento, ou seja, ele não quer – como os pandectistas – explicar de que maneira as normas se organizam em um ordenamento. Luhmann é um

---

350. Fritz B. Simon (Hrsg.), *Lebende Systeme. Wirklichkeitskonstruktionen in der systemischen Therapie*, Springer, Berlin u. a., 1988, p. 95. Sobre a estrutura dessa obra, cf. *supra*, no início do item 10.

sociólogo (ou melhor, um teórico da sociologia), não um jurista; portanto, quer explicar de que maneira cada subsistema interage tanto entre si quanto com o sistema social. Para explicar essa interação, parece-lhe mais proveitosa a nova teoria sistêmica, e não a antiga concepção sistemática.

Para Luhmann o direito é, no fundo, uma caixa-preta, cujo conteúdo não lhe interessa: interessa-lhe, ao contrário, o que entra e o que sai daquela caixa-preta, ou seja, a relação entre aquele subsistema e o ambiente, isto é, ainda, a relação entre o direito, os outros subsistemas e o sistema social global. Exatamente ao contrário operava a concepção clássica do sistema jurídico: ela rompia relações com o ambiente externo ao direito e concentrava-se nas normas, nas suas relações recíprocas, na sua organização no ordenamento. A visão de Luhmann é a total antítese da de Kelsen: Luhmann interessa-se apenas pelas relações do direito com o ambiente, e não pelas partes que compõem o direito; Kelsen, ao contrário, interessa-se apenas pelas relações entre as partes que compõem o direito, e não pelas relações entre o direito e o mundo circunstante.

É, portanto, cientificamente improdutivo comparar a noção clássica de sistema com a correspondente noção luhmanniana: são noções diferentes que perseguem finalidades diferentes. Passando dos juristas clássicos para Luhmann, de fato, muda completamente a perspectiva da qual se olha o direito: olha-se o direito da perspectiva do sociólogo, e não da do jurista. Por isso, muda completamente também a relação entre a noção de sistema (seja como for definida) e a noção de direito (seja como for definida). Até Luhmann estudou-se o sistema no direito; com Luhmann estuda-se o direito no sistema.

ÍNDICE REMISSIVO

A

abstração, vários níveis de, 96 s., 234 s., 410.
abuso de termos científicos, *ver*: Transferências metodológicas; Linguagem obscura.
Action Workflow, *ver*: Direito, e análise estrutural.
adaptação e controle, 11.
administração pública, 70-3, 77-83:
– decisões atribuídas ao computador, 135, 368 s.
– e erros, 336 s., 339 n., 373 ss.
– e privada, 71, 79, 111-4, 121 s.
– em Luhmann, 81 n., 308 s., 336.
Ver também: Direito administrativo.
algoritmo, 356 e n.
alquimia, 258, 268.
ambiente, 276, 360:
– e sistema, 87, 283, 310, 330 s.
ambiguidade da norma, 369 s.
Amherst College (Parsons), 317, 320.
análise estrutural do direito, *ver*: Direito, e análise estrutural.
analogia e metáfora, 126, 139, 206, 243.
"Annales", 169 e n.
antiformalismo no direito, 390; *ver também*: Direito livre; Jurisprudência dos interesses; Valores.
antirracionalismo e pós--modernidade, 307 n.; *ver também*: Irracionalismo.
antropologia:
– arqueologia, 131; *ver também*: Virtualidade.
– e cibernética, 20 s., 23, 29.
– e estruturalismo, 146, 152, 157 s., 163, 168 s., 171 s., 207, 225, 229, 234; *ver também no Índice onomástico*: Lévi--Strauss, Claude.
antroposofia, 268.
aprendizagem e adaptação, 11.
Arpanet, 8, 91 n.
artificial, *ver*: Virtualidade.
"Association pour la Pensée Complexe", XX

"Athenäum", 298.
átomo, 140, 150:
– bomba atômica e computador, 6, 8, 90 s.
– energia atômica e informática, 22.
auto-organização, 3, 128, 133, 242 s., 272 ss., 278, 281 s., 407 s:
– e irracionalismo, 259 s., 268.
– e sociologia, 283 e n.
– fases históricas da, 40, 128, 245-55, 271, 275 s., 282.
– sete teorias fundamentais da, 273 ss.
autocatálise:
– e teoria jurídica, 273, 276, 285 s., 420 ss:
– – e hiperciclo, 242, 275 s., 285, 421.
– história do –, 417 ss.
autogestão iugoslava, 98.
automação, 19, 34, 50:
– dos procedimentos, 112-24.
– e administração pública, 102 s., 310, 312 s., 339-77.
autômato, -s, 4, 31 s., 78; *ver também*: Robô, -tização.
autopoiese, 3, 133 s., 247, 273, 284 s., 289, 310 ss., 380, 395, 400, 404 s., 413, 415 s:
– de segunda ordem (autocatálise), 420 s.
– e ciências sociais, 242, 284 s., 406-9.
– e teoria geral dos sistemas, 422 s.
autorreferencialidade, 279:
– e observador, 386.
– e superteoria, 274, 393 s., 395, 401 ss., 415.
autorregulação, 12, 66, 231.
autorreprodução da máquina, 12.
axioma, -s, 105:
– e sistema externo, 296; *ver também*: Sistema externo.

B

banco de dados jurídicos, 102 s., 112 n., 126, 135 s., 138.
Bayerische Staatsbibliothek:
– e CD-ROMs jurídicos, 112 n.
– e livros:
– – sobre Luhmann, 307 n.
– – sobre estruturalismo e direito, 176 n.
– – sobre pós-estruturalismo e desconstrução, 222 n.
"Behavioral Science", 264 n.,
Bellagio, encontros de, 320.
bem comum, 83 s., 89; *ver também*: Valor:
– e administração, 348.
Bielefeld, 245 n., 274 n., 306, 309 s.
biologia, XXII, 13, 18 s., 29, 47, 133, 171, 238, 261, 267, 293, 317, 331, 362 s., 421 s.; *ver também*: Sistema biológico.
"Biological Cybernetics", 31.
black box, *ver*: Caixa-preta.
Bolonha, 257 n.
borboleta, efeito, 250 n., 276; *ver também*: Caos, teoria do.
Bremen, faculdade de informática, 136.
burocracia e administração, 344 s., 347, 373.
Business Process Reengineering (BPR), *ver*: Direito, e análise estrutural.

C

caixa-preta, 9 n., 12, 44, 86, 224.
cálculo:
– mecânico, 4 s.
– vetorial e direito, 101 s.
caos, 145, 246, 300, 360:
– ambiguidade do termo, 277 e n.
– e aplicações matemáticas, 277 s.
– teorias do, 238 s., 249, 276 s., 300 e n., 372 n.
capitalismo (Parsons), 318.
Cardozo Law School (Nova York), 215, 217.
cartão perfurado, 5, 59; *ver também*: Mecanografia.
catacrese, 241; *ver também*: Metáfora científica.
catálise, *ver*: Autocatálise.
células nervosas e circuitos lógicos, 271.
centralismo democrático e cibernética, 40, 98 s.; *ver também*: Marxismo, Materialismo dialético; Socialismo; Stalinismo.
cérebro e cibernética, 10, 35, 124.
cibernética, 23, 47, 51 s., 92 s., 102, 131 s., 196, 201, 225, 233, 242 s., 271 s., 278, 289, 305, 320, 346 n., 349, 362, 399:
– da – à informática, 30 s.
– e descentralização, 364.
– e interdisciplinaridade, 30 s.
– e homeostase em Luhmann, 362 s.
– e poder absoluto, 364.
– e tecnocracia em Habermas, 305 s.

– geral (pura) e aplicada, 13.
– jurídica em Luhmann, 312.
– inícios da, 6 s., 17, 271 s.
– primeira, 3, 37, 124, 128, 131-4, 245, 250 s., 284, 310, 313, 423.
– segunda, 3, 128, 131 s., 253 ss., 278 e n., 284, 310, 313, 381.
– social, 306, 309.
– terceira, 128 e n., 131-3, 279;
cibernética e direito, XV-XVI
cibernética e sistêmica, XXXII
ciências naturais e sociais, 27-30, 272 s., 283 s., 287 s., 406 ss.; *ver também*: Duas culturas; Transferência metodológica.
circuitos lógicos e sistema nervoso, 30, 252.
código civil francês e estruturalismo, 189-93.
cognitiva, ciência, 255, 270 ss., 329.
cognitivismo, *ver*: Cognitiva, ciência.
Common Law, 43, 56-8, 78, 135:
– e completude do sistema (Parsons), 331.
– e previsão das sentenças, 24 s., 48 s., 59 s., 74, 124, 126; *ver também*: Tribunal.
– e sistema jurídico (Parsons), 323 s., 328.
comparação jurídica e abstração, 410.
complexidade, 223, 233, 247 ss., 277 ss., 281, 413 ss:
– da trama em Luhmann, 303.
– e ambiguidade da norma, 369 s.
– redução da, 346, 365 s., 367, 380, 396, 402.

– transparente e não transparente, 394.
comportamento futuro dos juízes, *ver*: Common Law.
computador 3 s., 32-6, 54 s., 66, 89 s., 97, 100, 111 s., 124, 131, 188, 216, 251, 271:
– e socialismo, 6 n., 51;
– e história do, 5-9, 21 s., 128 e n.
comunicação, -ões, 233:
– e direito, 23 s.
– ciência da, 7, 23, 29.
conservadorismo:
– de Luhmann, 304-9, 380.
– e linguagem obscura, 288 s., 306 s., 307 s., 396, 421 s.
constituição, 81, 83, 100, 180, 202.
construção jurídica, *ver*: Dogmática; Pandectistas; Sistema, jurídico tradicional.
construtivismo:
– ambiguidade do termo, 243.
– radical, 244 n., 270, 272, 279, 407, 412; *ver também no Índice onomástico*: Foerster, Erich von; Jantsch, Erich; Maturana, Humberto; Varela, Francisco.
Continuous Process Improvement (CPI), *ver*: Direito, e análise estrutural.
Controle, como "guia", 11, 51.
Corte:
– do Supremo Tribunal de Justiça (Roma), 78.
– Suprema (EUA), *ver*: Tribunal, modelo cibernético do.
cosmos, 246.
costume como sociologia do direito, 105 s.

crise dos juristas e informática, 86, 134-41.
Crítica da Razão Pura e Parsons, 317 e n.
crítica literária e direito, XVI
Critical Legal Studies, 211, 214.
cultura humanista e científica, *ver*: Duas culturas, polêmica sobre as.
cyborg, *ver*: Pós-humano.

D

darwinismo, 158, 242, 255, 266, 275 s.; *ver também*: Evolução.
decisionismo em Luhmann, 395.
decisões do jurista ao computador, 368 s.
Derridean Jurisprudents, 220 s.; *ver também*: Desconstrução, do direito; Pós-modernidade; Pós-estruturalismo.
descentralização e cibernética, 364.
desconstrução, 210 s.:
– do direito, 148 n., 210-24.
– e justiça, 215 ss.
desconstrutivismo, *ver*: Desconstrução.
desordem e ordem, 370 s.; *ver também*: Caos, Complexidade.
diacronia e sincronia, 159 ss., 167, 178; *ver também*: Linguística estruturalista.
diagramação em blocos, 115 ss., 353, 358; *ver também*: Direito, e análise estrutural.
diferenciação:
– na sociologia alemã, 382 e n.

ÍNDICE REMISSIVO

– social e Estado de Direito, 350 s.
dinheiro, 321.
direito, -s, 13, 23 s., 114, 122:
– administrativo e Luhmann, 308, 336 s.; *ver também*: Administração pública.
– da informática, 32 s., 82, 139 ss.
– do homem, 265.
– como sistema aberto e fechado, 402.
– como sistema estático e dinâmico, 178, 197, 202, 205.
– como subsistema, 66, 71-5, 87, 347, 412.
– comparado e estruturalismo, 200.
– compatível com a informática, 101, 123, 376 n.
– e análise estrutural, 114-22, 200-6.
– e cálculo vetorial, 101 s.
– e cibernética, 23-6, 32 s., 42 s., 45 s., 51 s., 205; *ver também*: Jurimetria; Juscibernética; Informática jurídica.
– e sistema em Parsons, 323-9.
– e sociologia em Luhmann, 380 ss., 410 ss.
– e Estado de Direito, 350 s., 368 s.
– e sua validade, 388.
– e seu sistema tradicional, *ver*: Dogmática jurídica, tradicional; Pandectistas; Sistema, jurídico tradicional.
– e estruturalismo, 146 s., 154, 174, 207 s.
– e teoria sistemática (Luhmann), 393-406.

– internacional, 104, 106-9.
– livre, 127, 293 n., 391 n.
– natural, 77 s., 182, 347, 378 n., 403.
– penal e informática, 193 s.
– positivo e ética, 197, 362.
– premial, 390 e n.
– teoria geral do, 66, 139, 404, 410;
direito da informática, XV
direito e cibernética, XV-XVI
direito e crítica literária, XVI
direito livre e direito "líquido", XIX
direito quântico, XXVII
dissipativa, estrutura, 274 s.
distinção entre pensamento:
– sistemático e sistêmico, 73 n., 245, 274, 283.
– estrutural e estruturalista, 47 e n., 73 n., 145 s., 169, 180, 185, 203 ss., 224, 226:
– – como níveis diferentes do mesmo método, 234 s.
distúrbio externo, *ver*: Ruído.
documentação, 61-3, 111:
– automática, 57-8, 117, 122.
– excesso de, 57 s., 111 s., 134 s., 137 s.
– e história da informática jurídica, 67 s.
dogmática jurídica:
– tradicional, 207, 384 ss., 400 n., 421; *ver também*: Pandectistas; Sistema, jurídico tradicional
– em Luhmann, 311, 380 ss., 390 s., 393, 404.
Dortmund, 309.
drafting: *ver*: Legística.

Dresden, politécnico, de, 6 n.
duas culturas, polêmica sobre as, 212 n., 241, 285, 289, 307 n.; *ver também*: Transferência metodológica.

E

ecologia, 13, 280 s.:
– e teoria geral dos sistemas, 265.
economia, 170, 203 s., 263, 265:
– e cibernética, 19, 27-9, 97.
economicidade e informática 99, 339, 340, 373.
ecossistema elástico, 280 e n.; *ver também*: Ecologia.
eficácia do direito, 388.
empresa:
– e questão social, 19.
– robotizada, 10, 18-9.
entropia, 261.
equilíbrio:
– dos sistemas, 11, 261.
– e instabilidade, 238, 274, 280, 283.
erros:
– da administração, 33, 336 s., 373 ss.;
– do computador, 32 s.
Escola:
– de Copenhague, 152, 177.
– de Frankfurt, 165.
"Esprit", 155 e n.
Estado de Direito, 368:
– e diferenciação social, 350 s.
estatística e sistema biológico, 262.
estratégia e programa na empresa, 356.
estrutura, -s:

– do neurótico e topologia (Lacan), 289.
– do sistema (Parsons, Luhmann), 332 s.
– dentro ou fora das coisas, 375.
– dissipativa, 274 s.
– e função, 334.
– em sentido atécnico, 179-83; *ver também*: Estrutural e estruturalismo, distinção entre pensamento.
estrutural e estruturalista, distinção entre pensamento, 47 e n., 73 n., 145 ss., 169, 180, 187, 203 ss., 210, 227:
– como níveis diferentes do mesmo método, 234 s.
estrutural-marxismo; *ver*; Estruturalismo, e marxismo; *ver também*: Pós-estruturalismo.
estruturalismo, 14, 45, 76 n., 90, 94, 133, 173 s., 185, 242, 245, 273, 284 s., 289, 396:
– crítica ao, 152 s., 191 s., 196 s., 222 s.; *ver também*: Desconstrução; Pós--estruturalismo.
– e código civil francês, 189-93.
– e direito penal, 193 s.
– e marxismo, 47 n., 154 n., 165 s., 195 s.
– jurídico, 147, 155, 174 ss., 189-93.
– mágico (Boudon), 28, 196, 204 s.
– história do, 155.
– teoria sistêmica e, 227-35.
estruturística, 184 n., 205 s.; *ver também*: Direito, análise estrutural.
ética, 78 s., 104, 106, 377:

– e direito positivo, 198, 362, 378 ss.; *ver também*: Valor.
evolução, evolucionismo, 150 s., 159, 186 n., 247, 254 s., 266, 276, 279 s:
– e seleção, 12.
exceção:
– e nacional-socialismo, 239 s.
– e normalidade, 239, 281.
existencialismo, 168, 230.
expectativa (Parsons, Luhmann), 332, 377.
experimento, 248:
– e direito, 126.
– e observação (ciências sociais), 11.
explicação e indução (Homans), 324 s.

F

fábrica, *ver*: Empresa.
feedback, XXI *ver*: Retroação.
filosofia:
– do direito, 65, 76, 86, 139, 169, 176 s., 195, 198 s.:
– – e pós-estruturalismo, 211, 213, 218 ss., 293, 410.
– da natureza e holismo, 268.
– da história, 283.
– popular (*Popularität*), 219 e n., 300 s.; *ver também*: Lógica.
física, 238:
– e metafísica, 130, 267, 284; *ver também*: Metafísica.
física e misticismo, XXV
flogisto, teoria do, 258.
FORTRAN, 129 e n.
fractal, geometria, 125 e n., 240, 277 e n.
Friburgo de Brisgóvia, 309.

função e estrutura, 333; *ver também*: Estrutural--funcionalismo.
funcional-estruturalismo (Luhmann), 335.
funcionalismo estrutural, 37, 183, 320 s., 334 s., 423.
Fundação Adriano Olivetti, 69 e n., 100 n.

G

Gaia, hipótese, 280 s.; *ver também*: Ecologia.
gene e símbolo (Parsons), 321 s., 331.
"General Systems", 264.
geometria fractal, 240, 277 e n.
gerações do computador; *ver*: Computador, história do.
global theory, *ver*: Superteoria.
glossários luhmannianos, 297 e n.
grafo, -s, 17 s., 193:
– do triângulo equilibrado, 194.
gramática gerativa, 153, 158 n., 162.
Grundnorm, *ver*: Norma fundamental.
guerra:
– e paz, 107; *ver também*: Direito internacional.
– e uso civil das descobertas, 5-8.

H

Harvard, 309, 324, 329.
Heidelberg, 318 e n., 407.

hipótese Gaia, 280 s.; *ver também*: Ecologia.
história:
– desconstrução, 215 s.
– e método narrativo (não científico), 21.
– e estrutura, -lismo, 150, 159 s., 169 s., 185, 199.
– e teoria, 144, 149; *ver também*: Sociologia, histórica.
historicismo e estruturalismo; *ver*: História e estrutura.
Hochschule für Verwaltungswissenschaften; *ver*: Speyer.
holismo, XXI, 227 ss., 245, 264 ss., 281; *ver também*: Parte e todo;
– e metafísica, 267.
homeostase, 12, 51, 72 s., 80 s., 128, 133, 283:
– em Luhmann, 362 s.
– em Parsons, 320 ss.
– positiva e negativa, 253 s.

I

Iluminismo, 223:
– e estruturalismo, 156 e n
implementation do direito, 73.
incompreensibilidade; *ver*: Linguagem obscura.
incomunicabilidade:
– e metalíngua comum (Luhmann), 34, 340 s.
– entre direito e sociologia (Luhmann), 410.
– entre disciplinas diferentes, 17.
– entre juristas e profissionais da informática, 340 s.
indenização; *ver*: Ressarcimento do dano administrativo.

indeterminação, *ver*: Complexidade, redução da.
indução:
– e dedução (Arnaud), 188 s.
– e explicação (Homans), 324 s.
informação e matéria, 128-32.
informática, 128, 255, 308, 351:
– da cibernética à, 34 s., 39, 42, 111 s.
– e crise dos juristas, 86, 134-41.
– e direito, 50, 67 s., 201, 273, 312, 306:
– – da informática, 139 ss.
– – e seu ensino na Itália, 137 ss.
– e mecanografia, 356.
– e economicidade (Luhmann), 339.
– jurídica; *ver*: Informática, e direito.
– perigos da (Habermas), 305.
– revolução no pensamento, 343 e n.
– sua retroação sobre o direito, 122 s.; *ver também*: Cibernética; Computador
informática jurídica, XVI, XXXV
Institut für Kybernetik (Paderborn), 68 e n.
Instituto para a Documentação Jurídica (Florença), 65 n.
instrução programada, 68 e n.
Integration Definition for Function Modeling (IDEF); *ver*: Direito, e análise estrutural.
inteligência:
– artificial, 214 e n., 254, 270, 272, 275; *ver também*: sistema especialista
– e mundo virtual (pós-humano), 128 s.

interdisciplinaridade, *ver*:
  Transferência metodológica.
Internet, 8, 91 n., 130.
interpretação, 104 s:
– e computador, 306, 368 s.
ironia, 208 s:
– em Schlegel, 299 s.
irracionalismo, 182:
– e auto-organização, 259 s., 270.
– e imitação das ciências, 28; *ver também*: Transferência metodológica.
– e pós-modernidade, 211 s., 260, 285 s., 307 n.

J

jurimetria, 24 s., 53-64, 67, 124.
"Jurimetrics Journal", 61.
jurisprudência:
– dos interesses, 390; *ver também*: Direito livre.
– dos valores, 349 n., 386.
– sociológica, 405.
juscibernética, 64-7, 314 n.
justiça; *ver*: Valor; Administração pública; Tribunal.

K

Karlsruhe, 386.
"Kommunist", 39.
krausismo, 298 e n.
"Kybernetik", 30 s.

L

labirinto, leitura como (Luhmann), 303, 397.

lacunas e análise estrutural, 115.
laser, 275.
legimática, 123; *ver também*: Técnica legislativa.
legística, 111 s.; *ver também*: Técnica legislativa.
Leipzig, 420.
língua:
– e direito, 149, 198 s.
– e palavra, 161 s., 198; *ver também*: Linguística estruturalista.
linguagem:
– corrente, *ver*: Linguagem natural.
– de Escola (Kant), 300 s.
– e sistema educativo (Derrida), 301 e n.
– natural, 62, 82, 106, 109, 295 s., 300, 327, 422.
– osbcura, 148, 211, 214, 219, 298 ss., 306 s., 328, 340 s.
– poética e teoria dos conjuntos, 289.
– científica recursiva, 295 s.; *ver também*: Incomunicabilidade.
linguística, 14, 173, 233 s.:
– cartesiana (Chomsky), 156 e n.
– computacional, 35, 68, 111.
– estruturalista, 149 s., 157, 160, 163, 168, 203 s., 208 s., 225, 284.
"liquidez", XVII; *v. também*: Bauman, Zygmunt.
LISP, 129 e n.; *ver também*: Sistemas, especialistas.
lógica:
– alética; *ver*: Lógica, clássica.
– de um ou dois valores (Luhmann), 415 s.

– clássica, 104 s., 111, 415 e n.
– do computador, 370.
– dialética, 39, 100, 104 e n., 110 s., 416; *ver também*: Marxismo.
– e direito, 60-2, 66.
– e ontologia, 104, 416; *ver também*: Circuitos lógicos.
London School of Economics, 318 s.
Londres, 318.
longa duração e estruturalismo, 166-73.

M

Macerata, 417 n.
machine à gouverner, *ver*: Sociedade, e cibernética.
Maio de 1968, 42 s., 136, 155 e n., 190, 390:
– e polêmica entre Habermas e Luhmann, 304-9.
marxismo, 16, 37, 41, 52 s., 92 s., 97 s., 154 n., 165 s., 190, 195 s., 282, 416 n.:
– e estruturalismo, 230-5; *ver também*: Lógica dialética; Materialismo dialético; Socialismo; Stalinismo.
matemática, -s, 166 s.:
– dos conjuntos e linguagem poética, 289.
– e sociologia, 14 s., 20, 27 s., 294.
– e teorias do caos, 277 s.; *ver também*: Modelo matemático; Topologia.
matéria e informação, 128-32.
materialismo dialético, 31 s., 37, 41, 52, 71, 92 s.; *ver também*:
Lógica, dialética; Marxismo; Socialismo; Stalinismo.
mathesis universalis, 262, 264.
Max-Planck-Institut für Biologie (Tübingen), 18, 31.
mecânica, 4:
– evolucionista, 255 s.; *ver também*: Modelo, mecanicista.
mecanicismo, *ver*: Modelo, mecanicista.
mecanografia, 5, 59, 356; *ver também*: Informática.
metaconto e incredulidade dos desconstrutivistas, 213 n.
metafísica, 130, 195, 204, 210, 238, 284.
metáfora, -s, 90 s., 126, 158, 247 n., 273, 277:
– mecanicista, 74 s.
– organicista, 88 s., 146, 165, 421.
– científica, 168, 240 ss., 282-90; *ver também*: Analogia; Transferência metodológica.
metalíngua informático-jurídica (Luhmann), 340 s.
Michigan Institute, 264.
Minnesota, University of, 55.
misticismo e física, XXV
moda, -s, cultural, -ais, *ver*: Transferência metodológica.
modelo, -s:
– binário (estruturalismo), 152.
– biológico, 320 e n.
– causal (ou condicional), 352 ss., 360 n.; *ver também*: Programa, causal (ou condicional).
– cibernético, 23-6, 36 s., 42-51, 66, 70-3, 76, 86, 106 s., 235 n., 282, 313:

– – dos tribunais (EUA), 50 s.
– – da revolução, 96 s.
– de *input-output* 44, 227, 351-6.
– e longa duração (Braudel), 173.
– finalizado, 352 ss., 360 n.
– matemático, 10, 20, 265 s., 276, 278.
– mecanicista, 74 s., 150, 247 s., 255 s., 266 ss., 354 n.
– narrativo (não científico), 21.
– neuronal, 137 n., 271 s.
– probabilístico e determinista, 22.
"Modern Uses of Logic in Law", 60.
moderna análise estruturada (Yourdon); *ver*: Direito, análise estrutural.
"Monde, Le", 21, 286.
monismo energético, 419.
Monistenbund, Deutscher, 419
moral; *ver*: Ética.
Munique, 272 n., 319 n.

N

nacional-socialismo, 18 s., 239 s., 316 n.
Nápoles, 259 n.
neoestatalismo (Easton), 232 n.
neopositivismo, 244 n.
neurofisiologia, 310 s.
New Age, 268, 280 e n.
"New York Times", 286.
norma, -s, 66 s., 70, 74 s., 79 s., 89, 162, 169:
– como juízo hipotético, 355.
– e sua ambiguidade, 369 s.
– estranha à sociologia (Luhmann), 410, 424.

– fundamental, 81, 299 n., 404; *ver também*: Teoria pura do direito; *ver também no Índice onomástico*: Kelsen, Hans.
– primária e secundária, 75, 355; normativismo; *ver*: Positivismo, jurídico.
Nova York, 215.
nuclear; *ver*: Átomo.

O

obscuridade, *ver*: Linguagem obscura.
observador:
– e autorreferencialidade, 386.
– e objeto observado, 20, 28.
– e segunda cibernética, 253, 270.
ontologia, 104, 335; *ver também* Lógica, dialética:
– e pós-ontologia em Luhmann, 415 s.
ordem e caos, 238 s., 246, 276 s.
organismo:
– como sistema fechado, 262.
– como sistema complexo, 255 s., 268 s.
– e neovitalismo, 259.
– e teorias:
– – merísticas e vitalísticas, 256 ss.
– – organísmicas e organicistas, 269 n., 273.
– níveis inferiores a, 275
organizações complexas, 50, 346.

P

Paderborn, 68 e n.
palavra e língua, 161 s.; *ver*

também: Linguística estruturalista.
pandectistas, -ística, 74, 108, 145, 243, 293, 390, 424; *ver também*: Dogmática jurídica, tradicional; Sistema, jurídico tradicional.
paradigma, mudança de, 28, 119, 230 s., 272, 281:
– na teoria de Jhering, 387 e n.
– na teoria de Luhmann, 310, 381 e n., 393 ss.; *ver também*: Autopoiese.
– no sistema clássico do direito, 384 ss.
paradigmática e sintagmática, 162; *ver também*: Linguística estruturalista.
"paradoxo do gato" (Erwin Schrödinger), XXIV
parte e todo:
– no organismo, 258 s.; *ver também*: Holismo; Vitalismo e holismo.
– no sistema, 310, 345, 362, 385, 395, 399, 424.
PERT (Program Evaluation and Review Technique), 115 s.; *ver também*: Direito, e análise estrutural.
pessimismo tecnológico; *ver*: Tecnologia, desconfiança para com a.
poder absoluto e cibernética, 364.
polêmica:
– sobre a relatividade (1922), 260 s.
– sobre as duas culturas; *ver*: Duas culturas.
– entre Habermas e Luhmann, 304-9.
– entre reducionismo e holismo, 266 s., 281.
política, 72, 78 s., 82 s., 92 s., 114:
– do direito e sociologia do direito, 337 ss.
– ciência da, 37, 42 s., 49, 70, 225, 233 s.:
– – do estruturalismo à teoria sistêmica, 224-35.
– estruturas superficiais e profundas da, 225 s., 228, 231-4.
"*politique de civilisation*", XXII
popularidade (*Popularität*) e filosofia, 300.
Port Royal e estruturalismo, 155 e n.
pós-estruturalismo, 148, 156 s., 163, 233; *ver também*: Desconstrutivismo.
pós-humano, 130, 223 e n.; *ver também*: Virtualidade.
pós-modernidade, 50 e n., 201:
– e ironia, 299.
– e irracionalismo, 260 e n., 285 s., 307 n.
pós-ontologia em Luhmann, 415 s.; *ver também*: Lógica.
positivação do direito e ética, 378 s.
positivismo:
– comteano, 234, 256 n.
– jurídico, 88, 125 s., 148 s., 164, 390, 410.
– lógico, 28 n.
Praga:
– Círculo Linguístico de, 152, 161, 177.
– Primavera de, 99 s.
– Universidade de, 110, 417 n.
pragmatismo e sistema, 324.

precedente jurisprudencial; *ver*: Common Law.
previsão das sentenças; *ver*: Common Law.
princípio de indeterminação, XXIII
privacidade revistas; *ver*: "Annales"; "Athenäum"; "Behavioral Science"; "Biological Cybernetics"; "Esprit"; "General Systems"; "Jurimetrics Journal"; "Kommunist"; "Kybernetik"; "Modern Uses of Logic in Law"; "Monde, Le"; "New York Times"; "Rechtstheorie"; "Social Text"; "Sociometry"; "Tel Quel"; "Voprosy Filozofii".
privacidade, lei sobre a, 82, 135 s.; *ver também*: Direito, da informática.
processo, -s, modelo cibernético do, 104 ss.; *ver também*: Tribunal.
programa, -s, 81 n.:
– causal, 11, 338, 352 ss., 366.
– condicional, 338, 347, 357 n., 358 ss., 364 e n., 366, 368 s.
– decisório e rotina, 360.
– do computador, 36 e n., 122, 124, 138.
– e estratégia na empresa, 357.
– finalístico (finalizado) 358 ss., 366 s.
– na organização industrial, 356 s.
programação, lógica da, 60 s.
psicanálise, 16, 165-7, 176, 210, 243.
psicodrama e sociometria, 16.
psicologia, 13, 105, 182, 270:
– behaviorista, 153, 252.
pública, administração; *ver*: Administração pública.

Q

quantismo e direito, XXVII
questão social e máquinas, 18.
química, 205 s., 238, 242, 257; *ver também*: Autocatálise.

R

racionalidade funcional, 376 s.
realismo:
– analítico (Parsons), 319.
– jurídico, 390.
recepção de métodos; *ver*: transferências metodológicas.
"Rechtstheorie", 32.
recursividade:
– da linguagem científica, 295 s.
– e auto-organização, 250 s.
rede, -s:
– neuronal, 127.
– para transmissão de dados, 8, 36; *ver também*: Arpanet; Internet.
reducionismo, 157:
– e holismo, 266 s., 281.
– em Descartes, 249 s.
reengenharização dos processos; *ver*: Direito, análise estrutural.
reengineering; *ver*: Direito, análise estrutural.
regulação cibernética, 11 s.; *ver também*: Homeostase.
relativismo cognitivo, 211-2:
– crítica ao, 285 s.

Renascimento, 268 n.
responsabilidade por erros administrativos, 373 ss.; *ver também*: Administração pública.
ressarcimento do dano administrativo, 337, 339 n., 367.
retroação, 7, 11, 41, 44, 46, 48, 80 s., 84, 87 s., 96, 227, 280 n.:
– negativa, 18; *ver também*: Cibernética.
revolução:
– modelo cibernético da, 96 s.
– sistêmica mundial, 230 s.
robótica, robotização, 10, 18, 34, 38, 78, 97 s., 111, 119, 127 s., 130; *ver também*: Autômato; Automação.
rotina, 357-65:
– cadeia de montagem, 365.
rumor ou distúrbio, 11, 46, 72, 108 s., 278, 283.

S

segredo militar e descobertas científicas, 5 s.
semiologia, *ver*: Semiótica.
semiótica, 164, 185:
– jurídica, 164 s., 176, 184 s., 189 ss., 209.
sentença, -s, *ver*: Common Law, previsão das.
servomecanismo, 88 s. 68, *ver*: Maio de 1968.
significante e significado, 162 ss.; *ver também*: Linguística estruturalista.
símbolo e gene (Parsons), 321 s., 331.

sincronia e diacronia, 159 ss., 167, 178; *ver também*: Linguística estruturalista.
sinergia, teoria da, 275.
sintagmática e paradigmática, 162; *ver também*: Linguística estruturalista.
sistema, -s:
– aberto, 12, 87 s., 278 ss., 293 n., 321, 346, 352, 360 n., 362, 364, 385 s.
– aberto e também fechado, 279 s., 400 ss.
– autopoiético, *ver*: Autopoiese.
– autorreferencial, 386.
– biológico, 262, 275, 261, 331:
– – e auto-organização, 407 s.; *ver também*: Auto-organização.
– cibernético, 9 s., 67, 80, 273, 330-5; *ver também*: Cibernética.
– fechado, 88, 261, 270, 281, 385.
– determinístico e probabilístico, 10.
– didático, 295 s.; *ver também*: Sistema externo.
– dinâmico e complexo, 11.
– e ambiente, 253, 310, 331 s., 353, 384 s., 395, 400, 423 s.
– e esquema conceitual (Parsons), 326 s.
– educativo e linguagem (Derrida), 301 e n.
– epistemológico, 375; *ver também*: Sistema externo.
– especialista, 122 ss., 129, 195, 272, 279, 353 n.; *ver também*: Inteligência, artificial.
– externo, 64, 147, 162 n., 179, 184, 230, 295, 324 ss., 334, 375; *ver também*: Sistema didático.

- jurídico tradicional, 74, 86, 107, 124, 148, 162, 169, 178 s., 184, 188, 199-202, 205, 214 n., 228, 308, 368, 400 n.; *ver também*: Dogmática jurídica, tradicional; Pandectistas.
- em Homans e Parsons, 324 ss.
- inadequado ao ambiente, 366.
- interno, 64, 147, 179, 184, 186, 320, 334, 375.
- móvel, 293 n.
- nervoso e circuitos lógicos, 7, 271.
- ontológico, 375; *ver também*: Sistema interno.
- partes e todo no, 310, 385.
- social (Parsons), 320; *ver também*: Sociedade.
- teórico e empírico (Parsons), 331.
- vivente, 276, 279, 261.
sistema em Edgar Morin, XIX
sistemático e sistêmico, distinção entre pensamento, 73 n., 243, 273, 283.
sistêmica e cibernética, XXXII.
social engineering, 390.
Social Gospel, 317 n.
"Social Text" e crítica do neocientismo, 286.
socialismo e computador, 6 n., 52, 92, 100, 136; *ver também*: Lógica dialética; Marxismo; Materialismo dialético; Stalinismo.
sociedade:
- e cibernética, 20-30.
- modelo cibernético da, 42-9.
sociologia do direito, 105 s., 403 s.:
- como política do direito, 338 s.

- como teoria sistêmica, 48 s., 71-5, 394, 410 ss.
- sua genealogia, 338 n.
sociologia, 14, 146, 203 s., 207, 284, 288, 293, 317 e n., 346 n.:
- e cibernética, 20 s., 26 s., 37.
- e fronteiras com o direito (Luhmann), 380 ss.
- e matemática, 12-6, 294.
- e sistema jurídico, 315.
- e eficácia do direito, 388.
- história e modelo de Kisza, 109.
sociometria, 15-6.
"Sociometry", 15 n.
software engineering; *ver*: Direito, análise estrutural; *ver também*: Programa, do computador.
solipsismo, 412:
- e sistema autorreferencial, 241, 386, 424.
Speyer, Escola Superior de Ciências da Administração, 309, 336 e n., 338 s., 343 n.
Sputnik e supremacia tecnológica, 77.
Staatsbibliothek, Bayerische; *ver*: Bayerische Staatsbibliothek
stalinismo, 37, 39; *ver também*: Lógica dialética; Marxismo; Materialismo dialético; Socialismo.
subsunção jurídica, programas para a, 137 n.
supercordas, teoria das, XXVI
superteoria, 235, 330 n., 380, 392 s., 395, 398 ss., 414 s.:
- diferença-guia da, 398 s.; *ver também*: Autorreferencialidade; Teoria, universal.

system analysis e *system engineering*, 345.

T

taxonomias, 294; *ver também*: Sistema externo.
técnica, -s:
— e pensamento sistemático, 134 s.
— e teoria sistêmica, 305 s.
— legislativa, 117 n.
— quantitativa, *ver*: matemática e sociologia, 294.
tecnocracia, 33, 97 ss.
tecnologia:
— e supremacia, 77.
— desconfiança para com a, 90 s., 134-41.
"Tel Quel", 210, 221.
teologia e ordem no cosmos, 246.
teoria, -s:
— dos conjuntos, 193.
— dos padrões [*standards*], 417.
— do caos, 223, 300 e n.; *ver também*: Caos.
— do direito:
— — e dogmática jurídica, 87, 384, 390 s., 393, 414 s., 415.
— — e sociologia sistêmica, 285, 382 ss., 404, 413 ss.; *ver também*: Dogmática.
— do mosaico (Roux), 258.
— do sistema, sua evolução, 400.
— da informação, 40, 110 ss., 310, 321.
— da sinergia, 275.
— das catástrofes, 240; *ver também*: Caos.
— dos jogos e sociedade, 22, 26, 49, 86, 173.
— geral:
— — do direito, 66, 139, 404, 410.
— — da administração pública, 343, 371, 380.
— — dos sistemas, 3, 37, 67, 69, 83 n., 185 s., 202, 207, 209, 228 s., 233, 235, 262 ss., 269, 273, 294, 304, 310, 350, 380 s., 393, 400, 422 s.
— — dos sistemas decisórios, 370.
— — dos sistemas vivos, 399.
— sistêmica:
— — do direito (Luhmann), 393-406.
— — e tecnocracia (Habermas), 305 s.
— — e teoria estruturalista, 227-32.
— universal, 16 n., 96, 151, 172, 293, 330 n.; *ver também*: Jurisprudência; Modelo, termodinâmica, 249, 261, 274.
teoria das supercordas, XXVI
teoria pura do direito, 60 n., 110, 148, 180 e n., 201, 205; *ver também no Índice onomástico*: Kelsen, Hans;
— e Schlegel, 299 n.
— e Luhmann, 350 e n., 355, 366.
topologia 10:
— do neurótico (Lacan), 289.
Total Quality Management (TQM); *ver*: Direito, análise estrutural.
transferência, -s, metodológica, -s, 7 s., 17 s., 30 s., 105 s., 117-23, 133, 149, 158, 274 ss.
— da autocatálise, 416-22.
— da autopoiese, 406 s.
— da cibernética sobre as ciências sociais, 20-30.

ÍNDICE REMISSIVO

– do estruturalismo sobre as ciências sociais, 158 s., 167 ss., 173, 177 ss., 189.
– e abusos terminológicos, 21, 27, 191, 285 ss.; *ver também*: Metáfora.
– e misticismo laico, 289.
– e moda cultural, 14, 54, 90, 155 e n., 158, 165, 174, 284.
– e estruturalismo mágico (Boudon), 28, 196, 204; *ver também*: Duas culturas; Ciências naturais e sociais.
trial and error e auto--organização, 252.
tribunal, -is, 78, 81, 85, 122:
– e discricionariedade do juiz, 59, 74; *ver também*: Common Law, previsão das sentenças.
– modelo cibernético do, 49 s.
Tübingen, 18, 31.

U

unitariedade e noção de sistema, 422 e n.
universidade; *ver*: Bielefeld; Bolonha; Brema; Harvard; Heidelberg, Leipzig; London School of Economics; Michigan; Minnesota; Nápoles; Nova York; Praga; Washington; Witwatersrand; Yale.

V

validade do direito, 180, 388.
valor, -es, 43-4, 75, 86 s., 116, 196 s., 283; *ver também*: Antiformalismo no direito; Direito, livre; Ética; Jurisprudência, dos interesses.
Ver também: Autocatálise; Paradigma, mudança de; *ver também no Índice onomástico*: Luhmann, Niklas; Teubner, Gunther.
Ver também: Biologia; Metáfora organicista.
Ver também: Caos; Desordem.
ver também: Common Law; Dogmática jurídica; Jurisprudência; Legística; Norma; Teoria, geral do direito.
Ver também: Complexidade; Desordem.
Ver também: Darwinismo.
ver também: Direito; Teoria, geral do direito.
Ver também: Estruturalismo, crítica do; Pós-modernidade; Pós-estruturalismo; *ver também no Índice onomástico*: Derrida, Jacques.
ver também: Informática; Modelo, cibernético.
Ver também: Informática.
ver também: Pós-humano.
Ver também: Robô, -tização.
verdade:
– e falsidade na lógica, 212, 415 s.
– e racionalidade, 376 ss.
vetorial, cálculo, e direito, 101 s.
virtualidade, 128-31:
– e mundo virtual, 223 e n., 279;
vitalismo e holismo, XXI, 266 ss.
"Voprosy Filozofii", 39.

W

Washington, University of, 325 n., 345 n.
Witwatersrand, University of, 266 s.

Y

Yale University, 26.

ÍNDICE ONOMÁSTICO

O número da página é acompanhado de "s." se o nome aparece apenas na página seguinte; de "ss." se aparece em mais páginas seguintes, tanto no texto como nas notas; de "n." se aparece apenas na página indicada; de "[d]" se naquela página se encontram a data de nascimento e, eventualmente, a de morte da pessoa indicada.

A

Adam, Charles, 249 n.
Adler, Ruth, 417 n.
Adomeit, Klaus, 302, 421.
Albert, Hans, 333 n.
Allende, Salvador, 136.
Almeida, Cleide R. S., XX.
Althusser, Louis, 47 n., 146, 154 s., 163, 165 s., 196 n., 231, 233.
Ampère, André-Marie, 14.
Amselek, Paul, 63 n., 147 n., 181 e n.
Anders, Günther, 90 e n.
Andreski, Stanislav, 294 n.
Aristóteles, 72, 246.
Arnaud, André-Jean, 63 n., 101 n., 144, 147 n., 179 s., 183 s., 185-93, 197.
Ashby, Ross William, 237, 252 e n. [d].
Aspray, William, 6 n.
Auzias, Jean-Marie, 216 n.
Avalle, Silvio d'Arco, 154 n.

B

Baade, Hans W., 55 s.
Babbage, Charles, 5 [d].
Baer, Karl Ernst von, 262 n. [d].
Balkin, Jack M., 220 e n. [d].
Ballweg, Ottmar, 71, 83, 86-8.
Bally, Charles, 151 n.
Bankowska, Anne, 417 n.
Bankowski, Zenon, 417 n.
Baraldi, Claudio, 297 n.
Barba, Paola, 390 n.
Barber, Bernhard, 316 n., 320 n.
Barberis, Mauro, 212 e n.
Barosso, Giampaolo, 3 n.
Barthes, Roland, 154 n., 163, 182, 222.
Basso Lonzi, Lidia, 181 n.
Bastide, Roger, 165 n., 181 n.
Bateson, Gregory, 20 n.
Batini, Carlo, 121 n.
Baudrillard, Jean, 130, 277 n., 286 s.
Bauman, Zygmunt, XVII-XVIII, XIX n.
Beccaria, Gian Luigi, 158 n., 174 n., 208 s.
Becker, Franz, 336.
Becquerel, Jean, 260.
Beer, Stafford, 1, 73, 136 e n., 321.

Bellone, Enrico, 262 n.
Benjamin, Walter, 211, 217.
Bennun, Mervyn, 124 n.
Berg, Aleksej Ivanovič, 38 n.
Bergson, Henri, 260 s., 266 n.
Bernard, Claude, 320 n.
Berruto, Carlo, 158 n., 174 n.
Bertalanffy, Felix D., 261 n.
Bertalanffy, Ludwig von, 230 s., 238, 256 n., 261 [d], 262 ss., 269 s., 331, 385.
Bertinetto, Pier Marco, 174 n., 208 n.
Beste, Steven, 223 n.
Bettermann, Karl August, 314 n.
Bigelow, Julian, 27 n.
Bischoff, Ulrich, 58 n.
Blair, Eric Arthur, *ver*: Orwell, George.
Bloomfield, Leonard, 151, 152 s. [d], 174.
Blühdorn, Jürgen, 387 n.
Bobbio, Norberto, 63 n., 105 n., 184, 244 n., 305 n.
Borges, Jorge Luis, XXVII e n.
Boria, Giovanni, 17.
Borruso, Renato, 76 n.
Boudon, Raymond, 28, 146 n., 162 n., 184 n., 196, 199, 202-6, 228 n.
Boulding, Kenneth E., 263 e n.
Bourricaud, François, 146 n.
Bouthoul, Jean-Marie, 216 n.
Brandon, Joel S., 120 n.
Braudel, Ferdinand, 28, 143, 160, 166, 169 ss.
Braunreuther, Kurt, 96 n.
Bricmont, Jean, 167 n., 212 n., 240 s., 243 n., 256 n., 260 ss., 278 n., 284 n., 286 ss., 306.
Brooks, Rodney Allen, 129 s.

Bruemmer, Bruce, 6 n.
Brunetti, Franz, 8.
Buchanan, Mark, XXIII.
Buckley, Walter F., 253 n., 278 n.
Burke, Peter, 170 n.
Burks, Arthur W., 252 n.
Burnam, James, 119 n.
Buxton, W. Harry, 5 n.

C

Calamandrei, Piero, 60 e n.
Canaris, Claus Wilhelm, XXX, 194, 293 n.
Cannata, Francesco, 76 n.
Cannon, Walter B., 320 [d], 322, 362 e n.
Capra, Fritjof, XXIV ss.
Caputo, John D., 218 n.
Carbonnier, Jean, 181 s.
Carlson, David Gray, 149 n.
Carnap, Rudolf, 164.
Carsten, Gebhard, 65 n.
Carvalho, Olavo de, XXVI.
Cassirer, Ernst, 157.
Cast, Fremont E., 354 n.
Cattaneo, Mario, 75 n.
Champy, James, 119 e n.
Chomsky, Noam, 152 s. [d], 155 s., 174, 204.
Chroust, Gerhard, 6 n.
Churchill, Winston, 266.
Ciafaloni, Francesco, 21 n.
Claessens, Dieter, 312.
Clark, Stuart, 170 n.
Coderch, Pablo Salvador, 123 n.
Coing, Helmut, 387 n.
Commailles, Jacques, 187 n.
Comte, Auguste, 96.
Condorcet, Jean Antoine Nicolas Caritat de, 14 s.

ÍNDICE ONOMÁSTICO 447

Conte, Amedeo G., 63 n.
Cornell, Drucilla, 149 n., 215 n., 220 s. [d].
Corsi, Giancarlo, 297 n.
Cortada, James W., 6 s.
Cuvier, Georges de, 167 n. [d].

D

D'Agostino, Francesco, 182 n.
Dahm, Helmut, 38 n.
Damman, Klaus, 310 n.
Damman, Ulrich, 65 n.
Darwin, Charles, 12, 150, 247, 256, 266 n., 275, 282, 293.
Davenport, Thomas H., 120 n.
David, Aurel, 105 n.
De Carnée, Georg, 329 n.
De Cindio, Fiorella, 136 n.
De Filippo, Eduardo, 117.
De Giorgi, Raffaele, 381 n., 406 n.
De Man, Paul, 210 n.
De Mauro, Tullio, 151 n.
De Michelis, Giorgio, 136 n.
Decker, Uli, 250 n.
Delbos, Victor, 420 n.
Deleuze, Gilles, 130, 260 e n., 286 s.
Demócrito, 204.
Denninger, Erhard, 182 n.
Denzer, Horst, 52 n.
Derrida, Jacques, XXXIII, 144, 175 s., 210 s. [d], 214 n., 216 ss., 243 n., 286 n., 301 s.
Descartes, René, 156 e n., 249 e n.
Deutsch, Karl W., 1, 27, 36 n., 49 e n., 71, 85, 95, 337.
DeWolfe Howe, Mark A., 324 n.
Di Caro, Alessandro, 168 n.

Díaz, Elías, 298 n.
Dolin, Kieran, XVI.
Donato Leonardo, Doge de Veneza, 8 n.
Dosse, François, 154 s.
Douzinas, Costas, 214 n.
Doz, André, 85n.
Driesch, Hans, 238, 257-9.
Dubček, Alexander, 100.
Dubarle, Dominique, O. P., 21-3, 52 s., 104 n.
Ducrot, Oswald, 154 n.
Dummet, Michael, 290 n.
Durkheim, Émile, 146, 282 e n. [d], 316 n., 325.
Dworkin, Ronald, 185.

E

Easterlin, Nancy, 222 n.
Easton, David, XXXI, 1, 43 [d], 43-9, 71, 74 s., 85, 95, 144, 146, 207, 224-35, 291, 338.
Eberle, Carl-Eugen, 84 n.
Eco, Umberto, XXXII, 143, 147, 222 e n., 375 n.
Ehmke, Udo, 68 n.
Ehrlich, Eugen, 338 n.
Eichner, Hans, 298 n.
Eigen, Manfred, 242, 275 s. [d], 420 s.
Einstein, Albert, 28, 242, 260.
Elvira, Ascensión, 115 n.
Emerson, Alfred E., 321 s. [d].
Emery, Carlo, 257 n. [d].
Engels, Friedrich, 282.
Epistémon [pseudônimo de Ricoeur, Paul], 155 n.
Ericeira, João Batista, XXVIII
Espejo, Raúl, 136 n.

Espinosa, Baruch ou Bento, 257.
Esposito, Elena, 297 n.
Esser, Josef, 349 n., 368, 386.
Etzioni, Amitai, 1, 50 s., 95, 346.
Evans, Peter B., 232 n.

F

Facchi, Alessandra, 390 n.
Falci, Nurimar Maria, XX
Faldini, Giacomina, 104 n.
Faralli, Carla, 63 n., 65 n.
Fariñas Dulce, María José, 186 n.
Faris, Robert E. L., 325 n.
Fassò, Guido, 63 n., 65 n., 105 n.
Fazis, Urs, 295 n.
Febbrajo, Alberto, 302 s., 381 n., 389 n., 406 n., 417 n., 420 s.
Ferrari, Vincenzo, 192 n., 406, 415 n.
Fiedler, Herbert, 83, 314 n.
Flament, Claude, 194 e n.
Fliedner, Ortlieb, 58 n.
Foerster, Heinz von, 237, 253 s., 272 n., 278 e n. [d], 407 s.
Forest, Philippe, 210 n.
Foucault, Michel, 128, 130, 154 s., 176, 214 n., 221 s.
Franco Bahamonde, Francisco, 200.
Frändberg, Åke, 148 n.
Frank, Helmar G., 18 s., 54 n., 68 n.
Freud, Sigmund, 166.
Friedlander, Zelda, 266 n.
Friedman, Lawrence F., 48, 71, 73-5, 183 e n.
Friedrich, Jürgen, 38 n.
Frosini, Vittorio, 9, 65, 71, 76 [d], 76-9, 101 e n., 181 ss.
Fuller, Lon L., 323 [d].

G

Gabelentz, Georg von der, 151.
Gábor, Kiss, 307 n.
Gaddafi, Muamar, 330 n.
Gaia, divindade grega, 280 e n.
Galilei, Galileu, 8 s., 242.
Gallizia, Angelo, 76 s.
Gambarara, Daniele, 174 n.
Garaudy, Roger, 196 e n.
Gardner, Anne, 124 n.
Garroni, Emilio, 152 n.
Garstka, Hansjürgen, 41 n., 51 n., 70 e n., 76 n., 83-4 nn, 315 n., 330 n., 333 n., 335 n.
Garve, Christian, 300 e n.
Gea, divindade grega, 280 e n.
Geiger, Theodor, 16 n., 338 n.
Gérard, Philippe, 192 n.
Gerard, Ralph Waldo, 265 n.
Gerhardt, Uta, 316 n.
Ghezzi, Giorgio, 178 e n., 197 e n.
Giannantonio, Ettore, 135 n.
Giannini, Massimo Severo, 102 n.
Gil, Antonio Hernández, 199 s.
Giuliani, Alessandro, 105 n.
Glansdorf, Peter, 274 n.
Glaserfeld, Ernst von, 272 n.
Gleick, James, 250 n.
Gloy, Karen, 268 n., 280 n.
Glucksman, Miriam, 146 e n., 166 n., 169 n.
Godel, Robert, 151 n.
Godelier, Maurice, 196 n.
Goethe, Johann Wolfgang, 264.
Goldman, Sheldon, 48 n.
Goldstine, Hermann H., 6.
Gombrowicz, Witold, 179.
Grandi, Mario, 136 n.

ÍNDICE ONOMÁSTICO

Gray, Christopher Berry, 220 n.
Greene, Brian, XXVI s.
Greimas, Algirdas Julien, 164 e n., 185.
Greven, Michael Thomas, 42 s., 50 n., 94 ss.
Grinker, Roy, 320.
Grisoli, Angelo, 58 n.
Grote, Louis Reyter, 256 n.
Grundmann, Reiner, 304 n.
Grunow, Dieter, 310 n.
Guattari, Félix, 286 n.
Gurvitch, Georges, 145 n., 331 n., 338 n.

H

Habermas, Jürgen, XXXI, 214 n., 293, 304 ss.
Haeckel, Ernst Heinrich, 266 n., 419.
Haferkamp, Hans, 421 n.
Hager, Kurt, 41 e n.
Hahn, Erich, 98 n.
Haken, Hermann, 275 s. [d].
Halberstam, Judith, 130 n.
Haldane, John Scott, 267 n. [d].
Hammer, Michael, 119 e n.
Hanafin, Patrick, XVI n.
Harrington, James H., 120 n.
Harris, Wendell V., 222 n.
Hart, Herbert H. L., 75 e n., 183, 185.
Hartmann, Heinz, 316 n.
Hartmann, Nikolai, 182, 268.
Hassan, Ihab, 223 n.
Hassenstein, Berhard, 18 s., 34 s.
Haverkamp, Anselm, 215 n.
Hayles, N. Katherine, 132 s., 223 n.

Heald, Paul J., XVI.
Hegel, Georg Wilhelm Friedrich, 148 e n., 215, 293, 297 s., 303.
Heidegger, Martin, 149, 210 s., 222.
Hejl, Peter M., 272 n.
Henderson, Lawrence J., 319 ss [d].
Heráclito de Éfeso, 246.
Herbst, Curt Alfred, 259 n.
Heuser-Keßler, Marie-Luise, 247 n.
Hiebel, Hans H., 176 n.
Hilbert, David, 251 [d].
Hjelmslev, Louis, 152 [d], 155, 162, 174.
Hobbes, Thomas, 23.
Hoecke; *ver*: Van Hoecke, Mark.
Hoffmann, Harriet, 17 n.
Holmes, Oliver Wendell, 24 n., 57, 324.
Homans, George Caspar, 283 n., 324 s.
Huber, Hans, 134 n.
Hull, Richard, 36 n.
Humboldt, Alexander von, 156 e n.
Hunt, Alan, 221 n.
Hyman, Antony, 5 n.

I

Irigaray, Luce, 286 s.

J

Jackson, Bernhard S., 164 n., 185 e n.

Jacoby, Joan E., 124 n.
Jahnige, Thomas P., 48 n.
Jahraus, Oliver, 330 n.
Jakobson, Roman, 143, 152 [d], 155, 157, 168, 174.
Jankélévitch, Vladimir, 260 n.
Jantsch, Erich, 407 n. [d], 408.
Jaspers, Karl, 317.
Jensen, Stefan, 329 n., 422 n.
Jhering, Rudolf, 103 n., 387 e n., 390, 421.
Johnson, Richard A., 345 n.
Johnson, Steven, XXIII.
Jopp, Klaus P., 310 n.
Jungk, Robert, 9, 91 n.
Jürgens, Hartmut, 125 n.

K

Kafka, Franz, 176, 219.
Kant, Immanuel, 156 n., 198, 214, 219 s., 247, 257, 274, 295, 300 ss., 317, 379 n.
Kauppi, Niilo, 210 n.
Kelsen, Hans, 32, 60 e n., 81, 148 s., 180 e n., 184 s., 205, 323, 351 n., 355, 382, 388, 401, 404, 425.
Kerchove; *ver*: Van de Kerchove, Michel.
Kerkau, Hans Joachim, 70 n.
Kevelson, Roberta, 164 n.
Kilian, Wolfgang, 83, 137 n., 314 e n.
Kisza, Andrzej, 71, 92, 103-9.
Klaus, Georg, 31 s., 40 s., 52 s., 71, 92, 93 [d], 94-9, 315.
Kleist, Heinrich von, 211.
Klimpel, Andreas, 329 n.
Klug, Ulrich, 83, 313.
Knapp, Viktor, 38, 71, 92, 100 [d], 100 ss., 189, 197.

Knaster, Bronislaw, 104.
Knost, Peter, 245 n., 274 n.
Koch, Helge von, 125 n. [d].
Köck, Wolfram K., 254 n.
Köhler, Wolfgang, 262, 270 [d].
Kolmán, Arnošt, 38 e n.
König, René, 15 s.
Kramer, Matthew H., 220 n.
Krause, Detlev, 297 n.
Krause, Karl Christian Friedrich, 298 e n., 303.
Krippendorf, Klaus, 253 n.
Kristeva, Julia, XXXIII, 286 s., 289.
Krohn, Wolfgang, 247 s., 259 n.
Krug, Hans-Jürgen, 417, 419 s.
Kruschev, Nikita Sergeevič, 31s.
Kruschov, *ver*: Kruschev, Nikita Sergeevič.
Kuhn, Thomas S., 128, 398 e n.
Küppers, Günter, 247 n.
Kurzweil, Edith, 154 n., 163 n.
Kurzweil, Ray [também: Raymond], 129 e n.

L

Lacan, Jacques, 154 n., 166 [d], 176, 214 n., 243, 286 ss., 295.
Lamsdorff-Galagane, Vladimiro, 198 s.
Landau, Peter, 298 n.
Lang, Eberhard, 71, 82 s., 89-92, 109.
Lang, Fritz, 97.
Larenz, Karl, 194.
Largeault, Jean, 266 n.
Laster, Arnaud, 216 n.
Latour, Bruno, 286-7 n.
Laudan, Larry, 398 n.

ÍNDICE ONOMÁSTICO

Lavoisier, Antoine-Laurent de, 258.
Lazarsfeld, Paul F., 316 n.
Le Moigne, Jean-Louis, XXIII.
Lefebvre, Henri, 154 n., 163.
Lehmann, Jennifer, 223 n.
Lehmann, Nikolaus Joachim, 6 n.
Lehmann, Warren, 48 n.
Leibniz, Gottfried Wilhelm, 35, 156 n., 262 e n., 280.
Lenin, Vladimir Iljič. [na realidade: Uljanov], 98 n.
Leontieff, Wassily, 91 n.
Lepschy, Giulio C., 154 s., 158 n., 208 e n.
Lévi-Strauss, Claude, 107 n., 143, 146, 152 ss., 161 e n., 163, 168 ss., 172 e n., 176, 182, 189, 197, 204 s., 211, 228, 231 ss.
Lévinas, Emmanuel, 215.
Lindgren, Michael, 5 n.
Litowitz, Douglas, 220 n.
Livingstone, Ira, 130 n.
Loevinger, Lee, 2, 24 s., 49 n., 55 [d], 55-7, 59, 64 s.
Lorenz, Edward N., 250 n., 276 s.
Losano, Mario G., 4-6, 33 n., 53 n., 56 s., 60 s., 63, 66, 76 n., 90 n., 104 n., 109 n., 115 s., 119 n., 123 n., 127 n., 132 n., 135 n., 146 n., 180 s., 247 n., 305 n., 390 n., 416 n.
Lotka, Alfred J., 262 s. [d].
Lovelock, Jim E. [também: James], 280 e n.
Lucrécio Caro, Tito, 246.
Lugan, Jean-Claude, XXIII n.
Luhmann, Niklas, XVI ss., XXI-XXXV, 1, 3, 9 s., 28, 34, 37, 63 n., 67, 69, 76, 80 s., 83 e n., 95, 131, 133, 144, 158, 185, 235, 237 s., 241 ss., 273, 279, 285, 288, 291-425, 309 [d].
Lupo, Giuliana, 91 n.
Lutz, Peter Christian, 96 n.
Lutz, Raphael, 170 n.
Lyotard, Jean-François, 213 e n., 219 s., 239 s., 286 n.

M

Mănescu, Manea, 87 n.
MacArthur, Douglas, 91.
MacCormick, Neil, 185.
MacCulloch, Warren S., 271 s.
Mach, Ernst, 419.
MacKay, Donald, 131.
Macreae, Donald G., 31 n.
Maes, Pattie, 129 n.
Maitland, Frederick William, 266 n.
Malinowski, Bronislaw, 318.
Mandelbrot, Benoit, 277 e n.
Manin, Jurij Ivanovič, 150 n.
Mantl, Wolfgang, 58 n.
Mao, Tse-tung, 190.
March, James G., 356 s., 359 n., 367 n.
Marcić, René, 88 e n.
Marcuse, Herbert, 78.
Maretti, Enrico, 78 s.
Margulies, Lynn, 280 e n.
Maritain, Jacques, 265 n.
Marius, Benjamin, 330 n.
Marques, António, XX n.
Martinazzo, Celso José, XX.
Martinet, André, 174.
Maruyama, Magoroh, 237, 253 n., 278 e n.
Marx-Scouras, Danielle, 210 n.

Marx, Karl, 93 ss., 166 e n., 190, 282.
Mathiot, André, 181 e n.
Maturana, Humberto R., 128, 238, 242, 247, 254 n., 270, 279 e n. [d], 292 s., 308, 329, 344, 393, 401, 407 ss.
Mauss, Marcel, 146.
Maxwell, James Clerk, 150 [d], 151, 250 e n. [d].
Mayer-Abich, Adolf, 267 e n. [d].
Mayer-Maly, Theo, 58 n.
Mayer, Adolf, 267 n.
Mead, Margaret, 20 n.
Mehl, Lucien, 71, 78-83, 113, 364.
Meistermann Seeger, Edeltrud, 17 n.
Mercatali, Piero, 123 n.
Merkl, Adolf, 351 n.
Merleau-Ponty, Maurice [Jean Jacques], 78, 260 n.
Mermin, David N., 398 n.
Merton, Robert K., 324 n.
Merzbach, Uta, 5 n.
Mesa Mengíbar, Andrés, 200 n.
Metz, André, 260.
Meurers, Joseph, 91 n.
Meyer, Hansgünter, 96 n.
Meylon, Maurice, 80 n.
Middell, Matthias, 170 n.
Miller, J. Hillis, 211 n.
Miller, R. Bruce, 129 n.
Milner, Jean-Claude, 295 n.
Milovanovic, Dragan, 223 n.
Minda, Gary, 212 s.
Mitterrand, Henri, 215.
Mocek, Reinhard, 259 n.
Mollame, Flora, 78 s.
Monod, Jacques, 261 n.
Monod, Jean, XXI.
Moore, Wilbert E., 331 n.
Moravec, Hans, 128 s.
Morelli, Marcello, 6 n.
Moreno, Jacob Levy, 15 n. [d], 15-8, 55.
Morgan, Lewis, 146 [d].
Morin, Edgar, XVII, XIX ss.
Morris, Daniel C., 120 n.
Mortara Garavelli, Bice, 241 n.
Morvan, Pierre, 356 n.
Mounin, Georges, 189-91.
Münker, Stefan, 222 n.
Münstermann, Jörg, 305 n.
Murphy, Walter F., 48 s.

N

Nahamowitz, Peter, 417 n.
Napoleão I, imperador, 192.
Narayanan, Ajit, 124 n.
Narr, Wolf-Dieter, 36 n., 42 n., 50 n.
Naschitz, Anita Meirovici, 195 s. [d].
Naschold, Frieder, 42 n., 50 n.
Nascimento, Elimar Pinheiro do, XX n.
Nelken, David, 417 n.
Nett, Jachen C., 295 n.
Neumann, John von, 12, 22, 25, 252 s. [d].
Newton, Isaac, 27.
Nicolovius, Friedrich, 300 n.
Niedersen, Uwe, 247 n.
Nietzsche, Friedrich Wilhelm, 222, 234.
Nocke, Joachim, 305 n.
Novalis, Friedrich Leopold Freiherr von Hardenberg, 298.

ÍNDICE ONOMÁSTICO 453

Novik, Il'ja Bencionovič, 31n.
Nuñez Ladevéze, Luis, 200 n.

O

Oaks, Dallin H., 48 n.
Oertzen, Hans Joachim von, 123 n.
Oflinger, Karl, 90 n.
Orwell, George [na realidade: Eric Arthur Blair], 23.
Osgood, Charles D., 264 n.
Ost, François, 192 n.
Ostwald, Grete, 418 n.
Ostwald, Wilhelm, 262 n., 418 s. [d].
Ostwald, Wolfgang, 420 n.
Oxtoby, John C., 252 n.

P

Palmer, Jerry, 221 n.
Palmirani, Monica, 123 n.
Panofsky, Erwin, 107 n., 161, 192.
Pareto, Vilfredo, 319, 322.
Parker, Bertha Morris, 320 n.
Parsons, Talcott, XXXIII s., 1, 37, 284 e n. [d], 292, 309 [d], 310 s., 315-34, 344, 360, 362 n., 362, 371 n., 389 n., 394 s.
Pask, Gordon, 278 n.
Paslak, Rainer, 242 n., 245 n., 249 ss., 253, 265 n., 273 s., 281 ss.
Patarin, Jean, 391 n.
Pearce, Frank, 221 n.
Peces y Morate, Jesús Ernesto, 200 n.
Peirce, Charles Sanders, 164 [d].

Peitgen, Heinz-Otto, 125 n.
Pena-Vega, Alfredo, XX n.
Pennisi, Carlo, 302 n., 417 n., 420 s.
Pérez de Gracia, José Antonio, 200 n.
Persani, Dario, 21 n.
Persico, Luigi, 76 n.
Peters, Arno, 136 n.
Petraglia, Izabel, XX.
Pfürtner, Stephan H., O. P., 398 n.
Philipps, Lothar, 68 e n., 76 n., 83, 134 s., 176 s., 193 ss., 298 n.
Phillips, John F. V., 266 n.
Piaget, Jean, 153 n., 161 [d], 228 s., 231, 234, 375.
Pires, Edmundo Balsemão, XVII.
Pitts, Walter H., 271 e n.
Planck, Max [Karl Ernst Ludwig], 28.
Platão, 246.
Podlech, Adalbert, 15 n., 71, 83 s., 103 n., 110 e n., 136 s., 194 n., 314.
Pohlmann, Ludwig, 247 n.
Poincaré, Henri, 250 s.
Pomian, Krzysztof, 164 e n.
Popp, Walter, 137 n.
Portalis, Jean-Étienne-Marie de, 192.
Posner, Richard A., XVI.
Poulantzas, Nicos, 47 n., 231 ss.
Prévert, Jacques, 175 e n., 215 s. [d].
Pribán, Jirí, 417 n.
Prieto, Luis J., 191.
Prigogine, Ilya, 238 s., 246 n., 250 n., 258 n., 264, 274 ss. [d], 407, 409.
Puig Brutau, José, 55 n.

R

Radbruch, Gustav, 259 n.
Radcliffe-Brown, Alfred Reginald, 146, 229.
Rafael Sanzio, de Urbino, 375.
Ramat, Paolo, 174 n.
Rappoport, Anatol, 264 s.
Ratledge, Edward C., 124 n.
Raz, Joseph, 183 e n.
Reale, Miguel, 104 n.
Reese-Schäfer, Walter, 307 n., 329 n., 422 s.
Reinach, Adolf, 181.
Reisinger, Leo, 9 e n., 82 e n. [d].
Reitzer, Alfons, 37 n.
Ricoeur, Paul, 154 n., 163.
Riedlinger, Albert, 151 n.
Rignano, Eugenio, 258 n. [d].
Rissland, Edwina, 124 n.
Rockwood, Bruce L., XVI n.
Röhl, Klaus F., 406 n.
Romano, Bruno, 213.
Romano, Santi, 378 n.
Rosenblueth, Arturo, 7, 27 n.
Rosenfeld, Michel, 149 n.
Rosenzweig, James E., 345 n.
Rosiello, Luigi, 156 n., 174 n.
Rösing, Tania M. K., XX.
Ross, Alf, 244 n.
Rossi, Paolo, 156 n.
Rousseau, Jean-Jacques, 155.
Roux, Wilhelm, 237, 256 ss. [d].
Ruberti, Antonio, 117 e n., 390 n.
Rüschemayer, Dietrich, 232 n., 331 n.
Russell, Bertrand, 260 n.

S

Sacerdote, Gino G., 21 n.
Salvemini, Gaetano, 416 n.
Santos, José Manuel, XVII n.
Santucci, Gaetano, 121 n.
Sarkozy, Nicolas, XXI.
Sauermann, H[einz?], 275 n.
Saupe, Dietmar, 125 n.
Saussure, Ferdinand de, 150 s. [d], 159, 161 ss., 174.
Schelling, Friedrich Wilhelm Joseph, 247.
Schelsky, Helmut, XXXI, 312, 387 n.
Scheutz, Edvard, 5 e n. [d].
Scheutz, Georg, 5 e n. [d].
Schickardt, Wilhelm, 4 [d].
Schlag, Pierre, 213 n.
Schlegel, Friedrich, 298 s.
Schlegel, Wilhelm, 298.
Schleiermacher, Friedrich Daniel Ernst, 298.
Schlink, Bernhard, 137 e n.
Schluchter, Wolfgang, 318-9 n.
Schmid, Michael, 421 n.
Schmidt, Hermann, 18 s.
Schmidt, Robert H., 37 n.
Schmidt, Siegfried J., 244 n., 272 n., 279 n.
Schmitt, Carl, 239 s.
Schrödinger, Erwin, XXIV ss.
Schubert, Alexander, 148 n.
Schubert, Glendon, 49 e n.
Schubert, Wolfram, 65 n., 313 n.
Schultz, Julius, 256 n.
Schumpeter, Joseph Alois, 319, 322.
Schurig, Volker, 259 n.
Schurz, Josef, 261 n.
Schuster, Peter, 420 s.
Schwarz, Wolfgang F., 152 n.
Schweizer, Harro, 39 n.
Schwember, Hermann, 136 n.

ÍNDICE ONOMÁSTICO

Scillitani, Lorenzo, 169 n.
Scott, Bernard, 253 n.
Sechehaye, Albert, 151 n.
Segre, Cesare, 208.
Senghaas, Dieter, 36 n.
Sens, Eberhard, 38 n.
Serres, Michel, 286 n.
Sève, Lucien, 196 n.
Shannon, Claude Elwood, 110, 131, 252 n., 271 e n.
Shils, Edward A[lbert], 284 n., 316 n., 371 n.
Shurkin, Joel, 6 n.
Silva, Umberto, 152 n.
Simiand, François, 170 n.
Simitis, Spiros, 54 n., 58 n., 63 s., 65, 83, 136, 313.
Simmel, Georg, 384 e n.
Simon, Fritz B., 408 n., 423 s.
Simon, Herbert A., 336 [d], 338, 349, 353 n., 356 s., 359 s., 367 n.
Skinner, Burrhus Frederic, 153.
Skocpol, Teda, 232 n.
Smend, Rudolf, 354 n.
Smith, Adam, 246 [d].
Smuts, Jan Christiaan, 227, 266 s. [d], 269.
Smuts, Jan Christian Jr., 266 n.
Sobeslawski, Erich, 6 n.
Sobrado Chaves, Juan José, 200 n.
Sokal, Alan, 167 n., 212 n., 240 s., 243 n., 256 n., 260 s., 278 n., 284-6, 306 s.
Sombart, Werner, 318.
Spencer, Herbert, 145 [d], 164, 282.
Stacy, Helen M., 214 n.
Stahl, Georg Ernst, 258 e n. [d].
Stammler, Rudolf, 186.

Steinbuch, Karl, 31-5, 52 e n., 91 e n., 134 n.
Steiner, Rudolf, 268 [d].
Steinmüller, Wilhelm, 65 e n., 71, 83-5, 124 n., 134 s., 141 n., 313 s.
Stempel, Wolf-Dieter, 152 n., 177 n.
Stengers, Isabelle, 246 n., 250 n., 258 n., 274 n.
Stern, Albert, 300 n.
Strömholm, Stig, 148 n.
Suhr, Dieter, 137 e n.

T

Tannery, Paul, 249 n.
Telles jr., Goffredo, XXVII s.
Tenneriello, Andrea, 390 n.
Teubner, Gunther, 242, 244, 250 n., 262, 269, 273, 276, 302 s., 417 [d], 420 ss.
Thibaudeau, Jean, 210 n.
Thiel, Rainer, 40 n.
Thomas, Harry, 250 n.
Thompson, John W., 277 n.
Timpanaro, Sebastiano, 153 s., 167 s. [d].
Tinnefels, Maria-Theres, 69 n., 135 n.
Toffler, Alwin, 130.
Tonni, Roberto, 118 n.
Torre, Mirella, 60 n.
Touraine, Alain, 154 n., 163.
Trepl, Ludwig, 265 n.
Treves, Renato, 65 n., 76 n., 305 n., 404 n.
Tronca, Dinorah Sanvitto, XX n.
Trubeckoj, Nikolaj Sergeevič, 151.

Turing, Alan Mathison, 35, 124 n.
Turkel, Gerald, 221 n.

U

Ule, Karl Hermann, 339.
Uljanov, *ver*: Lenin, Vladimir Iljič.
Unesco, como autor, 265 n.
Uribe, Ricardo, 279 n.

V

Van de Kerchove, Michel, 192 n.
Van Hoecke, Mark, 148 n.
Varejão, Marcela, 169 n.
Varela, Francisco J., 128, 238, 253 n., 266 n., 270, 272 e n., 279 e n. [d], 292 s., 308, 329, 393, 407 s.
Verdino, Stefano, 152 n.
Viehweg, Theodor, 86, 368.
Villey, Michel, 105 n., 190, 193.
Virilio, Paul, 286 n., 235.
Vrecion, Vladimír, 38, 71, 110 s.

W

Wagner, Hermann, 275 n.
Wahlgren, Peter, 124 n.
Watzlawick, Paul, 272 n.
Weaver, Warren, 271 n.
Weber, Max, 308, 338 n., 348 n., 373, 376 e n., 388.
Weill, André, 172 e n.
Weinberger, George Martin, 37 n.
Weinberger, Ota, 82 n.

Weis, Kurt, 69 n., 135 n.
Weiszäcker, Viktor von, 268 n. [d].
Whitehead, Alfred N., 155 e n., 264, 319.
Wickman, Gary, 221 n.
Wieacker, Franz, 314 e n.
Wiener, Norbert, XXIII s., 1 s. [d], 6 s., 14, 18, 20-32, 37, 50, 52 n., 67 s., 75, 104 n., 128, 237 s., 254 s., 362.
Wiese, Leopold von, 15-7.
Wilburg, Walter, XXX, 88 n., 194, 293 n.
Williams, Michael R., 5 n.
Wittgenstein, Ludwig, 153, 299 e n.
Wittmann, Roland, 298 n.
Wolf, Milton T., 129 n.
Wronkowska, Slawomira, 177 n., 193 ss.

Y

Yablon, Charles M., 215 s.
Young, O. R., 37 n.
Yourdon, Edward, 118 e n.

Z

Zeidler, Karl, 336, 341 s.
Zemanek, Heinz, 6 n.
Zeno-Zenkovich, Vincenzo, 135 n.
Zeuner, Albrecht, 314 n.
Zieliński, Maciej, 177 n., 193 s.
Zoll, Fryderyk, 103 n.
Zolo, Danilo, 305 n.
Zuse, Konrad, 6 n., 136 e n.